近代民营出版机构的英语函授教育

以"商务、中华、开明"函授学校为个案
（1915—1946年）

丁伟 著

商务印书馆
The Commercial Press

2017年·北京

图书在版编目(CIP)数据

近代民营出版机构的英语函授教育：以"商务、中华、开明"函授学校为个案：1915—1946年/丁伟著.—北京：商务印书馆，2017
ISBN 978-7-100-14967-9

Ⅰ.①近… Ⅱ.①丁… Ⅲ.①英语－函授教育－教育史－研究－中国－1915—1946 Ⅳ.①G729.29

中国版本图书馆CIP数据核字(2017)第180185号

权利保留，侵权必究。

近代民营出版机构的英语函授教育
——以"商务、中华、开明"函授学校为个案(1915—1946年)

丁伟 著

商 务 印 书 馆 出 版
(北京王府井大街36号 邮政编码100710)
商 务 印 书 馆 发 行
北京市十月印刷有限公司印刷
ISBN 978-7-100-14967-9

2017年11月第1版　开本787×960　1/16
2017年11月北京第1次印刷　印张25

定价：78.00元

谨以本书献给商务印书馆创立 120 周年

序

　　众所周知,商务印书馆是中国近代最早的民营大型现代出版机构。由于有这样的历史地位,以及它在学界以至整个社会的持久不衰的影响力,商务印书馆的历史历来是学术研究的一个热点,相关研究的学术著作、论文数量不少。总的来看,一百多年来人们对它比较一致的评价是,商务印书馆为近现代中国传播知识、开启民智、扶助教育、推进学术、发展文化做出了重大的贡献。而这个评价的一个不言自明的事实依据,是它在一百多年来编辑出版了在中国社会广为流传、具有重大影响力的各科教科书、工具书、中外学术名著等图书,然而,很少有人关注它在出版以外对推进文化发展做出的贡献。而丁伟的这部《近代民营出版机构的英语函授教育——以"商务、中华、开明"函授学校为个案(1915—1946年)》,便指出了被我们许多人忽视的商务印书馆在发展文化方面所做的工作及其作用,这就是商务印书馆的英语函授教育。

　　今天,当我们厌倦于街头张帖的、报纸上不时出现的众多英语补习班、辅导班、培训班广告时,对百年前就在商务印书馆里诞生的函授学社英语科也许不会有多少新奇感,也不会觉得有什么可赞佩的,而且很可能会觉得这种英语函授教育和当代中国各个城市数不清的英语辅导班、补习班、培训班差不多,都只是为了使参加学习者考出更高的分数、考到更好的学校、找到更好的工作岗位、顺利地出国留学等,无非是锦上添花而已。因此可能不会想到,百年前商务印书馆创办英语函授学校,其意义绝不只是开创了一种不受地域限制、打破时空藩篱的开放型社会教育新形式,也不只是在当时产生了英语函授教育的示范效应,而更在于它对当时的中国社会而言是雪中送炭。

翻开那一页历史，便可知这绝不是夸大之言。

商务印书馆开办函授学校英文科的1915年，正是新文化运动兴起之时，新知识分子们倡导以新文学取代旧文学、新道德取代旧道德、白话文取代文言文等，在整个社会开始形成追求科学与民主的文化氛围。在此氛围下，清末以来"兴西学"文化潮流进一步高涨，扩大、深入学习西方文化和科学知识，成为从个人到社会的强烈需求。

同时，中华民国政府成立所形成的政治环境，以及第一次世界大战爆发后中国出现的市场环境，孕育出中国资本主义经济的黄金时期，工矿业、商业、金融业、交通和邮电事业、进出口贸易等获得了前所未有的增长，1915年后的数年间，每年注册开办的工厂就有百余家。这些争先恐后成立的各种公司、工厂、银行等，一齐向社会提出了对近代型人才的需求。

社会需求必然地反馈到教育领域，形成社会发展对教育发展和变革的要求。从教育方针来说，是要求以平民教育、实用主义教育取代尊孔读经；而就教育内容而言，这些社会需求中的一个共同而又迫切的指向是：学习外国语言文字，及培养掌握外国语言文字的人才。

这里所说的外国语言文字的学习需求，已不限于官府与外国人打交道之用，而是社会经济和文教活动中的知识和技能之需求；所说的外语人才，主要的已不是半个多世纪前同文馆培养的会外语的精英人士，而是掌握外语的城市平民。但当时社会如此迅猛增长的对平民学习外语及对外语人才的需求，是底子薄弱的普通教育体系难以承担的。商务印书馆敏锐地观察到这一社会需求，创办了函授学校英文科，而且和它的主业——图书出版事业一样，也为知识和学术的深入与推广做出了贡献。

丁伟在本书中以翔实的史料论证了商务印书馆英语函授教育为此所做出的贡献：至1937年，商务印书馆函授学校英文科的在读学员达到四万余人，这个规模即使现在看来都是相当了不起的。所培养的学员来自全国各级行政区域，分布在10个不同种类的行业领域。他们中有商店、工厂、银行、公司等企业的职员，有小学、中学甚至大学的教师，有出版和新闻机构的编辑，有政府机构的文职人员，等等。用丁伟的话说，商务印书馆的函授英语教育培养了一大批具有由"普通英语语言＋一般社会用途英语＋商业用途英语"知识、技能构成的复合型外语专业人才。其中更有不少是近代中国各领域的杰出人才，如：抗日女英雄赵一曼，诗人、《黄河大合唱》的词作者张光年，无产阶级新闻工作者恽逸群，马克思主义教育理论家杨贤江，著名的宗教界人士隆莲法师，报业巨子王芸生，音乐家黎锦晖，世界语专家、北京大学教授岑麟祥，翻译家、复旦大学教授葛传槼，历史学家、暨南大学教授朱杰勤，作家韩世钟（笔名施种、叶文等），医史学家宋向元，编辑出版家徐调孚，乡村教育活动家杨公权，等等。这一长串由"名家大腕"组成的名单，本身就说明了商务印书馆英语函授教育的成就及其所起的作用，即商务印书馆以一种更为快捷、更符合当时中国国情的教育途径，为近代中国培养出了一批社会所急迫需求的人才，从而发挥了推动中国社会现代化进程的作用。

总而言之，这本书从过去人们不太重视的视角出发，用新颖翔实的史料和描述，丰富了我们对近代时期商务印书馆的认识；从更高层次说，更是丰富了我们对中国近代教育史、文化史的认识。这样的成绩是与作者丁伟付出的多年辛劳分不开的。从进入浙江大学中国近现代史研究所攻读硕士学位开始，丁伟就选定了中国近代英语教育问题作为研究方向，毕业后仍然咬定这个方向做持续不懈的努力，继续从全国多家图书馆广泛搜寻资料，并且撰写、发表了多篇相关学术论文。正是在这样的学术积累的基础上，重新回到浙大攻读博士学位后，写出了民营出版企业与英语函授教育的论文。很幸运，他得到了商务印书馆编辑的鼓励和支持，历经一年多的修改，交出了这本很有价值的论著。作为作者就读硕士、博士阶段的导师，我在感到欣慰的同时，也为他的努力和成就点赞。

浙江大学历史系
汪林茂
2017 年 4 月 24 日

目　录

绪论 …………………………………………………………… 1

第一章　办学历史背景与办学条件 ………………………… 17
　　第一节　历史背景 ……………………………………… 17
　　第二节　办学主观条件 ………………………………… 47
　　第三节　办学客观条件 ………………………………… 49

第二章　社会变迁中的办学经历 …………………………… 67
　　第一节　英语函授教育的兴起(1915—1918年) ……… 67
　　第二节　英语函授教育的发展(1919—1931年) ……… 81
　　第三节　英语函授教育的兴盛(1932—1937年) ……… 113
　　第四节　英语函授教育的衰落(1938—1946年) ……… 141

第三章　英语函授教育的办学特点、效果及问题 ………… 153
　　第一节　办学特点之总结 ……………………………… 153
　　第二节　显著的办学效果 ……………………………… 245
　　第三节　存在的办学问题 ……………………………… 299

第四章　主要历史作用、启示 ……………………………… 306
　　第一节　英语函授教育与近代函授教育的发展 ……… 306
　　第二节　英语函授教育与民国出版事业的发展 ……… 333
　　第三节　英语函授教育推动民国社会的进步 ………… 354
　　第四节　英语函授教育的现代启示 …………………… 369

参考文献 ……………………………………………………… 381

后记 …………………………………………………………… 388

绪　　论

　　我国远程教育起源于19世纪末期。私立专门函授学校兴办的本科函授教育、在华外国教会学校开办的函授教育和官方从事的华侨、师范函授教育事业的发展是我国早期远程教育发展的三个重要组成部分①。其中,近代民营出版机构充分凭借自身雄厚的人才智力资源和丰厚的纸质媒介资源兴办的本科函授教育尤其引人瞩目。1915年3月,《教育杂志》首次刊登了商务印书馆附设函授学社英文科的广告,宣布"第一家英语函授学校的创立"②。"商务印书馆默察我国社会情形,觉函授学校之设,足以辅学校之不及,而为失学者开一方便之门,因于民国四年创办本社,是为我国有函授学校之始。开办之初,仅设英文一科,承各界之信任,学员来学者甚多。"③商务印书馆函授学社是国人自办的第一家专门函授学校,不仅正式拉开了中国近代函授教育的序幕,亦成为中国近代英语函授教育的嚆矢。

　　此后,文明书局、上海新中国印书馆、中华书局、开明书店、世界书局、大东书局先后创办:文明书局附设函授学社(首先开设商业科)④,上海新中国印书馆附设英文函授学社⑤,中华书局附设函授学校(首先开

---

① 陈斌、卢勃、陈宝华:《论我国远程教育的产生及其初期发展》,《广东教育学院学报》,2005年第6期,第49—50页。
② 《第一家英语函授学校的创立——商务印书馆附设函授学校英文科广告》,《教育杂志》,第7卷第3号,1915年3月,书中彩色插页。
③ 《C.P.C.S. News商务印书馆函授学社新闻——商务印书馆函授学社小史》,《英语周刊》,1928年1月14日,第636期,第760页。
④ 《上海文明书局附设函授学社商业科通告》,《申报》,1917年3月21日,第1张第2版。
⑤ 《上海新中国印书馆附设英文函授学社招生》,《申报》,1923年11月19日,第1张第2版。

设英文科)①,开明中学附设(函授)讲义社(设有当时中学所开设的全部科目)②,大东书局附设大东法律函授学校③,世界书局附设英文函授学校④,大东书局附设函授学校(开设文书、日文两科)⑤。至此,近代民营出版机构开办的函授学校俨然成为了当时一支非常重要的函授教育办学力量。

　　根据民国文献的记载,在民国时期开办的所有专门函授学校中,商务、中华、大东及开明书店创办的函授学校均"有着显著的成绩和光荣的历史"⑥。而商务、中华、开明函授学校的整体办学水平在上海一地甚至全国范围之内,始终保持着遥遥领先的地位。在长达数十年的函授教育办学生涯中,上述三所函授学校均取得了显著的办学效果和社会效益,在中国函授教育史、中国早期远程教育史上都占据着极其重要的位置。在民国社会变革和转型的时代背景下,上述三所私立专门函授学校密切关注社会发展和社会民众的实际需求,先后开设了特色鲜明、办学优势突出的不同门类的专业,均取得了显著的办学成绩。在商务印书馆、中华书局、开明书店函授学校开设的所有专业中,其英文科的创办时间较早,办学规模较大,办学持续时间较长,毕业学员人数较多,办学声誉较为显著,

---

① 《中华书局附设函授学校先开办英文科初等三级、高等三级》,《中华教育界》,第16卷第3期,1926年3月,书首黑白插页。
② 《开明中学讲义社开始发行广告——总经理处:上海福州路开明书店总发行所;分经理处:广州、沈阳、北平、汉口开明书店分店(印有章程、样本,函索即寄)》,《申报》,1932年4月14日,第1张第4版。
③ 《上海市教育局核准登记备案:大东书局附设——上海市私立大东法律函授学校招收学员》,《申报》,1933年7月4日,第2张第5版。
④ 《上海市教育局备案私立世界书局英文函授学校招生》,《申报》,1935年2月15日,第2张第7版。
⑤ 《上海市教育局核准设立:大东书局附设——上海市私立大东书局函授学校招收文科、日文科学员》,《申报》,1936年5月26日,第1张第2版。
⑥ 履冰:《函授是教育社会化的实践和基础》,《文化通讯》,1948年第3期,第8页。

办学成就相当突出,格外引人瞩目①。

商务印书馆最早从欧美引进的这种不受地域限制、打破时空藩篱的新型开放式教育体制很快就显示出了极强的生命力和辐射力。据统计,仅仅至1918年3月,商务印书馆函授学社英文科的学员已遍布全国22个省份,其生源几乎涵盖了民国社会的各个领域,主要来自工、商、学、政及宗教界②。截止到1926年7月,英文科还有一些学业成绩优秀的学员分布在我国香港、澳门地区,以及日本、菲律宾、缅甸等国家③。仅仅到

---

① 严天牟:《中国之函授学校》,《东方杂志》,第15卷第3期,1918年3月,第178—181页;王步贤:《参观商务印书馆英文函授学社纪略》,《教育杂志》,第11卷第4号,1919年4月,第29—30页;严次陵:《工读主义与函授学社》,《学生杂志》,第11卷第7号,1924年7月,第62—64页;余裴山:《我希望的函授学校》,《世界教育新思潮》(周刊),1919年10月6日,第33号,第1页;朱天一:《庚子赔款与教育——其九》,《教育杂志》,第15卷第6号,1923年6月,第127页;惠民:《函授学校的秘密——登报招请职员,原来滑头性质》,《大常识》(三日刊),1929年3月1日,第1版;王实明:《介绍一种学校——函授学校》,《机联会刊》,1933年第75期,第14页;刘毓芬:《以旁观态度就过去经验,谈谈函授学校》,《益世报(天津)》,1934年2月1日,第3张第75号,第9版——社会服务版;刘毓芬:《再谈函校——当供给一般青年需要,当首推上海的"开明"——函授教育渊源于英大学教育推广运动,中国倡导者为詹天佑,创始者为周越然》,《益世报(天津)》,1934年3月11日,第3张第110号,第9版——社会服务版;伍瑞锴:《函授学校及其评价》,《侨民教育函授学校校刊》(创刊号),第1卷第1期,1940年9月,第16—21页;履冰:《函授是教育社会化的实践和基础》,《文化通讯》,1948年第3期,第8页。
② 严天牟:《中国之函授学校》,《东方杂志》,第15卷第3期,1918年3月,第179—180页。
③ 《商务印书馆附设函授学社英文科第一次奖励金发表、四级共奖现洋四百元》,《申报》,1918年8月31日,第1张第1版;《商务印书馆函授学社英文科第二次奖励金发表、四级共奖现洋四百元》,《申报》,1919年7月1日,第1张第1版;《上海商务印书馆函授学社英文科第三届奖案揭晓》,《申报》,1920年7月2日,第1张第3版;《上海宝山路商务印书馆函授学社英文科第四届奖案揭晓》,《申报》,1921年7月1日,第2张第6版;《上海宝山路商务印书馆函授学社英文科第五届奖案揭晓——现银奖金四百圆》,《申报》,1922年7月1日,第1张第3版;《上海宝山路商务印书馆函授学社英文科第六届奖案揭晓》,《申报》,1923年7月1日,第1张第3版;《现款奖金四百元、上海商务印书馆函授学社英文科第七届奖案揭晓》,《申报》,1924年7月3日,第1张第3版;《现款奖金四百元、今年加奖价值五十余元之西书及赠品——商务印书馆函授学社英文科第八届奖案揭晓》,《申报》,1925年8月1日,第1张第3版;《现款奖金四百元、加赠价值五十元之西书及纪念品——商务印书馆函授学社英文科第九届奖案揭晓》,《申报》,1926年7月1日,第1张第1版。

1927年年底,英文科学员人数居然高达20,718人①,英文科学员人数在所有专业总人数中所占据的比例竟然高达78%②。仅仅从在读学员人数和学员分布情况的角度来衡量,商务函授学社英文科的办学成就已经相当突出了。在商务函授学社英文科的直接带动、影响、刺激和示范下,作为后起之秀的,先后在1926年3月、1932年4月创办的中华书局函授学校英文科与开明书店中学讲义社英文科所取得的办学成绩亦不容小觑,相当引人瞩目。截止到1937年4月,中华书局函授学校的学员已有15,000人,其中绝大多数学员都来自英文科③。经过数十年的努力办学,至1936年3月,中华书局函授学校英文科"声誉素著,学员遍及各地"④。而办学时间开始最晚的开明函授学校,其英文科学员人数仅仅至1934年就已经突破了"1万人以上"⑤,他们广泛分布在全国22个省及5个院辖市行政区范围之内⑥。近代民营出版机构从事英语函授长达数十年,为民国社会工、商、学、政界等各个领域培养了一大批具有由"普通英语语言+一般社会用途英语+商业用途英语"知识、技能构成的复合型外语专业人才。函授学员遍布中国各地的众多行业、领域,他们凭借自己的英语语言优势,为推动中国近代化事业的发展做出了重要贡献。

更为可贵的是,商务印书馆、中华书局、开明书店将起源、发轫于欧美国家的这种新型开放式教育体制——函授教育引入到中国的英语教育领

---

① 《C.P.C.S. News商务印书馆函授学社新闻——英文科小史》,《英语周刊》,1928年2月4日,第639期,第820页。
② 《C.P.C.S. News商务印书馆函授学社新闻——商务印书馆函授学社小史》,《英语周刊》,1928年1月14日,第636期,第760页。
③ 《中华书局消息一束》,《出版月刊》,1937年4月第4号,第20页。
④ 《上海市教育局登记私立中华书局函授学校招收学员》,《申报》,1936年3月4日,第1张第4版。
⑤ 许晚成:《上海大中小学调查录——函授学校之部》,上海龙文书店,1935年1月第1版,第3页。
⑥ 开明中学讲义社编辑:《开明中学讲义社社员录》,《社员俱乐部》(内部刊物,只向学员免费发放),1932年8月20日,创刊号,第65—78页;《社员录(续)》,《社员俱乐部》,1933年2月20日,第3号,第227—234页;《社员录(续)》,《社员俱乐部》,1933年5月20日,第4号,第309—312页。

域之际,并没有简单地完全照搬欧美的以高等职业教育为显著特征的学历函授教育体制。而是在近代中国变革、转型的时代背景下,综合考察民国社会发展和社会民众的实际需求,对此进行了合理的扬弃和本土化的创新。商务、中华、开明函授学校英文科始终坚持学历教育和非学历教育并存的双轨教学体制,以中等教育为主体,兼顾高等教育,彰显普通学校教育和职业教育的办学特点;动态性地设置课程体系,努力做到办学体制、办学层次、办学形式的多样化、多元化,以期更好地满足不同社会群体的个性化、差异化需求。如果将商务、中华、开明函授学校英文科办学的历史轨迹连成一体,可以发现,其对传统函授教育既有借鉴与传承,又有超越与创新,其英语函授教育体制呈现出了更加灵活多变、更富有弹性、更具本土色彩的显著特点①。这三大民营出版重镇互为映衬,相得益彰,共同在中国近代英语函授教育史上演绎了光彩夺目的篇章,有力促进了英语函授教育在近代中国科学化和本土化的发展进程。

晚清以降,中国传统教育的变革所体现出来的最本质的特征就是实

---

① 商务印书馆函授学社:《商务印书馆附设函授学社英文本科简章》,1918年(出版单位不详),第1—14页;商务印书馆函授学社:《商务印书馆附设函授学社英文选科简章》,1918年(出版单位不详),第1—6页;商务印书馆函授学社:《商务印书馆函授学社概况书》(出版单位、时间不详),第1—15页;商务印书馆函授学社:《商务印书馆函授学社简章》(出版单位不详),1932年8月重定,第1—21页;私立商务印书馆函授学校:《私立商务印书馆函授学校简章——中学部现设国文、英文、日文、算学、自然、史地图书馆学七科;大学部现设十五学系、六十学程》,1939年9月修订,第1—37页;《中华书局附设函授学校先开办英文科初等三级、高等三级》,《中华教育界》,第16卷第3期,1926年3月,书首黑白插页;《中华书局附设函授学校最新式大规模的英文函授讲义——开办伊始,减收学费》,《申报》,1926年9月4日,第2张第6版;《上海市教育局备案私立中华书局函授学校招收学员》,《申报》,1935年3月10日,第1张第4版;《上海市教育局备案私立中华书局函授学校招收学员》,《申报》,1935年3月10日,第1张第4版;《上海市教育局登记私立中华书局附设函授学校招收学员——国文、英文添办选科》,《申报》,1937年4月25日,第2张第7版;《开明中学讲义开始发行广告——总经理处:上海福州路开明书店总发行所,分经理处:广州、沈阳、北平、汉口开明书店分店(印有章程、样本,函索即寄)》,《申报》,1932年4月14日,第1张第4版;《开明中学讲义社征募新社员——本社章程摘要》,《申报》,1932年9月19日,第1张第4版;开明中学讲义社编:《开明中学讲义社简章》,载周乐山:《应用文精义——第九章,规章——第三节,规章举例》,广益书局,1933年5月第1版,第16—20页。

用性、民主性、科学性和开放性,这也是教育近代化的基本内涵①。函授教育在近代中国诞生并取得一定的发展,这一重大教育事件本身就是中国教育由传统到现代转型的一个重要标志。因为它有效缓解了有限的学校教育资源与社会民众的实际需求之间的供需矛盾,为广大中下层社会民众开辟了另外一条接受系统教育、提高文化素质的校外新途径。毫无疑问,仅从英语函授教育自身发展的层面而言,商务、中华、开明函授学校所从事的这种迥别于传统教育体制的开放式英语远程教育事业,在中国教育近代化的发展历程中起到了重要推手的作用。

为了取得良好的社会效益,更好地推动函授教育制度的发展,商务、中华、开明函授学校英文科彼此之间展开了激烈的竞争,在上海展开了一场"函授风暴"。通过"拼价格""拼学费""拼优惠制度"等措施,各尽所能,各显神通,努力吸引更多的生源,最终使广大中下层社会群体受益匪浅,极大地提升了这种新型开放式教育制度在社会民众中的认可和接受程度。

从世界范围来看,较为正式的函授教育发源于19世纪60年代的英国,勃兴于20世纪初期的美国。也就是在这一时期,美国的一些专门函授学校开始在中国上海设置代理机构,将这种较为正式的函授教育制度介绍到中国(相关详情见第一章第三节的论述)。直到1915年3月,中国才开始拥有国人自办的第一家专门函授学校——商务印书馆附函授学社(首先开办英文科一科)。但在当时,这种新型的教育制度并没有引起文化教育界的广泛关注和充分重视,当然也就谈不上官方机构给予其办学资质的认可了。造成上述结果的原因主要有以下两点:第一,这种新兴的开放式教育制度在近代中国存在的历史较为短暂,它所具备的办学优势、特点、效果还没有被广大社会民众所熟悉、认识和理解;第二,各类大中院校自身拥有的教育资源都比较紧张和有限,受制于人力、财力、物力,也无

---

① 田正平:《留学生与中国教育近代化·总前言》,广东教育出版社,1996年11月第1版,第11页。

暇顾及这种新型的函授教育制度。因此,中国近代制定、颁布的三大学制——《壬寅·癸卯学制》(1902—1904年)、《壬子·癸丑学制》(1912—1913年)、《壬戌学制》(1922年)都没有将函授教育纳入其学制体系之中。

在民国初期,这种最先由商务印书馆引入中国英语教育领域的函授教育制度并没有被各级政府机构和教育主管部门所认可和接受。然而,近代民营出版机构开展的丰富多彩的英语函授教育实践活动、所取得的显著的办学成就、所积累的宝贵办学经验不仅推动了上海私立函授教育事业整体的发展,而且也逐渐引起了上海市教育局的关注。正是在商务、中华、开明函授学校英文科的示范、影响和推动下,上海市教育局在1931年着手制定了一套较为完备的《监督私立补习、函授、职业学校办法》,这套对函授学校的监督管理法规于1931年8月28日被市教育局正式颁布①。此后,上海市教育局在宏观层面加强了对私立函授学校的监督和管理力度,这就意味着上海地方政府率先对这种新型的函授教育制度的正式承认和认可。此后,在近代民营出版机构所从事的英语函授教育实践活动的影响、带动和推动下,到1943年7月,国民政府教育部颁布了一个非常重要的有关推广函授教育的《师范学院附设中心学校及国民学校教育进修班暨函授学校办法》,共计18条规则,较为详细地制定了各省市师范学院应该如何办理附设函授学校的具体方案②。至此,这种最先由商务印书馆引入中国英语教育领域的函授教育制度,经过25年的曲折发展,终于在国家教育管理制度系统之内占有了一席之地,最终进入了民国各省市的公立师范院校,与普通学校并行发展,得以被大力推广和普及。关于函授教育制度在中国的发展历程的详情,见本书第四章第一节的论述。可以说,函授教育制度在民国社会能够得以发展和普及,对此近代民

---

① 《教育消息——市教育局公布监督私立补习、函授、职业学校办法》,《申报》,1931年8月29日,第3张第14版。
② 《师范学院附设中心学校及国民学校教员进修班暨函授学校办法——第三三五一九号训令颁发(三十二年七月九日)》,《教育公报》,1943年第15卷第7期,第5—6页。

营出版机构从事的英语函授教育实践活动功不可没。

商务、中华、开明函授学校不仅为数以万计的在职人员提供了极有针对性的英语函授教育,有效提升了社会各界职业人士的英语素质,加快了西学在华传播的历程,而且还为社会各界培养、输送了一大批高素质的复合型外语人才,有力促进了民国资本主义工商业经济的发展,推动了民国社会的变革与转型。

综上所述,近代民营出版机构从事的英语函授教育是近代成人教育、职业教育、社会教育的不可或缺的组成部分和一种非常重要的表现形式。商务、中华、开明函授学校英文科在中国近代英语教育史、函授教育史、远程教育史、成人教育史、职业教育史、社会教育史上都占据着非常重要的位置,都具有重大的历史意义。鉴于学界目前对此开展的相关研究所取得的学术成果尚且匮乏和薄弱,倘若能够做出专题研究,不仅具有较为重要的学术意义,亦不乏较强的现实意义。具体而言,将近代民营出版机构从事的英语函授教育作为专题进行系统性、深入性研究,其所蕴含的学术意义及价值主要体现在以下几个方面:

第一,对研究中国近代英语教育史具有重要学术意义及价值。

截止到目前,就笔者所掌握的文献资料而言,学界对民国时期英语教育的专题研究全部集中在正式的各级各类学校教育领域,而忽略了正式学校教育之外的函授学校、补习学校、夜校等外语教育机构从事的英语教育事业。上述三种教育机构理应是中国近代英语教育的重要组成部分。中国教育近代化正是在对传统教育影响和西方教育认知的双重"过滤"和"选择"中艰难地推进并呈现出自己的特点的,与西方先进资本主义国家走过的道路截然不同。比如,它不像欧美国家曾经历的那样,首先由政府颁布有关的法令、法规、政策、制度,自上而下地推动近代化进程;它是先由各地方、各部门甚至民间自发创办,经过多年之后才由国家颁布统一的学制、课程。还有,半封建半殖民地的社会性质加剧了本来就存在的地区差异和各地发展的不平衡。东南沿江沿海大中城市教育资源较为雄厚,而广大内陆城乡却与之形成强烈反差①。

欧美最早的函授教育机构一般都是由大学衍生而成立的,例如:在世界上最早从事函授教育的英、美两国都是由其著名的公立大学率先成立函授教育机构的;函授教育机构正常运转之后便很快得到政府的大力支持和认可,然后由政府部门制定、颁布相关的政策、制度,将这种新型的开放式教育体制在全国各公、私立大学给予推广和普及。函授教育制度在欧美国家发展呈现了以下显著特点:从整体上而言,是由上到下、由官方到民间的发展途径;是从高等学校系统内的函授教育机构,逐渐扩展到学校系统外的机构、部门开办的专门函授学的发展历程②。

而我国函授教育的发轫、勃兴却与欧美国家有着明显的差异。如前所述,国人自办的最早的函授教育机构不是由学校系统内的某所公私立大学开办的,而是由一所学校系统之外的出版文化机构——商务印书馆创建的专门函授学校,首先开办英文一科。其他近代民营出版机构纷纷仿效商务印书馆,凭借自身独特的教育资源优势开办了各自的专门函授学校。近代民营出版机构开办的函授学校尤其以设置最早、本土特色鲜明、成绩最为突出的英文专业著称。近代民营出版机构从事的英语函授教育极大刺激、带动了民国时期上海一地学校系统之外的私立函授教育事业的发展,从而推动了当时的政府对函授教育制度的认可和接纳。函授教育制度在民间经过二十多年的大力发展,终于被政府承认。政府出台了相关政策、法规,将函授教育制度由学校系统之外的私立专门函授学校推广到公立专门函授学校领域,再由公立专门函授学校推广到学校系统之内的公立高等师范院校。显然,中国近代函授教育事业的发展历程呈现出了迥然不同于西方的态势。在政府教育体制不健全、教育资源匮乏的时代背景下,学校系统实在是"无心、无力"去承办函授教育。

---

① 田正平:《留学生与中国教育近代化·总前言》,广东教育出版社,1996年11月第1版,第12—13页。
② 周简叔:《世界高等函授教育概观》,中国人民大学出版社,1988年5月第1版,第1—19页。

中国近代函授教育的发展历程在某种程度上可以被视为中国整体教育近代化的缩影。在中国教育近代化的历程中,民营出版机构从事的英语函授教育顺应了历史发展的潮流,起到了重要的示范和推动作用,有力促进了中国教育近代化的嬗变和转型。把商务、中华、开明函授学校英文科作为个案研究对象,这对我们深入认识、理解中国教育近代化的曲折发展历程具有非常重要的学理价值,且会在很大程度上帮助我们更加全面地重塑、构建、再现当时这一重要的历史图景,全方位、多维度地展示近代英语教育史的发展轨迹。

中国远程教育经历了从函授教育到广播电视教育,再到网络远程教育三个阶段的发展历程。近代民营出版机构不但开启了远程教育的先河,而且还取得了极为突出的办学成就。由此可见,近代民营出版机构从事的英语函授教育不仅是我国近代英语函授教育的源头和起点,还是较为规范的函授教育、远程教育的源头和起点。想要厘清、勾勒出近代英语教育史、函授教育史和远程教育史的发展逻辑和脉络,则对近代民营出版机构从事英语函授教育的研究是我们无法回避的一个历史拐点和关键环节。

毋庸置疑,商务、中华、开明函授学校在中国近代英语教育、函授教育、远程教育发展历程中所占据的重要历史地位是不言而喻的,其所具备的学术价值及意义当然值得我们给予高度关注和深入探讨。

第二,对研究中国近代成人教育史、职业教育史、社会教育史都具有一定程度的学术意义及价值。

商务、中华、开明函授学校英文科兼顾普通学校教育和职业教育,其招收对象不分男女老幼,几乎没有任何入学门槛的限制,以期最大限度地面向社会广大民众群体;而函授教育本身就是成人教育系统结构中的一个重要类型。

清末民初之际,近代成人教育、职业教育、社会教育始终都没有能够突破课堂教学的束缚,无法满足在职人员利用业余时间自修、提高文化素质和专业技能的需求,但商务、中华、开明函授学校的创建打破了这一僵局,摆脱了职业的桎梏,创建了一种较为规范的、异地交流模式的开放式教育体制,这在我国近代成人教育史、职业教育史、社会教育史上都具有里程碑式的意义。

截止到目前,学界在成人教育史、职业教育史、社会教育史领域所取得的专题研究成果都没有涉及对函授教育的探讨,对近代函授教育史系统性、深入性的研究成果相当匮乏。在此,尤其需要做出强调的是,目前国内学界对中国近代社会教育史的整体研究都相当薄弱。早在2003年12月,著名教育史学家田正平教授在王雷博士所著《中国近代社会教育史》之《前言》中就曾经明确指出,相对于学校教育而言,中国近代社会教育的研究虽然起步更晚、步履更沉重,但同样是中国社会新陈代谢的一个重要构成部分。"因此,研究传统社会教化向近代社会教育转化的过程、机制、特点问题,是中国教育近代化研究的题中应有之义。但是,长期以来,社会教育却没有或很少进入中国教育史的视野,更少有成果面世,这种状况,无论是从学科建设的角度还是从现实需要的角度来看,都不能不说是一种缺憾。"[①]鉴于上述原因,探讨近代民营出版机构从事的英语函授教育无疑可在一定程度上改变这种研究现状,无论是对该项学科的建设,还是对现实的需要而言,都具有一定的学术价值。

第三,对研究近代出版史具有一定的学术意义及价值。

商务、中华、开明等近代民营出版机构都热衷于兴办函授教育,尤其是格外重视推动英语函授教育事业的发展。不可否认,近代民营出版机构直接从事教育教学实践活动正充分体现了其以"吾辈当以扶助教育为己任""昌明教育,开启民智"的出版文化理念。但除此之外,还有没有其他重要原因呢?

现在以办学时间最长、办学影响最显著的商务函授学校英文科为例,

---

① 田正平:《序言》,载王雷:《中国近代社会教育史》,人民教育出版社,2003年12月第1版,第1页。

我们不妨设想,在经历"一·二八"事变和"八·一三"事变后,商务印书馆在相当艰难的环境下一直坚持函授学校英文科的正常办学,如果英文科没有为商务印书馆带来任何的经济效益和商业价值的话,那么必定会成为其一个沉重的经济包袱。当时,就连自身出版业的正常运行都已经受到了严重影响,商务印书馆又怎么可能始终力挺其附属的函授学校英文科呢?商务印书馆为什么对函授学校英文科如此情有独钟?它与商务印书馆的出版事业到底存在着怎样的密切联系?它为商务印书馆带来了怎样的商机?又究竟为商务印书馆创造了怎样的经济效益?

上述问题的提出对我们探讨近代民营出版机构对多元化的出版经营活动的从事具有一定的学术意义及价值。不仅如此,以此专题研究为切入点,也可以洞悉在出版文化理念与商业利益博弈的过程当中,近代民营出版机构是如何进行平衡和协调的。

第四,现实意义及价值。教育史学所具备的其中一个重要功能是"助教"功能,这也是我们通常所理解的"求用"功能。教育学家、美国哥伦比亚大学的巴茨(R. F. Butts)教授认为:"研究教育史可以帮助我们看出目前的重要问题是什么,这些重要问题是怎样出现的,过去曾怎样解决的,过去解决的办法能否用来解决目前的问题。"[①]著名教育史学家、华中师范大学周洪宇教授对此有着同样深刻的见解,他这样谈到教育史的"助教"功能:"教育史学尽管年轻,但记录、叙述着人类悠久的教育进程,并为今天的教育实践和社会生活提供历史参考;人们可以从教育历史的兴衰更替中总结教育的本质,探求教育发展的历史规律,为今天的教育改革与发展服务,达到鉴往知来的目的。"[②]

教育是一门科学,也是一门艺术。在人类社会发展的历史长河中,处于不同时代的人们开展了丰富多彩的教育实践活动,也为后人留下了极

[①] 腾大春:《美国教育史》,人民教育出版社,1994年4月第1版,第58页。
[②] 周洪宇:《学术新域与范式转换——教育活动史研究引论》,华中师范大学出版社,2011年10月第1版,第39页。

其宝贵的教育历史文化遗产。但无论是在何种社会形态的历史背景下，人类社会从事的教育实践活动所蕴含的某种在本质上具有一定共性的教育逻辑、规律总是会反复出现，反复发生，然而随着时间的推移、岁月的流逝，生活在现代社会的人们会忽略或逐渐淡忘这种教育逻辑和规律。作为一名从事教育史学研究的工作者，便有责任、有义务在力所能及的前提下，在一定程度上尽力构建和再现已经发生的教育历史图景，并试图洞察、捕捉并总结其中所包含的某种逻辑、规律，以期能够为当今的教育实践活动提供一定价值的启发和借鉴。那么，开展对此论文题目的系统性、深入性研究是否具有一定的"助教"功能呢？答案是肯定的。

近年来，随着普通高等学校多年来的连续扩招和其他教育形式的不断涌现，以及其他内外因素的共同作用，成人高等函授教育正面临着空前的危机[①]；而新兴的网络远程教育方兴未艾，前途无量，但尚有诸多需要改进和完善之处。由于函授教育、广播电视教育和网络教育都属于远程教育体系，虽然表现形态各异，但却具有远程教育的共同特点[②]。有一点在此很有必要进行补充说明的是，商务、中华、开明函授学校英文科被迫停止办学都不是由于其办学质量不高、生源数量下降等方面的问题引起的，而是由于近代民营出版机构自身缺乏足够多的编辑人员造成的。在长达数十年的英语函授教育生涯中，商务、中华、开明函授学校的办学水平始终能够在函授教育界保持着领先地位。深刻反思、探寻上述三所函授学校英文科办学成功的具体因素，认真梳理、总结其办学特点，从而能够对当今的高等函授教育（包括外语函授教育）、远程教育及高等成人教育提供有价值的启发。

另外还需指出的是，为了使这本书的论述更加具有逻辑性，很有必要

[①] 韩淑红、韩雪莲:《新时期成人高等函授教育教育发展路径分析》，《东北财经大学学报》，2010年第3期，第92—93页；孙素梅、王晓东、温泉:《成人教育面临的新形势及对策探求》，《中国成人教育》，2007年第23期，第11页；余小波:《中国成人高等教育转型研究》，湖南大学出版社，2010年第1版，第6页。

[②] 祝捷:《成人教育概论》，东北师范大学出版社，2006年9月第1版，第229—232页。

在此对几个与其密切相关的重要概念给予界定和说明。本书中的"近代"概念,是指从1840年到1949年这段历史时期。根据本章第一节的论述,在民国时期,从事英语函授教育的近代民营出版机构共计有五所,按照开办时间的先后,它们依次是:商务印书馆函授学校、上海新中国印书馆、中华书局函授学校、开明中学讲义社(后来改名为开明函授学校)和世界书局英文函授学校。其中,英语函授教育办学时间持续较长、办学质量较高、办学信誉较佳、办学效果较著、办学影响力较大的函授学校是商务、中华和开明函授学校。上述三所函授学校比较具有个案价值、代表性和典型性,因此,本书的主标题与副标题——以"商务、中华、开明"函授学校为个案,是具有一致性和对应性的。由于商务印书馆最先从事英语函授教育,其办学持续时间也最长,因此本书研究的时间上限是从中国近代第一家英文函授学社——商务印书馆附设函授学社英文科成立开始算起,即1915年3月;时间下限为商务印书馆函授学校英文科的停办时间,也就是1946年12月。但是,为了行文论述的需要和保持文献资料的连续性、完整性,书中个别地方的阐述内容也会有所突破。

作为近代最负盛名的民营出版机构,商务印书馆一直以扶助教育、促进中国教育近代化为己任。直至1937年,张元济先生仍旧坚持认为:"我们的教育不要贵族化,要贫('平'字还不够)民化;不要都市化,要乡村化;不要外洋化,要内地化。"[①]本书试图用教育近代化理论探析商务印书馆函授学校在中国近代教育改革和发展史上所做出的重要贡献及其与教育近代化的双向互动关系。需要进行交代的是,"近代"和"现代"在英文中是使用"modern"一词来表达。我国学术界对"近代化"和"现代化"两个概念的使用虽然目前尚未统一,但在论述中国近代社会发展变迁的历史进程时,两个概念并没有实质性的分野,都把经济上的工业化和政治上的民主化作为最主要的因素,都把文化教育上的普及化、大众化作为重要内容,都主张把近代中国放在资本主义狂潮席卷世界的大格局中进行多学

[①] 张元济著、张人凤编辑:《中华民族的人格(附张元济抗日时期著作选辑)》,辽宁教育出版社,2003年第1版,第97页。

科、多视角的综合性考察①。考虑到本书的研究时段和教育史界的习惯用法,文中仍然使用"教育近代化",而不使用"教育现代化"概念。

一般认为,教育近代化有三个共同特征:"一是世俗化(Secularization),二是科技化(Polytechnization),三是普及化(Popularization)。"②世俗化主要是指由宗教教育和皇权教育向人本主义教育和普通民众教育的转变;科技化主要是指教育内容和形式由适应小农经济和手工业作坊的私塾书院向适应大工业生产和现代技术的学校教育班级授课制的转变;普及化主要是指由少数人的精英教育和贵族教育向大众教育和全民教育的转变。而商务、中华、开明函授学校英文科兼顾普通学校教育和职业教育。这三所函授学校不设任何招收门槛,对招收对象的性别、年龄都没有任何要求。只要有求学的意愿,不受职业、时空的束缚,任何人都可以根据个人的实际情况,选择一个适合自己的年级,随时随地通过信函的方式注册,接受英语函授教育。近代民营出版机构从事的英语函授鲜明地体现了上述提到的教育近代化所具备的三个特征。

所谓中国教育近代化,正如在中国教育近代化研究领域中做出重大贡献的著名教育史学家田正平教授所言,是指一种历史过程。即,与几千年来自给自足的封建农业经济基础和封建专制政体相适应的传统教育,逐步向近代大工业生产和与资本主义发展相适应的近代新式教育转化的一个历史过程。换句话说,它指的是近在代资本主义兴起之后,我国教育体制通过多次的改革,学习、借鉴西方教育经验,改造、更新传统教育,努力赶上世界先进教育水平的历史过程。这个过程既体现在教学内容、教育制度、教学方法和手段等物化层次方面,也更深刻地反映在诸如教育理论、教育思想、教育观念、社会心理、价值取向等精神、思想和心理层面③。

---

① 田正平:《留学生与中国教育近代化·总前言》,广东教育出版社,1996年11月第1版,第7页。
② 苏云峰:《中国新教育的萌芽与成长(1860—1928)》,北京大学出版社,2007年第1版,第4页。
③ 田正平:《留学生与中国教育近代化·总前言》,广东教育出版社,1996年11月第1版,第7—8页。

近代以来,中国传统教育的变革所体现出来的最本质特征,就是实用性、民主性、科学性和开放性。这些本质特征正是我们所理解的教育近代化的基本内涵。

从教育近代化的教育史学实践中可以发现,教育近代化理论范式还有一个显著的特点,即无论是宏观、中观还是微观的教育史研究,都不是为了考证某一处史实,也不仅是单纯地叙述某一个问题,它有着广阔的社会背景,追求的是一个整体的历史、普遍的历史,其叙述探析的重要特征是注重连续性、整体性,力图揭示中国近代教育在世界近代教育坐标体系中从传统向近代变革的总体历史意义①。笔者完全同意上述观点,也将在本论文的撰写过程中试图呈现上述理论特点。

本文的论述所运用的主要是有关历史学、教育学、外国语言及应用语言学、新闻出版学等专业领域的一些基本理论知识。主要采用历史学、教育学、语言学等专业较为常用的文献分析法、个案研究法、比较研究法、图表统计法、量化统计法、定量与定性结合法等多种不同类别的具体方法,以期能够较为清晰、全面地动态化、立体化展示近代民营出版机构从事英语函授教育实践活动的历史全貌。在此前提下,尽可能系统、深入地去阐释、探讨和总结其办学特点、办学成就、办学启示及存在的问题与不足,从而可以更好地理解近代民营出版机构从事的英语函授教育在中国近代教育史上产生的深远影响和具有的重要历史意义。本文以商务、中华、开明函授学校为个案,由小见大,由部分到整体,由微观知宏观,在一定程度上可以窥见中国教育近代化艰难、曲折的发展历程。

---

① 周洪宇:《学术新域与范式转换——教育活动史研究引论》,华中科技大学出版社,2011年10月第1版,第402页。

第一章　办学历史背景与办学条件

第一节　历史背景

一、民国初期政治、经济、文化发展概述

　　1911年辛亥革命推翻了清王朝的统治,这是中国历史发展进程中的一次重大的历史变革。它是近代中国一次伟大的民族民主革命;它标志着在中国延续了两千多年的封建君主专制制度的终结和资产阶级共和制度的诞生,把具有漫长历史的封建专制社会引向现代社会的发展轨道,是中国从传统社会向近代社会转变过程中的一个重要里程碑。1912年1月,中华民国成立,建立了以孙中山为首的南京临时政府,孙中山当选为大总统。他在就职宣言中宣布了建国纲领:"尽扫专制之流毒,确定共和,以达革命之宗旨。"为巩固和发展辛亥革命的胜利成果,孙中山领导的临时政府颁布了一系列有利于民族资产阶级、有利于社会发展的政策、法令,开始了政治、经济、文化教育、社会风尚等各方面的改革工作。

　　民国伊始,中国经济出现了迅速发展的势头,并且持续了将近十年。这种与共和国一同诞生的经济发展热潮与国家的政治制度的变更和经济政策的导向有着极其密切的关系。中国历史上第一部宪法——《中华民国临时约法》,第一次以近代国家宪法的形式,宣告了中华民国是一个领土完整、主权独立、统一的多民族国家,国家主权属于国民全体,人民一律平等,享有人身、言论、著作、出版、集合、结社等自由和权利,"人民有保有财产及营业之自由"。这种以国家大法形式规定的权力,不仅激发了国民的爱国心和民族自豪感,而且至少在法律的层面彻底破除了人们对从事社

会政治经济活动的担忧和束缚,为资本主义经济活动提供了最基本的法律保障①。

辛亥革命胜利以后,民国政府革旧图新,紧随时代发展潮流,制定了振兴民族实业的国策,陆续颁布了一系列保护民族工商业利益、推动其健康发展的重要法规,为民族资本主义的大力发展开辟了广阔的前景,刺激了资产阶级发展实业的极大热情。霎时间,"振兴实业"的社会思潮蔚然成风。提倡实业建设的社会团体纷纷建立,提倡工业建设的杂志、刊物纷纷出版,新的私人资本主义企业更是如雨后春笋般涌现。几乎每天都有新公司注册,令实业部应接不暇。据农商部统计,辛亥革命前后历年设立的资本额在10,000元以上的民用工矿业:1911年为40家,资本额为576万元;1912年为85家,资本额为1038万元;1914年102家,资本额为1486.8万元。革命后设厂的总数为革命前的两倍半②。

同时,1914年第一次世界大战的爆发迫使欧美帝国主义列强忙于战争,无暇东顾,暂时放松了对中国的经济侵略,中国民主资本主义工业得到了进一步发展,为我国民主资本主义的空前发展提供了一个"黄金时机"。一方面,帝国主义在中国的商品倾销在此期间锐减,使得中国历年严重入超的危机得到暂时缓解;另一方面,西方国际社会对各种战争物资的迫切需求刺激了中国的出口产业,由此形成了对民族资本主义工农商业发展相当有利的国际国内两大市场。以工厂数为例,1903年至1908年,平均每年注册工厂仅有21.1家;但是在1913年至1915年间,平均每年注册的工厂多达41.3家;而在1916年至1919年间,每年注册的工厂竟然达到了124.6家③。

棉纺织、火材、机器制造等行业在大战期间因进口锐减而获得快速发

---

① 章开沅主编:《中国经济史》,高等教育出版社,2002年7月第1版,第230页。
② 杜恂诚:《民族资本主义与旧中国政府》,上海社会科学院出版社,1991年6月第1版,第31,107页。
③ 陈真、姚洛合编:《中国近代工业史料——民族资本创办和经营的工业》(第一辑),三联书店,1957年11月第1版,第14页。

展。面粉、榨油、锑钨开采等部门在大战期间因出口大增而加速发展,其中面粉业尤为显著。从整体上而言,民国初期的经济发展呈现出了良好的势头;1914年至1920年,私人产业资本平均年增长率为10.54%,一些主要行业的增长率更高,面粉业为22.8%,卷烟业为33.67%,棉纺织业为17.4%。经过这一时期的发展,中国私人资本主义工业获得长足进步[①]。

资本主义工业的发展必然要求商业、金融等行业的相应发展,也必然刺激、带动商业、金融、手工等各业的发展。辛亥革命后、"一战"期间以及以后一段时间国内工业的迅速发展为商业的发展奠定了有利的基础。近代工业、传统手工业生产的迅猛发展,增加了城乡间的商品交换和出口贸易,促进了自然经济的进一步解体。本时期商品的市场交易量有了较大增长。据30年代初海关的土货埠际贸易估算的国内生产的商品流通额,1913年为9.3亿元,1925年为21.6亿元,12年间增加了1.3倍[②]。

民族资本主义工商业的迅速发展促进了商贸进出口事业的发展和兴盛,中外交流与合作活动的表现形式日益呈现出多样化的特点,其活动也变得日益频繁,涉外企业、公司、工厂也随之增多,国际贸易事业的快速发展对广大的工商界职员的英语运用能力提出了一定程度的要求。在当时,随着美国的经济实力、军事实力和综合国力一跃而居于西方列强之首,英语在国际交流中所处的强势地位更加得到巩固和强化。英语已经成为了一种在中西交往活动中所不可替代的交际工具,其所具备的工具性和人文性价值更加得到增强和凸显,社会各界对英语人才的重视程度和需求程度都超过了以往任何一个时期。

近代中国迎来了又一个重要的"英语热"高峰期。经济结构的重大变化引发了工商界对具备一定英语应用能力的大量外语人才的迫切需求。工厂、企业为了保持正常运转和推动自身可持续发展,不仅要定期招纳一

---

① 章开沅主编:《中国经济史》,高等教育出版社,2002年7月第1版,第242—245页。
② 同上书,第251—253页。

定数量的具备相当扎实的英语知识、较强的英语运用能力的新员工,还需要鼓励在职员工在不影响工作的前提下,通过各种途径参加培训,不断地提升英语专业知识、运用水平,才有可能达到工厂、企业的预期目标。由此可见,民国初期政治、经济发展水平对外语教育事业的发展提出了更高的要求。但是,仅仅就各级各类学校教育的层面而言,当时英语教育事业的发展状况已经远远无法满足民国初期政治、经济快速发展的社会需求了(详情见本章第二节的论述)。更何况,民国初期无论是各级各类公、私立学校,采取的都是封闭式学校教育体制,尽管在晚清时期的上海一地最早出现了类似于今天的外语培训班性质的教育机构[①],但这种新型的"短、平、快"教学体制仍然没有能够摆脱课堂教学模式的桎梏。当时采取这种单一教育体制的各级各类学校,受师资、教室、场地等重要教育资源的束缚,没有能力,也没有足够的实力能够为广大在职员工提供及时有效的业余英语教育。政治制度、经济体制的变革与发展对民国初期的英语教育事业提出了更高的要求,也带来了严峻的挑战和冲击。时代的发展、社会的变迁迫切需要一种新型的能够打破时空藩篱、不受职业束缚的,更具包容性、便利性、灵活性和开放性,并且符合民国初期国情的开放式教育制度的问世和诞生。

处于欧风美雨影响下的民国社会各领域掀起了向西方学习(尤其是欧美国家)的社会思潮。自从鸦片战争爆发以来,在不同的历史发展阶段,近代中国的精英分子阶层所倡导的学习西方思潮的重点出现了较大的变动。洋务运动时期主要是注重对西方器物的学习,维新运动时期则提倡重视对西方政治的学习,而进入民国时期以后,广大仁人志士又逐渐意识到仅仅从器物与政治制度上学习西方还是远远不够的,还应该从深层次的文化结构层面向西方学习[②]。

---

① 李亦婷:《外语培训班与晚清上海社会(1862—1911)》,上海社会科学院历史研究所硕士学位论文,2007年5月,第21—32页。

② 汪林茂:《晚清文化史》,人民出版社,2005年7月第1版,第23—25页。

语言与文化密不可分。语言不仅仅是一种文字符号,还是特定文化的载体和交际的工具。文化是语言的本质。语言与文化既相互依存,又相互影响。一方面,语言是反映民族文化和民族精神的镜子,语言不能脱离文化;没有文化背景的语言就不能称为是一种"活生生"的语言,就无法体现出语言的社会交际性特点,就会使语言丧失其所具有的一项非常重要的社会功能,即交际功能。另一方面,特定民族的风俗习惯、生活方式、思维方式、价值观念等文化特点,必须借助语言来表现,文化也离不开语言。学习和了解西方先进的文化,首先应该从其使用的语言开始,因为语言是文化最重要的载体,也是学习文化的主要途径之一①。而文化又是语言最重要的属性之一,语言本身又充分体现了社会文化,任何一个民族的语言都代表着一种独特的社会文化②。只有学会和掌握了西方世界的通用语言,才能更好地理解、吸取西方先进的文化,才能从根本上全面促进民国社会的变革和转型。因而西方世界通用的语言——英语所具备的重要功能,备受民国初期社会各界的高度重视和关注,就犹如商务函授学社英文科发布在《申报》上的英文科招生广告所言:"修习英文,以增进其世界知识,而于天演竞争中,占优胜地位"③;"君岂不云,不会说英语,不会读英文,不会写英字乎。欧美各国,新理新学,日出不穷,但知本国文字者,事事借手译人,不便孰甚。英语者,世界通行之语也,欲学外国文字,不可不学英文"④。

辛亥革命胜利后,新建立的中华民国经过短暂的正常发展之后,由于袁世凯复辟帝制和其在文化教育领域中实施尊孔复古的政策,使得正在前进中的历史车轮发生了倒转。袁世凯的这一做法彻底击碎了以孙中

---

① 邵敬敏:《关于中国文化语言学的反思》,《语言文字应用》,1992 年第 2 期,第 76 页。
② 游汝杰:《中国文化语言学刍议》,载王福祥、吴汉樱编:《文化与语言》(论文集),外语与教学研究出版社,1994 年 4 月第 1 版,第 20—28 页。
③ 《商务印书馆函授学社英文科通告——时乎时乎不再来》,《申报》,1915 年 10 月 14 日,第 1 张第 1 版。
④ 《学英文之好机会——商务印书馆函授学社英文科》,《申报》,1918 年 11 月 24 日,第 1 张第 1 版。

山、黄兴等为首的资产阶级革命派建立民主共和国家的理想。

袁世凯的倒行逆施极大刺激了一大批资产阶级民主主义者更加深入地反思和检讨：民主社会在欧美国家为何可以实现，而构建民主社会制度在中国却屡屡遭受挫折和失败？从戊戌变法到辛亥革命，这种历史悲剧再次重演究竟意味着什么？经过一番充满焦虑和愤慨的思索，有识之士对民主社会的认知程度和范畴开始从器物、制度层面转至文化心理层面，逐渐意识到没有多数国民的民主觉悟，没有一种能赋予民主制度以生命力的社会心理基础，是不可能建立起西洋式民主国家的[①]。于是，以"科学"和"民主"为旗帜，以"改造国民性"为根本宗旨的新文化运动乘势而起。以陈独秀于1915年9月创办的《新青年》杂志为开端和主要理论阵地，汇集起一批先进的知识分子。以陈独秀为代表的激进民主主义者发起了一场提倡民主、反对专制，提倡科学、反对迷信，提倡新道德、反对旧礼教，提倡新文学、反对旧文学，提倡白话文、反对文言文的新文化运动。他们向封建复古主义宣战和讨伐，在对旧制度、旧道德、旧观念进行尖锐批判的同时，把人们引向对科学精神与民主精神的追求，有力促进了科学与民主思想的传播。在此前提下，人们从教育宗旨、教育制度、教育内容和方法等方面，都提出了新的改革要求，一系列革命性的重大措施得以实行。

进入20世纪初，作为文化事业主干的教育领域继续朝着戊戌时期开创的启蒙主义文化方向演进。在这一段历史发展时期，更为强烈的启蒙主义精神又融入了同样强烈的"国民主义"观念，使得初具规模的近代教育事业呈现出了更加鲜明的世俗化倾向。这种倾向主要表现在以下几个方面：第一，确立了教育世俗化的指导思想；第二，建立世俗化的教育体制；第三，教育内容的世俗化；第四，教育对象的全面化[②]。而教育思想的

[①] 陈旭麓：《中国近代社会的新陈代谢》，上海人民出版社，1992年第1版，第395—396页。

[②] 汪林茂：《晚清文化史》，人民出版社，2005年7月第1版，第493—498页。

创新是教育改革的先导和前奏。民国成立之后,又随着新文化运动如火如荼的深入持续开展和民族资本主义的快速发展,上述由清末奠定的教育世俗化发展倾向越发强烈,不可阻挡,代替尊孔读经逆流而起的,是平民教育、实用主义教育、工读主义教育和自由主义教育等思潮的兴起和传播。提高广大民众的文化教育水平,提升整体国民的文化素质,让更多的中下层民众接受一定程度的教育已经成为时代发展的主旋律。中国近代社会发展的新动态、新特点和新趋势都更加热切呼唤和期盼一种开放式教育的到来。可以这样说,清末民初时期文化教育界呈现出的新气象、新动态、新变革都为近代民营出版机构的英语函授教育的发轫和勃兴提供了良好的社会环境和文化氛围。

二、民国初期成人教育、社会教育发展状况

自从1902年至1904年晚清政府制定的《壬寅·癸卯学制》被颁布、实施以后,各地为推行识字教育举办的半日学堂、简易识字学塾,日益增多。1905年清政府颁布预备宪令,开始创立"为救济年长失学成人"的补习教育,主要是设立宣讲所,开办简易识字学塾、简易学堂、半日学堂及其他社会教育设施等。属于农业教育的有农业夜校、耕读补习班、农余体育会等;属于工人教育的有工厂、公司附设半日学堂、恤贫半夜学堂等;属于商人教育的有商人补习夜馆、半日营业学堂;属于妇女教育的有女工传习所、半日妇女学堂等。这些大都是当时的有识之士,特别是工商业者,为了民族或自身的利益,自发地办起来的①。

1911年辛亥革命推翻了统治中国260多年的清王朝,结束了两千多年的封建帝制,建立了资产阶级的政权。1912年1月,中华民国临时政府在南京成立,孙中山当选临时大总统。孙中山十分重视教育,他主张教育普及,实行社会教育。中华民国临时政府教育部设有社会教育司,专管全国群众性的社会教育事业,这是中国社会教育第一次在教育行政上获

---

① 董明传、毕诚、张世平:《成人教育史》,海南出版社,2002年3月第1版,第7—10页。

得独立地位。社会教育司分三科,第一科掌理宗教、礼俗;第二科掌理科学、美术;第三科掌理通俗教育。各省教育厅亦设立相应机构,社会教育行政适宜为各省教育厅第二科主管。至此,社会教育在省级教育行政设置上也有了自己的地位。由此可见,民国初期的成人教育、社会教育事业是有机地融合在一起,并行得到发展的,彼此之间并没有明确的、严格的划分、区别。

1912—1913年制定、颁布的《壬子·癸丑学制》系统中的《实业学校规程》第六章"实业补习学校"中规定:"实业补习学校为已有职业或志愿从事实业者授以应用之知识技能,并使补习普通学科。""实业补习学校,得附设于小学校、实业学校或其他学校之内";"实业补习学校之入学资格,须年在十二岁以上,有初等小学校之学力,或初等小学校未毕业,而已过就学年龄者"①。为已有职业或志愿从事实业者设立实业补习学校,对学习者授之以应用知识技能,并使之补习普通学科,这是民国政府对清末所设实业补习学堂的一项重大改革,不仅使实业补习学校作为一种新型教育机构在整个学制中占有重要位置,而且以其明确的教育宗旨和较为切合实际的教育目的,在一定程度上有效地推动了民国初期成人、社会教育的发展。

《壬子·癸丑学制》颁布后,一些实业家或在其所经营的企业或在社会上举办了各种形式的实业补习学校。如著名爱国华侨、实业家陈嘉庚于1914年在其家乡福建厦门举办的集美小学附设通俗夜学校,对成人进行扫盲文化教育。实业家张謇也于同年在江苏南通举办女工传习所,并在该所建立绣织局,一方面对企业职工进行技能训练,另一方面向国内外广销学生制出的各种绣品,赢得社会各界的广泛好评②。

1914年7月11日公布的《教育部官制》规定了社会教育司的职责,

---

① 舒新城主编:《中国近代教育史资料》(中册),人民教育出版社,1961年10月第1版,第795页。

② 董明传、毕诚、张世平:《成人教育史》,海南出版社,2002年3月第1版,第11—14页。

其具体内容是:1.关于通俗教育及演讲会事项;2.关于感化事项;3.关于通俗礼仪事项;4.关于文艺、音乐、演剧事项;5.关于美术馆及美术展览会事项;6.关于动植物园等学术事项;7.关于博物馆、图书馆事项;8.关于各种通俗博物馆、通俗图书馆事项;9.关于公众体育及游戏事项。民国初期,随着全国社会教育行政体系的建立,随着各种社会教育规程的颁布,各种新的社会教育机构与设施在这个时期也纷纷涌现出来。

1912年教育部开始整理旧有京师图书馆,同年8月开始向民众开放。就在这一年,安徽、湖北、广东先后也创建图书馆。随后,在1913年,奉天、贵州、热河也先后开办图书馆。在这个时期,私立北京通俗教育会成立,开始举办露天学校,至1916年时期设立露天学校七所。1915年,教育部创设模范通俗讲演所,于1916年2月正式成立。1916年,江苏举办巡回讲演团,并于1918年在南京创办通俗教育馆,分运动、博物、图书馆及讲演四部,先后有39个县设立通俗教育馆。尽管民国初期成人、社会教育获得了一定程度的发展,也取得了一定的办学效果,但由于受到这一时期社会政治、经济的影响,以及教育资源匮乏、教育政策得不到落实等诸多原因,广大中西部地区的成人、社会教育发展却非常缓慢,举步维艰[①]。

由上所述可知,民国初期的成人、社会教育的办学特点呈现出了以下几个显著特点:第一,各地区之间办学水平差异较大,如同普通学校教育、职业教育一样,东部沿海、沿江地区办学资源较为丰富,办学效果较为显著,而广大中西部地区的办学状况却不容乐观。

第二,尽管在民国初期,成人、社会教育办学方式呈现出了多样化、多元化的特点,但是无论其办学形态出现了怎样的新变化,终究无法摆脱活动场所或课堂教学模式的制约和束缚。这个特点会给广大在职成人群体带来诸多不便。

---

① 王雷:《中国近代社会教育史》,人民教育出版社,2003年12月第1版,第37—48页;董明传、毕诚、张世平:《成人教育史》,海南出版社,2002年3月第1版,第5—17页。

第三,几乎所有的成人、社会教育办学形式都是非学历教育,其教育内容要么属于扫盲文化教育、普通文化知识教育,要么属于技能教育。办学层次较低,基本上都属于初等教育水平。而民国初期资本主义工商业的快速发展急需大量受过中等教育的各种新式人才,因此这种办学层次较低的成人、社会教育无法缓解这种供需之间存在的尖锐矛盾。

第四,成人、社会教育自成体系,缺乏与普通学校教育、职业教育体系之间的有效沟通、衔接和对接。社会民众在接受过成人、社会教育之后,绝大部分群体都无法获得相应的学历证书或技能证书。在求职、继续升学深造或职位升迁过程中,要么无法提供能够证明其学历、学力的有关证书;要么虽然能够提供相关证书,但由于其缺乏公信度、权威性、统一性,很难被社会各界所认同和承认。这种情况的存在非常不利于成人、社会教育持续发展、推广和普及。

综上所述,随着民国初期资本工商业的快速发展,成人、社会教育体系所具备的上述办学特点使之很难更好地适应民国社会的变革与转型。在充分利用沿海沿江较为丰富的教育资源的前提下,构建一套新型的不受地域限制、打破职业束缚的开放式学历教育体制,并能够较好地兼顾普通学校教育与职业教育,这种情形已经势在必行、刻不容缓了。

三、民国初期英语教育发展状况

(一) 民初中小学英语教学情况

在19世纪末、20世纪初新旧教育制度开始交替的时期,办新式学堂、开设英语科目确实不是一件容易的事情。从全国范围来看,当时创办初、中级学堂虽然较多,但开设外语科目较为普遍的,还是浙江、江苏(包括上海)、湖南、湖北、广东。即使在这些省份,新式学校的数目与各国传教士所办的教会学校相比还是少得可怜①。一般说来,在这一时期,各地

---

① 李良佑、张日昇、刘犁:《中国英语教学史》,上海外语教育出版社,1988年10月第1版,第93—94页。

的中学堂主要以1903年的《壬寅·癸卯学制》为依据设计教学内容及每周课时。在沿海一些城市,文化教育开发较早,出洋留学的人员也比较多,这些人回国后往往在本省、县的中学任教,或担任教育行政领导[①]。

任何一门学科教育的发展都具有很强的延续性、承接性和继承性,英语教育亦不例外。上述19世纪末至20世纪初期的中学英语教学现状到了民国初期并没有发生明显的变化。民国初期的中小学外语(以英语为主)教学水平的整体状况不容乐观,有着下列显著的特点。首先是发展极不平衡,城市和乡镇,中、小城市和大城市,沿海城市和内地城市的中小学外语教学情况的差别很大;中小学的外语教学实际上没有普遍开设;军阀混战,内乱频繁,学龄儿童入学率和升学率很低,多数学校开设外语课程的条件极差,外语教师奇缺,只有在沿海地区才开设外语课,总体上讲,中小学外语教学的收效不显著[②]。中小学英语教学存在的上述严重问题势必会给大学英语教学带来很大的负面影响。

中华民国建立伊始,社会各界的广大有志人士更加意识到了英语教育在社会变革和发展中的重要作用,从《壬子·癸丑学制》(1912—1913年)颁布的相关政策法规中便可窥见这一点。这个新学制规定高等小学校有条件的也可以开设外国语,"视地方情形,……,并可加设英语,遇不得已,手工、唱歌亦得暂缺";并对小学英语教学目标及内容提出了如下具体要求:"英语要旨,在使儿童略解浅易之语言文字,以供处事之用。英语首宜授发音及单词短句,进授浅近文章之读法、书法、作法、语法。英语读本宜取纯正而有趣味者,其程度宜与儿童知识相称。教授英语宜以实用为主,并注意于发音,以正确之国文释之。"[③]

这套新学制对中学的英语教学做出以下规定:"外国语以英语为主,

[①] 李良佑、张日昇:《中国英语教学史》,上海外语教育出版社,1988年10月第1版,第98页。
[②] 李传松、许宝发:《中国近现代外语教育史》,2006年9月第1版,上海外语教育出版社,第28—29页。
[③] 课程教材研究所编:《20世纪中国中小学课程标准·教学大纲汇编——外国语卷(英语)》,人民教育出版社,2001年2月第1版,第5—6页。

但是遇地方特别情况,得任择法、德、俄语一种。"关于教学目标及内容,第一章的第四条提出了下列具体要求:"外国语要旨在通解外国普遍语言文字,具运用之能力,增进智识。外国语首宜授以发音拼字,渐及简文章之读法、书法、译解、默写,进授普通文章,及文法要略、会话、作文。"①

由此可见,新学制明令规定,在有条件的小学要开设英语课程,在中学必须开设英语课程,社会、国家对英语教育的重视程度便可见一斑。民国初期不仅对中学英语教学的教学目标、教学内容都较以前有了更高、更加明确和具体的要求,而且对小学英语教学也提出了相当详细、明确的具体要求。中小学校不但重视培养学生掌握系统的语言知识,而且也注重训练学生的语言运用能力。无疑,民国初期新学制的颁布、实施给整体中小学英语教学现状带来了严重冲击,对当时中小学英语师资的数量和质量都是一个严峻的挑战。

(二) 民国初期高等学校英语教学情况

1903年,晚清政府颁布《奏定高等学堂章程》、《奏定大学堂章程》。这两个章程的颁布对整顿当时各式各样的高等学堂、推广外语(特别是英语)教学有较大的作用。《奏定大学堂章程》规定,除京师大学堂必须八科全设外,今后各省开办大学不一定要设全科、门,但至少设置三科。在许多科、门的设置中,外国语均备列为主课,且有"英语必习,兼习俄法德日之一"这样的说明。自从《奏定大学堂章程》颁布、实施以后,各省高等学堂的办学开始渐为正规,从数量上说也有较大发展。根据1909年清廷学部第三次教育统计,当时全国有大学3所,省市高等学堂23所。尽管此时有诸如严复、蔡元培、伍光建这样的学者、教育家执教,也培养出一些学有专长的新一代知识分子,但纵观高等外语教育整体,其就像满清王朝一样,内部充满腐败;外语教学缺乏数量充足的高水平师资力量;外语教学

---

① 课程教材研究所编:《20世纪中国中小学课程标准·教学大纲汇编——外国语卷(英语)》,人民教育出版社,2001年2月第1版,第7页。

效率比较低下,教学效果并不显著,且各地各校之间办学水平差异甚大①。

中华民国成立之后,《壬子·癸丑学制》规定大学预科三年,本科三年或四年;专门学校预科一年,本科三年或四年。1912年10月教育部颁布《大学令》,其主要内容是:1.大学分文、理、工、法、商、医、农七种,设立时以文、理两种为主。2.大学设预科及本科。3.由各科学长及教授组成大学评议会,负责评议大学内一切重大问题。4.大学可以私人设立,经教育部批准立案②。1913年1月教育部又颁布《大学规程》,其中规定文科为哲学、文学、历史学、地理学四门。文学门又分为八类:1.中国文学类,2.梵文学类,3.英文学类,4.法文学类,5.德文学类,6.俄文学类,7.意大利文学类,8.言语学类。

民国初年,虽然制定了较为完整的学制系统,但是由于政治不太稳定,经济整体水平不高,高等教育发展缓慢。至1916年,当时全国只有国立大学1所(北京大学)、省立大学2所(北洋大学、山西大学)、国立专门学校4所(全在北京)、省立专门学校22所。还有若干私立大学,主要集中在北京、上海、武昌等地。

除了国立、省立及私立高校以外,当时在中国的高等教育中最有影响力的还是教会大学。清末民初时期的教会大学有(括号内为创办时间及地点):文华大学(1909年,武昌)、北京汇文大学(1885年,北京)、东吴大学(1901年,上海、苏州)、圣约翰大学(1894年,上海)、北京协和医科大学(1905年,北京)、沪江大学(1906年,上海)、华南女子文理学院(1908年,福州)、金陵大学(1911年,南京)、华西协和大学(1910年,成都)、之江大学(1910年,杭州)、金陵女子大学(1911年,南京)、福州协和大学(1916年,福州)、岭南大学(1904年,广州)、齐鲁大学(1917年,济南)、燕京大学

---

① 李良佑、张日昇、刘犁:《中国英语教学史》,上海外语教育出版社,1988年10月第1版,第109—115页。
② 《法规——大学令》,《教育公报》,1917年第4卷第15期,第1—3页。

(1919年,北京)①。

　　整体来说,就英文这门学科而言,无论是专业英语还是大学设置的普通英语课程(现在称为公共英语),教学质量一般不算低下。但是,区域之间、学校之间差异较大,东部沿海沿江地区的大学英语水平整体高于其他地区,南方地区的大学英语教学水平普遍高于北方地区,而教会大学的英文水平最为突出。姑且不论国人自办的高等院校及教会大学的英语教学水平如何,仅仅从非常有限的院校数量的层面去衡量,数量相当有限的高等院校在当时绝对称得上是精英教育。当时受过中等教育的人员都相当有限,能够有机会去高等院校深造的青年群体更是凤毛麟角。而且受制于教育资源的匮乏,高等院校的招收规模非常有限,当时,几乎所有的专业采取的都是"小班"授课的方式,英语专业当然更是如此。教会大学虽然在整体上英语教学质量上乘、教学效果显著,但当时几乎所有的教会大学的收费不仅偏高,而且对入校新生的英语水平有着较高的要求,因此,一般民众家庭的子弟很难获得去教会大学读书的机会。况且,为了保证教学质量和教学效果,教会大学基本上采取的都是"小班"授课模式,其招生规模比国人自办的高等院校还要小一些②。

　　教会学校自从在近代中国诞生以来,一直被排除在中国学制系统之外,不受中国教育行政部门的管辖和约束。早在19世纪30年代,教会学校就已经在中国的土地上出现。由于以美国、英国为主体的新教团体尤其热衷教会高等教育机构的兴办,受此办学力量的推动,经过七十多年的发展,到20世纪初期,中国已经形成包括初等、中等、高等各级学校在内的完整教会学校系统。尽管教会大、中学校的英语教育质量很高,英语教学水平一直在全国居于领先地位,但由于它自成一体,不受民国政府的控制、约束,因而在英语教育资源的利用、分配方面很难与国人自办的中、高

---

① 李良佑、张日昇、刘犁:《中国英语教学史》,上海外语教育出版社,1988年10月第1版,第215—217页。
② 同上书,第251—266页。

等院校共同分享。教会中学、大学在民国初期已经蜕变为"贵族式"学校,培养的英语人才总数相对有限。而且教会大、中学还肩负着为本系统之内的教会学校培养师资的重任。本校毕业生,包括毕业直接留校和大学毕业后回校的,一直都是教会中学师资力量的一个重要构成部分。直升教会大学毕业再返校任教是教会中学的传统,教会高等教育的发展使得这类教职员的比例越来越高,并在 20 世纪 20 年代逐渐成为教会中学师资最重要的来源;教会大学的师资来源、构成情况也是如此[①]。因此,尽管教会大、中学毕业生的英语运用能力较强、水平较高,但是它们向民国社会各界的输入的英语专业人才还是十分有限的。

综上所述,民国初期高等英语教育的现状造成了其人才产出总量极其有限,所培养的高等外语人才根本无法满足社会各界,尤其是工商界、教育界的实际需求。

(三)民初外国语专门学校英语教学情况

外国语专门学校历来都是中国高等教育的一个重要组成部分。在清末民初之际,仅剩一所外国语专门学校,即两广方言学校。这所学校开办于 1906 年,系两广游学预备馆和广州译学馆合并而成。开办时招收学生 300 名,复添招 200 名,分设英文五班,法、德、日文各一班。这是晚清时期开设外国语言种类较为齐备的一所学校。1908 年 5 月,续招英、法文各一班,均于 1912 年 12 月以前先后毕业,共计有毕业生 452 人。嗣后,因经费匮乏,无法维持下去,遂于 1913 年 1 月停办。

1912 年,中华民国成立之后,便取消了清末学制中高等学堂的称谓,改为专门学校。同年 10 月,教育部公布《专门学校令》,明确规定"专门学校以教授高等学术,养成专门人才为宗旨"。还规定将专门学校分为十类,其中第七类为外国语专门学校[②]。随后,教育部又在 12 月对外公布

[①] 谢长发主编:《中国中学教育史》,山西出版集团、山西教育出版社,2009 年 4 月第 1 版,第 127 页;何晓夏、史静寰:《教会学校与中国教育近代化》,广东教育出版社,1996 年 11 月第 1 版,第 286 页。

[②] 《法令——教育部公布专门学校令》,《教育杂志》,1913 年第 4 卷第 10 期,第 33 页。

了《外国语专门学校规程》,其中主要内容有:1. 学制:预科一年,本科三年,研究科一年以上。2. 语种:英语、法语、德语、俄语、日本语五种。如时势需要,还可增设其他语种。3. 课程:规定应学习十门课程。其中英语专业(学科)设置的科目有英语、国文、言语学、历史、地理、教育学、法学通论、经济学、国际法和世界语①。在1920年之前,全国只有4所外国语专门学校,它们依次是:1914年11月开办的湖北公立外国语专门学校、1913年创办的四川公立外国语专门学校、1916年创建的奉天公立外国语专门学校、1920年成立的福建公立外国语学校。当时的外国语专门学校不仅学校数量非常有限,其本科招收的学生人数也非常少,以四川外国语专门学校为例,在1915年,就读于本科的学生仅10人②。

由上可知,民国初期外国语专门学校无论在学校数量,还是在就读学生数量上,可谓少之又少,其发展速度、规模与民国初期资本主义的工商业的快速发展是非常不相适宜的,其培养的高等外语人才当然无法满足社会各个行业的需求。

(四) 民初中、高等师范学校英语教学情况

1912年9月,民国教育部颁布了《师范教育令》,其中包括男女师范学校及男女高等师范学校、高等师范学校种种纲要③。同年12月,又颁布了《师范学校规程》,此项规程又在1916年1月进行了修订,成为这一时期办理师范学校的标准。这套《师范学校规程》规定师范学校主要承担为小学培养师资力量的重要职责和功能,师范学校以造就小学教员为目的;又规定师范学校的教学体制分为本科、预科两种。本科又分为第一部和第二部。预科一年毕业;本科第一部四年毕业,第二部一年毕业。预科的课程设置为:修身、读经(读经一科系民国元年由袁世凯特加,至1916

---

① 《教育部部令第三十一号——外国语专门学校规程》,《广东教育公报》,1913年第1卷第4期,第117页。
② 李良佑、张日昇、刘犁:《中国英语教学史》,上海外语教育出版社,1988年10月第1版,第211—213页。
③ 《法令——教育部公布师范教育令》,《教育杂志》,1912年第4卷第8期,第22—24页。

年已被取消)、国文、习字、外国语(以英语为主)、数学、图画、乐歌、体操;女子师范学校加课缝纫。本科第一部开设的课程有:修身、读经、教育、国文、习字、外国语(以英语为主)、历史、地理、数学、博物、物理、化学、法制、经济、图画、手工、农业、乐歌、体操;但农业视地方情形或改授商业。女子师范学校则加课家事、园艺、缝纫等,但园艺亦可不加设置。本科第二部开设的课程有:修生、读经、教育、国文、数学、博物、物理、化学、图画、手工、农业、乐歌、体操。女子改农业为缝纫①。

  由上可知,在所有的师范学校中,只有本科第一部的学生才可以接受4年英语教育的系统训练。按照1912—1913年颁布、实施的《壬子·癸丑学制》规定,中学学习期限也为4年。如此算来,经过4年的学习之后,学生的英语水平基本达到或接近普通中学毕业生的水平。尽管预科也开设了英语课程,但学习期限仅为1年,在如此之短的时间内要想使学生的英语水平获得较大幅度的提升是难以达到的。由此可见,只有毕业于师范学校本科第一部的学生才能更好地胜任小学英语教师这一工作岗位。

  从中华民国建立到五四运动前后,中等师范教育在许多方面较之前清有了比较明显的进步,同时,由于受多种因素制约,也有不少地方需要努力改进和完善。其中存在的一个最突出的问题是:与同一时期普通中学教育的规模较之清末有约48%的提高相比,这一时期中等师范教育的规模与前清相比,不仅没有增加,反而略减。据1915年统计,该年度全国省立师范学校有143所,毕业师范生共计3462人,其中男生3170人,女生292人,尚在学习的师范生有21,137人。到1918年,全国有师范学校148所,毕业生为4786人,其中男生4022人,女生764人,在校就读的师范生23,212人,其中男生18,525人②。

---

① 《法规——修正师范学校规程,洪宪元年一月八日》,《教育公报》,1916年第2卷第12期,第2—16页。
② 崔运武:《中国师范教育史》,山西教育出版社,2006年7月第1版,第67—68页。

民国初期的高等师范学校以"造就中学校、师范学校教员"为目的①，主要承担着提供合格中学英语师资的重要职责和教育功能，但是其整体发展状况不太令人满意。"高等师范学校自元年改为国立以后，较前清末年，数目大为减少。当初计划拟分全国六区，每区设立高师一所；只以经费困难之故，在民国五年以前只成立北京、武昌两所，在五年以后又成立南京一所；至于省立所存，尚有直隶、四川、山东、湖南、广东、河南、江西共七所。"②上述高等师范学校的格局维持了数年，几乎没有任何变化。在1915年8月商务函授学校英文科开始对第一批学员正式实施英语函授教育之前，根据1915年8月全国师范学校校长会议统计的数字，在上述10所高等师范学校中，其中8所学校开设了英语本科专业，南京、山东两所高等师范学校至少在本年没有设置英语专业。在此需要做出说明的是，民初高等师范学校的课程设置不同于中等师范学校，除了英语专业之外，其他所有专业均不设置英语课程③。通常情况下，这就意味着只有毕业于高等师范学校英语专业的学生才有可能具备教授中学英语的资质和能力。

而上述8所高等师范学校英语专业在1915年期间所拥有的在读本科学生人数也十分有限，北高师三个年级共计有学生88人。武昌高师、直隶高师、河南高师、湖南高师只有二年级的学生，其所拥有的学生人数依次是27、40、30、32。四川高师、广东高师则只有一年级的学生，其人数分别是37、38。而江西高师只有三年级的学生，英语专业的学生人数为26。在1915年，这8所高等师范学校英语专业所拥有的学生总计只有318人，而且其毕业时间也不尽相同④。根据1923年出版的《全国专门以上学校指南》一书的记载，国立高等师范学校英语专业开设的课程已经相

---

① 陈青之：《中国教育史》，中国社会科学出版社，2009年1月第1版，第623页。
② 同上书，第632页。
③ 同上。
④ 李良佑、张日昇、刘犁：《中国英语教学史》，上海外语教育出版社，1988年10月第1版，第218页。

当完备,包括:教育学科、国文、二外、英文(语音学、会话)、文化、闳辩术、作文、应用文、翻译、修辞、时事研究、英国语言学、比较语言学、英美文学史、英文学、新闻学、莎士比亚、英文教授法、西洋文化概况、教育英文、公民学①。

然而,民国初期数量众多的中小学校对英语师资的需求量却日益增长。1912—1913 年《壬子·癸丑学制》颁布和实施之后,英语一门已经成为广大公私立中学的必修课程之一,而且有条件的小学校也要开设英语课程。至 1915 年,需要设置英语课程的中学校数量已增至 444 所,需要接受中等英语教育的学生共计 69,770 人②;需要开设英语课程的小学校数量已经达到 128,525 所,需要接受初等英语教育的学生已经高达 4,140,066 人③。无疑,民国初期中、高等师范学校每年所培养的中、小学英语师资相对于数量众多的中、小学校对英语教师的巨大需求量而言,无异于杯水车薪。显而易见,数量极其有限的中、高等师范学校根本无法保证向广大中小学校输送足够多的合格中、小学英语教师,这就从根本上严重影响了中、小学英语教学工作的正常开展。

综上所述,民国初期各地区之间的英语教育质量差异较大,英语教育资源分配严重不均,整体英语教育水平不高。清末民初之际的英语教育系统很难为自身的可持续发展提供足够的师资力量。英语教育自身的生态循环系统相当脆弱,投入不足,就会造成产出不足。师资的来源渠道较为单一,师资的补给问题相当突出。中高英语教育系统无法培养出足够数量的高素质英语教师,优质师资队伍的缺乏直接造成广大中西部中、小学校的英语教学水平比较低下,也就无法为中高等师范院及其他类别的中高等院校输送充足的优质英语生源。结果,这种情况就会形成不良循

---

① 商务印书馆编译所编:《全国专门以上学校指南——附外国游学指南》,商务印书馆,1923 年 2 月第 1 版,第 26—34 页。
② 谢长发主编:《中国中学教育史》,山西出版集团、山西教育出版社,2009 年 4 月第 1 版,第 64—65 页。
③ 吴洪成主编:《中国小学教育史》,山西教育出版社,2006 年 7 月第 1 版,第 211 页。

环,危及英语教育系统的常态运转、发展,最终造成民国初期的中、高等英语教育系统所培养的数量极其有限的英语人才根本无法满足民国初期社会各个领域对大量外语专业人才的迫切需要。

近代中国半封建半殖民地的社会性质加剧了本来就存在的地区差异和各地发展的不平衡。可以说,在几乎整个民国时期,东南沿海、长江中下游的大城市中设备、师资、教学质量堪称一流的少数学校,与广大城乡普遍存在的校舍简陋、师资匮乏、教学质量低下的学校形成强烈的反差。一方面是部分地区新教育理论宣传、教学方法改革、新教材编写得有声有色、热火朝天;另一方面,从全国范围来看,更广大的农村地区的教育却依然发展缓慢、冷冷清清[①]。无可置疑的是,中国近代化发展历程的特点与中国教育近代化发展历程的特点是造成当时各地区之间的英语教育水平差异较大、教育资源分配严重失调的两个重要因素。在幅员辽阔、人员流动阻力较大、各地经济与文化发展极其不平衡的近代中国,如何充分利用沿海丰厚的教育资源优势,在较短的时间内以较小的经济成本为代价,创建一种新型的不受职业限制的、打破时空藩篱的开放式英语教育体制,为数量众多的无法进入中、高等学校继续深造的莘莘学子和广大工、商、学、政界的职业人士提供一种远程教育,并兼顾普通学校教育和职业教育,以满足社会发展对外语专业人才的急切需求,这一问题已经刻不容缓。

四、近代西方函授教育发展情况综述

从世界范围来看,函授教育是 19 世纪 30 年代以后从英国开始的。当时,英国已是世界上最发达的资本主义国家,已经形成了现代的邮政系统,已经拥有了在较短时期内印刷大量教材的出版事业,水陆交通也相当发达。城市工业发展十分迅速,需要大量受过良好教育的劳动者。当时

---

① 田正平:《留学生与中国教育近代化·总前言》,广东教育出版社,1996 年 11 月第 1 版,第 13 页。

英国的大学很少,办学规模有限,社会上便出现了扩展大学的呼声,形成了英国 1860 年以后出现的大学扩展运动,从而促使英国把大学教育扩展到了大学校园之外,与工人教育运动紧密相结合。所谓大学扩展运动,就是扩大现有大学的办学模式,或者建立新的大学,或把大学的办学范围扩大到校外,使许多不能进入大学的在职人士即使住在校外,也能受到高等教育。这就是西方函授教育产生的历史背景之一。

另一方面,英国从 12 世纪到 18 世纪末期所创办的 7 所大学,都比较保守,存在的问题较为突出,已经不能满足 19 世纪工业迅速发展的需要。例如:旧大学实行宗教限制,只有信奉英国国教的人才能入学;无论是课程设置,还是教学目的、内容、方法等方面,都不符合资产阶级人文主义教育的要求了;自然科学和近代科学以及外国语、历史、文学、经济学,都没有被正式承认,在课程设置体系中没有占据应有的地位。在这种形势下,19 世纪的英国出现了所谓"新大学"运动。资产阶级力图建立符合本阶级利益的新式大学,以便同封建势力、教会势力控制的旧大学抗争。在这种情况下,一些不能满足社会实际需求的课程,或者不能授予学位的学院,就由伦敦大学校外部授予学位或开设校外课程。这是西方函授教育产生的历史背景之二。

在上述历史条件的影响下,英国伦敦大学、剑桥大学、牛津大学等学校,为了满足社会的需要,让不能入学的有志青年获得学习机会,便陆续开展了函授教育。其实,早在 1840 年,英国的速记师艾萨克·彼得,就将手抄本形式的讲稿邮寄给学生,这虽然具有"函授"的性质,但还不能形成较为规范的教育形式,只是一种萌芽状态。后来发展到通过在报刊上发表文章和教学大纲的方式对学员进行教学。同手抄本的方式相比,又向前发展了一步。到 1858 年,英国伦敦大学由于受到英国大学扩展运动的影响,开始实行校外学位制。通过函授或校外授课辅导的形式,对不能被授予学位的学校的学生进行教学。学生学完规定的课程,取得相应的学分,达到毕业资格者,方可被授予学位。这时伦敦大学所进行的函授教育,已包括自学、辅导、考核等基本的函授教学环节;其招收对象的范围也十分广泛,不仅在国内进行招生,而且也接受国外学生。因此,应该说函授教育作为一种较为规范的教育形式,真正开始的时间应该从伦敦大学于 1858 年接收校外学生算起。

函授教育萌芽的发展状况在西方国家并不属于孤立的个案。就在同一历史时期,在美国的宾夕法尼亚州斯克兰顿市,美国人福斯特为了煤矿工人的安全,于 1880 年在其创办的一份矿务杂志上陆续刊登一系列相关文章,提供适合自学的教学大纲,对矿工进行矿业知识、技能与安全方面的函授教育。1873 年,英国一些教授合办了一所函授大学。1874 年,美国卫斯里安学院首先办起了高等函授教育。尽管如此,这时期的函授教育从整体上看还处于摸索阶段,还没有形成一套较为完整的函授教育制度。直到 19 世纪 80 年代,函授教育在西方国家得到进一步的发展,逐渐成为一种被西方国际社会所认可的远距离教育形式。

这一阶段的函授教育已经形成了较为完善的函授教育制度,主要表现有:要给函授学员提供必备的自学函授教材;在教学活动中,对教师和学员的任务都有严格的要求,如学员必须按时完成作业、教师应该在规定的期限内认真批改作业等;各门课程结束后要举行考试;教师要对学员进行不同形式的指导、答疑等。上述教学制度的完善,充分说明了函授教育已成为一种有目的、有计划、有要求的人类文明社会所特有的教育实践活动。这一时期在国际上办学信誉较高、办学效果较为显著的函授学校主要有芝加哥美国函授学校和宾夕法尼亚州斯克兰顿国际函授学校(在我国又被称为万国函授学堂或万国函授学校)。1897 年,美国函授学校在波士顿成功创办,旋于 1902 年迁往芝加哥,后又于 1907 年在芝加哥大学对面建筑校舍,规模宏大,其事业日行发达。1891 年,上文中提到的美国人福斯特,在多家有较大影响力的大型企业的资助和扶持下,正式组建斯克兰顿国际函授学校。上述这两所函授学校在殖民地和半殖民地国家设立了数量众多的分校(包括我国沿海地带的上海等几个大城市在内),它们都属于高等函授教育的范畴。在 19 世纪末至 20 世纪初,随着其科技、经济、文化教育事业的快速发展和整体实力的显著提升,美国已经成为西方世界国力最为雄厚的国家之一,函授教育这种新型的开放式教育体制很快在美国各地发展和普及开来;并且美国的相关教育机构还把这种教育体制推广到世界各地,为函授教育在各国的传播和发展做出了重要贡献[①]。

上述在欧美国家最先兴起的函授教育有下列几个显著特点值得我们关注:第一,西方国家近代化发展轨迹的特点决定了教育的发展得以与政治、经济的发展保持较高的同步性、协调性和一致性,因而教育近代化的发展很好地遵循了教育自身历史逻辑的发展轨迹,即由学校正规的初等教育到中等教育再到高等教育的正常发展顺序,中等教育已经得到相当程度的普及。但当时高等教育的整体发展状况还不能很好地满足较为发达的工业化社会高技能应用型人才的实际需求,而更多的社会民众渴望可以有更多的机会去接受高等教育,获得高等学历文凭。在上述历史背景下,产生了一种针对广大在职人士实施的高等函授教育的办学模式。显然,西方函授教育办学层次起点很高,首先发端于高等教育,而不是中等教育。第二,由于受制于当时欧美国家独特的历史背景,从整体上看,由英美国家最先创办的高等函授教育体制基本上是一种单一的学历教育。第三,欧美国家兴办高等函授教育之际,其资本主义工商业的整体发展水平已经达到了相当成熟的程度,因此其高等函授教育的课程设置显示出了极强的职业性、技能型和实用性的特点,从办学种类上而言,侧重于高等职业教育的范畴。

1902年,从美国留学归来的铁路工程专家詹天佑在我国北方铁路部门任职期间,发现有相当多的铁路修造、管理和工艺人员及练习生大部分

---

① 周简叔:《世界高等函授教育概观》,中国人民大学出版,1988年5月第1版,第1—111页;赖春明:《函授教育与管理》,解放军出版社,1989年6月第1版,第1—9页;[美]乌得尔原著、返观译:《述万国函授学堂》,《进步》,第6卷第6期,1914年12月,第1—6页;[美]哲学博士 Tra. W. Howerth 原著、坚瓠译:《函授学校考》,《东方杂志》,第16卷第6号,1919年6月,第61—63页;郑一华:《函授学校之史的探讨》,《教育与民众》,1932年第3卷第7期,第1329—1333页;《美国政府认可美国函授学校——中国总经理上海棋盘街中华书局暨各省分局》,《申报》,1919年3月10日,第1张第1版。

都是刚从普通中等学堂毕业的,业务水平很差,简单的图纸都看不懂,常用术语也知道甚少。在这种情况下,詹天佑意识到,要使中国铁路事业兴盛,铁路各级员工亟须接受基本的专业训练。为此,他通过信函与总部设在宾夕法尼亚州斯克兰顿的万国函授学校取得了联系,在他的帮助下,在其任职的铁路部门有数十名实习生报名就读万国函授学校,选修土木工程科或铁道工程科;接受函授教育之后,这些实习生在学业上进步神速,并顺利毕业于该校,成为我国第一批接受正式函授教育的学生。当詹天佑担任京张铁路总工程师的时候,这批最早的函授毕业生成了他的得力助手①。

1906年,万国函授学校"创设中国、日本总经理部于上海,而中国函授事业,乃始正式开幕"②。1914年,"万国函授学堂执行总部见中国学生人数众多而未来者方兴未艾,遂于美国斯根登(又译斯克兰顿)地方决议筹拨经费于上海,设立函授专部,由总部派遣专家来沪主持。三年以来,英文专修科之课艺、数学科之课艺及以其他普通学科之课艺者,皆在上海批改"③。1910年,担任万国函授学校之中国、日本、菲律宾支部的经理海拉在总部斯克兰顿抽取了上海和美国夏威夷州的学生试卷各500份进行比较,结果发现中国学生的成绩要远远高于美国学生④。至1918年,万国函授学校"有学生数千人,散居于中国各地,其学业之成效与本学堂之美国学生无异"⑤。万国函授学校在华办学取得了相当程度的成功,充分

---

① 严天牟:《中国之函授学校》,《教育杂志》,第9卷第12号,1917年12月,第71页。
② 同上。
③ 《WILL YOUR DREAMS COME TRUE ? 诸君绩千年之梦想已应验否——INTERNATIONAL CORRESPONDENCE SCHOOLS, OFFICE 16-11C, NANKING ROAD, SHANGHAI——万国函授学堂在东方之现状》,《申报》,1918年9月17日,第1张第1版。
④ 严天牟:《中国之函授学校》,《教育杂志》,第9卷第12期,1917年12月,第72页。
⑤ 《WILL YOUR DREAMS COME TRUE ? 诸君绩千年之梦想已应验否——INTERNATIONAL CORRESPONDENCE SCHOOLS, OFFICE 16-11C, NANKING ROAD, SHANGHA.——万国函授学堂在东方之现状》,《申报》,1918年9月17日,第1张第1版。

说明了中国民众具备较强的自学能力,是完全能够适应这种新型的开放式教育体制的;这也为本土函授教育事业的兴起在理论和实践的层面上提供了宝贵的经验和可靠的历史依据。

民国初期,在所有西方在华开办的函授学校中,万国函授学校的办学规模最大、影响力最强、成绩最为显著①。尽管万国函授学校在华办学取得了不俗的成绩,但由于它完全沿用了西方函授教育制度,因此,从整体上来看,它并不适应民国初中期的社会发展和广大民众的实际需求。仅仅从其学员来源地这一角度考察,存在的问题已现端倪:据统计,截止到1917年12月,万国函授学校的学生以居住在上海一地者为多,来自上海的学生人数竟然高达其总数的1/3②。为了更好地阐明上述问题,现在以万国函授学校和美国芝加哥函授学校在华办学情况作为个案进行考察。

根据《申报》和《教育杂志》在1917年至1919年间刊发的有关招生广告的记载,这两所函授学校的专业设置尤其侧重于工科教育和职业教育。万国函授学校开设的专业主要有:电气工程师专业、机械工程师专业、蒸汽工程师专业、海洋工程师专业、矿业工程师专业、土木工程师专业、化学工程师专业、纺织监督员或总监专业、汽车维修专业、建筑维修专业、高级会计学专业、市场营销专业、商贸专业、航海专业、农业种植与家禽饲养专业等专业。

美国芝加哥函授学校开设的专业主要有:大学预科、工程预科、法政科、商法、商业管理法及会计、簿记及会计、速记打字簿记、土木工科、电气工程科、电械工科、水电工科、机械工科、汽械工科、绘图及预算、电子绘图法、打样术、建筑工科、建筑术、包工建筑术、电话工科、汽车工科等专业。

还可以发现上述两所西方在华开办的函授学校具备下列几个显著办

---

① 严天牟:《中国之函授学校》,《教育杂志》,第9卷第12期,1917年12月,第73页。
② 同上。

学特点：第一，办学层次和水平属于高等函授教育，对学员的入学文化素质有着较高的要求，且只有学历教育一种函授教育办学方式。第二，学习周期较长，学费较贵，对中国学生没有任何优惠政策，也从来不收免费生，且学员不能提前毕业。第三，欲报名入学的人员的英语水平必须达到一定的水准之后，方可允许入学，"凡能英文致函上海万国函授学堂中国部，询问各种工艺科目之情形，本学堂当以英文通告答之；倘以汉文致书探询者，恕不答覆，因本学堂欲确知来书之人能否以英文诵读、写作也。而不识英文者，欲研究本学堂以英文教授之工艺科目，亦殊无益也"①。按照上述标准，学员必须具备能够使用日常英语与美国教师进行沟通和交流的书面交际能力才可入学接受函授教育，其英语水平应不低于高中水平。第四，所有专业的函授教材均使用英语编写，对普通中国民众而言，阅读难度之大可想而知。没有任何英语基础的人士在入函授学校之前，可以购买留声机、留声机片及配套教材，完全自学英语。对初学者而言，这种方式很难使其在较短时间内有效提高英语水平。而且一套留声机价格不菲，以美国芝加哥函授学校委托中华书局经营的柯提拿英语留声机为例，在正常情况下，一套英语留声机价格为 200 银元，即使遇到特殊情况，优惠价仍然需要 160 银元，一般民众根本无力购买如此贵重的英语自学辅助工具②。

综上所述，西方在华开办的函授学校呈现出的特质与最先发端于英

---

① 《WILL YOUR DREAMS COME TRUE ? 诸君绩千年之梦想已应验否——INTERNATIONAL CORRESPONDENCE SCHOOLS，OFFICE 16-11C，NANKING ROAD，SHANGHAI——人生在世须放出远大之眼光·君能不受万国函授学堂之教育乎》，《申报》，1917 年 6 月 17 日，第 3 张第 9 版。

② 同上；"Salaries Increased Millions of Dollars—China Agency International Correspondence Schools of Scranton，Office 61-11c Nanking Road，Shanghai"，《教育杂志》，第 11 卷第 1 号，1919 年 1 月，书首黑白插页；《美国政府认可美国函授学校——中国总经理上海棋盘街中华书局暨各省分局》，《申报》，1919 年 3 月 10 日，第 1 张第 1 版；《美国政府认可美国函授学校——中国总经理中华书局上海暨各分局》，《申报》，1919 年 5 月 4 日，第 3 张第 9 版；《学外国语最好机会：柯提拿英语留声机——中华书局经理》，《申报》，1919 年 7 月 21 日，第 1 张第 1 版。

美国家的函授教育并无两样,显然是完全照搬了欧美的函授教育模式,并没有考虑中国的国情,无论是办学层次、办学体制、专业课程设置、收费标准等层面,都已经远远超出了民国初中期的整体社会政治、经济、文化教育的发展水平,尤其是在办学层次和专业课程设置方面存在的问题就更加突出了。如前所述,中国教育近代化发展轨迹的特点和民初教育改革所引起的负面影响造成了中等教育,尤其是普通中学教育,成为了整个学制系统中最为薄弱的环节。而中等教育在当时还属精英教育,社会发展需要、广大民众实际需要的都是中等教育,而不是高等教育。并且,西方在华开办的函授教育,从其教育属性上看,基本上都属于高等职业教育,而忽略了普通教育,这也与当时社会发展的整体水平不相适应。

综观上述两所函授学校开设的专业课程,很显然是迎合了西方第二次工业革命后工商业快速发展对高技能理工科专业人才的需求。我们知道,1870年以后,西方科学技术的发展突飞猛进,各种新技术、新发明层出不穷。当时,科学技术的突出发展主要表现在三个方面,即电力的广泛应用、内燃机和新交通工具的创制、新通讯手段的发明,并被迅速应用于工业生产,大大促进了西方经济社会的发展,显然,上述两所函授学校所开设的大部分专业课程鲜明地体现了西方科学技术的发展特点。而在同一时期的中国社会,其整体发展水平远远落后于英美国家,民国初中期社会正在经历着由传统农业社会向近代农业社会和工业社会双重转型的过程,其工业近代化的序幕刚刚拉开;只有少数沿海的最早作为通商口岸的大城市的社会发展水平接近欧美国家的发展水平。因此,西方在华办理的函授学校办学特点比较适合东部沿海大城市的发展需要,但却不适合中国广大中西部地区的社会发展状况,这也对为什么万国函授学校的大部分学员都来自东部沿海地区的这一原因做出了很好的解释。

此外,西方在华开办的函授学校还有两个不利于广大一般民众入学的重要因素:学费昂贵,以及完全将英语作为教学语言。据毕业于商务函授学校英文科的著名语言学家、词典学家、外语教育家葛传椝回忆,在

1922年,他原本想进入万国函授学校继续求学,但一位正在此校接受函授教育的朋友告诉他,"学社的学费很贵","还有一个不可避免的缺点:一切讲义和答问都必须用英语,对于我们中国人打基础恐有不便之处"。正是上述两个重要原因,最终使得葛传椝放弃万国函授学校,而选择商务函授学校接受函授教育①。

可以这么说,西方函授教育的发轫、勃兴与在华办理的函授教育的状况对民国初期的文化教育界兴办适合国情的函授教育起到了"双刃剑"的影响和作用。上述提到的西方在华开办的两所函授学校为了让更多的中国民众了解和熟悉这种新型的开放式教育体制,经常于在民国文化教育界有重大影响力的《申报》、《教育杂志》、《英文杂志》(*The English Student*)、《英语周刊》(*English Weekly*)等主流报刊上刊登大量的招生广告,加大宣传力度,以较大版面的幅度对其兴办的函授教育进行详细报道和介绍,尤其重视报道和介绍办学目的、函授教育的性质及便利性、专业课程设置、教材编写、对学员的作业批改等方面。例如,万国函授学校这样介绍其办学目的、办学性质及便利性:"万国函授学堂之事业有三种目的如下:(1)凡已有职业者,本学堂授以职业上之应用学术。(2)有以现就业者与自己性情不合而束脩不敷用度者,本学堂可授以改图之学问,获益丰盛之脩羊(应该是"修养")。(3)青年士子欲为职业之预备者,本学堂能授以必须之训练,使其于就事之初即获相当之薪水"②;"其性质乃通信教授,所用课本乃特编辑之独修书,改正学生之课艺,亦有特定之编制。成立以来,非常发达,足见本学堂所定函授制度大可供给世界教育之需要。凡不能离家去职,而欲增进学问之人,经本学堂输以实用之学术者,

---

① 葛传椝:《英语教学往事谈》,载李良佑、刘犁编:《外语教育往事谈——教授们的回忆》,上海外语教育出版社,1988年8月第1版,第65、77页。
② 《WILL YOUR DREAMS COME TRUE? 诸君绩千年之梦想已应验否——INTERNATIONAL CORRESPONDENCE SCHOOLS, OFFICE 16-11C, NANKING ROAD, SHANGHAI.——万国函授学堂之事业有三种目的如下》,《申报》,1918年9月17日,第4张第13版。

其数无虑千万"①。

对于函授教材的编写,这样介绍道:"万国函授学堂特编之课本有三种优点:(1)完全。(2)实用。(3)容易明白、容易记忆、容易应用"②;"本学堂首创函授之法,迄今二十五年。所用各科书籍编辑之费已逾美金二百万元,而每年修订之费,为数颇巨。诚以近世之发明、学理之演进,日新月异,设不参照修改,无与以时并进,此本学堂每年修改讲义之费用所以甚巨也"③。

对学员的作业批改情况,这样提道:"本学堂收费后,不仅以全套课本给学生,且不惜功夫、经费,改正学生之课艺,与学生以指导;审慎将事,使学生尽解所学之难点而后已,区区微忱,久蒙社会之赞许。"④至于其专业课程的设置情况,前面的论述已经交代清楚,在此不再一一进行介绍。

通过上述大力宣传和介绍,我国文化教育界人士对函授教育的体制和特点有了较为全面的认识和了解,意识到函授教育体制是一种值得学习、借鉴和推广的新型的校外教育模式,而商务印书馆编译所的工作人员的这种意识可说更加自觉和强烈。因为,早在商务印书馆开办英语函授教育之前,在1914年由其出版的《教育杂志》上常常可以看到美国万国函

---

① 《WILL YOUR DREAMS COME TRUE? 诸君绩千年之梦想已应验否——INTERNATIONAL CORRESPONDENCE SCHOOLS, OFFICE 16-11C, NANKING ROAD, SHANGHAI.——万国函授学堂成立史》,《申报》,1918年9月17日,第4张第13版。

② 同上。

③ 《WILL YOUR DREAMS COME TRUE? 诸君绩千年之梦想已应验否——INTERNATIONAL CORRESPONDENCE SCHOOLS, OFFICE 16-11C, NANKING ROAD, SHANGHAI.——报名入学者须知》,《申报》,1918年9月17日,第4张第13版。

④ 《WILL YOUR DREAMS COME TRUE? 诸君绩千年之梦想已应验否——INTERNATIONAL CORRESPONDENCE SCHOOLS, OFFICE 16-11C, NANKING ROAD, SHANGHAI.——万国函授学堂之事业不仅发售讲义而已》,《申报》,1918年9月17日,第4张第13版。

授学校和芝加哥函授学校所刊登的一些招生广告①。又根据《张元济日记》的记载，万国函授学校格外看重商务印书馆在出版文化界的影响力，在商务函授学社英文科办学初期，经常与张元济和编译所的工作人员洽谈有关刊登相关招生广告的事宜。举例而言，在1917年4月10日的日记中，张元济这样写道："又言美国函授学堂有许多书要买，愿送本馆学生若干名，即以其学费在本馆杂志上登广告"②；在1917年10月15日的日记中，他又写下："本日午后三时，万国函授学校海格尔、力胜到编译所。力请取消美函授广告。"③

不难断定，上述广告经营业务活动是直接导致近代民营出版机构对这种新型的开放式教育体制的认识、理解程度比其他文化教育机构要更加深刻、更加全面和更加理智的一个重要因素。而万国函授学校开展的一系列办学实践活动，如主要通过互通信函的方式实施和完成教学活动，开设偏重于职业教育的专业课程设置，高度重视函授教材的编写和学员的作业批改等，都对近代民营出版机构从事的英语函授教育产生了积极的、深刻的正面影响。与此同时，西方在华开办的函授学校存在的诸多问题与不足也为近代民营出版机构审视和反思这种新型的开放式教育体制提供了原动力。

综上所述，西方函授教育在华创办的函授教育事业都为近代民营出版机构开办专门函授学校提供了可以借鉴、参考和模仿的蓝本。而中西方之间的国情存在较大差异这一现象又使得近代民营出版机构对西方在华创办的函授教育事业所取得成绩和存在的问题都能保持较为敏锐和清

---

① "If you can read and write simple English, you can begin studying—the International Correspondence Schools"，《教育杂志》，第6卷第1号，1914年1月，书末黑白插页；"The World's Greatest Correspondence School For 18 Years—America School of Correspondence of Chicago, U.S.A."，《教育杂志》，第6卷第2号，1914年2月，书末黑白插页。
② 张元济：《一九一七年四月十日，星期二——西书》，《张元济全集·日记》（第6卷），商务印书馆，2008年12月第1版，第189页。
③ 张元济：《一九一七年十月十五日，星期一——杂记》，同上书，第267页。

醒的认识,这也为近代民营出版机构富有创造性地构建适合民国时期国情的英语函授教育制度提供了丰厚的历史经验和强大的驱动力。

第二节 办学主观条件

一、民营出版机构拥有共同的出版文化理念

从事出版文化研究的著名学者王建辉这样认为,在20世纪前半叶,北京的北京大学与上海的商务印书馆,这一南一北两所中国最重要的学术文化机构,构成了中国学术文化界的一道景观,堪称中国现代学术文化的双子星座①。商务印书馆是近代最负盛名、最具影响力的民营出版机构,它依靠自己的教育品格与文化魅力,将自己从一家印刷作坊逐渐打造成了一座近代文化教育的重镇,成为近代知识分子的公共活动空间,其最终目的就是:昌明教育,开启民智,振兴中华。1902年年初,张元济辞去南洋公学的职务,应夏瑞芳的邀请,怀揣开启民智、教育救国的理想正式加入商务印书馆,并相约:"吾辈当以扶助教育为己任。"②自此以后,注重开启民智,坚持对国民进行普及教育,便成为商务印书馆一直遵循和秉承的出版文化理念。

同为民国出版界著名出版机构的中华书局与"后起之秀"开明书店的创办都与商务印书馆有着极为密切的历史渊源。中华书局成立于1912年1月,其创办人陆费逵就曾经是商务印书馆的重要职员;从1908年至1911年,他被高梦旦、张元济委以重任,担任商务印书馆出版部部长,又兼任《教育杂志》主编一职③。开明书店创立于1926年8月,创办人章锡

---

① 王建辉:《中国现代学术文化的双子星座——北京大学和商务印书馆》,载王建辉:《出版与近代文明》,河南大学出版社,2006年4月第1版,第221页。
② 张元济著,张人凤编辑:《中华民族的人格(附张元济抗日时期著作选辑)》,辽宁教育出版社,2003年第1版,第75页。
③ 王建辉:《教育与出版——陆费逵研究》,中华书局,2012年6月第1版,第1—2页。

琛、章锡珊兄弟均曾长期供职于商务印书馆;章锡琛曾先后担任《东方杂志》的编辑、《妇女杂志》的主编①。由此可见,在某种程度上,商务印书馆的"以扶助教育为己任"的出版文化理念也对中华书局、开明书店产生了重要影响。

出版与教育、社会的发展存在着密不可分的联系。就如陆费逵在《〈书业商会二十周年纪念册〉序》中所言:"我们希望国家社会进步,不能不希望教育进步;我们希望教育进步,不能不希望书业进步。我书业虽然是较小的行业,但是与国家社会的关系,却比任何行业大些。"②陆费逵十分重视教育,也十分重视出版,这正是他青年时代投身文化教育事业和后来创办中华书局的根本原因③。中华书局是近代社会变迁和教育转型的产物,以出版适应民国共和政体的教科书而涉足书业。从此,确立以出版为手段,服务教育和文化的方针④。无疑,陆费逵已经充分意识到了出版事业对促进近代教育的转型、社会的变革与发展都将会起到非常关键的、不可或缺的推手作用。诚然,我们可以把陆费逵的上述言语视为他个人所持有的以及由他所创办并长期经营的中华书局所具有的出版文化理念。商务印书馆开创的以出版促教育的出版文化理念在中华书局得到了继承和发扬。

开明书店也不例外。开明书店要办成个什么样的书店呢?在开明书店二十周年的时候叶圣陶写过一篇纪念文章,他这样论及上述问题:"办书店原有各种做法。……。与我们相宜的只有中间一种,就是规定范围的做法。我们把我们的读者群规定为中等教育程度的青年,……。我们

---

① 王余光、吴永贵:《中国出版通史》(8 民国卷),中国书籍出版社,2008 年 12 月第 1 版,第 107 页;唐锡光:《开明的历程》,载中国出版工作者协会编:《我与开明》,中国青年出版社,1985 年 8 月第 1 版,第 289—299 页。
② 陆费逵:《〈书业商会二十周年纪念册〉序》,载陆费逵:《陆费逵自述》,2013 年 5 月第 1 版,第 53—54 页。
③ 俞筱尧:《陆费伯鸿与中华书局》,载俞筱尧、刘彦捷编:《陆费逵与中华书局》,中华书局,2002 年 1 月第 1 版,第 222 页。
④ 周其厚:《中华书局与近代文化》,中华书局,2007 年 5 月第 1 版,第 48 页。

自问并无专家之学,不过有些够得上水准的常识,编选些普通书刊,似乎能胜任愉快。这是一层。我们看出现在的教育继承着旧教育的传统,而新教育继承着的旧教育的传统是没有效果的。我们也知道教育不是孤立的事项,要改革教育,必须其他种种方面都改革,但是改革教育的意识不能不从早唤起,改革教育的工具不能不从早准备,这又是一层。"叶圣陶的上述言论,"正是当初同志们怂恿章锡琛创办开明书店的心愿和旨趣"①。的确如此,自开明书店成立之际,就已经明确了以推动文化教育发展为己任的出版文化理念②。

不难断定,商务、中华、开明纷纷创办自己的函授学校,这种直接参与教育实践活动的方式秉承、体现了其出版文化理念,可以被视为其出版理念的延伸和具体呈现。

第三节 办学客观条件

一、民国初期交通、邮政事业取得突破性发展

函授教育,按照其最初的形式,是函授学校将教材寄给学生,学生在教师信函的指导下进行有计划的学习,学生在自学中遇到疑难问题,再通过信函向教师请教。函授学校的师生之间的沟通、交流、了解主要是通过纸质信函邮寄的方式来完成的。显然,这种信函联系的一个最重要的基本条件,就是要有足够的邮政手段和相应的交通工具;如果没有邮政、交通作为媒介,函授教育的教学过程就不可能正常完成。因此,邮政、交通事业必须发展到一定的水平,具备足够的能力为函授教育的正常运转提供及时而有效的服务,这是函授教育产生的最重要的

---

① 唐锡光:《开明的历程》,载中国出版工作者协会编:《我与开明》,中国青年出版社,1985年8月第1版,第290—291页。
② 张沛:《开明书店出版理念与实践》,新闻学专业硕士学位论文,河南大学,2007年4月,第8页。

基本条件之一。

中国在清代中叶以前是自给自足的小农经济,依靠人力、畜力、水运等自然力的交通一直处于能力低下、变化很少的状态。19世纪中叶开口通商后,西方近代机械交通工具开始传入,中国的交通近代化也由此起步。至清末民初时期,初步形成了以城市为中心、以机械与半机械化交通工具为主导,城乡新旧方式结合的初步近代化交通网络。清末以后随着各地城市的发展,新式交通工具也日益普遍,主要表现在以下几个方面:西式马车的引入,人力车的引进与发展,自行车、汽车与电车的引入,轮船运输网络的形成,铁路、火车的出现与发展。以蒸汽机为动力的火车于19世纪初诞生于英国,后来在欧洲各国被广泛应用。1876年,上海出现了中国第一条正式运营的铁路。1881年,北洋大臣李鸿章主持建成唐山至胥各庄铁路,这是国人自己建造的第一条铁路。在1895年后至清末的十几年期间,中外官商陆续修建了数量众多的铁路,中国出现了第一次建设铁路的高潮。到1911年,全国已经形成近万里的铁路线。1912年民国成立至1937年,中国又开始第二轮建设铁路的高潮,铁路线路又有了较大幅度的扩展和延伸;至1937年,全国铁路共有2.1万公里,贯穿东西南北、纵横交错的多条铁路线,与水陆交通共同构成了覆盖全国的机械化交通运输网[①]。

清末民初的短短一二十年间,新旧交通工具迅速更替,实现了一场交通机械化的革命性变革。短途代步工具在全国城乡呈现出了新旧交通多种并存的格局。一些新式交通工具,如汽车等,在大中城市广为流行。广大乡村也开始使用自行车和公共汽车,虽然以传统畜力及木船为主。尽管新式交通工具发展缓慢,但整体交通运输能力与晚清以前相比,仍然有了较大幅度的提升。长途交通方面,到了20世纪二三十年代,航运、铁路、公路纵横交错,初步形成了覆盖全国的水陆交通网络,轮船、火车、汽

---

① 何一民主编:《近代中国城市发展与社会变迁(1840—1949)》,科学出版社,2004年7月第1版,第41页。

车等新式长途交通工具被较为广泛地应用,基本取代了人力、畜力交通工具,这就为长距离、大规模的人口流动和物资运输提供了更高效、廉价、方便、快捷、安全的交通方式,从而极大提升了交通运输能力[①]。清末民初交通事业的变革和发展为近代邮政事业的快速发展提供了必需的技术保障手段。

商务、中华、开明函授学校地处上海及长江三角洲地区,这一特殊的地理位置在中国近代邮政发展史上具有非常重要的历史意义和影响力。自唐代以来,上海及长江三角洲就设有邮驿用来传递官方文书。明清时期,民间信函往来则有民信局及其信船传递。19世纪初期,上海已有70余家民信局[②];它们与长江三角洲各地的民信局承担了民间信函传递的任务。上海开埠后,1866年海关试办邮政,为中国近代邮政事业的肇始。1896年3月,光绪帝批准张之洞奏议和海关总税务司、英国人赫德所拟章程开办大清邮政,由赫德全权负责。次年2月,上海成立大清邮政局,11月1日开始接收上海工部局书信馆,成为长江三角洲甚至全国的邮政通信中心。"上海为各埠往来之枢纽,海路由最南之广州廉州府之北海、沿海各埠直达海路最北之盛京之营口;江路由江口之吴淞沿江各埠直达四川之叙州,查过宜昌至叙州或用轮船或用河船,或由旱路寄带来往邮件;河路可直达苏常等郡。"[③]

随着近代交通设施的革新和发展,上海邮政事业也开始使用新式交通工具,从而缩短了邮件周转期限,有效提高了工作效率。比如,上海至宁波及杭州至上海的邮件已经可以搭轮船运送了。自上海成为长江三角洲的交通枢纽以后,杭州湾地区的传统邮路亦随之发生变化,如浙江平湖

---

① 李长莉:《近代交通进步的社会文化效应对国人生活的影响》,《学术研究》,2008年第11期,第90—95页;白寿彝:《中国交通史》,团结出版社,2007年1月第1版,第201—253页。

② 徐之河等:《上海经济(1949—1982)》,上海人民出版社,1983年8月第1版,第454页。

③ 对外贸易部海关总署研究室主编:《邮政总分各局绘具全国并拟节略(1902年7月3日)》,载《中国近代经济史资料丛刊——中国海关与邮政》,中华书局,1983年12月第1版,第107页。

至宁波的信局邮件传递路线不再由小船直接送到宁波,而是就近先运到上海,然后搭乘上海至宁波的轮船夜航12小时即可到达宁波。而平湖乍浦横跨杭州湾至甬江抵宁波距离虽近,却无固定航班,因此只能舍近求远,将原先的"平湖—宁波"的跨海邮路改为"平湖—上海—宁波"的中转邮路,邮件传递的时限为4天[①]。而杭州至上海的邮件则已经可以通过内河小轮船运送了[②]。

中华民国成立后,1913年11月调整邮政区划,上海邮政机构改组成立上海邮务管理局,管辖包括苏南部分地区在内的上海邮区,其业务范围较以前又有了较大的扩展。随着中国交通、邮电事业近代化的持续发展,上海邮政业务的工作业绩和工作效率又有了较大幅度的提升,"1917年以功率大的现代化机动卡车代替马拉的邮车,大大改进了往来于发件地和收件地之间的邮件运输工作。1919年一艘大型游轮下水,来往于内河一带,成效显著"。1920年,上海地区共收邮件8250万件,几乎是1911年的四倍;同年收邮包716,500件,而1911年仅收211,200件[③]。在这一时期,不仅上海及长江三角洲一地的邮政事业有了进一步的发展,整个中国邮政事业的发展亦呈现出了良好的态势。

1912年1月1日,中华民国成立,大清邮政同时更名为"中华民国邮政"(以下简称中华邮政),邮政总局的建制不变,但改隶新成立之交通部管辖。中华邮政在邮区划分上注意保证全程全网的通信的经济性与合理性。最早它是以通商口岸为邮区,以每一海关区域作为邮务区域,把全国分为35个邮界和副邮界,并不受省界的限制。1913年将邮区重新划分,全国共有22个邮区,每区设邮务长、副邮务长进行管理。此后,中华邮政管理体制进行多次改组,但整体而言基本上都是每个省设立一个邮务管

---

① 《见证杭州湾百年邮路兴衰史》,《文汇报》,2004年4月1日,第7版。
② 中华人民共和国杭州海关译编:《近代浙江通商口岸经济社会概况——浙海关、瓯海关、杭州关贸易报告集成》,浙江人民出版社,2002年10月第1版,第673页。
③ 徐雪筠:《上海近代社会经济发展概况:〈海关十年报告〉译编》,上海社会科学院出版社,1985年8月第1版,第198页。

理局的管理体制。到了 20 世纪 20 年代,全国共分为 26 个邮区,除了一般一个省设立一局之外,还特别设置了上海、东川、西川、北平、甘宁青等特殊的邮区。总之,划分邮区的原则是注意营业的重要性和讲求工作效率,并不完全受地方行政区域的制约。

可以这么说,近代交通工具的革新是促进邮政事业近代化的最重要的直接因素和先决条件,中华邮政紧随时代发展趋势,充分利用近代新兴交通工具,广为开拓邮路系统;至 20 世纪 20 年代以前,中华邮政邮路系统已经相当完备,共分为邮差线、航船线、铁路线、汽车线、航空线等。邮运工具除凭借其他部门的交通工具之外,还自备了近代机械化交通工具,主要有自行车(最早在 1906 年后就开始使用了)、汽车(1917 年以后)、摩托车(1917 年以后)、轮船(1919 年)等,同时兼顾传统的旧式交通工具,如兽车、手车、冰车等。

邮政交通工具的更新又直接拉动和推进了邮政业务的拓展和扩张。中华民国成立之后,邮政业务的范围日益扩大,除普通邮件外,从 1912 年至 1921 年,又陆续开办了下列重要服务项目:1912 年开办了收寄商务传单、保险信函业务,1913 年开办了代售印花税票业务,1914 年创设了火车行动邮局,1918 年开办了兑换国际回信有票券业务,1919 年开办了邮政储蓄金和邮转电报业务,1920 年开办了国际保险信函和箱匣业务,1921 年开办了航空邮务。在民国初期,中华邮政已经构建了一套相当成熟和完善的经营管理体制。

需要特别指出的是,早在 1914 年 3 月 1 日,中国就正式加入了国际邮联,声明自同年 9 月 1 日起实行国际邮政公约,加入国际邮政互换包裹公约。1918 年 11 月,又加入国际互换保险信函及箱匣协约(从 1920 年 1 月 1 日起实行)。1920 年 4 月 24 日,又加入国际邮政汇兑协约,自同日起实行。加入国际邮联这一事件对中华邮政有着重大的历史意义,这就意味着来自中国与世界上任何一个加入国际邮联的国家之间都可以正常开展邮件收发业务,至此,中华邮政系统已经与世界邮政体系紧密地联系在了一起①。

作为近代中西文化交汇最前沿的港口城市——上海,本身就拥有着得天独厚的邮政、交通资源的绝对优势。民国成立之后,随着中国交通事业近代化的持续深入发展,上海一地的邮政、交通资源的优势得到进一步强化,其区位优势更加突出;中华邮政的邮路系统亦随之发展得更加完备,其邮政业务种类亦随之变得更加丰富,其经营管理体制亦日臻完善和成熟。在中国早期的函授教学活动中,受制于当时的科学技术水平,基本上所有教学环节都是通过师生间互通信函的方式来实施和完成的,因此,函授教育对邮政交通部门的服务质量和服务能力都提出了较高的要求。而商务、中华、开明函授学校的所在地上海已经具备了相当发达的邮政交通系统,完全可以满足函授教育对此的特殊需求。

由上述可知,民国初期整体邮政、交通发展水平完全有可能、有条件保证师生之间的往来信函可以安全、按时收发,从而可以为函授教学活动的正常开展提供有效的教学服务保障。民国初期邮政交通事业的变革和发展都为商务、中华、开明函授学校英文科的成功兴办和发展提供了必要的前提条件;于1914年成功加入世界邮联的中华邮政又使商务、中华、开明函授学校发展成为国际性的函授学校成为可能。

二、民营出版机构具备强大的编辑、印刷、发行能力

两次鸦片战争之后,随着教会学校逐渐被中国的中下层民众接受和认可,教会学校的数量日渐上升,招生规模也不断扩大;与此同时,洋务运动的兴起和戊戌变法运动的开展都激发了国人自办新式学堂的热情,国人自办的新式学堂的增加速度有了显著的提升,数量和规模也呈现出了大幅度的上升趋势。传教士兴办的教会学校和国人开办的新式学堂都是

---

① 邮电史编辑室编:《中国近代邮电史》,人民邮电出版社,1984年10月第1版,第89—102页;戴鞍钢:《口岸城市与周边地区近代交通邮电业的架构——以上海和长江三角洲为中心》,《复旦学报》(社会科学版),2007年第1期,第63页。

能够反映近代工业社会特点的一种新型学校。其在培养目标、教学体制、课程设置、师资构成、教学方法、教学媒介、管理制度等众多层面上都截然不同于中国传统的旧式私塾学堂。上述学校都实行分专业、分级、分班、分科的授课模式,这种授课方式使得教师和学生的数量都有了显著的增长,而当时课堂教学活动的顺利开展都必须借助于纸质媒介,如教科书、教学参考用书、教学辅导用书、练习簿等,才有可能取得成功;当然,教师和学生数量的显著增长便要求更多数量和更多种类的纸质媒介,同时对纸质媒介编辑、排版、印刷质量和水平也有了更高的要求,这就势必对近代出版产业的生产能力、生产质量提出相应的高要求。然而作为近代兴起的一种新型开放式学校——函授学校要想成功运转,达到预期办学效果,它比普通学校更加依赖于纸质媒介,它对近代出版产业的生产能力、生产质量的要求更高,这是由函授教育的显著特点决定的。

  函授教育不同于普通的学校教育,它是在教师的有效指导下以学生自学为主的一种教学活动;是通过互通信函来实现师生之间的信息传输的一种异地交流模式[①]。函授教育的全过程都更加依赖于纸质媒介。函授教育的特点还直接造成了一名教师所面对的学生数量要远远超出普通学校里一般教室所容纳的数量,这就意味着一所函授学校对教材的需求量要数倍或几十倍于一所普通的学校。不仅如此,作为学生获取知识主要来源的函授教材在很大程度上决定着函授教育的成败,因此,教材的编写必须通俗易懂、讲解清晰、循序渐进、便于自学,那么教材的种类划分得越细致、越具体,就越容易实现这一点,这一现象也意味着一所函授学校对教材的种类需求量要远远高出一所普通的学校。而函授教材的构成种类又相当多元化,不仅有主体函授教材——函授讲义,还包括函授辅导刊物、自学参考书、辅导书等。而且函授教材必须按照一定的教学计划、学习进度,在规定的周期内能够及时邮寄给函授学员,才能保证函授学员顺利完成学业。可以这么说,如果在规定的时间期限内,没有足够数量和种

---

① 祝捷:《成人教育概论》,东北师范大学出版社,2006年9月第1版,第206页。

类的纸质媒介作为保障,函授教育活动的正常开展几乎是寸步难行的。而清末民初的商务、中华、开明完全有足够的实力和能力满足函授学校对教材数量、种类、出版周期的特殊要求。

1902年年初,张元济胸怀昌明教育、开启民智的理想正式进入商务印书馆。自此以后,商务印书馆逐渐发展壮大成为中国近代最大的出版企业,在建立新型企业运作制度和经营管理制度方面走在了其他出版机构的前面。在商务印书馆创办五周年之际,在张元济的策划下,商务逐渐建立了编译所、印刷所和发行所三位一体的较为完善的组织管理机构,分别由张元济(接替蔡元培)、鲍咸昌、高凤池任所长。1914年,商务的资本已由1902年的5万元增加到200万元。次年,为了促进商务更快发展,提高经营管理效率,在张元济的支持下,陈叔通负责建立了一个统管印刷、编译、发行三所的统一机构,后定名为总务处。总务处对公司的行政、人事和财政事务肩负行使决定权的责任,对三所进行宏观协调。一处三所之下,又设立部、科、股、组及附属公司等各级机构,每个机构都制定了严格、细致的部门章程和组织大纲。至此,商务印书馆这种科学、健全的管理体制保证了不同部门的紧密合作和各种业务的顺利组织和运转,商务已经成为一个资本雄厚、管理体制健全的大型出版企业[①]。

1913年,中华书局改组为股份有限公司,成立董事会,公司下设编辑、事务、营业、印刷四所,组织机构大致确立了下来。随着中华书局规模的不断扩大和新厂房的不断重建,总公司地址也不断变更,1913年从河南路迁至东百老汇路,1916年又从东百老汇路迁至静安寺路,1935年澳门路新厂落成后,又迁至新厂办公。每一次迁移都可以看作是中华书局出版实力日益增强的表现和结果[②]。

1928年,开明书店改组为股份有限公司后,业务发展迅速,规模日益

[①] 吴相:《从印刷作坊到出版重镇》,广西教育出版社,1999年9月第1版,第299—317页。

[②] 王余光、吴永贵:《中国出版通史》(8民国卷),中国书籍出版社,2008年12月第1版,第28页。

壮大,编辑机构迁至虹口梧州路,发行所从宝山路迁至上海书业集中的望平街。1932年1月,又搬到福州路,成立门市部,与中华书局毗邻。1934年,总公司参照商务、中华的组织体系,设有3个处所、1个室、18个部、33个科和4个委员会,员工一百多人,俨然已是一家大书店。在当时的书业界,其规模仅次于商务、中华、世界和大东,排行老五,并在业界、读书界享有良好的口碑①。

综上所述,民国时期的商务印书馆、中华书局、开明书店已经完全具备强大的编辑、印刷、发行能力,能够更好地满足函授学校对纸质媒介的数量、种类、质量及出版速度的要求。商务、中华、开明自身具备的这种创办函授学校的资源优势是当时其他文化教育机构都无法与之媲美的。

三、民营出版机构拥有一批高素质的人才智力资源

函授教育对教师的业务素质和职业道德要求比普通学校的教师要求更为苛刻,因为函授教育的特点决定了一名教师要面对成百上千甚至更多的学生;而且教师的教学对象是以在职的成人群体为主体的,而成人教育对象个体之间的差异性要远远大于一致性②,教育对象群体种类的划分呈现出了更加多元化、更加复杂多变的特征。在刚开始接触期间,成人学员对教师的亲切感、仰慕程度、信任程度和尊重程度都远远低于普通学校的未成年学生所表现出的高度。因此,仅仅从函授教育的客体——学生的层面去考察,函授教育对教师群体的专业素质和职业素养都提出了很高的要求。然而,商务、中华、开明完全拥有从事函授教育所必需的这种优秀的师资力量,相关具体情况如下:

首先探讨一下商务印书馆拥有的师资力量。在1902年张元济主政商务印书馆编译所之后,国文部、理化部、英文部的组织编制逐步构建,英

---

① 王余光、吴永贵:《中国出版通史》(8民国卷),中国书籍出版社,2008年12月第1版,第108页。
② 祝捷:《成人教育概论》,东北师范大学出版社,2006年9月第1版,第113—114页。

文部由毕业于美国名牌大学、获得博士学位的著名英文专家邝富灼担任。一大批学有专长、满怀文化救国抱负的社会文化精英人士聚集于商务印书馆编译所。至此,商务印书馆由一家印刷作坊逐步发展成为一座出版重镇,中国近现代出版文化产业的辉煌历史由此拉开序幕。

商务印书馆编译所在从其成立、发展壮大到强盛阶段的不同时期,都汇集了各个学科、各个行业的最优秀的人才。英语专家邝富灼和周由廑、外语教育家周越然和平海澜等众多文化教育界的名流都曾在编译所担任职务。编译所工作人员的文化素质和年龄结构均呈现出多元化、多样性的特点;有生气勃勃的革新青年,有致力传统的饱学之士,也有留学西洋的时代新贵,更有学贯中西、知识渊博、视野开阔的专家学者。传统派以夏曾佑、杜亚泉、陆尔奎、蒋维乔等为代表,留洋派以邝富灼、任鸿隽、竺可桢等为代表,青年左翼知识分子以沈雁冰、郑振铎、胡愈之、杨贤江等为代表。

商务编译所存在的30年间,其人员规模基本呈现逐步扩大的趋势,已有的研究成果显示,1908年64人,1921年已增至149人,1922年160人,1923年225人,1924年194人,1925年263人,到1926年竟多达307人①。周越然先生在1915年1月进入商务印书馆以后,长期供职于编译所,同时在商务印书馆函授学校兼任要职,他这样回忆道:"常年在所工作的编译员,约三百人,馆外编辑,尚不在内。编译所自从光绪二十九年正月起,至民国十九年十一月止,前后二十八年一共计进用编译员一千三百六十二人。……。当此二十八年中,商编进用东西留学归国者七十五人;内法国毕业者二人,英国毕业者三人,美国毕业者十八人,日本毕业者四十九人,国名不详者三人。"②

值得注意的是,相当多的编译人员在进入商务以前,大都是知名大中

---

① 李家驹:《商务印书馆与近代知识文化的传播》,商务印书馆,2005年2月第1版,第97页。
② 周越然:《我与商务》,载周越然:《六十回忆》,太平书局,1944年12月第1版,1945年5月再版,第77—78页。

院校的教授和专家①。由此可见,上述编译人员均有长期担任教师的经历,具有丰富的教学经验,并对中国学生的心理特点有相当深入的了解,这种工作背景对他们直接或间接参与函授教育事业都是极为有利的。

然后再来了解一下中华书局所具有的师资力量。如同商务印书馆,中华书局同样是一个精英人士云集之地。总经理陆费逵、编辑所所长舒新城,都堪称教育界、出版界大家。中华书局在1926年从事英语函授教育之前后期间,其编辑所拥有戴克敦、顾树森、缪文功、姚汉章、潘武、李廷翰、赵秉良、庄泽定、杨锦森、沈步洲、沈颐、张相、金兆梓、朱文叔等一大批教科书编辑高手,还有李登辉、沈彬、钱歌川、桂绍等闻名学界的外语专家型英语编辑,还有如黎锦晖、王人路、吕伯攸、陆衣言、乐嗣炳、倪文庙、姚绍华等同时驰骋于多个编辑领域的复合型人才。中华书局能够长期在出版界处于领先地位,正是有这样一大批学问高深、能力突出、极具影响力的精英翘楚做坚强后盾的结果②。

最后,再来关注一下开明书店的相关师资构成。开明书店自从1926年8月创办之际,其出版物的整体质量一直保持了相当高的水平,享有良好的声誉,在文化教育界有口皆碑。能够在较短时期内取得令人称赞的出版业绩与它团结和培养了一批十分宝贵的编辑队伍有着密切关系。开明最初聘请的赵景深、王鲁史、索非、夏丏尊、叶圣陶等几位,都是很有才干的学界精英人士。章锡琛非常注重从"文化人"朋友圈中物色合适人才,一旦发现他们有加入开明的想法,便立即与之取得联系,商谈聘请事宜。开明书店成立后不久,先后来开明或为开明做事的有胡愈之、钱经宇、周建人、孙伏园、谢六逸、刘权琴、刘薰宇、方光焘、丰子恺、夏衍、王伯祥、周予同、顾均正、徐调孚、宋云彬、傅彬然、贾祖璋、朱光潜、唐锡光、周振甫等。上述开明书店所聘请的大部分编辑工作人员本来就是作家、教

---

① 刘曾兆:《清末民初的商务印书馆——以编译所为中心之研究(1902—1932)》,花木兰文化出版社(台湾),2005年第1版,第54页。

② 王余光、吴永贵:《中国出版通史》(8 民国卷),中国书籍出版社,2008年12月第1版,第242页。

师和编辑,个个都是博览群书、知识渊博、中文功底扎实、擅长写作的文化教育界名流。而且他们中有很多人都有留学欧美国家的教育背景,其英文水平亦造诣颇深①。

除了社内编辑外,商务、中华、开明还与许多社外编辑保持着长期密切的联系。社外编辑接受商务、中华、开明的赞助而担任特约编辑,为编译所翻译、编写了数量众多的书籍。虽然他们并非正式的编译所职员,但其贡献却不次于编译所的编译人员。为了准确了解和把握文化教育界的发展动态和趋势,商务印书馆向来特别注重与文化教育界的名流、名师保持密切的沟通和交流,而且还通过各种方式与他们精诚合作,共同编著了各种各类的广受大众欢迎的书籍;通过这种长期有效的沟通、交流和合作过程,商务印书馆与他们建立了良好的关系,从而使商务在文化教育界享有很高的信誉度、影响力和号召力②;而中华书局③和开明书店④亦是如此,毫无例外。因此,在商务、中华、开明的诚邀下,这些馆外的特约优秀编辑也很有可能成为函授学校英文科的"馆外教师",直接或间接参与函授学校的教育实践活动。我们姑且可以称他们为一支"隐形师资"队伍,这支庞大的隐形队伍亦是一种不容小视的强大的师资力量。

由上所述可知,无论是商务印书馆编译所,还是中华书局编辑所或开明书店编辑所,从其创建到终结,始终都汇集了一大批精通英语、学贯中西、在社会科学及自然科学等各领域内享有盛誉的专家和学者,他们所具备的学术背景、文化素质结构均呈现出多元化的特点,并且大部分成员还具有直接从事教育实践活动的工作阅历,这种得天独厚的英语人才智力

---

① 王余光、吴永贵:《中国出版通史》(8 民国卷),中国书籍出版社,2008 年 12 月第 1 版,第 108 页;唐锡光:《开明的历程》,载中国出版工作者协会编:《我与开明》,中国青年出版社,1985 年 8 月第 1 版,第 290—300 页。
② 刘曾兆:《清末民初的商务印书馆——以编译所为中心之研究(1902—1932)》,花木兰文化出版社(台湾),2005 年第 1 版,第 55 页。
③ 周其厚:《中华书局与近代文化》,中华书局,2007 年 5 月第 1 版,第 101—135 页。
④ 唐锡光:《开明的历程》,载中国出版工作者协会编:《我与开明》,中国青年出版社,1985 年 8 月第 1 版,第 290—300 页。

资源优势都为商务、中华、开明开办富有中国特色的英语函授教育提供了充足的、高品质的师资力量,并有力促进了英语函授教育在近代中国的可持续发展。

四、民营出版机构具有编写中小学英语教科书的丰富经验

函授教育不同于其他类型的教育,由于其是以学员自学为主的一种远距离教育形式,而作为学员获取知识的主要来源——函授教材的编写质量很大程度上将决定着函授教育的成败,因此,教材建设在函授教育中占据着非常重要的位置。从整体上而言,商务、中华、开明函授学校英文科的办学层次主要以中等教育程度为主体,兼顾高等教育。而商务、中华、开明却有着非常丰富的编写中小学教科书的资源优势。就近代民营出版机构的主要业务而言,出版中小学教科书一直占据着重要的地位,而出版英语类的教科书更是被近代民营出版机构所看重。随着民国社会的变革力度、发展速度日益增大、加快,社会各个领域对英语人才的需求数量、迫切程度与日俱增,对英语人才的综合素质亦提出了更高的要求。英语已成为各地公私立中学最重要的一门必修课程,而且其占据的课时总量也是所开设课程中最多的一门。在此时代背景下,近代民营出版机构都格外重视庞大的、持续的、稳定的中学英语教科书需求市场。

如本文《绪论》中所述,商务函授学校英文科创办于1915年3月,中华函授学校英文科创办于1926年3月,开明函授学校英文科创办于1932年4月,在近代民营出版机构开办英语函授教育期间,商务、中华、开明均出版发行了大量高质量、高品位的中学英语教科书。据统计,从1911年至1915年,近代民营出版机构出版发行中学英语教科书共计26套,其中商务出版21套,中华出版5套[①],可见中学英语教科书的市场全

[①] 粟高燕:《世界性与民族性的双重变奏——世界化视野中的近代中国基础外语教育研究》,光明日报出版社,2009年4月第1版,第158—159页。

部被商务、中华所垄断。从1916年至1926年,近代民营出版机构编辑出版的中学英语教科书共计26套,其中商务出版17套,中华出版9套,这一历史阶段的中学英语教科书市场仍然被商务、中华所牢牢控制①。从1927年至1932年,近代民营出版机构出版发行中学英语教科书共计25套,其中商务出版8套,中华出版4套,开明出版2套,新国民图书社出版4套,世界书局出版4套,大东书局1套,北新书局1套,文化学社1套②。到这一时期,尽管由商务、中华长期垄断的中学英语教科书市场开始被打破,出版力量呈现多元化态势和发展趋向,但商务、中华出版的中学英语教科书数量依然位居前列。

由于开明书店崛起于20世纪30年代中期,因而在此之前它所出版的中学英语教科书数量不多,仅有林语堂所编著的《开明英文读本》《开明英文文法》各一套,但编撰水平都相当高。这两部英语教科书一经出版,市场反响强烈,销售异常火爆,备受学界推崇③。刊登在《申报》的售书广告对林语堂编纂的这部《开明英文读本》给了很高的评价:"积集多年的经验,利用最新的学理,编成这部最适用于中国中等学生的英文读本,与坊间通行的外国人读本及不学无术的教科书匠所编的大有天渊之别,真可在中国英文教学界开一新纪元。"④1929年11月20日出版的《申报》特意在《本埠新闻二》栏目中专门介绍了《开明英文读本》这部教科书,"开明书店向以出版中学生用书闻名于读书界。所出名书,如开明英文读本……等,颇为各中学校所欢迎、采用"⑤。这套《开明英文读本》"用许多文学故事作课本,语文与文法又结合得较密切,的确很有特色,再配上丰子

---

① 粟高燕:《世界性与民族性的双重变奏——世界化视野中的近代中国基础外语教育研究》,光明日报出版社,2009年4月第1版,第159、255—256页。
② 同上书,第159、257—258页。
③ 赵艳宏:《林语堂先生编纂的英语教科书》,《出版史料》,2012年第4期,第83页。
④ 《唯一专家的著作——期待已久的开明英文读本出版了》,《申报》,1928年8月11日,第2张第5版。
⑤ 《本埠新闻二——开明书店创刊中学生杂志》,《申报》,1929年11月20日,第4张第16版。

恺的插图,更使人觉得面目一新,因而采用的中学很多,发行量因此很大,成了开明书店最繁销的书"[①],以至于被称为开明的"吃饭书",与《开明活页文选》《开明算学教本》并称"开明三大教本"[②]。在1934年前后,如果以教科书的销售量为参考依据,开明书店的经营规模仅次于商务、中华、世界和大东,排行第五[③]。

综上所述,商务、中华、开明出版的中学英语教科书种类繁多、数量庞大、质量上乘、使用范围广泛,备受文化教育界的好评和赞许,在民国文化教育界享有很高的信誉度和知名度。上述三家近代民营出版机构在长期编写中学英语教科书的实践活动中,拥有了数量极为庞大的教科书编写资料来源库,构建了一支稳定的以著名专家、学者为主体的高素质编写队伍,积累了极为丰厚的编写经验,形成了先进的、科学、富有创见的编写理念。毫无疑问,商务、中华、开明所拥有的独特的编写中学英语教科书的资源优势,都为其在1915年至1934年间先后成功开办具有中等水平的英语函授教育奠定了坚实的学术基础。

五、民营出版机构拥有数量众多的分支机构

由于函授教育是一种远距离教育形式,这种特点造成了它的学员分布在全国各个地区,这就给教学管理带来了相当大的难度,因此,函授站的建立对函授教育有着极为重要的作用。函授站是联系学校和学员之间的重要桥梁和纽带,函授站的建立和发展对于组织函授教学辅导、加强函授教育管理、实施函授教育计划、保证函授教育质量、促进函授教育发展,都会发挥重要的作用。巧合的是,商务、中华、开明完全具备在国内广大地区建立函授站的资源优势和便利条件。

---

① 唐锡光:《开明的历程》,载中国出版工作者协会编:《我与开明》,中国青年出版社,第295页。
② 传新:《开明版的〈吃饭书〉》,《出版史料》,2004年第4期,第72页。
③ 王余光、吴永贵:《中国出版通史》(8民国卷),中国书籍出版社,2008年12月第1版,第108页。

首先来了解一下商务印书馆在全国各地的分馆的设置情况。除了在上海总馆建立的两个分店之外，1903年到1928年期间，商务印书馆先后在全国34个大中城市建立了35家分馆、支馆、支店和分厂，其中大部分支机构都是在1916年以前成立的；在香港地区还设有两家分支机构。此外，在南洋一地的新加坡也设有一个分馆。这35家分支机构所在地的城市要么是当时某省的省府，要么就是某一区域的中心。上述35家分支机构分别属于湖北、湖南、河南、河北、福建、广东、山东、山西、陕西、浙江、江苏、安徽、江西、云南、四川、贵州、广西、黑龙江、辽宁、吉林和重庆、北京、天津地区。除了少数偏远地区以外，商务印书馆分支机构涵括了当时中国绝大多数的中西部地区，其中共计20个省份和3个地区①。由此可见，清末民初之际的商务印书馆已经在广大的东、中、西地区构建了一个庞大的经营管理网络系统，几乎覆盖了中国各个地区。

然后再来探讨一下中华书局在各地的分支机构的建设情况。中华书局最早设立的分局位于南昌、天津两地。由于分局为总局的营业基地，其在很大程度上会直接影响到书局经营事业的成败，为此中华书局向来极为重视各地分局机构的建立和发展。至1913年，各省设立的分局已达13处之多。后来，随着中华书局业务的持续扩张和发展，截止到1927年，国内各地增设的分局已达40余处，它们分别是：南京分局、杭州分局、金华支局、福州分局、厦门分局、南昌分局、北京分局、保定分局、邢台分局、张家口分局、天津分局、太原分局、沈阳分局、青岛分局、南阳分局、许昌分局、汉口分局、长沙分局、衡阳分局、广州分局、汕头分局、梧州分局、桂林分局、贵阳分局、成都分局、西安分局、兰州分局、昆明分局、香港分局和台湾分局。另在南洋设立了新加坡分局②。

最后再来看一下开明书店在各地的分支机构的布局情况。开明经营

---

① 庄俞：《三十五年来之商务印书馆》，载商务印书馆：《1897—1992商务印书馆九十五年——我和商务印书馆》，商务印书馆，1992年1月第1版，第742—750页。

② 陈世觉：《我的回忆》，载中华书局编辑部：《回忆中华书局》，中华书局，1987年2月第1版，第177—180页。

资本不及商务、中华那么雄厚,因此在其出版事业的发展过程中,十分注重开源节流,提倡勤俭节约,因而它在全国各地就不如商务、中华一般广开分店。从1932年(即开明函授学校创建之际)至抗战之前,主要拥有北平、沈阳、南京、长沙、汉口、广州等分店[①]。尽管其分支机构数量不多,但分支机构所依托的城市均是当时的一线城市,在民国政治、经济与文化教育界均占据着举足轻重的地位。因此,尽管其分支机构网络的总体数量和经营实力不及商务、中华,但相对当时任何一所普通的大中院校而言,其具备的办理函授教育二级机构的资质和实力相当突出,其办学资源优势相当明显。

由是观之,商务、中华、开明函授学校可以充分凭借这个已经运转流畅、合作密切、体制健全的经营管理网络体系,在各个省区构建一个便于操作和掌控的二级教学管理部门——函授站网络体系,这就非常有助于与散布在全国各地的函授学员及时进行沟通和交流,从而可以大幅度提高教学管理效率,最终全面提升函授教育质量。商务印书馆自身拥有的这套经营管理网络体系的办学资源优势是民国时期任何一所公立或私立大中院校所不可能具备的。即使一所大中院校有足够的能力和实力去兴办函授教育,为了更好地保证函授教育质量和扩大影响力,它必须想方设法在学员较为集中的居住地附近设立一定数量的函授站,那么只有与当地的其他文化教育机构进行有效地沟通、洽谈和合作,才有可能使函授站正常地运转。但是以这种方式建立的函授站显然在人力、精力和财力方面的花费要远远高出商务印书馆很多,而商务、中华、开明函授学校和其各地分支机构都隶属、服从于其位于上海总部的管理,在很大程度上可以说是"一套领导班子,两条管理体系",这就会在最大程度上把在合作办学过程中出现的各种矛盾、不协调降低到最小程度,而且可以有效地降低办学成本,节约大量资金,以较少的资本投入取得较为丰厚的回报,创造良

---

① 唐锡光:《开明的历程》,载中国出版工作者协会编:《我与开明》,中国青年出版社,1985年8月第1版,第302页。

好的社会效益和经济效益。

商务、中华、开明自身拥有的这种独特的建立函授站的资源优势似乎在预示着其附属的函授学校能够取得初步的办学成功,并不断地发展和壮大。民国社会的变革与转型为商务、中华、开明从事英语函授教育提供了一个极好的历史机缘,开启、发展近代英语远程教育的历史重任自然而然地就落在了"以扶助教育为己任"、勇于担当的商务、中华、开明的肩膀上了。

第二章　社会变迁中的办学经历

第一节　英语函授教育的兴起
（1915—1918 年）

纵观近代民营出版机构英语函授教育的整体发展历程，无论是从英语函授教育的科学化、本土化的层面去考察，还是从其办学规模、办学影响力等方面去审视，1915 年至 1918 年可以被视为近代民营出版机构英语函授教育的兴起阶段。在此期间，仅有商务印书馆一家民营出版机构开办了英语函授教育。在综合借鉴西方函授教育制度和民初学制改革成果的基础上，商务函授学校英文科制定了一套学历教育和非学历教育并存的教学体制，采取了以中等教育为主体、兼顾高等教育的混合型教学模式；其课程设置兼顾了普通学校教育和职业教育的双重需求。上述相关具体情况，详见下面第一、二小节的论述。

一、兴起阶段商务函授学校英文科的办学经历

周越然为商务印书馆函授学社英文科[①]的创办人，他于 1915 年年初

---

① 商务印书馆函授学校的名称先后经历了 3 次变化，在其创办之际被称为商务印书馆附设函授学校，参见《商务印书馆附设函授学校英文科广告》，《申报》，1915 年 3 月 13 日，第 1 张第 1 版。但是这个称呼只被使用了仅仅 4 个月的时间，从 1915 年 7 月开始，它被改名为商务印书馆附设函授学社，参见《完全华商商务印书馆附设函授学社英文科广告》，《申报》，1915 年 7 月 4 日，第 1 张第 1 版。上述这个名称一直沿用到了 1933 年 4 月。至 1933 年 5 月，经过上海市教育局核准登记之后，又被改称为上海市私立商务印书馆函授学校，参见《教育消息——市教局四月份核准登记学校》，《申报》，1933 年 5 月 26 日，第 4 张第 13 版。

向商务印书馆编译所所长张元济建议创办函授学社,这一想法立即得到了张元济的同意和支持①。"余(周越然)初入商务之任务,不在编辑读本,而在书写杂文,审查稿件,代理信札也。后来创办函校,始以订立章则,编辑讲义,批改课文为正务。"②"周(越然)先生自创办本社英文科后,即担任英文科科长,其学识经验,学者类皆知之。"③函授学社创办之后,张元济先生担任第一任社长④。至1918年9月,商务印书馆编译所英文部部长邝富灼接任张元济,担任第二任社长。与此同时,"兹特聘请周越然先生为本社教务长,周君历任苏皖等省高等学校、高等师范学校教务主任,编辑书籍数十种,于英文教授经验极富。本社发起之时,所有编辑教科书、订正讲义等事,周君曾主其事。今复由本社敦请担任教务长,驾轻就熟,胜任愉快。此后,对于社务必能日有改良,日有进步,同学诸君,当亦受益不浅"⑤。应该说,国人自办的第一家英文科函授学社(也是第一家专门函授学校)最终能够顺利创建、正常运转并取得初步办学成功,是那一代"商务印书馆人"综合考察自身办学资源优势和时代变革发展的需要,审时度势、深思熟虑、果断抉择并为之共同努力奋斗而取得的结果。

正如第一章第一节所阐述的那样,民国初期的政治、经济、文化、教育体制发生的重大变革为商务印书馆兴办中国第一家英文函授学社提供了历史的契机,商务印书馆对此有着较为深刻的认识。英文教学专家王步贤于1919年5月慕名前来参观了英文科之后,就曾在《英语周刊》上发表专文指出商务印书馆创办函授学社英文科的时代背景、社会原因:"盖今

---

① 唐锦泉:《商务印书馆附设的函授学校》,载商务印书馆编:《商务印书馆九十五年:1897—1992》,商务印书馆,1992年1月第1版,第657页。
② 周越然:《模范小史》,载周越然:《六十回忆》,太平书局,1944年12月第1版,1945年5月再版,第63页。
③ 《C. P. C. S. News 商务印书馆函授学社新闻——本社添设副社长,请周越然先生兼任》,《英语周刊》(English Weekly),1930年12月20日,第784期,第1704页。
④ 商务印书馆:《商务印书馆志略》,商务印书馆,1929年7月第1版,第52页。
⑤ 《上海商务印书馆附设函授学社英文科特别启事》,《英语周刊》,1918年9月7日,第154期,封面背面。又见《上海商务印书馆附设函授学社英文科特别启事》,《申报》,1918年8月1日,第1张第1版。

日世界大势,凡欲求学问谋生计者,均不可不先具英文智识。而吾国当此新旧过度时代,其欲学习英文者,又大都学年已过,身为职业所羁,不能入正式学校者也;况乎以今日英文人才之缺,学校经济之困难,即使肄业于学校,其教师之胜任与否,尚为一问题乎。商务印书馆有鉴于此,因创设函授学社,而以英文科开其先,成立以来,于兹五稔,久已名誉卓著,为学界所仰重。"①

根据目前已掌握的文献资料,1915年3月至4月期间,为了加大宣传力度、扩大影响力、让社会各界民众对这种新兴的开放式教育制度有一个比较深刻的印象,商务印书馆充分利用了其自身拥有的纸质媒介资源的优势,分别在文化教育界具有较大影响力的期刊——《教育杂志》②、《学生杂志》③、《申报》④和《英文杂志》⑤上,刊登了商务印书馆函授学社英文科的第一个招生广告,原文如下:

"欲谋教育之普及,不能不兼恃校外之教育。函授学校即其一也。凡人有志求学,或僻处远方,或已过学龄,或执有职业,不能直接入学校者,均可以通信教授,且无班次时期之牵制,人咸称便。敝馆前发行师范讲义及现在之单级教授讲义,并于《教育杂志》《学生杂志》附设答问,略师此意,稍竭壤流。近日屡得学界来信,要求敝馆设立函授学校,分别科目,任人选习,而以英文一科为言者尤多。敝馆延聘英文专家,编辑英文教科书籍。素蒙学界信用,今承不弃,复以函授见嘱,敢不勉竭绵薄,藉副厚望。现拟先设英文一科,一俟拟定章程,即行刊布,先此通告。"

---

① 王步贤:《A Visit to the Commercial Press Correspondence School 参观商务印书馆英文函授学社纪略(To be continued)《英语周刊》,1919年5月31日,第192期,第2020—2021页。
② 《第一家英语函授学校的创立——商务印书馆附设函授学校英文科广告》,《教育杂志》,第7卷第3号,1915年3月,书首黑白插页。
③ 《商务印书馆附设函授学校英文科广告》,《学生杂志》,第2卷第3号,1915年3月,书首彩色插页。
④ 《商务印书馆附设函授学校英文科广告》,《申报》,1915年3月13号,第1张第1版。
⑤ 《商务印书馆附设函授学校英文科广告》,《英文杂志》,第1卷第4号,1915年4月,书首黑白插页。

上述广告简明阐述了函授教育的重要性、函授教育的对象、授课方式及特点;并告之有举办类似函授教育的经验,具备办理英语函授教育的师资力量,拥有丰富的纸质媒介资源以及学界对英语函授教育的迫切需要,鉴于以上原因,决定创办函授学校英文科,并为之做好必要的准备。这个广告明确传达了当时无论是从外部的客观环境,还是从内部办学主体的条件而言,创办函授学校英文科的时机已经成熟,这也预示着函授学校英文科将会取得成功。

如上所述,1915年3月刊登在《教育杂志》等期刊上的第一个招生广告对英语函授教育的对象做了初步界定:"凡人有志求学,或僻处远方,或已过学龄,或执有职业,不能直接入学校者,均可以通信教。"这一界定突出了成年人受教育群体的特点。

到了1915年7月,商务印书馆又分别在《教育杂志》《学生杂志》《英文杂志》和《申报》上刊登了《商务印书馆附设函授学社英文科紧要广告》,宣布向社会正式公开招收学员。"敝馆前承各界以组织函授学社相嘱,拟先设英文一科,业经登报宣布。现已组织就绪,分为五级。区区之意,在使曾习英文、已有职业者,得以续求进步;而僻居内地,就学无方者,亦不致向隅。有志者,不论程度若何,均可随时报名,任入何级,另有详细章程,如承索阅,请函之,上海宝山路本社可也。报名处上海棋盘街商务印书馆。"①

从上述招生广告可以获悉,商务函授学社各项教学管理工作已经准备就绪,有志求学的社会民众可以随时报名参加函授学习,并可免费获得有关函授教育的详细章程。可以看出,商务馆函授学校在正式创办4个

---

① 《完全华商商务印书馆附设函授学社英文科紧要广告》,《教育杂志》,第7卷第7号,1915年7月,封面背面。又见《完全华商商务印书馆附设函授学社英文科紧要广告》,《学生杂志》,第2卷第7号,1915年7月,书首黑白插页。又见《完全华商商务印书馆附设函授学社英文科紧要广告》,《英文杂志》,第1卷第7号,1915年7月,书首黑白插页。又见《完全华商商务印书馆附设函授学社英文科紧要广告》,《申报》,1915年7月4日,第1张第1版。

月之后,也就是在 1915 年 7 月 4 日前后,开始向社会各界招收第一批英文科函授学员①。

起初,商务函授学社英文科"本科共分五级,悉任自择。另编讲义,注重实用"②。但是,过了不久,"本科"却由五级调整为四级,"本社英文科由商务印书馆英文部富有教授经验之编译员组织而成,并另聘专家助理,学科共分四级,每级各有八门,浅如习字、拼音,深如修辞、文学,无不具备。而文法、会话、作文、翻译,尤为主要。自开办后,来者络绎,无不赞羡讲义之完美,教法之精详"③。

本科第一级(First Grade)开设课程如下:"(1)习字(Penmanship);(2)读音及拼法(Phonetics and Spelling);(3)读本(Reader);(4)简易文法(Language Lessons);(5)会话(Easy Conversation);(6)简易造句(Easy Sentence Formation);(7)翻译简易句语(Translation of Easy

---

① 综合考查上述的多份文献资料,现在我们可以做出一个准确的判断,即商务印书馆函授学社与其英文科的具体创办的时间是 1915 年 3 月,正式对外公开招生的时间是 1915 年 7 月,正式开学的时间是 1915 年 8 月末。在商务函授学社及其英文科在创办期间,之所以会出现上述 3 个关键时间点,是由下列原因造成的。因为任何一所新建的私立学校从其向社会宣告成立到正式开始招生,再到正式开学往往都会需要一个较长的宣传、筹备周期,更何况是国人自办的第一家私立专门函授学校呢!上述这一判断便很好地澄清了目前学界关于商务函授学社及其英文科创办时间说法不一的问题,即一说是 1915 年 7 月,另一说是 1914 年。
② 《商务印书馆广告——商务印书馆附设函授学社英文科》,《教育杂志》,第 8 卷第 2 号,1916 年 2 月,书中彩色插页。又见《商务印书馆广告——附设函授学社英文科》,《学生杂志》,第 3 卷第 1 号,1916 年 1 月,书首彩色插页。又见《商务印书馆广告——附设函授学社英文科》,《英文杂志》,第 2 卷第 1 号,1916 年 1 月,书首黑白插页。又见《商务印书馆附设函授学社英文科》,《申报》,1915 年 11 月 5 日,第 1 张第 1 版。
③ 《欲修英文者,请看——五阅月便能通文法、作文、翻译、看英文书——商务印书馆附设函授学社英文科启》,《教育杂志》,第 8 卷第 5 号,1916 年 5 月,书中黑白插页。又见《欲修英文者,请看——五阅月便能通文法、作文、翻译、看英文书——商务印书馆附设函授学社英文科启》,《学生杂志》,第 3 卷第 7 号,1916 年 7 月,书末彩色插页。又见《欲修英文者,请看——五阅月便能通文法、作文、翻译、看英文书——商务印书馆附设函授学社英文科启》,《英文杂志》,第 2 卷第 7 号,1916 年 7 月,书首黑白插页。

Sentences);(8)记字法(How to Remember Words)。"①

第二级(Second Grade)开设的课程是:"(1)习字(Penmanship);(2)读本(Reader);(3)文法撮要(English Grammar Simplified);(4)会话(Conversation);(5)造句(Sentence Formation);(6)简易翻译(Easy Translation);(7)大写法及点句法(Capitalization and Punctuation);(8)短篇作文(Short Composition)。"②

第三级(Third Grade)开设的课程是:"(1)读本(Reader);(2)英文法(Grammar);(3)作文(Composition);(4)会话(Conversation);(5)故事选录(Selection of Famous Stories);(6)普通信札(Letter Writing);(7)翻译(Translation);(8)新闻译例(Examples of News Translation)。"③

第四级(Fourth Grade)开设的课程是:"(1)文学史略(Notes on History of English Literature);(2)修词学及作文(Rhetoric and Composition);(3)文选(Selections from Famous Writers);(4)英文习语之研究(Studies in English Idioms);(5)信札(Letter Writing);(6)翻译新闻(News Translation);(7)翻译文件(Translation of Documents);(8)用参考书法(How to Use Reference Books)。"④每一级所开设的课程总量大约相当于普通学校两年之课程总数⑤。

民国教育部在1912—1913年颁布的《壬子·癸丑学制》中规定,小学校四年毕业,高等小学校三年毕业;中学校四年毕业,大学预科三年,本科三年或四年毕业⑥。在这个新的学制系统中,视地方情形,有条件的高等

---

① 商务印书馆附设函授学社编:《商务印书馆附设函授学社英文本科简章》,1918年(出版单位不详),第1—2页(非卖品,民众可以来函免费索取)。
② 同上书,第2页。
③ 同上书,第3页。
④ 同上书,第3—4页。
⑤ 同上书,第1页。又见《函授英文科——上海商务印书馆附设函授学社英文科启》,《申报》,1918年5月19日,第1张第1版。
⑥ 钱曼倩、金林祥主编:《中国近代学制比较研究》,广东教育出版社,1996年11月第1版,第166—167页。

小学校可以开设英语课程,中学外国语为必修课,以英语为主①。由此可见,高等小学校开设英语课程不具有普遍性和常规性,因此英文科一级开设的课程应该与中学一年级相对应。根据上述新学制的标准,毕业于英文科一级的学员,其水平应该可以达到中学二年级的水准;毕业于二级的学员可以达到中学四年级的水准;三级学员可以达到大学预科二年级的水准;四级学员可以达到大学英语专业本科二年级的水准;五级学员可以达到大学英语专业本科毕业生的水平。四级毕业学员所具备的英语运用能力基本可以满足日常进行口头与书面交际的需求,对于那个时代来讲,能够满足一般涉外活动的需要。由此可见,最初制定的最高级别——五级(相当于英语专业本科毕业生的水平)难度有些大,超出了一般学员的英语基础和接受能力。由五级改为四级不但符合一般学员的英语水平,而且也能够满足当时社会的实际需要。

  当时西方国家开办的函授教育基本上都是清一色的高等专科、本科学历教育,而且学历教育体制内不分级别,学员须一气呵成,直接拿到高等学历(详见第一章第一节的相关论述)。显然,商务函授学社没有完全照搬这种发轫于英国、勃兴于美国的新型开放式教育体制,而是根据中国的国情,灵活地创建了一套以中等学历为主体兼顾高等学历的混合型英文"本科"学历教育体制,这恐怕是世界函授教育史上的一个创举了。

  商务印书馆首创国人自办的第一家英文函授学社,的确是受到了英美两国函授教育的影响。在其编写的《商务印书馆函授学社概况书》中这样介绍创办函授学校的一个重要目的:"英美两国之教育可谓盛矣,而其国函授学校尤且林立。诚以函授学社,足以辅助教育之普及也。返观我国人民之自幼失学,及长就业后,鉴于无学之苦,立志向学,而又不能得释疑解惑之者,何可胜数。则本社之设,实为社会之急需,从可知矣。"②

---

① 课程教材研究所编:《20世纪中国中小学课程标准·教学大纲汇编——外国语卷(英语)》,人民教育出版社,2001年2月第1版,第5—8页。
② 商务印书馆编写:《商务印书馆函授学社概况书》(出版单位、时间不详),第4页(此书为内部出版,不对外发售)。

民国时期有学者郑一华曾专门撰文指出，国人自办的第一所函授学校是商务印书馆函授学社，然而"中国的函授学校制度也是从美国输入来的"①。商务函授学社学习了西方的先进教育制度，但又不完全照搬，而是根据当时的实际国情，构建适宜中国人学习的函授教育制度。商务函授学社英文科对此有着非常理性的认识，它在《申报》上发布的招生广告中这样写道："一切悉仿欧美办法，参酌本国人程度，另编讲义，给发学生。每级数百课，趋重实用，并附入国文释义，学者比照参考，甚易通晓。且为普及起见，并不限定学年学额，男女各界，尽可随时报名入社。"②

即便是"本科"制，也没有搞"一刀切"，而是由4个不同级别的办学层次共同构成，在考虑到整体国民的实际英语水准的基础上，细致地划分为一、二、三、四级别的"本科"制。每修完第一、二、三级别的学员均可以获得相应的修业证书，修毕第四级后，最终获得毕业证书。该教学体制借鉴了民初南京临时政府教育部制定、实施的《壬子·癸丑学制》（1912—1913年）体系对中学教育4年学习期限的规定，而这部新学制的出台本身就是西学东渐、中西教育交流的产物。

自正式招生广告刊出仅两个月后，招生情况便异常火爆，备受社会各界欢迎。至1915年8月30日，商务印书馆开始在《申报》上发布第一个正式开学广告："本社前登告白，首先创办英文一科，近以报名者非常勇跃，已逾额定开办人数，用特通告开办。定于9月15日寄发第一、二、三各级讲义。课卷用纸，现已印就发卖，每份一元五角，足够一级之用。本埠请向报名处购买。外埠请邮汇本社，当即照寄本社。"由于报名人数太多，不得不做出如下调整："本社为普及起见，并不限定学年学额。男女各界有志诸君，尽可随时报名入社，另备详章，函索即寄。上海宝山路商务

---

① 郑一华：《函授学校之史的探讨》，《教育与民众》，1932年第3卷第7期，第1329、1333页。
② 《爱惜光阴者宜速入函授学社——上海宝山路商务印书馆编辑所附设函授学社英文科启》，《申报》，1916年1月7日，第1张第1版。

印书馆附设函授学社启。"①其课程设置合理,教学体制灵活,充分考虑到不同英语起点的学员的需求,大受社会欢迎乃是顺理成章之事。

从上述招生广告可以得知,商务函授学社英文科于 1915 年 8 月 30 日前后将已经报名的第一届函授学员正式确定为函授教育对象,并在 9 月 15 日向各级学员邮寄函授讲义,开始对学员实施函授教育。至此,商馆函授学社的教学与管理工作才开始有了实质意义上的正常运转。英文科成功开办仅仅 8 个月后,至 1916 年 5 月,由于学员人数扩张太快,现有的师资队伍已经无法满足函授教学的需求了。鉴于"本社前因附学者骤赠,学员课艺寄回稍迟",为此"特添聘两广方言高等专门学校毕业生黄君访书助理。尤恐延误,故复添聘北京清华学校高级生蒋君正谊。此后,改寄课卷,不至迟滞亦"②。

为了方便散居各地的函授学员能够顺利完成学业,英文科充分利用了商务印书馆所拥有的遍及全国各地的二级分支机构的资源优势,自 1919 年"阳历一月起,凡付费及购买课卷用纸等,均可向本馆、各省各埠分馆接洽"③。

由于英文科一、二、三级在开办不久后就取得了显著的办学效果,赢得了良好的办学口碑,以至于文化教育界的广大有志之士纷纷致函商务印书馆,强烈要求尽快开办英文科第四级。为此,商务印书馆特意在 1916 年 6 月 9 日出版的《申报》上发布了一个有关第四级开办的通告:

---

① 《COMMERCIAL PRESS Correspondence School ENGLISH COURSE 商务印书馆附设函授学社紧要通告》,《教育杂志》,第 7 卷第 9 号,1915 年 9 月,书前彩色插页。又见《COMMERCIAL PRESS Correspondence School ENGLISH COURSE 商务印书馆附设英文函授学社紧要通告》,《学生杂志》,第 2 卷第 9 号,1915 年 9 月,书首彩色插页。又见《COMMERCIAL PRESS Correspondence School ENGLISH COURSE 商务印书馆附设函授学社紧要通告》,《小说月报》,第 6 卷第 9 期,1915 年 9 月,书首彩色插页。又见《COMMERCIAL PRESS Correspondence School ENGLISH COURSE 商务印书馆附设函授学社紧要通告》,《申报》,1915 年 8 月 30 日,第 1 张第 1 版。
② 《C. P. C. S. Notes 商务印书馆附设函授学社英文科通告》,《英语周刊》,1916 年 5 月 13 日,第 33 期,书末黑白插页。
③ 同上书,1916 年 1 月 8 日,第 15 期,第 Ⅲ 页。

"敝社英文科共分四级,第一、二、三各级早已开办,第四级原拟即行续开,嗣因三级学员额数骤增,第四级讲义编订需时,因之迟滞。学界诸君时时以开办日期见询,而敝社不能早日举办,深为歉厌。现在讲义业已编成,印刷亦将竣事,并添聘教员数人,定于阳历七月一日开办第四级。学界男女诸君有志向学者,请随时到本埠棋盘街总发行所及各省各埠分馆报名可也。敝社章程分存以上各处,函索即寄。"①

至1916年8月,商务函授学社英文科一、二、三、四级均已成功开办,"本社开办仅十阅月,学员入社已逾八百。内而全国,外而南洋,无不有本社之学员。现由低级毕业升入高级赓续来学者,亦复络绎不绝,即兹信徒之广,益见欢迎之诚"②。"第一、二、三各级毕业者逾四十人均递升学级,继续修业。"③英文科第四级"除原有科目外,并加入《文学丛选》一门,不另收费,如学者尤有裨益"④。这套文学丛书共计"十二种,每月附寄一册,作为补习之用"⑤。

综观上述"本科"各级开设的课程,每级个有8门,既注重语言基础知识的训练,又重视语言运用能力的培养,如会话、作文和翻译。"本科"课程的设置对那些想要系统、全面提升英语水平的社会各界人士而言,无疑具有较强的科学性和合理性。经过4级的系统训练,语言知识与语言技能会有很大的提升,无论是对将来职业的发展,还是对以后的深造和进修,都打下了一个良好的语言基础。但是对那些想在较短时间内重点提高自己的某一、两项英语知识水平或英语运用能力的人士来说,就缺乏有

---

① 《商务印书馆附设函授学社英文科第四级开办通告》,《申报》,1916年6月9日,第1张第1版。
② 《讲习英文之捷径——上海商务印书馆附设函授学社英文科启》,《申报》,1916年8月13日,第1张第1版。
③ 《C. P. C. S. Notes 商务印书馆附设函授学社英文科通告》,《英语周刊》,1916年8月12日,第46期,封底。
④ 《讲习英文之捷径——上海商务印书馆附设函授学社英文科启》,《申报》,1916年8月13日,第1张第1版。
⑤ 《C. P. C. S. Notes 商务印书馆附设函授学社英文科通告》,《英语周刊》,1916年8月12日,第46期,封底。

效性、实用性和针对性。本科开设的课程繁多,学习周期长(每一级至少需半年时间),所学课程与从事的职业并不完全都具有直接的联系,以上因素都不利于那些只对一两门课程感兴趣的学员按时完成学业。正是考虑到上述种种因素,函授学校英文科决定增设另外一种教学体制——"选科"(非学历教育体制),"选科分为九门,为有志者专修一门或二门者而设"①。

英文选科于1917年7月正式面向社会招生。"本社英文科开办年余来,学者千数百人,承以教法适当,争相推许。兹为求学者利便起见,特添设选科。前经声明,现已组织就绪,暂分九门如下科目:甲,读本;乙,初级文法;丙,高级文法;丁,造句;戊,修词学及作文;己,文学;庚,信札;辛,初级翻译;壬,高级翻译。定于本年七月一日开办,一切办法,备有简章。愿学者请向本社或上海棋盘街商务印书馆总发行所函授学社报名处索取,即当寄赠。"②

上述英文"本科""选科"课程的设置均突出了英语职业性、技能性和实用性。比如说,"读音、简易造句、造句、会话"课程重点培养学员的口头交际能力,"信札、普通信札"训练学员的应用文写作能力,"翻译简易句语、新闻译例、翻译新闻、翻译文件"重视翻译技巧和能力的系统培养。我们知道,应用文写作、翻译技能对一般从事涉外工作的工商界人士尤其重要。众所周知,阅读英语新闻是迅速获取有关工商业信息的最为有效的一种途径,但是英语新闻有独特的语言表达特点和规律,在转换成汉语时,需要较强的翻译技巧;即使到了现在,高校外语专业中的新闻翻译在

---

① 《商务印书馆函授学社》,《教育杂志》,第19卷第9号,1927年9月,书首黑白插页。
② 《商务印书馆附设函授学社英文科选科开办广告》,《英语周刊》,1917年7月7日,第93期,封底。《商务印书馆附设函授学社英文科选科开办广告》,《教育杂志》,第9卷第6号,1917年6月,书前黑白插页。又见《商务印书馆附设函授学社英文科选科开办广告》,《学生杂志》,第4卷第7号,1917年7月,书首彩色插页。又见《商务印书馆附设函授学社英文科选科开办广告》,《小说月报》,第8卷第7号,1917年7月,书中彩色插页。又见《商务印书馆附设函授学社英文选科开办广告》,《申报》,1917年6月9日,第1张第1版。

翻译教学中仍然占据着重要的地位。由此可见,翻译课程的教学内容具有很强的针对性,这对工商界的学员是大有裨益的。

自从1915年3月英文科"本科"创办以后,到1917年6月21日,招收学员达到"千数百人"(一千零几百人)①。但自从于1917年7月增设选科以后,至1918年5月,在不到一年的时间内,"学生达二千五百余名,修完一级者三百余人,毕业者约百人,成效之广,信用之坚,可见一斑"②。自从实行本科制与选科制的双轨教育体制以来,在校学员人数竟成倍增长,这是这种符合国情的函授办学体制取得成功的最好明证。

二、兴起阶段英语函授教育的办学成就

在此,有一点必须要做出说明的是,由于函授教育制度(包括英语函授教育制度)最先由近代民营出版机构介绍和引入近代中国,因此如何创建一套符合中国国情的英语函授教育、教学制度,并使这种起源于欧美的新型开放式教育尽快得到认可、推广和普及,这是摆在近代民营出版机构面前的一个必须首先解决的问题。鉴于上述原因,本章(即第二章)所探讨的办学成就指的是近代民营出版机构在不同历史发展阶段为如何构建、实施一套适合国情的英语函授教育、教学制度而做出的诸多努力和尝试,它是一种在狭义层面上理解的办学成就,而非一种广义上的办学成就。近代民营出版机构的英语函授教育在1915年至1918年期间所取得的阶段性办学成就主要体现在以下两点:

(一) 制定了一套相当完备的函授教育制度

商务函授学校英文科在其办学初步发展时期,就已经制定了相当完备的函授教育制度,它在1918年编订的《商务印书馆附设函授学社英文

---

① 《商务印书馆附设函授学社英文选科开办广告》,《申报》,1917年6月21日,第1张第1版。
② 《函授英文科——上海商务印书馆函授学社英文科启》,《申报》,1918年5月19日,第1张第1版。

本科简章》①和《商务印书馆附设函授学社英文科选科简章》②都对其"(办学)宗旨、组织、科目、年限、程度、改级、报名、入学、学费、讲义、参考、课艺、质问、邮费、汇款、毕业、减费、奖品、奖金、迁移、退学、通信"等各项制度做出了较为规范的界定,进行了较为详细的解释和说明。较为健全的教学与管理制度的制定,为英语函授教育各项工作的实际运行和有条不紊的持续开展提供了重要的制度保障和动力支持。它是函授教育达到预期效果和取得办学成功的一个极其重要的前提条件。

根据上述简章的具体内容,商务函授学校英文科在办学初期,就已经形成了独特的函授教学环节,主要包括自学、辅导、答疑、作业、考试、毕业、奖励等。尽管还缺乏面授这一重要环节,但上述这些教学环节有机地联系起来,已经基本构成了一个相对完整的开放性、循环性教学过程。在英语函授教育的兴起阶段,商务函授学校英文科构建的这套较为完整的函授教学环节,不仅为其自身的可持续发展奠定了坚实基础,而且也为中华、开明函授学校的成功兴办提供了可供模仿、借鉴的蓝本和范例。商务函授学校英文科已经基本具备了现代函授教育的雏形,正式拉开了中国函授教育及英语函授教育的序幕,这在中国函授教育史和远程教育史上都具有里程碑式的意义。

(二)初步构建了一套适合国情的函授教学"双轨"体制

借鉴欧美的函授教育体制,又充分吸取民初学校教育制度改革的先进成果(1912—1913年的《壬子·癸丑学制》),而且又考虑了函授教育的特殊性和国情的复杂性,由此商务函授学校英文科灵活创建了一套由"本科"(学历教育)和"选科"(非学历教育)构成的函授教学体制。其中,对英文本科做出下列规定:学习期限可长可短,最短可以六个月,但最长不超过两年,并且在两年之内的任何时间都有机会申请毕业。这种学历教育

---

① 商务印书馆附设函授学社编:《商务印书馆附设函授学社英文本科简章》,1918年(出版单位不详),第1—9页。
② 商务印书馆附设函授学社编:《商务印书馆附设函授学社英文科选科简章》,1918年(出版单位不详),第1—4页。

体制呈现出了较强的包容性、灵活性、弹性化和多元化的特点。不同类型的学员群体可以根据自己的入学英语水平、个人实际情况和现实环境,既可"按部就班"地从第一级开始,依次递进,循序渐进,读完第四级,最终获得学历文凭;也可跳过第一级,以第二、三级作为修习的起点,或直接研读第四级,以较快速度获得文凭;当然,更可以从第一、二、三级中仅仅选择任意级别的课程去学习,获得相应的修业证书[①]。毕业之后,一旦条件允许,学员可以凭借已经获得的修业证书继续升级深造,毕业于四级的学员毕业最终获得学历文凭,就会被授予"中英文毕业文凭各一"。英文"本科"的办学层次以中等教育为主体,兼顾高等教育[②]。这种适合国情、灵活多变、富有弹性的本科学历教育体制能够最大限度地满足不同社会成人群体的个性化需求,有利于他们抽出有限的业余时间,顺利完成其中一个级别的学业。

"双轨"函授教学体制对英文选科做出了以下规定:根据个人的实际情况,学员可以从九门英语专业课程中任意选择一门或两门课程进行研读。每门专业课程的学习期限最长为一年;在此期间,符合条件的学员可以随时毕业,获得修业证书[③]。英文本科和选科的课程设置均能够满足普通学校教育和职业教育的双重需求。

这种任人自由选择、富有弹性的本、选科双轨教学体制的开设使得广大的在职人士以及在校读书的学生都可以根据自己的职业需求、英语水平与兴趣爱好等实际情况,或选择某一级开设的所有课程,循序渐进地接受英语专业的系统训练;或有重点地选择一门或几门课程作为突破口,节费、省时、高效地掌握某项英语知识和技能,顺利完成学业。函授学校英文科的选科制应该说是现代自学考试的雏形了。

---

① 商务印书馆附设函授学社编:《商务印书馆附设函授学社英文本科简章》,1918年(出版单位不详),第4页。
② 同上书,第7页。
③ 商务印书馆附设函授学社编:《商务印书馆附设函授学社英文科选科简章》,1918年(出版单位不详),第1—3页。

商务函授学校英文科并没有完全照搬源自于西方的、单一的学历函授教育制度，而是创造性地建立了这种符合民国实际国情的英语函授教育双轨教学体制，面向更加广泛的职业群体，有力地推动了民国初期社会经济与文化教育的发展。

第二节　英语函授教育的发展（1919—1931年）

1919年至1931年期间可被视为近代民营出版机构的英语函授教育的发展阶段。在这一重要时期，除了商务印书馆之外，中华书局也开办了英语函授教育；与其兴起阶段相比较，近代民营出版机构的英语函授教育的整体办学规模有了较大扩展，办学影响力得到了进一步提升。

不仅如此，近代民营出版机构的英语函授教育事业的科学化、本土化有了进一步发展。概括来讲，主要体现在以下几个方面：第一，商务函授学校灵活创建了一种介于英文本科（学历教育）和英文选科（非学历教育）之间的短期培训班性质的办学形式——英语正音讲习会。第二，密切关注民国社会发展和民众实际需求，商务函授学校动态性地设置了英文科专业课程体系。第三，在商务函授学校英文科的影响和带动下，中华函授学校英文科亦构建了一套由英文本科、选科构成的"双轨"教学体制；但英文本科并没有完全沿用商务函授学校英文科由4个不同级别构成的以中等教育为主体的教学体制，而是与时俱进，充分借鉴最新颁布的《壬戌学制》（1922年）的做法，及时吸取学校教育制度的最新改革成果，创建了一个由6个不同级别构成的中等性质的函授教学体制。

这一时期英语函授教育的办学机构包括商务函授学校和中华函授学校，因此在下面的论述中，我们将首先分别对商务、中华函授学校英文科的办学经历逐一阐述，然后再对近代民营出版机构的英语函授教育所取得的阶段性办学成就进行分析、总结。相关具体内容详见下列第一、二、三小节的阐述。

一、发展阶段商务函授学校英文科的办学经历

1919年至1931年的这一段时期在英文科长达三十余年的办学生涯中占据着非常重要的地位,经过前4年的快速发展,英文科的各项事业都渐入佳境,声誉与日俱增,生源日益增多,步入了其重要发展时期。"商务印书馆附设之函授学社英文科自去年(1918年)入冬以来,报名入社者颇多,因此批改课卷日不暇给。"①到了1919年2月,"商务印书馆附设函授学社英文科开办已有四载,教员数十人,学员三千余人"②。至1921年7月,"本社学员,日增月盛。旧有教员,改卷答问,几有日不暇给之势。而办事方面,如寄发讲义,结算毕业学员分数,以至收发课卷等,亦皆有事多人少之虞"。鉴于上述原因,为保证函授教学的顺利开展,英文科特增添三名教员,及时补充师资力量③。到了1926年8月,"自八月一日起,因本馆三十周年纪念,学费减半实收后,报名入社者异常踊跃。计八月份一月,共得新学员四百八十五人,其中入英文科者二百四十八人;较之去年八月份增至二百有奇。故近来办事人员均极忙碌"④。

在这一时期,商务函授学社的管理机构出现了较大的人事变动,至1929年1月,商务印书馆函授学社第二任社长邝富灼"现在年高告退"⑤。"本社社长邝富灼先生因年老告退后,即由王云五先生继任。"⑥然而,到了1929年秋季,"今秋王先生亦因精神不佳辞职。故本社社长现由商

---

① 《本埠新闻二——商务印书馆之函授学社与同乐会》,《申报》,1919年3月18日,第3张第11版。
② 《本埠新闻——商务印书馆函授英文学社开课》,《申报》,1919年2月6日,第3张第10版。
③ 《C. P. C. S. News 商务印书馆函授学社新闻》,《英语周刊》,1921年7月9日,第301期,第13页。
④ 《馆事消息——函授学社要闻:减费期内报名踊跃》,《励志》,1926年第3期,第99页。
⑤ 《本埠新闻二——商务印书馆同人昨公宴邝博士》,《申报》,1929年1月28日,第4张第15版。
⑥ 《C. P. C. S. News 商务印书馆函授学社新闻——本社社长及商业科科长易人》,《英语周刊》,1929年12月7日,第732期,第664页。

务印书馆编译所所长何柏丞先生兼任"①。1930年12月,商务印书馆函授学社又增设副社长一职,鉴于"近年以来,学员日多,社务日以发达,故添设副社长一职,实为急务。现已请定本社英文科科长周越然先生兼任斯职"②。

期间,随着1922年《壬戌学制》的颁布和实施,我国的学制体系发生了重大的变革,中学阶段的学习期限由之前的4年(中学只有一个阶段,由4个年级构成)变为当时的6年(中学分为两个阶段,由初、高中各3个年级构成)。由前述可知,商务函授学社英文科在1915年办学初期制定的英文本科教学体制借鉴了《壬子·癸丑学制》,由4个年级构成。纵然经历《壬戌学制》的改革,由于商务函授学社英文本科教学体制具有较强的伸缩性、包容性,它的每一个级别仍旧可以灵活地与新学制所划定的6个年级一一找到对应点和衔接处。因此,在英语函授教育的发展阶段,商务函授学社英文科继续沿用了4级办学体制,经受住了时间的考验,较好地适应了民国文化教育界发生的重大变革,这恰好证明了它所具有的科学性、合理性和先进性。

1919年至1931年期间,商务函授学社英文科的教学目的、课程设置依然延续了其在兴起阶段所呈现的若干特点,兼顾普通学校教育和职业教育,就如商务函授学社在《英语周刊》上对外宣称的那样:"全国青年,无论在学校肄业,欲求课外补习;或因关于职业上之特别目的,临时需要特种智识;或须预备应各种考试,均可视个人情形所需,随时报名入社。"③

在发展阶段,为了更好地迎合、顺应民国社会的发展潮流,商务函授学校英文科主动求新求变,果断采取应对措施,其开展的教学实践活动先后经历了一系列的重要变化和调整,详情如下:

---

① 《C.P.C.S. News 商务印书馆函授学社新闻——本社社长及商业科科长易人》,《英语周刊》,1929年12月7日,第732期,第664页。
② 《C.P.C.S. News 商务印书馆函授学社新闻——本社添设副社长,请周越然先生兼任》,《英语周刊》,1930年12月20日,第784期,第1704页。
③ 《C.P.C.S. News 商务印书馆函授学社新闻》,《英语周刊》,1931年12月19日,第834期,第698页。

（一）细致划分英语函授教育的对象

如前所述，英文科在其初创时期，对英语函授教育的对象做了初步的界定："凡人有志求学，或僻处远方，或已过学龄，或执有职业，不能直接入学校者，均可以通信教授。"尽管这一界定突出了主要面向成年人受教育群体的特点，但其招生对象却过于广泛和笼统，指向性和细致性划分程度尚显不足，对其招生对象还缺乏较为深入的调查和研究，这也充分说明了商务函授学社英文科正处于其初步发展时期。

经过1915—1919年新文化、五四运动的洗礼后，国人对教育的态度发生了一些明显的变化。"在五四运动以前，国人对于教育的态度，只是国家的、强武的。在五四运动以后，国人对于教育的态度，一变而世界的、和平的了。此时世界的潮流趋向于民主的，即是平民主义的，所以教育也归到平民主义。"①中国平民主义的教育思想自此以后已蔚然成风了。在这种平民教育思潮的引领、带动和影响下，广大中小层职工群体、普通中小学教师群体、学生群体、女性群体的自我主体意识、自我职业规划意识日益觉醒，追求自由、民主、平等的人权意识亦越发显得强烈，他们渴望可以通过个人努力获得更多接受更高程度教育的机会，以期为将来职业生涯的发展或学业的持续进步打下坚实的基础。

在时代背景发生变迁的前提下，到了1919年10月，商务函授学社英文科对函授教育对象的过于简单的划分、界定，发生了根本性的改观，英文科对函授教育对象做出了更加具体、细致的划分和归类。"世界愈进化，则交通愈便利，则外国文愈重要。本社顺世界之潮流，特设英文一科。凡（一）身有职业不能入普通学校肄业之人；（二）中小学校教员，欲增进其教授上之能力；（三）学校学生欲为课外之补习以及（四）女子求学不能得相当之女学校者，不论年龄，不拘程度，不限时日，皆得入本社肄业。"②又

---

① 陈青之：《中国教育史》，中国社会科学出版社，2009年1月第1版，第646页。
② 《上海商务印书馆附设函授学社英文科》，《英语周刊》，1919年10月11日，第210期，书末黑白插页。又见《君欲为前程发展计乎？君欲为适宜今世界之人乎？如此请速来商务印书馆附设函授学社英文科学习英文》，《申报》，1919年10月28日，第1张第1版 。又见《上海商务印书馆附设函授学社英文科》，《教育杂志》，第11卷第10号，1919年10月，书首黑白插页。

根据"查本社学员,除现任教员及在校学生外,商界、工界尤占多数"①。上述函授教育对象主要面对工商界和教育界,这种细致的划分的确符合了新文化、五四运动之后的民国社会发展出现的新动态、新倾向,具有很强的指向性和针对性。根据国情的实际需求,充分考虑学员的职业群体特点,准确、具体地为函授教育对象分类,必然有助于英语函授教育的教学体制、课程设置、教材和教法具备较强的针对性和有效性,从而使英语函授教学与自身、工作以及社会需求的实际应用紧密、有机地联系起来,最终使学员自愿地进入一个继续学习乃至终身学习的良性循环之中。这在很大程度上有利于函授教育的推广和普及。

英文科对其教育对象进行如此细致的划分和归类,更加明确其招生对象,这标志着英文科已步入其事业发展较为成熟的阶段。

(二)密切关注外语界的革新动态,及时创办英语正音讲习会

1912年中华民国的成立正式宣告了统治中国两千多年的封建帝制的终结,民国政府陆续颁布了一系列有利于民族资产阶级、有利于资本主义社会制度发展的政策法令,开启了政治、经济、文化教育、社会风尚等各个方面的改革工作。中外交流日益呈现出更加直接、频繁、多元化的发展趋势,这就势必对外语人才的口头交际能力提出了更高的要求。而在1915年之前,语法翻译法(Grammar-translation Method)在中国外语教育界却占据着绝对的统治地位,这种外语教学法尽管有其历史先进性,但是由于它过分重视语法教学和翻译能力的培养,而忽略了语音教学和口头交际能力的培养,显然,以这种方法培养的外语人才已经无法满足当时资本主义发展和中外交流的实际需求了。

正是在上述历史背景下,一种在19世纪下半叶发轫于德国、很快风靡欧美国家的新型外语教学法——直接法(Direct Method),在1915年

---

① 《C. P. C. S. Notes 商务印书馆附设函授学社英文科通告》,《英语周刊》,1917年1月13日,第68期,杂志封底。又见《勤学者有奖——商务印书馆附设函授学社英文科启》,《教育杂志》,第9卷第1号,1917年1月,书中黑白插页。又见《勤学者有奖——商务印书馆附设函授学社英文科启》,《申报》,1917年3月19日,第1张第2版。

以后开始逐渐传入中国。直接法的兴起对语法翻译法产生了强烈冲击，因为它特别重视学生的听说能力的培养和训练。1915年长沙雅礼大学（College of Yale）校长盖葆耐（Brownell Gage）提倡直接法及万国音标（今称国际音标），他编著《实习英语教科书》（*English Learned by Use*）一部，由商务印书馆出版，该书完全以直接法之理论为依据；同时，又撰写《中国学校英语教授法》（*How to Teach English in Chinese Schools*），详细介绍直接法，说明如何在教室内使用直接法。以上两部著作的出版成为直接法传入中国之嚆矢。1918年，国立北京高等师范学校设立英语直接教学法科目，开启国立学校提倡直接法之先河。但是上述介绍和宣传直接法的教育实践活动并没有引起国人的注意和关注。直到1919年，由周越然完全以直接法及万国音标为根据而编著的《英语模范读本》（*Model English Readers*）日渐风行全国，中国各地中等学校多采用此书作为英语教科书。"在我国谈英文教学法，应以民国八年为翻译法与直接法划界之时期。"[①]至此，一场席卷全国外语界的外语教学法革新运动正式拉开了序幕[②]。

民国时期以研究外语教学法而著称的陈东林认为，直接法兴起的原因颇多，其中有两个最重要的原因是：语音学的研究日渐成熟和使用主义倾向的增强。他又对上述两个原因分别做出了如下解释。语言学一向忽视语言之音声方面的研究，而仅注重用眼及用手之语言的研究。至19世纪中叶，语音学之研究渐盛，于是语言现象的其他两个方面，即用耳及用口的方面之研究逐渐展开，这引起教学者意识到下列重要现象：(1)由语言去理解他人之思想的听觉方面的重要性；(2)由语音表达自己之思想的谈话方面的重要性。语音学的研究成果为现代语言教学指出，将现代语

---

① 戴骅文：《英文教学实验第一年报告书》，《师大月刊》，1934年12月第16期，第182页。
② 吴文金：《外国语教学法著述提要与批评》，《师大月刊》，1933年9月第6期，第151—152页；戴骅文：《英文教学实验第一年报告书》，《师大月刊》，1934年12月第16期，第182页；戴骅文：《中等学校英语教学法》，《师大月刊》，1935年9月第21期，第190—191页。

言视为"死"的语言而进行教授的方法是不合情理的;随着国际间交流的日益频繁,通商关系的渐趋密切,语法翻译法已经无法满足上述需要了①。上述两个最重要的原因决定了使用直接法的课堂外语教学过程产生了三个重要特点,也是优点:第一,重视用外语教学外语和用实物、图画、手势、动作等直观手段进行外语教学。使学生易于理解和掌握外语材料,加速用外语理解和表达思想的能力,同时还能活跃课堂气氛,激发学生学习兴趣和提高学习积极性。第二,重视语音、语调和口语教学。第三,重视语言实际操练和听说读写能力的培养。由此可见,无论是使用直接法的前提条件,还是使用直接法所教授的内容,掌握基本的语音学理论都是极为必要的。民国时期广大中小学教授的外语基本上都是英语,如果要想介绍和推广西欧的直接法,教师和学生如不掌握一定的英语语音学知识,要想实现上述愿望是根本不可能的。

在现代语言学的三个分支中,语音学既是不可或缺的基础,又是最接近自然科学并被研究得最细致、最严密、最精确的一个分支。而在西方各种语言的语音学中,英语语音学又是被研究得比较细致深入的一门学问。英语语音学的研究肇始于 1877 年英国著名语音学家亨利·斯威特(Henry Sweet)所著的《语音学手册》(*A Handbook of Phonetic*)②。斯威特是对英国语言做科学研究的创始者,除了有关英语的其他方面的著述外,他分别于 1890 年、1908 年撰写的《基础英语口语》(*A Primer of Spoken English*)、《英语发音》(*The Sounds of English*)这两部作品奠定了英语语音学的基础③。根据英语语言自身发展演变的规律,著名西方语言文学家、翻译家李赋宁教授把现代英语划分为早期现代英语(从 1500 年到 1700 年)和现代英语(从 1700 年到现在)两个不同时期④。因此,我们可以把上述斯威特的著作视为现代英语语音学发端的标志。

---

① 陈东林:《英语教学法概论》(全一册),中华书局,1948 年 5 月第 1 版,第 8 页。
② 桂灿昆:《英语教师为什么要掌握语音学知识》,《现代外语》,1980 年第 1 期,第 6 页。
③ 初大告:《介绍几种英语语音学著作》,《外语教学与研究》,1963 年第 1 期,第 60 页。
④ 李赋宁:《英语史》,商务印书馆,1991 年 8 月第 1 版,第 205 页。

而 19 世纪下半叶现代英语语音学的日臻完善与国际音标的初步形成却有着极为密切的关联。几个世纪以来,人们一直在寻求比较理想的标音法,创制了各种各样的标音方案。整体而言,可以将其归纳为两个系统:就词标音法和词外标音法。所谓就词标音法是以附着于字母上的表音符号(diacritical mark)来标示单词的发音,词外标音法则是以语音字母体系(phonetic alphabet)在词外重拼的方式来标示单词的发音。在语言学的发展历程中,就词标音法产生于词外标音法之前。它在标音法初创时期起过一定的作用。最初,英语词典多以此法进行标音。最具代表性的是韦氏词典与牛津词典的标音系统。但它是一种较为原始的方法,实际上属于正音法(orthoepy)范畴。词外标音法是伴随着语音学科学的发展而诞生的,具有代表性和广泛适用性的体系就是国际音标。国际音标的前身是 19 世纪英国伟大的语音学家亨特·斯威特在音位学原理产生后设计的罗米克(Romic)音标。国际语音学会在罗米克音标的基础上创制了国际音标,于 1888 年公之于世[①]。

从 1918 年开始,比较系统的现代英语语音学理论和国际音标才逐步被介绍和引入中国[②]。而在清末民初之际,我国的英语语音教学情况如何呢?著名外语教育家、商务函授学社英文科科长周越然就曾经撰文指出,在国人自办的大中学校的英语课堂上,由于缺乏英语语音学知识,外语教师不讲发音原理和发音技巧,只是一遍又一遍让学生模仿他的发音,从而使学生无法分辨发音比较接近的两个音素之间的细微差异,最终造成学生无法形成正确的语音面貌[③]。

那么,这一时期,英语单词采取的是何种标音符号呢?根据《英语周

[①] 李振麟、谢延民:《略论英语语音教学的现状与改革——兼评关于标音法改革的争论》,《现代外语》,1981 年第 2 期,第 5 页。

[②] 丁伟:《民国时期第一部汉语版现代英语语音学研究著作的出版》,《理论月刊》,2012 年第 11 期,第 67—72 页。

[③] Tseu Yih Zan(周越然):"Notes on the Teaching of English—Note Ⅲ Phonetics",《英文杂志》(The English Student),第 2 卷第 2 号,1916 年 2 月,第 135—136 页。

刊》的记载,当时学校所使用的英文课本,"注释字音皆从韦氏"①。"韦氏"指的是韦氏音标,即前面提到的韦氏词典所采用的就词标音法。韦氏音标主要是用一些简单的点划符号直接加注在英语单词本身之上。由于英语单词的拼写与发音之间存在着差异,有时同样的字母(组合)可以发不同的音,而不同的字母(组合)又可以发同样的音,因此,仅仅在单词上面增加一点一划这样的简单符号是无法能够说清楚问题的,于是一些注音符号便显得含混不清,无法做到"一音对应一符,一符对应一音"。然而,国际音标则是从音位的研究出发,创造出一套独立完整、自成系统的注音符号标注在单词后的方括号中。国际音标严格遵循了"一音一符,一符一音"的原则,单词的注音一律另外拼写。国音音标的科学性、先进性和合理性是不言而喻的,自从它问世以来,很快在全世界传播开来,并得到了普遍的认可②。由此可见,国际音标不仅应该成为现代英语语音学的研究对象,它还可以有效帮助学习者在较短时间内掌握正确的发音。

由上所述可知,清末民初的英语单词标音方式和英语语音教学的状况都严重阻碍和迟滞了外语教学直接法在华的传播和推广。而数量众多的函授学员都是中小学教师和在校学生③。显然,无论是出于清末民初外语界革新和发展的需要,还是出于教育界学员的个体需求,英文科都应该增加一门有关现代英语语音学及国际音标相关的专业课程。要想让函授学员彻底掌握一定程度的英语语音学及国际音标知识,仅仅通过纸质媒介向学员进行传授是无法达到这个目标的,因为英语语音学及国际音标课程都必须包含大量的口头演示、口头操练和口头交际教学实践活动。

---

① 《三版英汉新字汇出书,全书一册、定价五元,编辑人甘永龙、张世鎏、李文彬、徐铣》,《英语周刊》(*English Weekly*),1918年1月19日,第121期,封底背面。
② 韩福田:《"韦氏"和"威氏"》,《中国翻译》,1992年第2期,第55—56页;叶步青、徐盛桓:《如何简化英语注音的探讨》,《华南师院学报(哲学社会科学版)》,1979年第2期,第36页;宋育瞳:《英语教学是否采用国际音标的我见》,《外语教学与研究》,1979年第1期,第61—65页。
③ 《勤学者有奖——商务印书馆附设函授学社英文科启》,《申报》,1917年3月19日,第1张第2版。

在当时的科学技术条件下,对个体学员来说,有声媒介只有留声机片和无线电广播可供选择,电影媒介不适合个体受教育对象。中国最早的一套语言留声机片是由中华书局于 1920 年 8 月制作成功、1921 年 2 月正式对外发售的《中华国音留声机片》。而中国第一套英语留声机片是由上海得胜留声机器公司在 1924 年 7 月发行的《英语正音机片》,这套机片由周越然为之灌音。随后,商务印书馆于 1926 年 4 月发行了《英文留声机片》,这是中国近代民营出版机构发行的最早的一套英语机片。上述三套语言机片都有配套的教材出版,后两套机片是专门针对国人练习英语发音与会话而制作的[①]。直到 1933 年 8 月,中华书局在众多民营出版机构中率先与上海永生电台合作教授英语,这是目前已发现的中国最早的通过无线电广播教授英语的教学方式[②]。由此可见,在 1924 年以前,要想通过有声媒介解决学员发音问题是根本不可能的,只有通过人工面授这条唯一的教学途径了。

英文科只有增加面授环节,通过课堂教学对学员进行专门、系统的语音知识和发音技巧的训练,函授学员才能真正掌握发音要领,才能真正做到学以致用,学员的英语听说能力才会有根本性的提高,才能更好地促进外语界教学法的革新和发展。

正是在上述历史背景下,函授学社社长邝富灼和英文科科长周越然联名向商务编译所所长张元济提出创办英语正音讲习会的建议,很快便得到了张元济的批准,"英文函授正音,遵议办理,请告邝、周"[③]。英文科决定在 1919 年 7 月至 8 月期间开办第一届英语正音讲习会。"语言为生人之音,非亲身听受生人教授,其音必不正确,本社有鉴于此,特设

---

① 丁伟:《中国最早的一套语言留声机片——中华书局出版的〈中华国音留声机片〉》,《编辑之友》,2011 年第 9 期,第 109 页。
② 丁伟:《中华书局与民国时期 30 年代社会"基本英语"教育运动初探》,《澳门理工学报》,2009 年第 4 期,第 129 页。
③ 张元济:《一九一九年三月廿八日,星期五——编译》,载张元济:《张元济全集·日记》(第 7 卷),商务印书馆,2008 年 12 月第 1 版,第 45 页。

此会。"①正音讲习会重点针对的函授学员是学生群体和英语教师群体，"是会系为商务印书馆函授学社英文科学生，英文教员，及其他有志于语音学者而设"②。

1919年5月17日出版的《英语周刊》、1919年6月出版的《英文杂志》分别公布了《第一届英语正音讲习会简章》。这份简章对我们了解英语正音讲习会的教学实践活动有着宝贵的史料价值，详情如下：

一、定名：上海商务印书馆函授学社英文科附设英语正音讲习会。

二、宗旨：辅助函授学社英文科学员及其他青年之欲求英语发音之正确者。

三、会所：借上海闸北宝山路宝兴里尚公小学。

四、职教员：会长邝富灼，主讲员周越然。

五、定额：一百人，分两班教授，额满不收。

六、听讲券：每张三元，一次付清，惟函授学社英文科学员每张祇售二元，以示优待。

七、报名：有志入本会讲习者，务于阳历七月十日以前赴上海四马路棋盘街商务印书馆附设函授学社英文科报名处报名，并购听讲券为凭（远处函购亦可，惟函授学社英文科学员无论面购或函购，必须声明其入学证书上之号数，始得减费之优待）。

八、讲习期：自民国八年七月二十七日起至八月十日止，星期日休息，每日每班授课一小时（或上午，或下午，临时规定）。

九、教科书：初级英语读音教科书（每人各赠一册，不另取费）。

十、膳宿：本会不供膳宿③。

---

① 《商务印书馆函授学社英文科附设英语正音讲习会》，《申报》，1919年5月24日，第1张第1版。
② "Current Events—Instruction in English Phonetics"，《英语周刊增刊》(*English Weekly Supplement*)，1920年2月14日，第28期，第5页。
③ 《英语正音讲习会简章》，《英语周刊》，1919年5月17日，第190期，书末黑白插页。又见《英语正音讲习会简章》，《英文杂志》，第5卷第6号，1919年6月，书首黑白插页。

随后，分别在 1920 年 1 月 31 日、1920 年 7 月 3 日发行的《英语周刊》上又依次发布了《第二届英语正音讲习会简章》、《第三届英语正音讲习会简章》。上述三份简章在一些相关具体事宜的安排上有一定的变化，这些微观的变化对我们了解讲习会的教学活动如何变得更加合理和完善具有非常重要的参考价值，因此，在此也很有必要一一给予公布。

《第二届英语正音讲习会简章》的具体内容如下：

一、宗旨：辅助函授学社英文科学员及其他青年之欲求英语发音之正确者。

二、会所：上海闸北宝山路宝兴里尚公小学校内。

三、职教员：会长邝富灼；主讲员周越然。

四、定额：一百人分两班，额满不收。

五、讲习期：自民国九年三月八号起，至三月二十号止（即阳历正月十八日至二月初一日止）；授课两足星期。

六、授课时间：兹为便利各界人士起见，授课时间定为下午八时至十时，星期日休息。

七、证书：会员之试验及格者，均给以证书。

八、听讲券：每张四元，一次付清，惟函授学社英文科学员每张祇售三元，以示优待（会员入会听讲必须持听讲券为凭，无券者不纳，并不得顶替）。

九、报名：有志入本会听讲者，务于民国九年三月六号（即正月十六日）以前赴上海四马路棋盘街商务印书馆附设函授学社英文科报名，并购听讲券为凭（远处函购亦可，惟函授学社英文科学员无论面购或函购，必须声明其入学证书上之号数，始得减费之优待）。

十、教科书：不另取费。

十一、膳宿：本会不供膳宿。

十二、附则：如到开讲之期，报名者不满二十人，暂不开办。已购听讲券者得凭券索回听讲费①。

---

① 《商务印书馆函授学社英文科第二届英语正音讲习会简章》，《英语周刊》，1920 年 1 月 31 日，第 226 期，封面背面。

《第三届英语正音讲习会简章》的具体内容如下：

一、宗旨：辅助函授学社英文科学员及其他青年之欲求英语发音之正确者。

二、会所：上海闸北宝山路宝兴里尚公小学。

三、职教员：会长邝富灼，干事长周由廑，主讲员周越然，通信员马云鹏。

四、定额：四十人。

五、讲习期：自民国九年七月十九日起，至七月三十一日止（即阴历六月初四至十六日）。星期日休息。

六、授课时间：每日上午八点钟起，至十点钟止。演讲一小时。实习半小时。

七、证书：会员之功课及格者均给以证书。

八、听讲券：每张三元半，一次付清。惟函授学社英文科学员每张祇售二元半，以示优待。（会员到会听讲、必须持听讲券为凭。无券者不纳、并不得顶替）

九、有志听讲者，务于民国九年七月十五日（阴历五月卅日）以前赴上海四马路棋盘街商务印书馆函授学社英文科报名处报名并购听讲券为凭（远处函购亦可。惟函授学社英文科学员、无论面购或函购、必须声明其入学证书上之号数、始可得减费之优待）。

十、讲义：不另收费。

十一、膳宿：本会不供膳宿。

十二、附则：如报名听讲者不满二十人，暂不开课。已购听讲券者得凭券索回听讲费①。

现在，我们将要对上述三份简章做出下列解释和说明：第一，讲习会

---

① 《商务印书馆函授学社英文科第三届英语正音讲习会简章》，《英语周刊》，1920 年 7 月 3 日，第 248 期，书末黑白插页。又见《商务印书馆函授学社英文科第三届英语正音讲习会简章》，《英文杂志》，第 6 卷第 7 号，1920 年 7 月，书首黑白插页。

在课堂教学中所使用的教科书是由周越然编著的《初级英语读音教科书》（An English Phonetic Primer），其内容讲解的正是欧美流行的国际音标和基础英语语音学知识，这本教科书是国人所编著的最早的英语语音学理论著作之一①。我国第一份英语教育类期刊（月刊）《英文杂志》这样介绍这本语音学著作："全书三十八课，先以万国语音学符号（International Phonetic Symbols，今译为国际音标）教授发音，次乃引入普通字母。其法为今日欧美各国教授近世语者所通用。周君研究语音学有年，前任国立南京高等师范学校掌教时曾特设《语音学》一科。本书尤便初学。"②

1918年11月出版的上海《时报》对这部教科书给予了很高的评价："学习英语之南针：万国语音学会（今称为国际语音学会）会员周越然君近以万国语音学符号编成《英语读音教科书》一种，教授发音，实为近日最新之法。凡年长习英文者已习英语而发音谬误者，或自修语音学者，自得此书后，不患英语发音之不正确也。"③

认真翻阅这本英语教科书，可以发现书中首先列举了当时欧美国家所惯用的国际音标，包括22个辅音，12个单元音，3个双元音，然后依次分别讲解每个音标的发音技巧和规则。此书的编辑特色极为鲜明，有以下3个显著的特点：第一，不是单独地讲解国际音标和基本语音学知识，而是与单词群（由一系列音、形、意彼此之间有着密切的关联和逻辑的单词构成）、句子群（由一系列音、形、意彼此之间有着密切关联和逻辑的句子构成）、对话、短文紧密地融合在一起，进行反复训练和讲解。第二，先音标，后字母。前21课中出现的单词、句子、对话和短文都只使用国际音标来表述，不使用任何英语字母；等学员彻底熟悉和掌握了音标的书写格式和发音规则之后，在后17课中再开始使用英语字母。可谓使国际音标

---

① 丁伟：《民国时期第一部汉语版现代英语语音学研究著作的出版》，《理论月刊》，2012年第11期，第68页。
② 《商务印书馆发行周越然编〈初级英语读音教科书〉（An English Phonetic Primer）一册、定价一角》，《英文杂志》，第4卷第12号，1918年12月，书末黑白插页。
③ 《学习英语之南针》，《时报》（上海），1918年11月21日，第1张第2版。

"先声夺人,先入为主"。第三,充分借助大量的丰富多彩的图画,将单词、句子的发音、相关语境与图画的内容紧密联系起来①。尽量避免母语翻译,将英语单词与其所指向的事物一一对应起来,这是外语教学直接法的最为显著的特点之一。在实际的语音教学活动中,主讲员周越然所讲授的内容要远远超出《初级英语读音教科书》所涉及的范畴,他不仅向学员系统讲解英语语音学的理论知识,还认真指导学员如何正确地将这些理论知识运用到实践中去,以期让学员获得更多的发音经验和技巧②。

无疑,正音讲习会使用的这本教科书所涉及的教学内容不仅具有前沿性、权威性和科学性,而且又融合了知识性、趣味性和技能性,这一切都为学员在较短的时间内领悟语音知识、掌握发音技巧提供了坚实基础。

自从英文科于1920年7月公布《第三届英语正音讲习会简章》之后,在以后的陆续发行的《申报》、《英语周刊》、《英文杂志》等出版物上再也没有找到相关的简章,只发现了有关历届英语正音讲习会的报名时间与讲习期限的招生广告信息。由此,我们可以这样估计,即从1920年后,其简章涉及的主要内容再也没有修改,应该是一直沿用了下去。还有,商务函授学校英文科分别在一年的夏季和冬季举办两届英语正音讲习会,以后的历届讲习会都是这样安排的。在此,还有一点需要补充说明的是,从1923年7月开始,函授学社英文科与"商务印书馆暑期学校师范讲习科及国语正音科合并办理","用特登报声明,暑期学校之英语正音科即函授学社英文科之英语正音会"③。

综观这三份在不同时期公布的简章,可以发现,教职员工的人数由第一、二届的两人"会长邝富灼、主讲员周越然",增加至第三届的四人"会长

---

① 周越然:《初级英语读音教科书》(*An English Phonetic Primer*),商务印书馆,1918年9月第1版,1924年12月9版,第ⅰ—ⅱ页、第1—38页。
② T. T. Eugene Tseu(周由鏖):"Editorial: Theory and Practice—Suggestions to Members of the (Second) C. P. C. S. Phonetic Class",《英语周刊》,1920年4月10日,第236期,第491—492页。
③ 《第五届英语正音会启事——商务印书馆函授学社英文科》,《申报》,1923年7月5日,第1张第3版。

邝富灼,主讲员周越然,干事长周由廑,通信员马云鹏"。显然,英语正音讲习会的教职员工团队规模在逐渐扩大,其分工更加明确和细致,日益呈现出专业化的特点。上述主要教职员的身份格外引人瞩目,它的会长是商务印书馆编译所英文部主任邝富灼,他是民国外语界公认的外语权威。主讲员由函授学校英文科科长周越然亲自担当。周氏是著名的外语教育家,教学经验极为丰富,对外语教学的研究有着深厚的造诣,还尤其擅长英语语音学,外语界称他为"音韵专家"[①]、"语音学泰斗"[②]、"英语语音学专家"[③]。周越然是当时(民国初期)精通英语语音学的极少数学者之一,被万国语音学会(今称为国际语音协会)吸纳为会员[④][⑤]。

负责日常教学管理工作的干事长周由廑在英语语音学研究领域所取得的成就也非同寻常。他"学优中西",精通英语,知识渊博,于1918年10月开始担任中国第一份英语教育类周刊《英语周刊》的主编[⑥]。周由廑亦是第一批加入万国语音学会的国内极少数学者之一,对英语语音学有相当深刻的理解和研究,他编著的《英语语音学纲要》在1922年由商务印书馆出版,为民国时期第一部汉语版现代英语语音学研究著作,在民国文化教育界产生了较为重大的影响[⑦]。雄厚的英语师资力量为保证讲习会的教学质量和教学成功提供了必要的前提条件,从中也可以看出函授学社英文科高度重视讲习会的教学态度。

另外,上述简章显示,讲习会的授课时间被安排在寒假或暑假期间。这种安排显示出了强烈的对象针对性,明显是考虑到了教育界师生的需

[①] 《会务记闻——英语正音研究社》,《杭州青年》,1923年第3卷第8期,第2页。
[②] 《Current Events——Phonetic Conference at Hangchow 杭州之英语正音学会》,《英语周刊增刊》,1919年8月23日,第1卷第3期,第8页。
[③] 《学务业载——商务英语正音科已开课》,《申报》,1923年7月27日,第5张第18版。
[④] 周越然:《约伯与短工》,载周越然:《六十回忆》,太平书局,1944年12月第1版,1945年5月再版,第3页。
[⑤] 周越然:《〈模范〉小史》,同上书,第64页。
[⑥] 《Announcement 通告》,《英语周刊》,1918年10月5日,第158期,第1255页。
[⑦] 丁伟:《民国时期第一部汉语版现代英语语音学研究著作的出版》,《理论月刊》,2012年第11期,第67—72页。

求和时间保证,因为在函授学社英文科学员中,来自于教育界的师生人数占据了相当高的比例。修改后的第二份简章规定,教师演讲1个小时,学员实习半个小时,上述规则非常符合语音教学的规律,小班上课有利于师生、学员之间的互动、交流;讲练结合有助于提高语音教学的效率。第二份简章还添加了一个重要的规则,即"会员之功课及格者均给以证书",此项制度的设置不但可以充分调动学员的学习积极性,提高教学质量,而且,由于商务印书馆在学界具有很高的信誉度和影响力,取得证书的学员的资质也容易被社会认可,这对促进现代英语语音学在华的传播是大有裨益的。

教师和学生在讲习会接受过训练后,在特殊的工作和学习环境中,他们都成为了重要的语音学传播者,他们扮演的角色赋予他们强大的传播和辐射功能。在民国初期,我国教育界普遍对英语语音学知识知之甚少,英语正音讲习会的开办在实践的层面上为英语教师和学生在课堂上切实开展语音教学实践活动提供了必要的技术指导和操练技巧,从而很好地弥补了纸质媒介的不足和缺陷。

英语正音讲习会的开办非常有利于锻炼和提高学员的口头交际能力,不仅能够为民国资本主义经济快速发展提供合格的外语专业人才,而且还迎合了民国初期外语界的革新运动,亦满足了广大来自教育界的函授学员的个体需求,一经开办,便立刻受到了英文科函授学员的欢迎。第一届正音讲习会成功举办之后,众多函授学员及各界人士纷纷致函函授学社,要求"再行开办一次,俾当日不及到会之人,今得到会"[①]。第二届正音讲习会在开办数日之后,"来续购听讲券者,尤络绎不绝"[②]。1920年3月第二届正音讲习会成功举办之后,"近日颇有函询本社何时开办第三届正音会者,开办之期,现在尚未确定,惟有志为第三届正音会会员者,可

---

① 《商务印书馆函授学社英文科第二届英语正音讲习会》,《英语周刊》,1920年1月31日,第226期,封面背面。
② 《商务印书馆函授学社英文科附设英语正音会启事》,《申报》,1920年3月13日,第1张第1版。

开明姓名、住址,直接函致本社报名"①。而第三届正音讲习会原本计划"定额四十人,额满不收"②,但报名人数太多,不得不增加数额,实际上参加讲习会的"男女同学六十余人"③。

在1920年8月第三届正音讲习会结束之后,"本社英语科学员,有因自修英文对于发音一道颇感困难、要求本社早日开办第四届英语正音会者,本社特徇其请,定期七月十四日开讲"④。至第四届正音讲习会开办期间,"听讲者尤形踊跃,乃人数过多",于是将参加听课学员"分为上下午两班,教授后尚有讲堂不能容纳之"。"自本月十四日开讲至二十日讲毕。虽天气炎热,听讲诸君按时到会,并不作辍,其专心致志可想见矣。"⑤在1923年7月下旬,商务函授学校英文科成功举办了第五届英语正音会,"商务印书馆暑期学校之英语正音科(即该馆函授学社所办之第五届英语正音会)已于日昨毕业,听讲者均各给证书一纸"。这一届的英语正音会也同样取得了颇为显著的教学效果,几乎所有的函授学员都能够从中受益良多,以至于学员在"未毕业前咸要求延长讲期,以资实习。乃因周君已应浙江暑期学校及杭州青年会聘,于上海停讲之翌日,即须赴杭演讲,故不能延长日期。仅于每日延长钟点,俾学员得以质疑问难而已"⑥。由于主讲员周越然"为英语语音学专家,早为全国人所知;讲授时除印有讲义分送外,另备图表模型多种,以佐讲解之用"⑦,再加之"讲解明晰,颇为

---

① 周越然:《Miscellaneous——Answers to Questions on English Phonetics (Continued) 英语语音学问题解答——注意二》,《英语周刊》,1920年5月22日,第242期,第587页。
② 《商务印书馆函授学社英文科第三届英语正音讲习会》,《申报》,1920年7月2日,第1张第3版。
③ 《本埠新闻——英语正音讲习会开会式》,《申报》,1920年8月2日,第3张第11版。
④ 《C.P.C.S. News 商务印书馆函授学社英文科新闻——新闻一则:英语正音会开办有期》,《英语周刊》,1922年6月24日,第351期,第713页。
⑤ 《各学校消息汇录——商务印书馆函授学社开办第四届正音讲习会》,《申报》,1922年7月21日,第4张第16版。
⑥ 《学务汇志——商务暑校英语科(英语正音科)毕业》,《申报》,1923年8月1日,第5张第18版。
⑦ 《学务业载——商务英语正音科已开课》,《申报》,1923年7月27日,第5张第18版。

学员所欢迎"①,因此取得了良好的教学效果,"周越然主讲课期只两周,而学员于语音已受益不浅"②。英语正音会仅开办四次时,"听讲者已有数百人之多"③。

(三)密切关注工商业界的发展动态,及时增设商业课程

进入 20 世纪 20 年代,在第一次世界大战后较为有利的国际环境中,在民国政府所采取的发展实业政策的大力推动下,加之又受到"国货运动"精神的激励和鼓动,中国民族资本主义呈现出快速发展的良好势头。在民族工商业进一步发展的形势下,近代工商企业的变革亦随之加深,不仅提高了其近代化程度,而且对专门人才的知识结构和能力结构提出了更高的要求。在企业改革深化的前提下,工商业界不仅需要大量的中等学历的商业人才,而且对高等学历的商业人才也有了更进一步的需求。为了迎合工商业界的变革需求,商务函授学社打算在 1923 年 5 月开办商业科,培养高等商业人才。为了让社会各界更好地了解其办学动态,函授学社商业科特意在《申报》上发表系列专文,在文中便表达了在上述历史背景下,现有的以初、中等性质为主的各类学校已经根本无法满足工商业界对高等商业人才的急迫需求了。由于英语已经成为中外商业界的通用语言,再加之商业学科本来都是最先在欧美国家兴起的一种反映近代工业化社会特点的新型应用专业,况且许多商业专有名词在汉语中还没有确切的对应表达,因此中国工商界缺乏的是高等"商业知识+商业用途英语+一般社会用途英语"复合型专门人才④。为了保证高等复合型商业

---

① 《学务汇志——商务暑校英语科(英语正音科)毕业》,《申报》,1923 年 8 月 1 日,第 5 张第 18 版。
② 《本埠新闻——英语正音讲习会开会式》,《申报》,1920 年 8 月 2 日,第 3 张第 11 版。
③ 商务印书馆函授学社:《商务印书馆函授学社概况书》(出版单位、时间不详),第 12 页。
④ 上海商务印书馆附设函授学社商业科:《论中国推广商业教育之必要》,《申报》,1923 年 5 月 16 日,第 4 张第 16 版;上海商务印书馆附设函授学社商业科:《论中国推广商业教育之必要(续十六日)》,《申报》,1923 年 5 月 21 日,第 4 张第 15 版;上海商务印书馆附设函授学社商业科:《论中国推广商业教育之必要(续廿一日)》,《申报》,1923 年 5 月 31 日,第 4 张第 15 版。

人才的培养质量,商务函授学社商业科在招收新学员的时候,特别强调了报名者的英语入学程度,"已习过英文四五年,于普通英文、英文法,均有根底者"①。也就是说,英语水平必须至少达到中等程度的报名者才有资格被录取。

正是在上述工商业界变革的历史背景下,在20世纪20年代,英语所具备的工具性和人文性价值对一般人士的事业发展变得越发重要,就如商务函授学社英文科在《申报》上发布的招生广告所言:"研究学问,图谋职业,经营商业,讲求社交都不可不读英文"②;"万国通商,英文为重,故习英文者能于职业上占得较高位置"③。而商务函授学社英文科发布在《英语周刊》上的招生广告又对英语在民国社会各个领域所具备的重要工具性价值做出了进一步的阐释和说明:"吾人未曾研究科学之前,不可不先读英文。正当研究科学之际,不可不兼习英文。因科学书之用英文写成者最为完备,亦最易阅读。英文如道路,科学如目的地。不经道路,即不能达目的地。英文又如基地,科学又如建筑物,必先得基地,然后方可谋建筑。"④鉴于上述原因,当时的民国工商业界、政界在招聘商业人才的时候,对略懂商业知识的中等及以上水平的外语人才非常关注和青睐。

就在这一时期,英文科三、四级学员凭借其扎实的英语功底,纷纷被当地大型工商业机构聘用并担任要职,而且海关、邮务、盐务等重要行政管理机关单位也允许英语水平较高的函授学员报考。鉴于"本社英文科三、四两级学员,近来就各大商号之聘,充任要职,及投考海关、邮务、盐务等机关者,日见其多",为了使课程设置更好地满足工商业界的需求,英文

---

① 《阁下欲成新商业之人才,今日应该研究商学——上海商务印书馆函授学社商业预科已开办》,《申报》,1924年1月13日,第1张第3版。
② 《STUDY ENGLISH AT HOME 为什么要读英文?——商务印书馆函授学社英文科》,《申报》,1924年1月15日,第1张第3版。
③ 《明年的位置,习英文者,必有迁升之望!——商务印书馆函授学社英文科》,《申报》,1924年11月21日,第1张第3版。
④ 《研究各种科学之先决问题——上海商务印书馆函授学社启》,《英语周刊》,1925年12月19日,第533期,书末黑白插页。

科特意增加了两门高等商业课程:"本社为谋学员经商投考便利起见,特定以商业预科内《商业算学》与《商业地理大纲》两种为英文本科三、四级学员选修科目。凡(1926年)十月一日以后报名入本社英文科第三级学员加《商业算学》一种,第四级学员加《商业地理大纲》一种,此项讲义与简章所规定之讲义,分别附寄,不另取费。另印详细办法,承索即奉。"①

与此同时,已经毕业的三、四级学员也可以提出申请,分别免费获得《商业算学》《商业地理大纲》各门课程的函授讲义。但是,如果在1926年9月30日以前已经加入函授学社的三、四级学员想要兼修《商业算学》《商业地理大纲》课程,则要交纳学费大洋四元②。令人称赞的是,由于工商业界的变革发展对外语人才的职业能力亦提出了更高的要求,为了更好地应对这种变化,英文科特意聘请相关专家,"着手调查邮务、海关、盐务,以及各大商号进用人员方法。一俟调查完竣,即编《职业指导》一书,赠送学员"③。

英文本科向三、四级函授学员发放的函授讲义——《会话》《普通信札》《翻译》《新闻译例》《信札》《翻译新闻》《翻译文件》等课程讲义本身都已经蕴含了一定程度的商业知识和商业技能,通过有关函授讲义的系统学习,三、四级毕业学员也便具备了一定的商业素养。而英文科所增加的《商业算学》和《商业地理大纲》是当时函授学社商业科预科所开设的必修课程,属于重要的高等商业专业基础课,商业预科相当于大学本科一、二

---

① 《商务印书馆函授学社英文科特别通告——新定学员选修商业课程办法,三、四两级学员各加讲义一种》,《申报》,1926年10月2日,第1张第3版。又见《商务印书馆函授学社英文科特别通告——选修商业课程新订办法,三、四两级各加讲义一种》,《英语周刊》,1926年10月30日,第577期,书末黑白插页。又见《商务印书馆函授学社英文科特别通告——新定学员选修商业课程办法,三、四两级学员各加讲义一种》,《教育杂志》,第18卷第10号,1926年10月,书首彩色插页。又见《馆事消息——函授学社要闻:英文科新定学员选修商业课程之办法》,《励志》,1926年第3期,第99—100页。
② 《馆事消息——函授学社要闻:英文科新定学员选修商业课程之办法》,《励志》,1926年第3期,第100页。
③ 同上。

年级水准①。而《商业算学》与《商业地理大纲》的"讲义用简明之英文编辑,秩序井然,学员读之,进步极易"②,这可以更好地促进英文科学员的商业英语水平的提升。

如前所述,英文科三、四级毕业学员已经具有接近或达到大学程度的英语水平,并且具备了一定程度的商业素养,且增设的高等商业科的重要课程非常有助于培养学员形成高等"英语+商业"复合型的知识结构。不仅如此,英文科还专门聘请有关专家经过实地调查之后编写了《职业指导》一书,免费向所有三、四级学员发放,以期有针对性地提高学员综合职业能力。上述为了应对工商业界的变革而调整课程设置的教学实践活动,提升了英文科学员的就业竞争能力,从而使毕业函授学员能够在职业岗位群上发挥更大的作用。

二、发展阶段中华函授学校英文科的办学经历

20 世纪 20 年代,民国教育界经历了一次重大的学制变革,即在 1922 年 11 月 1 日正式颁布了《壬戌学制》。这次学制的改革是在当时学习西方,尤其是学习美国教育的总体氛围下,中国政治、经济、文化教育全面变革的一个综合性产物。《壬戌学制》是我国民族资本主义工业发展的必然要求,是新文化运动在教育领域的一个重要成果。它体现了中国教育界力图顺应世界教育发展新潮流,努力探索符合本国国情及教育自身规律的艰苦尝试。《壬戌学制》最引人瞩目之处是其以七项标准取代了民初《壬子·癸丑学制》规定的教育宗旨。这七项标准是:适应社会进化之需要;发挥平民教育精神;谋个性之发展;注意国民经济力;注意生活教育;使教育易于普及和多留各地方伸缩余地。整个学制系统由四个部分构成:初等教育段 6 年(初级小学 4 年,高级小学 2 年);中等教育段 6 年(初

---

① 商务印书馆函授学社编:《商务印书馆函授学社商业科简章》(出版单位不详),1928 年 5 月重订,第 1—2 页。

② 同上书,第 1 页。

级中学3年,高级中学3年);与中学平行的是师范学校和职业学校;高等教育段4至6年。这个新学制具有下列几个鲜明特点:民主气息较浓,科学精神较强,弹性制和多样化①。《壬戌学制》通常也被称为"六三三学制",它是中国近代教育史上实施时间最长、影响最大的一个学制。尽管函授教育在20世纪20年代的中国有了长足发展,但是它在全国范围内还没有形成一定的规模,还没有引起教育界的广泛关注,因此这个近代最具影响力、最具科学性的《壬戌学制》体系依然没有将函授教育制度纳入其中。

该学制确立了以外国语(以英语为主)和西方科学文化知识为主干课程的民国中学的课程设置体系。根据1923年公布的中学课程标准纲要,无论是初中还是高中,作为必修科目之一的外国语(以英语为主)的学分总是属于首位,与国语相并列或超出国语课程的总学分②。但与之形成强烈反差的是,1923年前后的各地中学的英语教学水平不尽如人意,教学效果令人担忧。长期关注和研究中学外语教育的著名专家李儒勉先生根据实地考察、问卷调查和官方统计的资料数据,得出如下结论:"一般中等学生,尤其是已毕业或将毕业的英文简直糟透了。升学的不能使用它作求高深学问的工具。不升学的更不能应用它到普通日常生活和职业方面。"③

造成上述不良后果的原因主要来自师资素质、教材编写等方面的问题。其中一个最重要的原因是师资素质问题。当时,中学英语师资主要由三大类别的毕业生构成:一种是教会学校的毕业生,他们的英语听说能力较强,但语言功底不太扎实,而且由于教会学校几乎不开设英语教学法

---

① 田正平主编:《中国教育史研究》(近代分卷),华东师范大学出版社,2009年12月第1版,第239—242页。
② 李良佑、张日晟、刘犁:《中国英语教学史》,上海外语教育出版史,1988年10月第1版,第135—137页。
③ 李儒勉:《中等学校英文教学问题》,《中等教育》,第2卷第4期,1923年12月,第2—19页。

课程,他们对英语教学法知之甚少。第二种是国立各高等师范英语专业的毕业生,他们了解英语教学法,整体素质尚可,但他们的听说能力相对较弱一些,尤其是发音不正确和会话不够流畅。第三种是国立大学的毕业生和留学生,尽管其听说能力较强,但他们很多人所学的专业都不是英语,缺乏系统的语言训练,而且对英语教学法的了解可以说是一无所知[1][2]。

还有一个更为棘手的问题,便是上述由三大类别构成的中学英语师资的比例严重失调,其中一大部分的中学英语教师都来自教会学校,只有一小部分是国立高等师范院校英语专业的毕业生。更让人担忧的是,毕业于教会学校的教师群体和留学生出身的教师群体中有相当多的人员从事英语教学并非其本意和初衷,他们的动机相当复杂,只是把短时期的英语教育工作看作是其今后职业发展的一个跳板,缺乏教师职业奉献精神[3]。

无独有偶,一位毕业于直隶第四师范学校、后又考入北京师范大学的师范生就曾在1924年11月出版的《学生杂志》上发表了一篇题为《近来中等学校学生的英文程度》的文章,文章中的核心观点与李儒勉的论述具有高度的一致性。作者根据自己的求学经历和所见所闻,以一位在读高等师范生的身份和口气阐述了中学英语教师的整体教学素质较低,有待提高;学生的英语成绩非常不理想,其语言运用能力发展缓慢,亟待大幅度提升[4]。很显然,这一时期的英语师资状况严重影响了中学英语教学质量,学生的整体英语水平不容乐观,其听、说运用能力尤其令人堪忧。

这一时期,不仅中学英语的教学质量无法令人满意,更为严重的是,数量极为有限的各地公私立中学却无法保证让更多的求学者接受英语教育。1922年《壬戌学制》颁布后,虽然中学获得了较大的发展,数量上有

---

[1] 李儒勉:《中等学校英文教学问题》,《中等教育》,第2卷第4期,1923年12月,第10页。
[2] 李儒勉:《英语教学与英语教师》,《中等教育》,第2卷第3期,1923年9月,第4—5页。
[3] 同上。
[4] 锦璋:《近来中等学校学生的英文程度》,《学生杂志》,1924年第11卷第11期,第21—23页。

了显著的增长,但中学的增加速度与高等教育的增加速度相比仍显缓慢。据统计,1919年至1927年民国公立大学增加了10倍,而且政府认可的私立大学也增加了2倍多,可是全国的公私立中学加起来却不到1000所,在校学生竟然还不到20万人,可见当时中学教育发展的缓慢。而在这一时期,鼓励初等教育的倾斜政策使得小学毕业生日渐增加,又由于受到五四新文化运动的影响,广大学生深切地感受到提高学识、智力及能力的重要性和紧迫性,因此其求知欲大幅度上升,小学毕业生渴望升入中学者日益增加,但是中学的数量却增加很少,这种情况造成中学招生考试时,报名人数往往超过招收数额的四五倍以上。根据外语教育家陆殿扬于1922年6月针对全国66所中学的录取情况所做的调查,可以发现全国除黑龙江、福建、京兆三个地区外,其余各省报考人数都远远多于录取人数,广东、陕西两省报考人数甚至5倍于招收名额[①]。显然,相对数量极为有限的中学根本无法满足数量众多的小学毕业生继续求学的这一迫切需求。

中等教育与小学教育、高等教育的发展缺乏同步性、一致性和协调性,将会直接导致中等英语教育与小学英语教育、高等英语教育的发展呈现不协调、不一致的发展趋势。这就会造成这样一个严重后果:大量小学毕业生无法升入中等学校,继续接受中等英语教育;而数量极为有限的中等学校根本无法为高等学校提供数量充足的具备中等水平的外语生源,严重影响了高等英语教育事业的顺利发展。民国前中期学校英语教育的整体发展水平根本无法满足处于社会变革和转型时期的社会各个领域对大量中、高等英语人才的迫切需求。这种学校与社会之间的供需矛盾日渐凸显,它所带来的负面影响亦随之日益加深。

然而,在20世纪20年代,随着资本主义工商业的快速发展,英语已经成为工商业界通用的语言交际工具,企业、事业部门对略懂商业知识的

[①] 谢长发主编:《中国中学教育史》,山西出版集团、山西教育出版社,2009年4月第1版,第97—101页。

中、高等英语人才的需求量日渐扩大。而有限的中等英语教育资源、质量不高的中等英语教育水平都很难满足民国工商业界对外语人才的大量需求。

中华书局正是意识到了这一点,在陆费逵的积极筹划下[①],于1926年3月向社会公开宣布,创办中华书局附设函授学校,特首先开办英文专业。中华书局模仿了商务印书馆的做法,也充分利用了其在全国各地拥有数量众多的分支机构这种资源优势,任何一位想要加入函授学校英文科的社会人士都可以在"上海四马路中华书局及各省中华书局"注册[②]。在其成立初期,英文科的教职员工全都是文化教育界的知名人士。校长为吴任之博士,主任为沈问梅。英文科师资队伍主要由马润卿博士、陆费执硕士、吴献书学士等数十人构成[③][④]。从1926年至1933年期间,校长一职未有变动,但教务主任一职在沈问梅离任后于1928年3月由马润卿继任[⑤]。

像商务印书馆一样,在办学期间,除了在《申报》上刊登大量的相关招生广告之外,中华书局也充分利用了自己具备丰富纸质媒介资源的优势,通过出版的《中华教育界》《中华英文周报》《学衡》等人文社科类期刊,及时向社会各界介绍、宣传其办学进展情况。自从在1926年3月的《中华教育界》上刊发第一个招生广告之后,至同年的6月份[⑥],中华书局一直都在积极地进行宣传、组织招生工作。直到同年的8月,即1926年8月

---

① 俞筱尧:《陆费伯鸿与中华书局》,载俞筱尧、刘彦捷编:《陆费逵与中华书局》,中华书局,2002年1月第1版,第235页。
② 《中华书局附设函授学校先开办英文科初等三级、高等三级》,《中华教育界》,第16卷第3期,1926年3月,书首黑白插页。
③ 《如何自习英文——中华书局附设函授学社先开办英文科初等三级、高等三级》,《申报》,1926年9月13日,第1张第3版。
④ 《自修英文之好机会——中华书局附设函授学校英文科六级全开》,《中华教育界》,第16卷第7期,1926年7月,书首黑白插页。
⑤ 《中华书局附设函授学校英文科六级全开》,《申报》,1928年10月16日,第1张第4版。
⑥ 《中华书局附设函授学校最新式大规模的英文函授讲义——开办伊始、减收半费》,《学衡》,1926年6月,第54期,书首黑白插页。

1日,中华书局函授学校英文科公开向社会宣布正式"开学,本年八月一日先开初等一、二、三级";开始对招收到的第一批本科一、二、三级学员实施函授教育。而"高等一级,至高等二、三级,冬间可以开全"①。

在《中华教育界》刊登的第一个招生广告中,中华书局这样谈起开办英文科的历史背景,"英文一科在中等学校几为必修课,商界交际应用广泛,顾良师难得,每有学习数年而音欠准确、文法错误者,废时耗材良可慨也"②。由此可见,在此社会背景下,函授学校英文科招收学员的主体对象主要是广大在校中学生和商界职员,这也就决定了其教学体制和课程设置具有很强的针对性和指向性③。

首先开办的英文科分为两种学制:一种为本科(学历教育),分初等、高等,各三级,程度约与初中、高中相当;另设选科(非学历教育),任选一科或数科,由浅至深均有④。由此可见,中华书局函授学校英文科对其对办学层次的定位和层次内级别的具体划分都是非常符合当时社会文化教育发展的需求的,亦呈现出了极强的针对性。后来为强调高质量的教学效果,特意声明:"本科分六级,初等三级,高等三级,程度与优良中学相等。实行改削课卷与仅标正误符号迥别。讲义明白,显豁程度由浅入深,略识字母者即可入学。发音用万国发音符号,无论何字,无不能发音之弊。"⑤"每级一年,但得缩为半年,或延长至二年。课艺由教员批阅,如有

---

① 《中华书局附设函授学校最新式大规模的英文函授讲义——开办伊始、减收半费》,《申报》,1926年9月4日,第2张第6版。
② 《中华书局附设函授学校先开办英文科初等三级、高等三级》,《中华教育界》,第16卷第3期,1926年3月,书首黑白插页。
③ 综合考察上述多份文献资料的记载,现在我们可以这样认定:中华书局函授学校与其英文科的创办时间是在1926年3月;至1926年8月,开始对第一批英文科函授学员实施函授教育。
④ 《中华书局附设函授学校最新式大规模的英文函授讲义——开办伊始,减收半费》,《申报》,1926年9月4日,第2张第6版。又见中华书局附设函授学校英文函授讲义——开办伊始,减收半费》,《中华教育界》,第16卷第4期,1926年4月,书首黑白插页。
⑤ 《自修英文之好机会——中华书局附设函授学校英文科六级全开》,《中华教育界》,第16卷第7期,1926年7月,书首黑白插页。

疑义质问,由教员批答。每级读完,给修业证书;三级读完,给毕业证书。"①英文科的办学宗旨是:"本校设英文科,用函授新法教授英文,务使初读者循序进步,已读数年者得正确深造。"②中华书局函授学校英文科的教学体制明显受到了商务函授学校英文科的影响,也分为学历教育和非学历教育。而且学历教育亦没有"搞一刀切",又被划分为6个不同的级别。

初等英文本科各级课程设置如下,第一级课程为:①英语基本课程;②正音符号练习;③正音和拼法;④读本;⑤初等英文文法;⑥简易会话;⑦简易句构造法;⑧记字捷径;⑨英文习字法;⑩习字帖。

第二级课程为:①读本;②中等英文法;③普通会话;④复难句构造法;⑤点句法;⑥翻译初步;⑦作文初步;⑧尺牍初步(书信);⑨习字帖。

第三级课程为:①读本;②高等英文法;③社会用会话;④故事选录;⑤新闻译例;⑥应用文件(例如信柬、章程、报告等类);⑦短篇作文;⑧短篇翻译;⑨普通信札。

高等英文本科各级课程设置如下,第一级课程为:①文学史辑;②修词学;③英美文选;④上古史;⑤成语话用法;⑥作文;⑦社交尺牍;⑧翻译。

第二级课程为:①名著选粹;②英美文选;③中古史;④近世新闻编辑法;⑤介词活用法;⑥作文;⑦商业尺牍;⑧翻译。

第三级课程为:①名著选粹;②近世文选;③近世史;④文学研究法;⑤世界名言集;⑥作文;⑦公文程式(机关相互往来联系事务的文件格

---

① 《中华书局附设函授学校最新式大规模的英文函授讲义——开办伊始,减收半费》,《申报》,1926年9月4日,第2张第6版。又见中华书局附设函授学校英文函授讲义——开办伊始,减收半费》,《中华教育界》,第16卷第4期,1926年4月,书首黑白插页。

② 《中华书局附设函授学校英文科》,《申报》,1931年3月8日,第1张第4版。又见《中华书局附设函授学校英文科》,《中华教育界》,第18卷第2期,1930年2月,书首黑白插页。

式);⑧翻译①。

就在同一时期,中华书局函授学校英文科又开办了选科,开办选科的目的十分明确:"另设选科,备略有根底者,就志愿及需要,选习一科或数科。"②选科可供选择的科目有:读本、初级文法、高级文法、造句法、修辞学及作文、文学、历史、初等尺牍、高等尺牍、会话、初等翻译、高等翻译等十二科③。上述选科课程的设置情况也是一直到1933年没有发生变动。

中华书局在开始办理英语函授之际,就已经注意到了其遍布各地的分支结构在实施函授教育过程中所起到的重要作用;就如同商务函授学社英文科学员一样,中华函授学校英文科的学员不仅可以在上海总部,也可以在全国各地的中华书局分支机构办理注册手续、索取简章、购买函授教材、领取赠品④。这就在一定程度上减少了总部的办学压力,提高了函授教学效率,有助于推动英语函授教育事业的发展。

三、发展阶段英语函授教育的办学成就

在近代民营出版机构长达三十余年的英语函授教育办学生涯中,1919年至1931年为其发展阶段,其阶段性办学成就主要体现在以下三点:

(一)明确招生对象类别,推动函授教育发展

如前所述,无论是商务印书馆函授学校英文科,还是中华书局函授学

---

① 《中华书局附设函授学校最新式大规模的英文函授讲义——开办伊始,减收半费》,《申报》,1926年9月4日,第2张第6版。又见《中华书局附设函授学校英文函授讲义——开办伊始,减收半费》,《中华教育界》,第16卷第4期,1926年4月,书首黑白插页。
② 《中华书局附设函授学校英文科》,《中华教育界》,第18卷第2期,1930年2月,书首黑白插页。
③ 《自修英文之好机会——中华书局附设函授学校英文科六级全开》,《中华教育界》,第16卷第7期,1926年7月,书首黑白插页。
④ 《中华书局附设函授学校最新式大规模的英文函授讲义——开办伊始,减收半费》,《申报》,1926年9月4日,第2张第6版;《中华书局附设函授学校英文科六级全开、奖励自修、加送赠品——校长吴任之博士、教员均系英美留学生及有教授经验者》,《申报》,1928年7月5日,第1张第3版;《有声函授讲义,学习英文之唯一良机——上海及各省中华书局——中华英语留声机片是也》,《申报》,1930年3月10日,第1张第1版。

校英文科,都能根据国情的实际需求,充分考虑学员的职业群体特点,准确、具体地为函授教育对象分类,必然有助于英语函授教育的教学体制、课程设置、教材和教法具备较强的针对性和有效性,从而将英语函授教学与学员自身、工作以及社会需求紧密、有机地联系起来,最终使学员自愿地进入一个继续学习乃至终身学习的良性循环之中。

而在近代民营出版机构的英语函授教育的兴起时期,英文科招生对象被划分得过于笼统、广泛,不利于函授教育的推广和普及;而从1919年以后,英文科招生对象开始被划分得较为细致、具体,这一举措就在一定程度上促进了函授教育的发展。合理而科学地划分招生对象是民营出版机构的英语函授教育在发展阶段所取得的一个不容忽视的办学成就。

(二)创建英语正音讲习会,弥补面授环节缺乏的不足,增加一种新的办学形式

根据前述的三份英语正音讲习会简章,仅仅从英语正音讲习会的正式"定名"层面上来看,它是为了专门针对商务函授学社英文科的教学事业而专门设置的一个下属机构,它的办会宗旨非常明确:"辅助函授学社英文科学员之欲求英语发音之正确者",同时,也兼顾了其他社会青年在这方面的需求。购买听讲券的优惠对象也仅仅是函授学社英文科学员。充分的证据显示,英语正音讲习会的开办的确是在一定程度上为函授学社英文科学员提供了一次极其重要的面授机会。也就是说,商务印书馆从事的英语函授教育已经形成了独特的教学环节,主要包括自学、面授、辅导、答疑、作业、考试、毕业、奖励等。这些教学环节有机地联系起来,构成了一个较为完整的函授教学过程[①]。商务函授学社英文科已经形成了现代函授教育应该具备的重要教学环节,正式拉开了中国函授教育的序幕,这在中国远程教育史上具有里程碑的意义。

我国教育界普遍认为中国正式的函授教育发轫于商务印书馆函授学社,持这种观点的有代表性的论文有《我国远程教育的萌芽、创建和起

---

① 赖春明:《函授教育与管理》,解放军出版社,1989年6月第1版,第130页。

步——中国远程教育的历史发展和分期(1)》①、《我国函授教育的产生和早期发展》②,有代表性的著作有《函授教育与管理》③。但上述研究成果主要是从其组织机构和办学模式的层面考察而得出如此结论的,并未涉及其具体的函授教学环节。1919年7月英文科正音讲习会的成功开办使我们有确凿的证据断定,无论是从其形式上衡量,还是从其内部教学环节上考察,商务函授学社都标志着中国正式函授教育的肇始。

但是英语正音讲习会所面对的授课对象不仅仅限于英语科函授学员,还面向社会各个领域进行公开招生,并收取一定的授课费用。正音讲习会结束之后,经过严格的考核,学员的英语语音理论、实践水平达到一定的要求后,可以获得能够证明其英语语音水平的资质证书。显然,英语正音讲习会不仅在一定程度上可被视为是函授教学过程中的面授环节,也可以被看作是另外增加的一种非学历教育的办学形式,即短期培训班。如此算来,商务函授学社英文科共计开办两种非学历函授教育的办学形式,一种是选科,另一种是短期培训班。由此可见,商务函授学社英文科已经构建了较为完备的非学历函授教育体制。无论是从函授教学环节的层面,还是从非学历教育体制的层面去考察和评价,英语正音讲习会的成功举办都应该是近代民营出版机构的英语函授教育在其办学发展阶段所取得的又一个极其重要的办学成就。

(三)动态性地设置专业课程体系

由前述可知,商务印书馆函授学社英文科的课程设置密切关注工商业界的发展动态,与之紧密相随。这充分显现了函授教育作为近代成人教育发展到成熟阶段的一种重要形态,其所具有的灵活性、开放性、实用性和职业性,彰显了强大的生命力。当然,函授学社英文科能够凸显近代函授教育的本质特征,也与商务印书馆自身的特点有着密切关系。作为

---

① 丁兴富:《我国远程教育的萌芽、创建和起步——中国远程教育的历史发展和分期》(1),《现代远距离教育》,2001年第1期,第6页。
② 陈斌:《我国函授教育的产生和早期发展》,《教育史研究》,2004年第4期,第31—34页。
③ 赖春明:《函授教育与管理》,解放军出版社,1989年6月第1版,第11页。

近代的文化出版重镇,从其创业之际,就与工商业界有着密切的联系,能够及时洞察民国工商业界人才市场的需求,快速做出正确的判断和决策。无疑,以就业市场为导向、以学员需求为中心,动态性地设置专业课程体系,这也是近代民营出版机构的英语函授教育在其发展阶段所取得的一个非常重要的办学成就。

(四) 及时将最新学制改革成果引入函授教育,构建由 6 个级别构成的中等学历教育体制

尽管中华函授学校英文科模仿和借鉴了商务函授学校英文科的一些做法,也制定了一套由英文本科(学历教育)和选科(非学历教育)构成的"双轨"教学体制;但中华函授学校英文本科没有完全沿用商务函授学校的 4 级教学体制,而是在此基础之上有所突破和创新,及时把 1922 年由民国教育部颁布的新学制《壬戌学制》的一些革新成果引入了函授教育领域,制定了由 6 个不同级别构成的具有中等性质的函授教学体制。

1922 年制定的这个新学制规定:中学阶段分为初、高中两个层次,初中、高中的学习期限都是三年。而中华函授学校英文本科(学历教育)教学体制也分为六级,初等三级,高等三级,分别相当于普通初中、普通高中的各个年级。每级修习年限通常为一年,但也可以适当缩短或延长期限。每级读完,可以获得修业证书;三级读完,可以拿到毕业证书。英文本科的主干课程设置体系涉及广泛,涵括了普通语言英语、一般社会用途英语和专门用途英语,将普通英语教育与职业英语教育融为一体。与普通中学体制和课程设置相比,既有共同点,又有不同点,呈现出了成人教育的若干个显著特点。

中华书局函授学校对英文科办学层次的定位和层次内级别的具体划分都是非常准确的,亦呈现出了极强的针对性。这种兼顾普通教育与成人教育特征的教学体制,不仅适合在校的中学生,也能够满足工商业界的成年学员群体多样化的需求。他们可以根据自己的实际情况"对号入座",有针对性地选择适当的级别来补习英语,掌握知识、形成技能,提高英语水平。

综上所述,中华书局函授学校能够密切关注学制改革的最新发展动态,及时将相关革新成果引入英语函授教育领域,进一步推动了英语函授教育在近代中国科学化、本土化的发展进程,这也是近代民营出版机构的英语函授教育在其发展阶段所取得的又一个值得高度关注的办学成就。

第三节 英语函授教育的兴盛
（1932—1937 年）

从 1932 年至 1937 年可被视为近代民营出版机构英语函授教育的兴盛阶段。在这一重要时期,商务印书馆、中华书局继续从事着英语函授教育事业,开明书店也开始办理英语函授教育,这三家著名的近代民营出版机构共同支撑、推动着英语函授教育事业的发展,并使之达到了其办学水平的最巅峰。与发展阶段相比,商务、中华、开明各自开办的英语函授教育的办学规模、办学影响力均达到了其办学生涯的最高程度。不仅如此,在函授教学体制的科学化、本土化的发展层面上去审视、衡量,尽管中华、开明函授学校英文科在表现形态上有所差异,但均取得了较大突破,并取得了较为突出的办学成就。

一、兴盛阶段商务函授学校英文科的办学经历

（一）英文科的短暂停办(1932 年 1 月—1932 年 7 月)

令人痛心的是,凶残的侵华日寇悍然发动的"一·二八"事变使商务印书馆在 1932 年 1 月 29 日至 2 月 1 日期间遭遇国难,几乎所有的建筑在空袭中被夷为平地,"不得已宣布将总馆各机关暂时停业,从事善后,补苴罅漏,迄今将达半年"①;其创办的函授学社亦不例外,"本社自遭'一·二八'之变,讲义尽付劫灰,社务停顿,历半年之久"②。

---

① 《商务印书馆总馆复业启事——上海商务印书馆谨启》,《申报》,1932 年 7 月 14 日,第 1 张第 1 版。
② 商务印书馆函授学社编:《商务印书馆函授学社简章》(出版单位不详),1932 年 8 月重定,第 1 页。又见《商务印书馆函授学社国文科、英文科继续招收学员》,《英语周刊》,1932 年 10 月 1 日,新第 1 期,书末黑白插页。

正当英语函授教育事业的发展如火如荼之际,"一·二八"事变的骤然降临却给函授学社带来了灭顶之灾,它的办学总部编译所被炸毁,它所编辑的函授辅导刊物《英语周刊》也被迫停刊。商务编译所保存的全部学员档案、英文科精心编著的所有函授讲义亦未能幸免,这迫使函授学社不得不宣布停止办学,其停办时间持续半年之久①。这次兵燹之灾给正处于兴盛时期的英文科函授教育事业带来了巨大的损失。由于商务印书馆从事的英语函授教育在中国近现代英语函授教育史上占据着非常重要的地位,因此可以做出这样的判断,即这次战乱在很大程度上中断了我国近代英语函授教育事业的可持续发展。这也是残暴的侵华日军使中国近代文化教育事业蒙受重创的又一铁证。

(二) 重新开办之后办学水平的迅速恢复和提升(1932年8月—1937年8月)

在"为国难而牺牲,为文化而奋斗"的复业标语之激励下,经过半年的艰苦奋斗,商务印书馆于1932年8月1日毅然复业②。经历"一·二八"事变的劫难后,在民国政府和社会各界的大力支持下,商务印书馆上下一心,精诚合作。由于措施得力,上下合作奋进,商务印书馆的业务慢慢得到恢复。除了主干业务——出版事业之外,其经营的仪器、文具、西书代理、印刷材料、工具制造等业务,均恢复旧观。邮购业务也已开展,承印外客委印件也已照常,而且服务态度、服务效率也比以前有了进一步的提升。商务印书馆的资本额在复业时暂定为350万元,后来又调升至500万元,到1937年抗战开始之际,其资本总额与1932年被轰炸前的数额已经基本持平。经过5年的艰苦努力,商务印刷的整体生产力量终于恢复

---

① T. T. Eugene Tseu(周由廑):"New Birth of Our Weekly",《英语周刊》,1932年10月1日,新第1期,第1页。
② 《商务印书馆总馆复业启事——上海商务印书馆谨启》,《申报》,1932年7月14日,第1张第1版。

到劫难前的水平①。商务印书馆的整体业务从复业到复苏，再到复兴的二次创业历程，仅仅花费了5年多的时间，在这么短的周期内取得如此辉煌的业绩，实属不易。商务印书馆的迅速复兴堪称创造了世界出版史和文化史的一个奇迹②。这种较强的自我调整、自我修复能力，为其附设的函授学校在较短的时期内重新崛起，提供了强有力的人才智力资源、物质资源的支撑和保障。

就在商务印书馆宣布正式复业之际，其附设的一个重要社会教育机构——函授学社亦随之宣布正式复校，"本馆自遭去年'一·二八'之难，函授学社亦停顿半年至八月一日，本馆复业以后，函授学社重新改组，……。"考虑到民国社会发展的实际需求，"为环境关系，决先恢复国文、英文两科，其他各科停办"③。其中，有关英文科的详细处理方案如下："查本馆所设函授学社英文、国文、商业、国语、算学五科，学员众多，自'一·二八'被难，该函授学社亦即暂行停办。现决定先恢复英文、国文两科，并规定办法如左：英文科学员在民国十九年一月廿八日以后入学者，及国文科学员在民国二十年一月廿八日以后入学者，请于本月十七日起，九月底止，凭学费收条，或亲至或函寄本埠，法租界劳尔东路、颐德坊第十八号本社事务所登记。经登记许可后，各该学员得于未满时期内，继续享有改卷答问各种权利。分期续费各学员及新入学学员，均请亲至或函寄上海河南路商务印书馆发行所，或各分馆内函授学社报名处缴费及接洽。"④

上述处理方案都是针对未到毕业期限的老生和新学员特意制定的，在函授学社复课两个月后，至1932年10月又发布了针对延期毕业的学员的处理方案："查本社国文、英文两科旧时学员，尚有因修业期限已满而

---

① 吴相：《从印刷作坊到出版重镇》，广西教育出版社，1999年9月第1版，第361—364页。
② 王建辉：《文化的商务——王云五专题研究》，商务印书馆，2000年7月第1版，第94页。
③ 品洁：《本馆函授学社的概况》，《同舟》，1933年第9期，第19页。
④ 《商务印书馆总管理处通告——（第七号）为函授学社事》，《申报》，1932年8月1日，第1张第3版。又见《登报广告：总管理处通告——第七号（为函授学社事）》，《商务印书馆通信录》，1932年第377期，第52版。

功课仍未修完,照章未能毕业者,迭次要求本社变通办法予以补修机会,俾竟全功。兹特定办法如下:此项未毕业学员应由本人正式具函寄交本社,详叙已修、未修功课,并附入学证书。经本社查明核准后,得依下列标准,凭本社通知书向后开上海报名处面缴或邮寄应补学费,继续修习未竟之功课。"①由上述可知,延期毕业的学员办理注册手续的地点与一次性缴费的老学员的地点一样,都是在法租界劳尔东路上新成立的函授学社事务所。在重新开办之际,函授学社面临的各种困难是可想而知的,就是在这种特殊的环境下,函授学社英文科依然依然没有放弃延期毕业的学员,这充分彰显了其对学员高度负责任的教育理念②。到了1933年2月,由于报名人数的增多、函授学社事务的扩充,新成立的函授学社事务所"迁至西摩路829至831号"③。

商务印书馆总部建筑设施破坏程度严重,在较短时期内,要想完全恢复其经营的各项出版文化教育事业,难度太大。为了不影响新旧函授学员尽早报到入学,函授学社英文科为方便学员及时接受函授教育,又先后另寻他处,专门为一次性缴费的老学员和修业期限已满、而功课仍未修完的延期毕业的学员,设置了一个办理一次性缴费的老生报到登记的函授学社事务所。同时,分期缴费的老学员和新入校的学员则可以根据具体情况,要么选择函寄,要么直接到总发行所或各地分馆内的相关机构报名。函授学社英文科为新老学员开通了多条报名的途径,这就有效缓解了总部办公设施匮乏所带来的巨大压力,为保证散居于各地的广大新老学员及时报到入学、接受函授教育,提供了必要的前提条件。即便对于延

---

① 《商务印书馆函授学社通告第三号》,《申报》,1932年10月2日,第2张第6版。又见《商务印书馆函授学社通告——第三号》,《英语周刊》,1932年10月1日,新第1期,书末插页。又见《登报广告:函授学社通告——第三号》,《商务印书馆通信录》,1932年第379期,第9—10版。
② 综合考察上述多种不同类型的文献资料,现在完全可以得出下列结论:在遭遇"一·二八"事变之后,商务印书馆被迫停止营业半年之久,然后在1932年8月1日宣布复业,它所创办的商务函授学社亦随之同时复业。
③ 品洁:《本馆函授学社的概况》,《同舟》,1933年第9期,第20页。

期毕业的学员,亦没有撒手不管,而是及时采取了简单而有限的补救措施,想方设法为他们提供继续完成学业的机会。这种明智而负责任的处理方式使延期毕业学员重新成为在读学员,避免了生源的流失,稳定了生源队伍,有利于在较短时期内扩大办学规模、提升办学信誉和办学知名度。

由于之前商务印书馆所印发的所有商务函授学社简章都在"一·二八"事变的战火中被毁,为了便于社会各界人士来函索取简章,更好地了解函授学社的办学详情,就在1932年8月1日商务印书馆向社会各界宣布重新开办英语函授教育之际,又及时重新制订了一份简章,这就意味着商务函授学社英文科已正式重新开始运转。这份新简章对商务函授学社英文科"(办学)宗旨、组织、课程、入学程度及修业期限、报名入社、学费、讲义之发给、改科及改级、课艺及质问、邮费及汇款、毕业及奖励、优待、奖金、通信"[①]等各项制度重新做出了较为规范的界定,进行了较为详细的解释和说明。较为健全的教学与管理制度的重新制定和实施,为英语函授教育各项工作重新开始运转以及早日步入正常发展的轨道提供了重要的制度保障和必要的前提条件。仔细审视这份重新制订的简章,可以发现其具体内容与商务函授学社英文科在1918年所制订那份简章基本相同,英文科沿承了其办学初期所制订的各项教学与管理制度,为英文科的可持续发展奠定了坚实基础。

除了拓宽报名途径之外,函授学社又采取了一系列有利于英文科快速复苏的办学措施。首先,"函授社重行改组,由王总经理、周越然先生为社长,责负进行,积极办理"[②]。由商务印书馆总经理王云五担任的职务是正社长,而长期从事函授教育工作的周越然担任的职务是副社长,全权负责日常教学管理工作[③]。由王云五亲自挂帅的做法显然有利于增加函

---

① 商务印书馆函授学社编:《商务印书馆函授学社简章》(出版单位不详),1932年8月重定,第1—20页。
② 品洁:《本馆函授学社的概况》,《同舟》,1933年9月第9期,第19页。
③ 《商务印书馆函授学社国文科、英文科继续招收学员》,《英语周刊》,1932年10月1日,新第1期,书末黑白插页。

授学社的凝聚力,激发教职员工的办学热情,有效地整合各种教育资源,减少各种阻力,在社会上进一步提升其办学知名度。又提拔英文科主任兼任英文教员的周越然担任副社长的这一做法是非常明智的。因为,无论是从办学历史、办学规模、办学效益的层面而言,还是从社会和民众的实际需求来讲,英文科在函授学社整个教育系统中都占据着极其重要的地位,可以说英文科的重新开办是否能够取得成功将会直接决定着整个函授学社的办学成败。而周越然是著名外语教育家、英语函授教育的创始人,长期从事英语函授教育工作,精通函授教育、教学规律,深谙函授教育的各项教学环节,由周越然担当副社长一职可以充分保证英语函授教学环节尽快走向正常的发展轨道,有效推动各项教学管理事业和谐有序发展。很显然,王云五和周越然的强强联手可以大力促进英文科的教育教学质量,在较短的时期内尽快恢复到"一·二八"事变之前的水平。

继而精简手续,提高效率。"报名处收受柜上现款报名,外埠来函报名,分馆来单转账,均一一处理,编号开单,知照函授社寄发课本,手续异常迅速。""从前寄发课本,批改课卷,因手续上关系,不无略觉迟延。自改组以来,办事认真,手续简捷,来件无不随到随办。"显然,各项函授教学管理经过优化组合后,工作效率提升显著,受到了学员的一致好评,"学员交相称誉,深为满意"。"按沪上所设同类之函授社,不止一处,近闻已有停办,其学员改入本社者,甚多。"①

另外,还延长上班时间,提倡职业奉献精神。"春季开学之际,尤为忙碌异常,往往早晚加长时间,赶办来件。事关辅助文化,虽工作倍极辛苦,而兴趣饶为浓厚也。"②显然,一种加班加点、乐于奉献、扶助文化的函授学社人的职业精神已蔚然成风,这将会转化为巨大的工作动力,有力了促进函授教育事业的全面复苏。

---

① 品洁:《本馆函授学社的概况》,《同舟》,1933年9月第9期,第20页。
② 同上。

遭遇国难后,函授学社不仅被战火化为灰烬,它所依托的商务印书馆亦被夷为平地,办学的艰难程度可想而知。但是,函授学社英文科克服各种困难,半年之后毅然宣布重新复课,开始招纳各地的新学员,并采取了一系列的教学管理改革措施,从中可以看出函授学社英文科的办学之决心、办学之热忱、办学之坚毅。在商务印书馆的业务经营能力得到快速恢复的前提下,正是得益于上述措施的成功实施,在较短的时期内,函授学社英文科的各项教学管理工作均已步入正常的运转轨道,为其日后的复兴奠定了良好的开端。

随着民国初期工商业资本主义的快速发展,不仅社会的变革和转型对具备现代科学知识的各项专业人才的需求量日渐增长,且广大民众为了更好地谋取个人职业生涯的发展,渴望踏入各级各类学校进行深造的愿望越发强烈,而数量、资源均相当有限的全日制学校已经无法满足上述双重需求了。在这种双重需求的直接驱动下,上海一地的私立民众学校、补习学校、函授学校及职业传习所等类似的业余学校便应运而生了。在发展初期,上海市教育局没有针对这一类的私立业余学校制定任何的法规制度,而是对其采取了"漠然置之、放任自流、任其发展"的管理策略。这种异常宽松的管理策略更加刺激了私立业余学校的快速发展。

到了20世纪30年代初期,这类业余学校的办学规模、办学层次都较以前有了很大程度的发展,但是,办学质量良莠不齐、教学管理混乱等问题亦随之而来。"若不明订规则,设法监督,则非特不足补助政府推行政府社会教育、抑且贻误青春,为害非浅。"[①]鉴于上述原因,上海市教育局制定并颁布了一系列法规制度,开始加大力度对以上三种类别的业余学校的办学资质、办学质量给予动态性、宏观性的监督、调控和管理[②]。按照法规制度的要求,凡本市区内私人或团体设立之各种函授学校"应冠以

---

① 《教育消息——市教育局公布监督私立补习、函授、职业校办法》,《申报》,1931年8月29日,第4张第14版。
② 同上。又见《上海市教育局私立补习学校、函授学校、职业传习所奖惩办法》,《教育公报》,1934年第6卷第43—44期,第34—35页。

私立二字",必须在规定的期限内把详细的办学情况呈报给市教育局,经过实地调查合格后,再准予登记,承认其合法的办学地位。逾期不办理者和办学资质未达标者,一律加以取缔①。

受到战乱的影响,上海市教育局将私立业余学校申请登记的截止日期延至1932年11月底②。"一·二八"事变的重创迫使商务函授学社停止办学长达半年,至1932年8月复课后,经过半年的恢复和调整,办学水平逐渐回升。其办学资质、办学质量均已达到了市教育局的硬性规定,于是商务印书馆函授学社积极响应市教育局的要求,主动顺应教育界的发展趋势,在1933年4月向市教育局申请登记,一个月后,"兹查四月份又有私立商务印书馆函授学校等呈请登记,业经该局调查合格,准予登记,并呈请市府备案"③。经过严格的审查之后,市教育局正式承认了商务印书馆函授学社的合法办学资质,其学校名称正式改为:上海市私立商务印书馆函授学校④。

应该说,商务印书馆函授学校及时向市教育局申请登记注册之后,其办学资质获得官方的正式认可,这对英文科的复兴起到了非常重要的作用。至少通过以下两个层面促进了英文科的复兴:首先,获得官方的正式认可就意味着英文科的办学条件、实力和质量均达到了较高的要求,可以进一步提升其办学知名度和办学信誉,更好地产生函授教育"品牌"效应,彻底打消一些社会人士对其办学资质持有的质疑和不信任态度,有利于英语函授教育的推广。其次,获得官方的正式认可还意味着其毕业学员获得的毕业证书或结业证书具有真实性、合法性和有效性。凭借毕业或

---

① 《教育消息——市教育局公布监督私立补习、函授、职业校办法》,《申报》,1931年8月29日,第4张第14版。

② 《本埠新闻——展期至十一月底,市教育局办理本市民众学校、补习学校、函授学校、职业传习所等登记》,《申报》,1932年10月7日,第2张第8版。

③ 《教育消息——市教局四月份核准登记学校》,《申报》,1933年5月26日,第4张第13版。

④ 根据以上论述可知,在1933年5月,经过上海市教育局的核准登记之后,商务印书馆函授学社正式改名为上海市私立商务印书馆函授学校。

结业证书,学员在就业、转岗、升迁的过程中所面临的阻力和压力将会大大降低,而且在还会帮助他们获得更多的机会,去办学层次更高一级的全日制学校继续深造,这就非常有助于英文科在较短的时期内可以招收到更多的学员。

函授学校英文科很好地利用了上述历史机遇,"本校自去年(1933年)向上海市教育局备案,学社改为学校以来,大加革新"①。其革新程度主要体现在下列几个方面:批改课卷更加认真、更加详细,而且批改、答疑教学环节的周期大大缩短。函授讲义选材更加精良,更加注重知识性、趣味性,相当多的函授学员对英文科函授讲义做出了这样的评价:"编制由浅入深,循序渐进。攻读之时,兴趣盎然,毫不觉倦。"②"故学业日有进步,亦有远隔数年仍来继续入学、以资深造者。"③而在这一时期,随着"九·一八"事变、"一·二八"事变的陆续发生,日军侵华的程度日益加深,中国各地的政治、经济、文化教育的发展均不同程度地受到了战乱的影响,一些函授学员的经济状况日益下滑,无力承受函授学费。为此,为了扶植有志青年完成学业,除了继续执行以前的分期付款的交费制度以外,函授学校又制定了一项新的交费制度,就是鼓励学员介绍新生加入学校,从而减免大部分学费。"本校学员中常有努力介绍,只缴一次学费,即能继续修毕各级课程者。盖皆以介绍所得之礼券,抵付学费也。"这种交费制度的革新有力推动了英文科的复兴,"因此种劝告、鼓励而得其欣然入学者,颇不乏人。是以学员介绍者日多,同行介绍者亦复不少。利益所归,故多乐为介绍也"④。

商务函授学校重新开办后不久,英文科的学员人数便一路飙升。"国文、英文两科学员,本馆复业之后,已达四千之多,颇形发达。先后毕业

---

① 四维:《本馆函授学校的进展与革新》,《同行月刊》,第 2 卷第 4 期,1934 年 2 月,第 14 页。
② 同上。
③ 同上。
④ 同上。

者,亦复不少,足见本校办理认真,有此进展。"①复课后不久,函授学校英文科便出现了快速复兴的迹象。至 1934 年 5 月,"本校自恢复以来,已逾一载有半。在此时间中,英文科学员之修毕各级功课者几及千人"②。到了 1935 年 5 月,又有一千多名英文科学员顺利毕业。"本校英文科自新一次评奖发表结束后,各级学员之修毕全级功课者,又达千余人。"③至 1936 年 5 月,"本校英文科自新二次评奖发表结束后,各级学员之修毕全级功课者,又达千余人"④。

函授学校的办学情况逐渐好转,办学实力日益增强,这引起了《申报》的重视和关注。1935 年 7 月 7 日出版的《申报》在《教育消息》专栏中比较详细地报道了函授学校的办学动态:"商务总馆复业后,该校以国文、英文二科,为求一切学问最重要工具,亦先行恢复国文、英文二科";"复课以来,新旧学员数达万人,改课解答,极为迅速详尽,补习者随时可以报名入学"⑤。仅仅至 1935 年 2 月下旬,函授学校国文科、英文科"学员前后统计已达五万余人之多"。"有志补习者,又无年龄、性别、地域、时间之限制,实课外及业余补习机关之成绩最优者。"⑥

截止到 1935 年 7 月,虽然我们无法获得英文科的具体人数,但是根据下面公布的几组数据,可以判断出其所占据的大概比重。"一·二八"事变之前,函授学社共开设 5 门专业:英文科、算学科、国语科、商业科和

---

① 四维:《本馆函授学校的进展与革新》,《同行月刊》,第 2 卷第 4 期,1934 年 2 月,第 14 页。
② 《上海市私立教育局登记商务印书馆函授学校英文科举行新一次评奖通告》,《申报》,1934 年 5 月 3 日,第 1 张第 4 版。
③ 《上海市教育局登记私立商务印书馆函授学校举行英文科新二次评奖通告》,《申报》,1935 年 5 月 5 日,第 1 张第 4 版。
④ 《上海市教育局登记私立商务印书馆函授学校举行英文科新三次评奖通告》,《申报》,1936 年 5 月 6 日,第 1 张第 1 版。
⑤ 《教育消息——商务函授学校》,《申报》,1935 年 7 月 7 日,第 4 张第 16 版。
⑥ 《上海市教育局登记私立商务印书馆函授学校国文科、英文科招生》,《申报》,1935 年 2 月 24 日,第 2 张第 5 版。又见《上海市教育局登记私立商务印书馆函授学校国文科、英文科招生》,《英语周刊》,1935 年 4 月 13 日,新第 128 期,书首黑白插页。

国文科,至 1927 年 11 月底,学员共计 26,635 人①;国文科学员有 3091 人②。截止到 1927 年年底,英文科学员人数却高达 20,718 人③。英文科学员人数在总人数中所占据的比例是 78%。英文科学员总人数一直高居前列,这种情况一直持续到 1932 年"一·二八"事变之前,没有任何的变化④。依照上述的比例进行推断,在 1935 年 7 月所统计的数万人当中,英文科学员人数的比例应该占据了 70% 以上。随着英文科、国文科办学水平的日益提升,社会各界强烈要求函授学校开办其他种类科目的呼声越发强烈,到了 1937 年 7 月,函授学校"鉴于近年来熟谙日语及图书馆学人才之需要日殷,爰添设日文科及图书馆学科,以便选习"⑤。

1936 年 5 月 4 日出版的《申报》在《教育消息》专栏中报道了处在兴盛之际的商务函授学校取得的办学成就:"本市商务印书馆函授学校创办已二十余年,成绩卓著,实为我国最完善之补习教育机关。该校现设国、英文二科,并于英文科内另设选科,学者称便。"⑥商务印书馆在 1937 年 7 月 4 日出版的《申报》上发布了一条招生启示,对外宣称:"本校创立迄今,瞬逾廿稔。国人自办之函授学校,当以此为嚆矢。历年毕业于本校者,数逾万人。办理成绩,久已蜚声于海内外。"⑦从 1935 年至 1937 年 8 月,无论是从函授教学管理制度的层面去考察,还是从学员人数增长的角度去衡量,商务函授学校英文科的发展势头锐不可当,达到了其办学生涯的顶

---

① 《C. P. C. S. News 商务印书馆函授学社新闻——商务印书馆函授学社小史》,《英语周刊》,1928 年 1 月 14 日,第 636 期,第 760 页。
② 《C. P. C. S. News 商务印书馆函授学社新闻——国文科小史》,《英语周刊》,1928 年 1 月 21 日,第 637 期,第 780 页。
③ 《C. P. C. S. News 商务印书馆函授学社新闻——英文科小史》,《英语周刊》,1928 年 2 月 4 日,第 639 期,第 820 页。
④ 品洁:《本馆函授学社的概况》,《同舟》,1933 年第 9 期,第 19 页。
⑤ 《上海市教育局登记私立商务印书馆函授学校添设日文科、图书馆学科——联合四科、减收学费;征求新学员》,《申报》,1937 年 7 月 4 日,第 3 张第 10 版。
⑥ 《教育消息——商务印书馆函授学校近讯》,《申报》,1936 年 5 月 4 日,第 4 张 13 版。
⑦ 《上海市教育局登记私立商务印书馆函授学校添设日文科、图书馆学科——联合四科、减收学费;征求新学员》,《申报》,1937 年 7 月 4 日,第 3 张第 10 版。

峰。如果说商务印书馆在遭遇国难后的重新振兴创造了世界出版史和文化史上的一个奇迹,那么,它所从事的英语函授教育事业也可以称得上是中国函授教育史上的一个奇迹。

二、兴盛阶段中华函授学校英文科的办学经历

(一)英文科的暂时停办(1933年—1935年2月)

到了1933年,中华书局函授学校英文、国文两科因教学体制与课程设置的改革,按照最新方法重新编写函授讲义,暂时停止招收新学员[①],但是仍然继续对未毕业学员实施函授教育。为了保证教学改革实践活动的顺利开展,这种停招新生的教学状况一直延续了两年多的时间。

(二)重新开办之后英文科的变革和调整(1935年3月—1937年8月)

至1935年3月,中华书局函授学校"依据最新教学法及社会情形所编之新课本,业已完全告竣,特继续招收新学员"。发布在《申报》上的招生广告这样论及其重新招收新学员的具体原因:"文字系研究任何学科的工具,也是从事任何事业的工具,我们要读本国书籍或写作关于本国的文字文件,非研究国文不可;我们要阅读外国书籍或与外国人交际,则世界流行最广的英文,也有研究的必要。"[②]鉴于此,中华书局函授学校决定恢复英文、国文本科,英文本科学制(学历教育)改为由初级、中级、高级构成的三级制,选科暂不开办。

改制以后的校长一职由中华书局编辑所所长、著名教育学家舒新城担任,教务主任为李唯建,英文科主任为王祖廉博士。这一时期的英文科教员依然"都是学问渊博、有研究、有经验的学者",他们是:白约瑟(Joseph Whiteside)、李玛利(Miss Mary Lee)、余楠秋、顾仲彝、钟作猷、

---

① 《上海市教育局备案私立中华书局函授学校招收学员》,《申报》,1935年3月10日,第1张第4版。

② 同上。

戴昌藻、王翼廷、吴献书、樊兆庚、张似旭、陆费执和桂绍盱先生①。

英文科本科各级开设的课程如下:初级(曾习字母及浅近拼音者):英文习字法,正音和拼法,初级英文读本,初级英文法,简易会话,点句法及大写法,造句法,记字捷径,翻译初步(各附修学指导)。

中级(曾习英文一二年、识千字左右者):中级英文读本,中级英文法,会话,尺牍,作文入门,应用文件,成语例解,翻译,故事(各附修学指导)。

高级(曾习英文三四年而不能写作自如者):英美文选,修词学,作文、商业应用文件,介词活用法,商业尺牍,阅报指南,英美文学辑要,新闻译例(各附修学指导)②。每级修习完毕,学员的英语水平分别可以达到相当于初中、高中、大学一、二级程度的层次③。

1935年经过改制后的本科分为初(初中水平)、中(高中水平)、高(大学水平)三级,这种学制的调整也是紧随社会变迁和教育发展趋势的。经过二十多年的发展,民国中等教育事业有了长足的进步,迈出了由精英化教育向大众化教育转变的第一步,民国政治、经济、文化水平也有了较大幅度的提升,社会工业化程度有了进一步的发展,对较高学历层次人才的需求使社会民众对初、高中学历教育有了更大的需要,逐渐对高等学历教育也有了一定的需要。中华书局函授学校英文科可以说是应时而变,及时将由6个级别构成的中等程度的本科教学体制,调整为由初中、高中、大学程度的3个办学层次构成的教学体制。

1935年英文科改革学制和课程设置之前,由欧美传入的最新外语教学法——直接法(详见本章第一节的论述),已经开始在民国各地的中等学校占据主导地位。但这种引进和传播的教学实践活动都是在广大有志

---

① 《私立中华书局函授学校招收学员——已开办国文、英文两科——有志深造及中途失学诸君,请即报名入学》,《申报》,1936年2月23日,第1张第1版。
② 《上海市教育局备案私立中华书局函授学校招收学员》,《申报》,1935年3月10日,第1张第4版。
③ 《读书问答》,《出版月刊》,1937年2月第2期,第28页;《读书问答》,《出版月刊》,1937年5月第5期,第30页。

之士的积极倡导下自发进行的,官方并没有给予实质性的介入和参加。直到1932年,教育部颁布新修订的《中学课程标准》,其中,外国语一科的教材大纲和教学要点虽然没有明确规定采用直接法,然而"采取直接法的地方的确不少"①。不难断定,外语教学直接法具备的诸多优势和推广价值已经基本上得到了官方的正式认可。显然,将这种比较成熟的教学新法引入到英语函授教育领域的时机已经成熟,由此,中华书局函授学校英文科决定"依据最新教学法",开始重新编写函授讲义。根据英文科向学员发放的一种函授讲义——《修学指导》的记载,可以发现其编著的《正音和拼法》《初级英文读本》《初级英文法》等系列函授讲义均鲜明体现了外语教学直接法的显著特点,比如说,强调使用国际音标标注单词发音;通过实物、图画、对话等方式讲解英语,通过英语讲解英语,尽量避免母语翻译;使用归纳法讲解语法,等等。而且所推荐的参考书目中也包括了《直接法英语读本》《直接法英语副读本》等使用直接法所编著的外语教材②。

中华书局函授学校在停止招收新生期间,与商务函授学校一样,密切关注教育管理体制变革的发展趋势,主动顺应上海市教育局为改革函授教育体制而颁布的法规制度,积极响应上海市教育局的要求,在规定的期限内向上海市教育局申请注册备案。经过审理、实地核查和备案之后,1935年3月,中华书局函授学校开始重新招收新生,其办学资质也得到了市教育局的正式认可,学校名称正式改为:私立中华书局函授学校③。

---

① 戴骅文:《中等学校英语教学法》,《师大月刊》,1935年9月第21期,第190—191页。
② 私立中华书局函授学校编著:《初级英文科讲义——修学指导第一册》(FIRST GRADE ENGLISH COURSE COMPANION BOOKS—— BOOK 1)(出版单位、时间不详),第2—4页。函授讲义只对函授学员发放,不对外公开发售,所以没有出版单位和出版时间。但是中华书局函授学校在1935年3月经过上海市教育局的备案后,才更名为私立中华书局函授学校,由此可以判断,这套函授讲义当然是"依据最新教学法"而新编写的函授教材。
③ 《上海市教育局备案私立中华书局函授学校招收学员》,《申报》,1935年3月10日,第1张第4版。

需要特别指出的是,改制后重新面向社会招生的中华函校为了吸引已毕业学员在本校继续深造,特于1935年11月公布了一个新制定的减收学费规则:"求学贵有恒心,诚能立定主意,始终勿懈,无有不成功者。否则功亏一篑,岂不可惜。敝局为奖励旧学员完成学业起见,新定优待办法,凡升入中、高级者,学费照下表定额,减收二元至四元不等。中途失学之有志青年,幸勿交臂失之。①"这项新制度的出台,不但可以调动学员的上进心,使英文科毕业学员转化成新的生源,而且也有利于吸引社会青年积极报名接受英语函授教育。

1937年4月,中华书局函授学校英文科又重新开办选科(非学历教育)。"本校为便利学员选修实用之科目起见,添办选科。"②根据自己的实际情况,学员首先选择一个大课程组模块,然后再选择适合自己实际情况的小课程组模块来研读。与发展阶段的由不同科目单一专业课程构成选科课程的体系相比,上述这种由不同课程组模块构成的选科课程体系呈现出了更富弹性、灵活多变的鲜明特点。就在同时,英文科本科(学历教育)改称为"正科"。其英文选科的课程设置情况如下:

第一大组是文法(读过英文而文法未熟练者选习)课程组,包括下列课程:A组,初级文法,点句法及大写法,造句法;B组,中级英文法,成语例解。

第二大组是应用语文(英文略有门径而欲求实用者选习)课程组,包括下列课程:C组,简易会话,尺牍,应用文件;D组,会话,商业尺牍,商业应用文件。

第三大组是翻译与文学(英文已有相当程度者选习),包括下列课程:E组,翻译初步,翻译,新闻译例,修学指导;F组,英美文选,英美文学辑

---

① 《奖励升学、减收学费——上海市教育局登记私立中华书局函授学校招收学员》,《申报》,1935年11月2日,第1张第4版。
② 私立中华书局函授学校编:《上海市私立中华书局函授学校章程》,1937年4月修订,第18页。

要。以上各组各附修学指导[①]。

在综合考察学员的入学水平、职业需求和兴趣爱好的前提下，中华书局函授学校英文科把"选科"首先分为文法、应用语文、翻译与文学三大组科目供学员选择，每一大组课程又划分为两个小组的课程。文法组（相当于普通科）根据学员的入学水平又分为初级文法组和中级文法组，为将来升学做准备；应用语文组（相当于职业科）根据学员的水平和就业去向又分为一般社会用途应用英语组和专门用途应用英语（商务英语）组，满足当前的职业岗位需求或为将来就业做准备；翻译与文学组（相当于研究科）根据学员水平和个人兴趣爱好又分为翻译组和文学组，兼顾升学和研究的需要。

由此可见，改革后的"选科"制更加尊重学员个体间的差异，充分考虑不同群体的个性化学习需求，努力促进学员在求学、职业生涯中的个性化发展进程，兼顾就业、升学与研究的三重需要，充分彰显了函授教育所具有的"人本主义"理念；每一个小组都专门开设了修学指导课程，针对该组所有课程的学习方法，从整体上给予系统的指导，上述这些特点都鲜明地体现了函授教育的本质，有力保证了英语函授教育的质量。

改制后的本、选科课程设置与1935年3月以前的相比，都体现出了一个共同的鲜明特点：更加注重职业教育，更加注意学习方法的指导，更加重视差异化教学。"本校宗旨，在为有志自修者编制正确适用之课程，供给详尽之指导，图谋充分之便利。凡公务机关及工商各界为职务所羁之人员，青年失学、有志深造而苦无暇时入学者，以及在校学生感觉升学困难、须补习某科学业者，如加入本校，只须每日抽暇一、二小时，即可选

[①]《上海市教育局登记私立中华书局附设函授学校招收学员——国文、英文添办选科》，《申报》，1937年4月25日，第2张第7版。又见《私立中华书局函授学校招收学员——国文英文添设选科》，《中华教育界》，第24卷第11期，1937年5月，书首黑白插页。又见私立中华书局函授学校编：《上海市私立中华书局函授学校章程》，1937年4月修订，第20页。

修切身需要之科目。"①

1937年4月之后,中华书局函授学校英文科依旧保持着相当雄厚的师资力量,英文科主任为著名语言学家、翻译家、文学家钱歌川先生,主要教员有下列:白约瑟、李玛利、余楠秋、顾仲彝、钟作猷、吴献书、樊兆庚、张似旭、陆费执、戴昌藻、桂绍盱、张慎伯等②,他们都是文化教育界的名师名流。

由于改革后的教学体制更加符合中国的国情,在历经数十年努力办学后,至1936年3月,"本校校创设于民国十五年,迄已十年于兹,声誉素著,学员遍及各地"③。这一时期的中华书局函授学校英文科依旧能够紧随社会发展的变迁和革新,大力改革教学体制,有力提升了其办学信誉。这都标志着近代民营出版机构的英语函授教育已经进入了兴盛时期。

三、兴盛阶段开明函授学校英文科的办学经历

(一) 英文科的成功开办(1932—1934年)

随着1931年"九·一八"事变和1932年"一·二八"事变的接连发生,日寇发动的一系列侵华战争严重破坏了民国社会的正常发展,经济受挫,失业群体增加,有些家庭入不敷出,无力承担全日制中学较贵的学费,这些家庭的子女被迫中途辍学。而函授学校的收费就相当低,以开明函授学校为例,读完一年半的课程,可以获得相当于初中程度的文凭,但是所需费用"只相当于私立初中三个学年所收的学杂费的六分之一"④。战乱给教育界带来的直接损失更是不可估量,数量众多的广大中学被日军

---

① 私立中华书局函授学校编:《上海市私立中华书局函授学校章程》,1937年4月修订,第1页。
② 同上。
③ 《上海市教育局登记私立中华书局函授学校招收学员》,《申报》,1936年3月4日,第1张第4版。
④ 叶至善:《重印〈开明国文讲义〉后记》,载中国出版工作者协会编:《我与开明》,中国青年出版社,1985年8月第1版,第280页。

炸毁或侵占,直接导致大批青少年无法正常完成学业。此前民国普通中等教育与初等、高等教育的发展比例就已经严重失调,呈现出了滞后态势。更何况是在战事频发的年代呢?无疑,这种供需之间的矛盾日益加重。

开明书店已经深刻意识到了这种供需之间的严重矛盾,曾经长期供职于开明书店、参与开明中学讲义社(开明函授学校的前身)创办筹备工作并担任该社讲师的著名作家、翻译家、编辑出版家章克标这样回忆道:"开明书店想创办一家私立函授学校,中等学校程度的,普通科,那时也已经觉得中学太少了,考不上中学的失学者很多,比较好的中学招生,大抵总是十人当中只能收取一个人样子。为了让这些失学的人可以自己进修学习,夏丏尊同章锡琛他们就想开办函授中学,以适应时代的需要,同时也推广开明书店的出版物。"①

在上述历史背景下,1932年4月,开明书店决定正式创办其附属的函授教育机构——开明中学讲义社(开明函授学校在办学初期的名称),开明书店在4月14日的《申报》上发布的招生广告这样谈道:"本讲义社由开明书店创办,特聘富有中学教学经验之各科专家,依中学课程标准,编成浅明易解之讲义,使有志上进之失学青年得于职务余暇,修得中学程度之全部知识,并使在校就学者亦得课外修业,补益校课之机会。筹备迄今,已逾一年。际兹国难期内,失学者骤形增多,爰于本年五月开始发行讲义,并于七月以前特别减低社费,征求社员。"②

随后,在1932年4月30日,开明书店在《申报》上又发布了一个相关的招生广告:"失学的原因何在?(1)求学的经济困难;(2)入学的资格不备;(3)就学的年龄已过;(4)现有相当的职业;(5)学校因战事停开。开明

---

① 章克标:《世纪挥手:百岁老人章克标自传》,海天出版社,1999年7月第1版,第155页。
② 《开明中学讲义开始发行广告——总经理处:上海福州路开明书店总发行所,分经理处:广州、沈阳、北平、汉口开明书店分店(印有章程、样本、函索即寄)》,《申报》,1932年4月14日,第1张第4版。

中学讲义社可替你解决种种困难,有志上进,请速报名入社。本社系开明书店创办,专为未能入中学校的青年谋就学的便利。"①

一年后,开明书店于1933年7月1日在《申报》上又发布了一个非常重要的招生广告——《上海市私立开明函授学校招收学员通告》:"本校原名开明中学讲义社,现遵上海市教育局令,改称今名,并蒙准予登记。"②

根据上述三个招生广告可以断定,开明书店早在1931年4月前后便开始筹备创办开明中学讲义社。由于正逢国难期间,失学青年人数骤然增多,在此特殊历史背景下,开明中学讲义社于1932年4月正式组建,开始面向社会招收函授学员。很快,便在同年的5月开始向第一批函授学员邮寄第一期函授讲义③。

后来,随着上海市函授教育的蓬勃发展,上海市教育局开始颁布一系列法规制度,加强了对函授学校的宏观监管力度(见本章第一节)。开明中学讲义社步商务印书馆函授学社、中华书局函授学校后尘,密切关注教育界的发展动向,主动顺应教育发展潮流,积极响应上海市教育局的要求,经过审查和批准之后,开明中学讲义社在1933年7月正式改名为上海市私立开明函授学校。上述发现的几条史料充分说明了早在1931年期间,开明函授学校就已经开始筹备组建,其前身应该是成立于1932年4月的开明中学讲义社,而不是已发现的史料所记载的一开始就命名为开明函授学校④;直到1933年7月,开明中学讲义社才正式更名为开明函授学校。

另外,长期供职于开明书店的著名编辑出版家叶至善这样回忆道:"'一·二八'战役之后,失学的青少年越发增多,开明书店决定开办函授

---

① 《失学者的福音——开明中学讲义社》,《申报》,1932年4月30日,第3张第10版。
② 《上海市私立开明函授学校招收学员通告》,《申报》,1933年7月1日,第2张第6版。
③ 《开明中学讲义社通告》,《申报》,1932年5月14日,第1张第4版。
④ 截止到目前,根据已经掌握的文献资料,学界对于开明函授学校的相关探讨所引用的主体文献资料都来自于下列两篇回忆录类别的文章——章克标:《开明函授学校简述》,载中国出版工作者协会编:《我与开明》,中国青年出版社,1985年8月第1版,第247—251页;叶至善:《重印〈开明国文讲义〉后记》,同上书,第279—280页。

学校,帮助他们自学普通中学的全部课程和一些谋生的技能。"①还有,供职于开明书店、开明函受学校的章克标曾撰文指出开明书店创办开明函授学校的一个重要原因是:20世纪30年代由于中学入学考试竞争激烈,"有大部分小学毕业生,无法升学,家长们十分心焦。办这个函授学校是帮助他们自学,将来可以用同等学力的资格参加升学考试"②。

由上所述可知,开明书店正是强烈意识到了由于战乱和有限的中学资源造成大批学生失学的特殊社会背景,才决定开办开明中学讲义社的,其招生对象和办学目的十分明确:主要针对因战乱而未能完成初中学业或因其他原因而未能升入初中的广大青年群体,帮助他们掌握中学讲授的各科知识,形成一定的谋生技能,为将来升学深造或立足社会打下较好的基础。

开明中学讲义社的办学体制明显地不同于商务印书馆函授学社和中华书局函授学校,其"科目完备,用通信方法教授中学全部科目,与其他函授学校专授一种科目者不同"③。也就是说,开明中学讲义社不分专业,将英文一科与其他科目混合在一起对学员进行函授教育,英文一科不像商务印书馆函授学社、中华书局函授学校英文科那样,再进一步地划分为若干个具体的课程。就像一所普通中学一样,一旦选择报名入社,同时学习英文、历史、国文、算学、地理、物理、化学、动物、植物、生理、卫生、图书、音乐、党义、经济等科目,一门专业只有一种综合性函授讲义④。至于英

---

① 叶至善:《重印〈开明国文讲义〉后记》,载中国出版工作者协会编:《我与开明》,中国青年出版社,1985年8月第1版,第280页。
② 章克标:《开明函授学校简述》,载中国出版工作者协会编:《我与开明》,中国青年出版社,1985年8月第1版,第250页。
③ 《开明中学讲义开始发行广告——总经理处:上海福州路开明书店总发行所,分经理处:广州、沈阳、北平、汉口开明书店分店(印有章程、样本,函索即寄)》,《申报》,1932年4月14日,第1张第4版。
④ 开明中学讲义社编著:《开明中学讲义第四卷·第一期——开明英文讲义》,开明中学讲义社发行(出版时间不详),封面的背面。又见章克标:《开明函授学校简述》,载中国出版工作者协会编:《我与开明》,中国青年出版社,1985年8月第1版,第247—248页。

文函授讲义，只向学员分期陆续发放一种类别的《开明英文讲义》，但是这种英文讲义已经涵括了英语专业所涉及的所有重要课程。《开明英文讲义》的编写内容覆盖了语言知识、技能和文化的诸多层面，它把所有与英语专业相关的课程都融合在三大本综合性的英文讲义中。这三大本英文函授讲义由 270 课构成，主要包括下列科目：语音、书法、词汇、语法、一般社交会话、商业会话、普通信函、商业信函、修辞学、应用文写作、阅读、新闻翻译、商业翻译、文学史、英美文学、西方习俗礼仪等[1]。

开明所编写的所有函授讲义都有一个共同特点："用通信方法教授中学全部科目，并于必修科外就社会实际需要科目，另请专家编成课外讲义十八种，与其他函授学校专授一种科目者不同。"[2]上述 18 种选修函授讲义内容涉及了农、工、商、政治、法律、哲学、医学等众多学科专业领域[3]，强调实用性学科的专业知识和应用技能的培养。上述编写的课外函授讲义名称与学历教育开设的选修课程的名称是一一对应的。由此可见，开明函授学校的英语函授教育既重视普通中学的教育内容，却也没有忽略社会上所需要的职业教育。

根据《开明中学讲义社章程摘要》，开明中学讲义社在其办学初期，除了面授环节以外，就已经形成了现代函授教育应该具备的所有重要的函授教学环节，主要包括自学、辅导、答疑、作业、考试、毕业、奖励等[4]。较

---

[1] 开明中学讲义社编著：《开明中学讲义第四卷·第一期——开明英文讲义》，开明中学讲义社发行（出版时间不详），第 1—310 页；《开明中学讲义第四卷·第二期——开明英文讲义》，同上书，第 311—600 页；《开明中学讲义第六卷·第三期——开明英文讲义》，同上书，第 601—902 页。

[2] 《开明中学讲义社减费征募社员、本月底截止》，《申报》，1932 年 7 月 25 日，第 1 张第 4 版。

[3] 刘毓芬：《再谈函校——当供给一般青年需要，当首推上海的"开明"——函授教育渊源于英大学教育推广运动，中国倡导者为詹天佑，创始者为周越然》，《益世报（天津）》，1934 年 3 月 11 日，第 3 张第 110 号，社会服务版。

[4] 《开明中学讲义社征募新社员——本社章程摘要》，《申报》，1932 年 9 月 19 日，第 1 张第 4 版。

为完备的函授教学环节的构建有效地推动了英语函授教学过程的开展,并有力保证了函授教学的质量。

如前所述,商务印书馆、中华书局都发挥了其自身的资源优势,将其在全国各地的分支机构视为二级函授站;让这些数量众多的分支机构协助上海总部共同办理英语函授教育,开明书店亦不例外。开明函授学校的学员既可以在上海的总部,也可以在其他地方的开明书店分店办理入校手续,免费索取简章及函授辅导刊物,领取赠品,购买函授讲义、自学参考书籍及自习册①。这种协作方式既减轻了上海总部的工作压力,又在一定程度上提高了工作效率。

开明中学讲义社的英语函授教育体制可谓特色鲜明,独树一帜。它的学员分为两大类——非正式函授学员和正式函授学员。讲义方面:"本社讲义除分配社员及预定全份者外,概不零售。"②由于函授讲义不对外公开发行和出售,只要一次性交纳购买所有函授讲义的预定金12元,无须交纳入社(入校)费用,便可按时获得由开明函授学校陆续邮寄过来的函授讲义。学生完全借助函授讲义学习知识,没有辅导、没有考试、没有证书,完全是一种开放式的自主学习,以满足自身学习的需要。这种开放式的自主学习方式属于非学历教育的办学形式。

正式函授学员又被分为两种类型,其中一种是:根据个人的实际情况,只需一次性交纳18元报名费(可以分期交纳,但费用稍高),便可成为正式学员,享有获得所有函授讲义的权利,主要依赖自学完成学业;除了不参加辅导答疑教学环节之外,学员可以参加每6个月举行的一次考试,若成绩合格,则被授予相关成绩证书。完成学业共计18个月的时间,每

---

① 《开明中学讲义开始发行广告——总经理处:上海福州路开明书店总发行所、分经理处:广州、沈阳、北平、汉口开明书店分店(印有章程、样本,函索即寄)》,《申报》,1932年4月14日,第1张第4版;《开明中学讲义社征募新社员——本社章程摘要》,《申报》,1932年9月19日,第1张第4版。

② 《开明中学讲义社第一期出版——开明中学讲义社通告》,《申报》,1932年5月14日,第1张第4版。

个月可以获得1册函授讲义,每个学习阶段为6个月,共计3个阶段,需要参加3次考试;循序渐进,经过每6个月的函授学习,学员的知识、技能水平依次分别相当于普通中学的初中一、二、三年级的水平,通过3次考核的函授学员最终可以获得相当于普通初级中学程度的毕业文凭。需要特别指出的是,学员经历过前一个阶段的学习,通过考试获得相关成绩证书之后,即使中断学业,只要在规定的期限之内,也可以向学校申请继续完成学业,获得毕业文凭。

另一种是:不仅需要一次性交纳18元的报名费(可以分期交纳,但费用稍高),而且还须每月交纳作业批答费1元2角(也可以一次性交纳18元),不仅可以分期获得所有函授讲义,还可以分期收到学校邮寄的配套自习册一种;"按月印发,册内备载各种练习题。社员写寄完毕,得送由讲师批改,并解答疑义"①。通过互通信函的方式,学生在教师的精心辅导下顺利完成学业。至于其他的权利和资格,与上述的第一种学员所具有的完全相同②。

由于开明中学讲义社办学定位明确、教学体制灵活多变、教学内容针对性强、教学环节完备,仅仅在其成立5个月之后,截止到1932年9月19日,报名入社的"社员达千余人";他们纷纷来函,"群称为指导恳切,批答详明,较之入校求学,进步更速"③。开始招生没多久,开明中学讲义社便受到了广大学员的一致好评和认可,取得了非常显著的办学效果。

---

① 《开明中学讲义社减费征募社员、本月底截止》,《申报》,1932年7月25日,第1张第4版。
② 《开明中学讲义开始发行广告——总经理处:上海福州路开明书店总发行所、分经理处;广州、沈阳、北平、汉口开明书店分店(印有章程、样本,函索即寄)》,《申报》,1932年4月14日,第1张第4版;《开明中学讲义社第一期出版——开明中学讲义社通告》,《申报》,1932年5月14日,第1张第4版;《开明中学讲义社第二期已开始寄发、优待办法即截止》,《申报》,1932年6月19日,第2张第7版;《开明中学讲义社减费征募社员、本月底截止》,《申报》,1932年7月25日,第1张第4版;《开明中学讲义社征募新社员——本社章程摘要》,《申报》,1932年9月19日,第1张第4版。
③ 《开明中学讲义社征募新社员》,《申报》,1932年9月19日,第1张第4版。

（二）英文科的停办

至 1934 年 10 月，开明函授学校在其函授辅导刊物《上海市私立开明函授学校学员俱乐部》之《编者的话》栏目中，发布了一个重要通知："现在因为学员人数激增，本校事务日繁，虽增加办事员，还觉得不能应付裕如。因此从本期起，拟把本刊告一段落，暂时停刊，以便腾出时间和精力来为学员诸君谋其他方面的利益。"可以看出，由于开明函授学校的发展几乎没有任何过渡期，可谓一举成名，办学事业直达巅峰。由此，急剧膨胀的办学规模、急速增加的学员人数已经远远超出了人数有限的教职员工队伍的承受能力，其不得不宣布停办"学员间（联络感情和交换知识）的机关"——函授辅导刊物[①]。自从函授辅导刊物停办之后，我们在 1934 年 10 月以后出版的《申报》上再也没能找到有关开明函授学校的招生广告。函授辅导刊物的停办意味着开明函授学校教学管理工作的正常运转出现了严重问题，这也是开明函授学校即将停办的一个前兆。

目前已经发现的所有相关史料都没有记录开明函授学校具体的停办时间，但是根据 1937 年 5 月出版的《中华民国二十三、二十四年度上海市教育统计》的记载，1935 年期间，开明函授学校还在正常办学[②]。然而，如前所述，在正常办学期间，开明函授学校各科讲义不对外公开出版和发售，只是在开明函授学校停办之后，才把各种不同类别的函授讲义按照课程归类，作为单行本出版发行[③]。1935 年春季期间，开明书店在《申报》上刊登了以开明函授学校的名义首次公开向社会发行这套函授讲义的广告。公开发售第一版《开明英文讲义》的时间是在 1935 年 3 月，且首次正

---

① 《编者的话》，《上海市私立开明函授学校学员俱乐部》，1934 年 10 月 20 日，第 8 号，封底。
② 上海市社会局第五科编：《第三编：社会教育统计（一）学校式之社教统计——全市私立（核准登记）函授学校概况统计表》，载《中华民国二十三、二十四年度上海市教育统计》，上海市社会局发行、良华印刷所印刷，1937 年 5 月第 1 版，第 169 页。
③ 叶至善：《重印〈开明国文讲义〉后记》，载中国出版工作者协会编：《我与开明》，中国青年出版社，1985 年 8 月第 1 版，第 280 页。

式公布这套英文讲义的署名作者为林语堂和林幽[①]。由此可以判断,开明函授学校的具体停办时间应该在1935年1月—3月间。在妥善安置好学员之后,"开明当局考虑到自己的力量,从全局出发,只好'知难而退'",不得不把其附属的函授学校停办[②]。在其事业如日中天之际突然宣布停办,可谓大起大落,让人唏嘘不已。

(三)公开发行英语函授讲义,延续办学生涯

开明函授学校不像商务、中华函授学校那样,在学校停办之后,其组织编写的函授讲义亦随之停止发行。虽然开明函授学校在1935年年初停止办学,但它组织专家名流编著的一套英文函授讲义并没有随着函授学校的关闭而停止发行。这套英文函授讲义于1935年春季被集结成书,由开明出版社公开对外出版发行。开明函授学校特意在1935年5月的《申报》上发布了售书广告——《开明书店新书(二十四年春季出版)——开明函授学校讲义五种》,比较详细地向社会各界介绍了《开明英文讲义》、《开明中国历史讲义》、《开明音乐讲义》、《开明国文讲义》和《开明图画讲义》的编写内容和编写特色[③]。

我有幸在旧书市场购得两本对外公开发行出版的《开明英文讲义》(第一册),其版权页上注明的初版时间是1935年3月,到1948年1月,已经公开发行第12版[④];到1948年10月,已经公开发行第13版了[⑤]。第12版和第13版的出版时间间隔仅仅9个月。至1947年1月,这套英

---

① 林语堂、林幽合编:《开明英文讲义》(第一册),开明函授学校出版、开明书店印行,1935年3月第1版,1948年1月12版,书首版权页。
② 章克标:《开明函授学校简述》,载中国出版工作者协会编:《我与开明》,中国青年出版社,1985年8月第1版,第250—251页;叶至善:《重印〈开明国文讲义〉后记》,同上书,第280页。
③ 《开明书店新书(二十四年春季出版)——开明函授学校讲义五种》,《申报》,1935年5月12日,第1张第1版。
④ 林语堂、林幽合编:《开明英文讲义》(第一册),开明函授学校出版、开明书店印行,1935年3月第1版,1948年1月12版,书首版权页。
⑤ 林语堂、林幽合编:《开明英文讲义》(第一册),开明函授学校出版、开明书店印行,1935年3月第1版,1948年10月13版,书首版权页。

文函授讲义仅在上海一地就已经发行了数千套,至少共计 3000 册①。那么,其在全国各地的发行总量之多就可想而知了。这套英文函授讲义多次再版重印,风靡民国数十年,由此可见其编纂质量之高、销量之大、受欢迎程度之强、持续时间之长、流传范围之广、受惠对象之多,堪称中国近代英语函授教材出版史上的一个"奇迹"。

虽然开明函授学校停办,但是开明书店仍然以"开明函授学校"的名义公开出版这套函授讲义,面向更为广泛的社会教育对象,惠泽更多的社会民众。这种学校停办、讲义照旧发行的处理方式,使得《开明英文讲义》可以继续发挥函授教材所具有的独特社会教育功能,可以说在一定程度上延长了开明函授学校的办学生涯,延续了其办学影响力。开明书店充分凭借"开明函授学校"较高的办学声誉,在图书市场上继续发挥着它的品牌效应,让更多的社会民众接受这种更为广泛的、纯粹的开放式英语函授教育,并产生良好的社会效益。开明书店为推动英语函授教育事业在民国社会的持续发展,做出了重要贡献。

四、兴盛阶段英语函授教育的办学成就

在长达三十余年的英语函授教育办学生涯中,1932 年至 1937 年期间为近代民营出版机构所办英语函授教育的兴盛阶段。在此阶段,与发展阶段的英语函授教育相比,中华函授学校、开明函授学校在英语函授教育的科学化、本土化的道路上走得更远;它们在教学体制的构建层面均取得了较大的突破和创新。近代民营出版机构的英语函授教育在兴盛阶段取得的较为突出的办学成就主要体现在以下三点:

(一) 中华函授学校英文科创建了一套办学层次较为完备、划分较为明确的学历教学体制

中华函授学校与时俱进,紧随民国社会的发展,密切关注民众的实际

---

① 《信箱——湖南洪江沙湾向培熙君》,《英文月刊》(*The English Monthly*),1947 年第 20 期,1 月号,第 108 页。

学历需求,大胆革新英文科教学体制,创建了一套与普通学制系统内的初级中学、高级中学、大学完全对应的本科教学体制。这套改制后的英语本科(学历教育)教学体制明确指出学员入学前应具备的学历水平和文化素养,具备小学英语基础的学员可以报名入初级学习,具备初中一、二年级英语基础的学员可以报名入中级学习,具备高中一、二年级英语基础的学员可以选择接受高级函授教育。这种办学层次的划分方式非常方便学员根据自己的实际情况对号入座,有针对性地选择适当的专业、级别,进修深造,接受更高一级层次的继续教育。

本科教学体制很好地做到了与普通学校学制系统中小学、初中、高中的统一和对接;初、中、高级学员毕业后,分别可以获得具有初中、高中、大学(预科)学历水平的单科毕业证书。改制后的本科学制,办学层次划分更加明确,更加合理,对广大在职工作人员和失学青年而言,都能很好地满足他们多元化、多层次的需求。

(二) 中华函授学校英文科创建了一套注重个体差异需求的非学历教学体制

中华函授学校英文"选科"(非学历教育)函授教育体制实行的"分科选科"的制度借鉴了1922年《壬戌学制》所确定的"综合中学制度"。该制度主要在高级中学阶段实施。高级中学一般分设普通科和职业科。普通科以预备升学为目的,又分为文理两组。职业科则主要为就业做准备,分为农、共、商、师范和家事等科。学校根据情况,可单设一科或兼设数科[①]。中华书局密切关注普通学校教育制度发生的重要变革,又将中等教育界这一重要的改革成果——"综合中学制度"引入英语函授教育;但又不完全照搬,而是考虑了函授教育自身的特点,将两者有机地融合在了一起。

与1933年改制前的选科比较,这次调整后的英文选科的课程体系更加丰富和完善,更加突出了职业性、技能性和实用性,显示了更强的包容

---

① 谢长发主编:《中国中学教育史》,山西教育出版社,2009年4月第1版,第85页。

性、灵活性、弹性化和多元化的特点,可以更好地满足社会上不同类型的成人学员群体的个性化、多样化的需求。在英语函授教育的兴盛阶段,中华书局函授学校英文科在函授教育本土化、科学化的发展道路上又朝前迈进了一大步。

(三) 开明函授学校构建了一套任凭学员自主选择的英语函授教育体制

开明函授学校英文科的办学体制兼顾学历教育和非学历教育,且学历教育也没有搞"一刀切",而是分阶段进行;可以中断,也可以继续,做好分阶段的教学管理"衔接"工作,使学历教育与非学历教育之间保持良好的互动、沟通和转化。不仅如此,其还授权于学员,让学员可根据自己的实际情况去选择不同阶段的函授教育。上述措施的实施可以激发成人学员的求知欲望,调动其学习积极性,帮助他们克服困难和阻力,有利于学员顺利完成学业。

另外,针对地处广大中西部的、更加广泛的非学历教育对象——非正式函授学员,实施的是一种纯粹的、完全的、更加开放的函授教育方式。这种类型的函授教育方式无论是对初办之际的开明函授学校自身的发展,还是对推动当时中国函授教育事业的整体发展,都具有重要的推动作用。具体而言,首先,数量众多的非正式函授学员在初步接触过函授讲义之后,很有可能转变为正式函授学员,他们是一大批"潜在"生源,在一定程度上可以保证开明函授学校拥有数量充足的生源。就在开明函授学校创办后不久,后来发生的事情证明了这一点:"近来叠接来函,有分期缴纳社员,要求改为一次缴足者,有定阅人要求改为社员者,用再订定办法。"①。

其次,散居于中国各地的非正式函授学员本身就是可信度较高的"活广告"和宣传员,在当时电子媒介极其匮乏的时代背景下,"人传人"广告

---

① 《开明中学讲义社第一期出版——开明中学讲义社通告》,《申报》,1932年5月14日,第1张第4版。

模式的传播速度快、周期短、成本低、范围广,其产生的传播力量、效应都是非常巨大的。通过这种宣传方式,可以迅速扩大函授学校的社会影响力,大力提升其办学知名度和信誉度,有利于函授学校创造良好的社会效益和经济效益。再次,可以向民众大力宣传和介绍这种新型的从西方引进的不受职业限制、打破时空藩篱的开放式教育体制,仅仅通过阅读这种不同于普通学校所使用的教科书——精心编制的函授讲义,一般民众便可从中受益;可以有效提高中国民众对这种新型开放式教育体制的感受、认知和接受程度,从而有助于函授教育在中国的推广和普及。

综上所述,开明中学讲义社密切关注民国社会发展的变迁和社会民众的实际需求,制定了一套任凭学员自主选择教学环节的函授教学体制,尊重学员在函授教学过程中的主体地位;以失学青年群体作为重点招生对象,其学校名称、英语教学体制与教学内容均呈现出中等"普教化"的浓厚色彩,但同时也具备了职业教育的若干要素,以期满足失学青年群体的个体性、差异性需求。开明中学讲义社的英语函授教育体制充分彰显了"以人为本""注重个体差异"的成人教育理念。在中国近代英语函授教育的发展历程中,开明书店从事的英语函授教育在科学化和本土化的道路上走得更远。

第四节 英语函授教育的衰落
（1938—1946年）

1938—1946年为近代民营出版机构的英语函授教育的衰落阶段。抗日战争全面爆发,商务、中华的出版事业遭遇重创,在此期间,其业务经营能力一直处于持续下滑的状态。商务、中华已经根本无法保证将足够多的人力、物力、财力资源投入到其从事的函授教育领域,这最终导致了其办学规模的不断缩小,办学实力和办学水平日渐下降。

抗战爆发之后,尽管商务函授学校英文科在教学体制的建设方面也做出了适当的调整、变动,以期更好地适应抗战时期的特殊社会环境。但调整后的效果并没有超出英语函授教育在兴起、发展、兴盛阶段所取得的办学成就。正是得益于这些及时的调整和变动,商务函授学校英文科才能够又坚持办学长达数年,但终究无法再现昔日的辉煌。战乱的破坏、时局的不稳、自身办学实力的下降等诸多不利因素导致英语函授教育日渐走向衰落。1940 年,中华书局被迫关闭函授学校,停办英语函授教育;6 年之后,办学持续最长的商务印书馆在 1946 年 12 月也终止了其英语函授教育的办学活动。至此,近代民营出版机构的英语函授教育最终落下帷幕,彻底退出了历史舞台。

一、衰落阶段中华函授学校英文科的办学经历

(一) 抗战爆发后英文科坚持办学(1938—1939 年)

1937 年的"卢沟桥事变"标志着全面抗战爆发。在战乱中,由于中华书局所拥有的数量众多的生产车间、设备和物资都被炸毁,它在中国多地的出版业务不得不陷入停顿的状态①。随着大片国土的沦陷,中华书局在东北、华北、华中、华南等地的图书市场先后被日寇侵蚀,中华书局在沦陷区的众多分馆也被迫关闭。抗战前中华书局编辑所职员总数有 166 人之多;"八·一三"事变后,仅留少数人保管文件,维持对外关系,其余均被解聘②。中华书局编辑出版能力的急速下降直接影响到函授讲义、课卷纸的印刷和发放;各地分馆在某种程度上相当于函授学校的二级函授站,而这些分馆的停业便非常不利于函授教学管理环节的正常运转;另外,函授学校英文科的大部分教员都是编辑所的编辑人员,因此,编辑所职员数量的骤减不可避免地造成师资力量的匮乏。上述诸多不利因素都严重影响和阻碍了函授学校英文科各项工作的正常开展。

即使在如此恶劣的生存环境下,函授学校英文科仍然在苦苦支撑,没

---

① 周其厚:《中华书局与近代文化》,中华书局,2007 年 5 月第 1 版,第 42—43 页。
② 王余光、吴永贵:《中国出版通史》(8 民国卷),中国书籍出版社,2008 年 12 月第 1 版,第 128—129 页。

有放弃办学。抗战期间,由于英文科的教学体制和课程设置具有较强的包容性、伸缩性和灵活性,完全可以满足社会上不同类别学员群体的多样化需求,因此战前的教学体制、课程设置情况未曾变化,继续得以沿用。

随着战乱规模的扩大和破坏程度的加深,失学青年日益增多,他们的经济状况也日渐窘迫,在这一特殊时期,为了让更多的失学青年可以报名入社接受函授教育,函授学校(包括英文科)采取了一系列降低学费的措施。在1937年9月—1938年12月间,针对失学青年,学校多次降低学费。仅从刊登在《申报》上的招生广告的标题中便可窥见一斑:"打开失学的苦闷,中华书局函授学校照常招收学员,学费特价八折,十月十日截止"[①];"特价八折,展延一月。中华书局函授学校照常招收学员,学费特价八折,十一月十日止"[②];"私立中华书局函授学校优待战区失学青年,学费减收八折"[③];"中华书局函授学校优待失学青年,学费减收八折,本月底截止,外埠以邮局日戳为凭[④]"。

(二) 英文科的停办(1940年)

1937年8月13日,日寇进攻上海,"八·一三"事变爆发。一年后,受此战事的影响,中华书局辞海部、杂志部、新书部、古书部全部被裁撤,教科书部也被裁撤了二分之一,几乎所有的出版新书及杂志的计划被迫先后停顿。中华书局在虹口所储存的一万令纸张被毁;在迁移内地的运输途中被炸货物多达一千余箱[⑤]。中华书局在上海的图书出版业经营活动遭遇重创,其附设的函授学校自然也不能幸免。"上海沦为孤岛后,校

---

① 《打开失学的苦闷,中华书局函授学校照常招收学员。学费特价八折,十月十日截止》,《申报》,1937年9月25日,第1张第4版。
② 《特价八折,展延一月。中华书局函授学校照常招收学员,学费特价八折,十一月十日止》,《申报》,1937年10月12日,第1张第1版。
③ 《私立中华书局函授学校优待战区失学青年,学费减收八折》,《申报》,1938年10月16日,第2张第5版。
④ 《中华书局函授学校优待失学青年,学费减收八折,本月底截止,外埠以邮局日戳为凭》,《申报》,1938年12月24日,第4张第16版。
⑤ 周其厚:《中华书局与近代文化》,中华书局,2007年5月第1版,第42—43页。

务逐渐紧缩,至1940年停办",英文科亦随之停办①。

二、衰落阶段商务函授学校英文科的办学经历

(一) 抗日战争爆发之后英文科的调整和变动(1938—1939年)

随着震惊中外的"卢沟桥事变"的爆发,中华民族进入了全面抗日战争时期,中华民国的现代化事业遭受重创。由于国民党政府奉行"攘外必先安内"的政策,对于日寇的侵略野心估计不足,缺乏必要的应变措施,使学校和其他文化教育机关遭受了惨重的损失②。抗战爆发后,许多城市先后沦陷。由于日寇的大肆摧毁与破坏,沦陷区的公私立中学也多陷于停顿,学校教职员减少过半,师生流离失所。民国教育部采取了一系列切实可行的措施,尽力为撤退到后方的广大师生提供就职、求学的机会,并取得了显著的成效③。但是,随着战况的加剧,相对于源源不断涌入到后方的战区流亡学生,有限的教育资源还是无法满足学生继续升学读书的需求。根据商务函授学校在《申报》《新华日报》上刊登的招生广告,可以发现,为了缓解战时全日制学校教育资源匮乏的问题,教育部又先后出台了一系列法规、制度。在1938年上半年,教育部颁布了《战区中小学生自修暂行办法》,鼓励和提倡中小学生通过自学的方式继续完成学业,然后可以同等学力的身份参加考初、高中或大学的新生入学考试④。随后,又制定并实施了一项新的招生制度:"教育部最近实施之《取消中等以上学校入学限制案》,许初、高中招考新生时,提高同等学力者参加之比

---

① 俞筱尧:《陆费伯鸿与中华书局》,载俞筱尧、刘彦捷编:《陆费逵与中华书局》,中华书局,2002年1月第1版,第236页。
② 于述胜:《中国教育制度通史》(第七卷民国时期),山东教育出版社,2000年7月第1版,第78页。
③ 谢长发主编:《中国中学教育史》,山西出版集团、山西教育出版社,2009年4月第1版,第182—184页。
④ 《青年学生自问有下列情形之一者,莫善于加入:私立商务印书馆函授学校》,《申报》(香港版),1938年8月19日,第1张第1版。又见《青年学生自问有下列情形之一者,莫善于加入:私立商务印书馆函授学校》,《新华日报》,1938年8月12日,第1张第1版。

率。此后,有相当同等学力之青年,尽可在家自修,迳行升入高一级学校之第一年或插入初、高中之相当年级。"①无疑,上述一系列战时教育政策、法规的颁布和实施是非常有利于推动函授教育事业的持续发展的。

由是观之,民国社会的正常发展遭遇重大变故,教育界呈现出一个新动向。商务函授学校密切关注社会的发展趋势,清醒地意识到了这种重要历史关头带给函授教育事业的重要影响,它分别在1938年7月1日、9日出版的《东方杂志》②、《英语周刊》上刊登的招生广告中这样谈道:"教育为国家民族之大计,当此非常时期,为培养建设的生产的人才起见,更非积极推进不可。但战区以内之教育事业即已完全停顿,青年学子因经济、交通关系,无法退出战区者,即不免中途失学;就令有力退出,亦难尽数容纳于后方之学校;不得不形成青年失学的一大严重问题。教育部因有战区中小学生自修暂行办法之颁布,准许学生在家自修。敝馆附设函授学校,原为便于自修之补习教育机关,兹本部定自修办法之精神,对于失学青年作更进一步的辅导。因为原设国文、英文、日文、图书馆学四科之外,增设算学、自然、史地三科,各分初、高两级,程度及课程相当于初级及高级中学。以函授代替面授,以家庭代替学校。质疑改卷,既有专家指导;家居自修,何异在校攻读?"③

商务函授学校对这一极为特殊的时代背景进行了准确的分析,做出了正确的判断,并迅速采取了有效的应变措施。首先,在1938年7月30日,改组函授学校内部组织机构,在"校"与"科"之间添加"中学部",由以前的二级结构变成现在的三级结构,中学部包括7个专业:国文、英文、日

---

① 《升学办法之改进——(1)同等学力得投靠中学、大学一年级;(2)同等学力得迳考初、高中相当年级——私立商务印书馆函授学校》,《申报》,1939年1月17日,第1张第4版。
② 《辅助战时教育,指导失学青年——私立商务印书馆函授学校》,《东方杂志》,第35卷第13号,1938年7月1日,书末黑白插页。
③ 《辅助战时教育,指导失学青年;自修代替面授,家庭既是学校——私立商务印书馆函授学校增设科目》,《英语周刊》,1938年7月9日,新第291期,封底。

文、算学、自然、史地和图书馆学①。紧接着,在1938年9月,又添加了一个二级教学管理机构:大学部,开设哲学、文学、史学、法律、政治、经济、商学、物理、化学、生物、算学、教育、工学、农学和医学系,共计15个学系,涵括60门学程(课程)②。不仅内部教学管理机构发生了重要变化,而且函授学校的招生对象与以前相比也有了很大不同。从1939年9月修订的《私立商务印书馆函授学校简章》中可以看出这种显著的变化:"本校宗旨,在辅助不能入校修业,或在校修业而欲补习某科者,使具各科必要之知识及应用之技能。对于因战事失学,在家自修之学生,授以主要之学科,俾仍能升学毕业。"③显然,招生对象由以前的工、商、教育界的成年人教育群体,到现在的在校、失学的学生群体了。不难断定,无论从其二级组织机构的名称——中学部、大学部,还是从其招生对象的指向的层面来审视,这一时期的函授学校所从事的函授教育已经凸显"普教化"的特点了。

中学部下设的英文科亦不例外,其呈现出的"普教化"特点相当突出。其英文本科(学历教育)办学体制仍然分为四级,不仅每级开设的课程门类总数有所减少,而且函授讲义内容的难度也降低了,学完第一级的课程,学员的英语"程度约当初中一二年级";学完第二级的课程,其英语"程度约当初中二三年级";学完第三级的课程,其英语"程度约当高中一二年级";学完第四级的课程,其英语"程度约当高中二三年级"。而且,三、四级课程设置取消了以前为满足工商业界发展需求所增加的《商业算学》和《商业地理大纲》两门重要的高等商业基础课程④。显然,英文科的办学

---

① 《辅助战时教育,指导失学青年——私立商务印书馆函授学校中学部增设科目,招收学员》,《申报》(香港版),1938年7月30日,第1张第1版。
② 《私立商务印书馆函授学校添办大学部,开始招收学员》,《申报》(香港版),1938年9月9日,第1张第1版。
③ 私立商务印书馆函授学校编:《私立商务印书馆函授学校简章——中学部现设国文、英文、日文、算学、自然、史地图书馆学七科;大学部现设十五学系、六十学程》(出版单位不详),1939年9月修订,第1页。
④ 私立商务印书馆函授学校编:《私立商务印书馆函授学校简章——中学部现设国文、英文、日文、算学、自然、史地图书馆学七科;大学部现设十五学系、六十学程》(出版单位不详),1939年9月修订,第7—8页。

层次由以前的混合型(以中等为主、高等为辅)完全转化为中等办学层次,整体课程设置的职业教育属性依然存在,依然重视一般社会用途(侧重于文秘英语方向)的英语技能的培养和训练,但其课程设置分量有所减少,其彰显的职业教育属性强度有所弱化;而其普通教育属性却得到了强化。不过,英文选科(非学历教育)的课程设置依然保持了以前的风格和特点,其职业教育属性与普通教育属性兼顾,没有任何的变化①。

函授学校将英文科归入中学部,而不是大学部,当然,在1938年之前,英文科一直保持了以中等程度为主体的混合型办学层次,这样的划分方式沿袭了以前的办学特点。但更深层次的原因是这样的划分方式比较符合英语学科教育在民国时期的自身发展特点和发展规律。首先,经历《壬子·癸丑学制》和《壬戌学制》两次学制的重大改革,英语一科的课时和学分比重在初、高中的总量中一直居高不下,而且英语教学内容的难度也在逐年增大。到了1932年,教育部开始实施中学毕业生会考制度,初、高中毕业会考都把英语列为必考科目之一。在民国的前中期,英语一直都是最重要的必修课之一②。其次,从英语学科教育自身的发展逻辑来看,中学英语教育不仅是联系小学和大学英语教育的中心环节和关键连接点,起到承上启下的独特功能,而且,在接受过中学教育以后,学生已基本掌握了英语语言中最重要的基础语法知识、语言技能,已经具备了较强的自学能力,为其日后深入学习打下了坚实的基础。

英文科归属函授学校中学部以后,刊登在报纸、期刊上的一些招生广告内容亦体现出了其办学"普教化"程度加深的鲜明特点,如发布在《申报》上的招生广告内容这样写道:"函授制度不受时间之限制,不受地域之阻隔,学员在家补习,安全便利。将来修业期满,仍得升学、转学,对于非

---

① 私立商务印书馆函授学校编:《私立商务印书馆函授学校简章——中学部现设国文、英文、日文、算学、自然、史地图书馆学七科;大学部现设十五学系、六十学程》(出版单位不详),1939年9月修订,第9—10页。
② 李良佑、张日晟、刘犁编著:《中国英语教学史》,上海外语教育出版社,1988年10月第1版,第123—152页。

常时期之失学青年,裨益尤多。商务函授学校曾经教育机关立案,课程适合部定标准,中学部自经扩充后,现设七科,程度相当于普通之初级及高级中学。"①刊发在《东方杂志》上的招生广告这样介绍英文科所具备的一个显著特色:"本校中学部各科课程与普通中学无异,而国文、英文科两科课本讲义所涉的范围,更见完备,更切实用。"②仅仅从一些刊登在《大公报》和《东方杂志》上的招生广告标题,也可以发现其办学"普教化"的发展趋向,其中一个标题是"失学青年的唯一学校,在校学生的第二学校"③。类似的广告还有很多,在此不再一一举例说明。

商务函授学校把英文科与其他专业划入中学部的这一调整措施,引起了当时文化教育界的关注和响应,《申报》为此特意给予专门的报道:"具有二十年以上历史之商务印书馆函授学校,为适应社会之需要,近将中学部加以扩充。共设国文、英文、日文、算学、自然、史地、图书馆学科七科,并添办大学部,……"④当时西迁至西南地区的多所名牌大学的知名教授、专家也对这一做法大加赞赏,"如丁燮林、余青松、李书华、汪懋祖、周仁、梅贻琦、冯友兰、傅斯年、杨振声、潘光旦、蒋梦麟、刘文典诸先生,'深知该校以往之成绩,熟闻教育界之交口称许',特联名介绍"⑤。又据《申报》的记载,商务函授学校设置中学部、大学部以后,"闻失学青年踊跃参加,藉以修习相当于普通学校之各级课程"⑥。

---

① 《私立商务印书馆函授学校招收学员,随时报名,随时修业——扩充中学部,共设国文、英文、日文、算学、自然、史地、图书馆学七科;添办大学部,暂设十五学系、六十程》,《申报复刊——纪念特刊》(上海复刊),1938年10月10日,第1张第4版。
② 《私立商务印书馆函授学校中学部课程概要及其特色》,《东方杂志》,第36卷第8号,1939年4月,书首黑白插页。
③ 《失学青年的唯一学校,在校学生的第二学校——私立商务印书馆函授学校》,《大公报》(香港版),1939年10月8日,第1张第2版。又见《失学青年的唯一学校,在校学生的第二学校——私立商务印书馆函授学校》,《东方杂志》,第37卷第17号,1940年9月,第45页。
④ 《教育消息——商务书馆扩充函授教育》,《申报》(香港版),1938年10月22日,第1张第4版。
⑤ 同上。
⑥ 同上。

(二) 抗战期间英文科坚持办学(1940—1945年)

随着日寇侵华程度的日益加深,商务印书馆总管理处被迫先由上海迁到长沙,又由长沙迁到重庆。总分支机构均遭受日本帝国主义的第二次破坏:在上海,462万多册的图书存货被日本侵略者用军车运走销毁,有50吨以上的活字铅料被日寇掠夺;在各省各地分馆,存货损失极其严重,南京、重庆、长沙、南昌、贵阳等地的分馆都被炸毁;而香港分厂自太平洋战争爆发后即被日军占据,房屋、机器、存货、存料更是遭受重大损失。抗战以前,商务拥有40多个分支机构,但在抗日战争爆发以后,特别是1941年12月香港沦陷后,其所拥有的分支机构只剩下十几个了,并且各分馆的经济实力已大不如前。战乱带来的破坏对复兴未久的商务印书馆来说,是极其严重的[①]。整体编辑出版实力的大幅度下降给英语函授教育带来两个最直接的严重打击:一是无法保证为英文科继续提供充足的高水平的师资力量;二是无法按时印刷、发售、邮寄数量众多的一系列函授教材。

在1938年之前,英文科的学员在上海总馆、各省的分馆均可办理注册手续,但到了1940年9月,学员办理注册的地点只剩下10个大中城市了,它们是:上海、香港、澳门、广州、昆明、贵阳、重庆、成都、北平和天津[②],这种办学状况至少维持到了1941年6月[③]。仅仅3个月后,1941年9月,为英文科学员办理注册手续的分支地点只剩下了香港地区、澳门地区和南洋的新加坡[④]。至1945年2月,每况愈下,报到注册处仅有上海一处了[⑤]。各

---

① 久宣:《商务印书馆——求新应变的轨迹》,西南财经大学出版社,2002年1月第1版,第38—42页。
② 《失学青年的唯一学校,在校学生的第二学校——私立商务印书馆函授学校》,《东方杂志》,第37卷第17号,1940年9月,第45页。
③ 《私立商务印书馆函授学校——最完备、最安全之补习教育机关》,《东方杂志》,第38卷第11号,1941年6月,书末黑白插页。
④ 《失学青年的唯一学校,在校学生的第二学校——私立商务印书馆函授学校》,《大公报》(香港版),1941年9月25日,第1张第2版。
⑤ 《商务印书馆函授学校征求学员》,《申报》,1945年2月1日,第1张第3版。

省各地的分支机构数量的急剧减少,意味着二级函授管理机构——函授站数量的骤然下降。商务印书馆业务经营规模的全面收缩带给英语函授教育的负面影响非常严重了。

作为二级函授站的各地分支机构不仅承担着办理注册、收取学费的日常教学管理工作,而且还负责向当地有所需求的学员发售课卷纸,凭购书优惠券向学员出售打折的自学辅导参考书、工具书、函授辅导刊物;如果就近学员前来咨询、了解相关函授教育事宜,还有义务给予认真答复、耐心解释。分布在全国各地的大批分馆的裁撤势必会增加总馆的工作压力,降低教学管理效率,拉长英文科与学员之间的信息交流周期,最终导致英文科整体办学实力、水平的下滑。就在这一时期,大学部已经停止招生,中学部所开设的六科——英文、国文、日文、算学、自然和图书馆学科,仍然在坚持办学,仍然在继续招收新生①。

在抗战的中后期阶段,办学环境越发艰难,办学物质资源日益匮乏,办学空间日渐受到挤压,即便如此,函授学校英文科仍然没有中断办学。通过这种新型的开放式教育体制,不仅为大批失学青年提供了一次极其宝贵的继续完成学业的机会,而且还为广大的在校学生开辟了一条补习英语、提高英语水平的新途径,有力促进了民国时期中、高等英语教育事业的可持续发展;为战时的民国社会提供了一大批宝贵的人才储备力量和源源不断的人才智力资源,为推动现代化事业的持续发展做出了不可估量的重要贡献。

(三)抗战胜利后英文科的停办(1946年)

1946年至1949年是商务印书馆函授学校的衰退阶段。抗战胜利后,商务印书馆回迁到上海,开始复员工作。然而,它所面临的生存环境比抗战期间还要恶劣。外因是内战爆发,人心动荡,通货膨胀;内因是馆内人事上的频繁变动和复杂纠葛。上述诸多不利因素导致了商务印书馆生产能力持续下滑,业务规模进一步缩小,经营能力再受重创,其各项业

---

① 《商务印书馆函授学校征求学员》,《申报》,1945年2月1日,第1张第3版。

务经营水平跌落到谷底①。

处于全面衰退时期的商务印书馆给其附设的教育机构——商务函授学校的正常运转带来了致命的打击。根据长期供职于商务印书馆的老职工唐锦泉的回忆,至1946年9月,"商务印书馆函授学校因缺乏编辑和管理人员而停办"②。而根据《民国三十五年度上海市教育统计》的记载,截止到1946年6月,除了英文科之外,函授学校开设的其他专业均停止办学,英文科的在读学员还有233名③。又根据商务印书馆函授学校先后在1946年6月6日、8日的《申报》上发布的两个通告,可以确定其具体的停办原因和停办时间,这两则通告内容完全相同,具有非常重要的史料价值,其详细内容如下:"本校兵燹之余,各科讲义残缺极多,添印不易;加以交通梗阻,邮递困难,爰自即日起,暂行停办,并已于五月初停止招收新生。凡入学未满本校规定修业期限者,须于本年十二月底以前修毕全部课程,逾期以自行辍学论;如有变更住址者,请径函本校,当有详细办法奉寄。特此通告。"④⑤

综上所述,三个重要原因——长期的战乱、时局的不稳、商务印书馆自身的衰退最终导致了其附设的函授学校的停办。

商务印书馆函授学校虽然在1946年5月停止了招收新学员,1946年6月又宣布"暂行停办",但实际上还在正常运转,仍然坚持对未毕业的英文科学员实施函授教育。直到1946年年底,函授学校英文科才真正全面停止办学。到了1947年1月,"上海目前并无英文函授学校"了⑥。商

---

① 王余光、吴永贵:《中国出版通史》(8民国卷),中国书籍出版社,2008年12月第1版,第44页。
② 唐锦泉:《商务印书馆附设的函授学校》,载商务印书馆编:《1897—1992商务印书馆九十五年——我和商务印书馆》,商务印书馆,1992年1月第1版,第660页。
③ 施冲鹏主编:《民国三十五年度上海市教育统计》,发行者:上海市教育局统计室,承印者:独立出版社印刷厂,1947年5月第1版,第125页。
④ 《上海市私立商务印书馆函授学校通告》,《申报》,1946年6月6日,第2张第5版。
⑤ 《上海市私立商务印书馆函授学校通告》,《申报》,1946年6月8日,第3张第9版。
⑥ 《信箱——(答)湖南洪江沙湾向培熙君》,《英文月刊》(The English Monthly),1947年第20期,1月号,第108页。

务函授学校英文科创办最早,停办最晚,其长达 31 年的办学历程在很大程度上可被视为是商务函授学校发展的缩影[①]。

[①] 综上所述,现在我们有充分的证据断定,商务函授学校及英文科的具体停办时间是 1946 年 12 月。

第三章　英语函授教育的办学特点、效果及问题

第一节　办学特点之总结

近代民营出版机构从事英语函授教育长达三十余年，取得了显著的办学成就，在文化教育界享有很高的声誉。在民国时期国人自办的数量众多的各级各类私立函授学校中，为什么商务、中华、开明函授学校能够脱颖而出，取得如此显著的办学效果，尤其以英文科的办学成就最为突出？与当时大多数普通私立函授学校的办学情况相比，商务、中华、开明函授学校英文科在办学层面上又存在哪些差异，呈现出了怎样的显著特点？

对任何一所函授学校而言，师资力量的强弱，教材编写质量的高低，辅导答疑、作业批改、教学考核等教学环节是否被认真地实施，教学体制、奖励制度、收费制度构建得是否科学、合理和完备都会在很大程度上影响着函授教学过程的正常开展，决定着函授教育的成败。鉴于此，我们首先对民国时期私立函授学校在教学环节和制度层面上的整体办学情况进行一个概括性的介绍；然后再逐一对商务、中华、开明函授学校的英文科在办学的各方面所呈现出的特点进行较为详细的介绍、阐述；最后，分析、归纳、总结出这三所函授学校英文科的办学特点，探寻其办学成功的根本原因。

一、私立函授学校的整体办学情况概述

从 1915 年至 1940 年，除了商务、中华、开明、大东书局等少数几个函

授学校外,从整体上而言,国人自办的私立专门函授学校的办学情况不容乐观,办学质量不尽如人意,办学信誉不高,有学者就曾在《申报》上撰文指出:"未必天下滔滔,皆函授之罪人也。大率素负声誉之士及著名书局所办之函授,皆信而可靠也。亦未必藉广告一震之法螺,其价值固自有在也。故有志学问者,当敏锐其目光,而知所适从焉。"①1928年8月,一位署名为子俊的作者在《常识三日刊》曾经撰文披露了"上海函授学校黑幕之种种",他在文中这样写道:"我所谈的函授学校,(除极小数有信用外)就系骗局中的一种吧。"②1941年出版的《学生之友》杂志就认为"商务印书馆附设函授学校,比较负责可靠","其他的函授学校很多,不过大都是目的在骗一笔讲义费而已"③。1942年出版的《学生之友》杂志社对商务、中华函授学校的办学情况做出了如下的评价:"国内函授学校以商务印书馆及中华书局之函授学校较佳,且亦不完全以敛财为目的。"④整体而言,这一时期的国人开办的私立专门函授学校的办学状况主要存在以下几个较为突出的问题:

第一,师资力量较为薄弱,相当多的函授教员自身缺乏较为扎实的专业功底,很难胜任工作岗位。很多函授教员并没有在学校从事过教学工作,缺乏实际的教育教学经验。

第二,函授教材构成较为单一,受制于自身办学资源,往往只能为函授学员提供一种函授教材,即函授讲义。函授讲义不太注重对函授学员的自学方法的指导,编写内容难度较大,讲解不够详细,编写方法缺乏科学性、合理性,不利于函授学员通过函授的方式顺利完成学业。整体来讲,一般私立函授学校所使用的函授讲义编写质量不高,甚至粗制滥造,很难保证函授教学的质量。

---

① 纵谿:《自由谈——百弊丛谈:函授学校之弊(续昨)》,《申报》,1918年3月20日,第4张第14版。
② 子俊:《上海函授学校黑幕之种种》,《常识三日刊》,1928年8月24日,第84期,第2版。
③ 《信箱——询国内有何好函授学校》,《学生之友》,1941年第3卷第1期,第7页。
④ 《信箱——询函授学校情形》,《学生之友》,1942年第5卷第4期,第44页。

第三，教学体制缺乏灵活多变性，办学形式、办学层次较为单一，其远程性、开放性、成人性特征不够明显。而且开设的课程种类不够齐全、完备，缺乏较强的应用性、实用性和技能性，无法满足在职青年群体的个体实际需求。

第四，虽然制定了奖励制度，但奖励种类比较单一，获奖几率偏低，只有极少数函授学员可以获得一定的物质奖励。

第五，收费制度缺乏灵活性，不够弹性化。通常情况下，函授学员必须在规定的期限之内一次性交清所有的学费，否则就无法按时注册以接受函授教育。而且，在接受函授教育期间，学员很难获得减收学费的机会[①]。

二、商务函授学校英文科的办学特点

（一）师资特点

与当时大多数普通私立函授学校的师资构成相比，商务函授学校英文科的师资队伍可谓实力雄厚、名流云集。

根据1918年编订的《商务印书馆附设函授学社英文本科、选科简章》

---

① 纵豁：《自由谈——百弊丛谈：函授学校之弊》，《申报》，1918年3月19日，第4张第14版；纵豁：《自由谈——百弊丛谈：函授学校之弊（续昨）》，《申报》，1918年3月20日，第4张第14版；余裴山：《我希望的函授学校》，《世界教育新思潮》（周刊），1919年10月6日，第33号，第1页；严洗尘：《通讯——函授学校的介绍》，《学生杂志》，1925年第12卷第9期，第92页；子俊：《上海函授学校黑幕之种种》，《常识三日刊》，1928年8月24日，第84期，第2页；惠民：《函授学校的秘密——登报招请职员，原来滑头性质》，《大常识三日刊》，1929年3月1日，第44期，第1版；王实明：《介绍一种学校——函授学校》，《机联会刊》，1933年第75期，第14页；刘毓芬：《以旁观态度就过去经验，谈谈函授学校》，《益世报（天津）》，1934年2月1日，第3张第75号，第9版——社会服务版；刘毓芬：《再谈函校——当供给一般青年需要，当首推上海的"开明"——函授教育渊源于英大学教育推广运动，中国倡导者为詹天佑，创始者为周越然》，《益世报（天津）》，1934年3月11日，第3张第110号，第9版——社会服务版；伍瑞锴：《函授学校及其评价》，《侨民教育函授学校校刊》（创刊号），第1卷第1期，1940年9月；《信箱——询函授学校》，《学生之友》，1942年第4卷第5—6期，第54页；《信箱——询函授学校情形》，《学生之友》，1942年第5卷第4期，第44—45页。

和 1919 年 10 月出版的《教育杂志》上公布的师资队伍名单,可以发现,在办学初期,它的教师队伍主要构成为:邝富灼为社长,历任广东方言学堂、高等学堂、中国公学等学校的教员及教务长。周越然担任科长,历任江苏高等学堂、商船公学、中国公学教员,安徽高等学校教务长,南京高等师范学校英文科主任十余年。周由廑任营业长,曾任湖郡女学校英文科教员、算学科兼国文科主任,留韵商业学校校长等十余年;黄访书,历任粤东教员教习所、南海中学校、时敏中学校教员。平海澜,历任清华、复旦、大同等学校教员十余年;李培恩,曾任浙江严州府中学校、台州椒江中学校英文科主任、教员。刘志新,曾任承天华英学校英文专科教员。此外,还有钱经宇、夏越渠、苏兆龙、顾润卿(担任英文科记录员一职)、胡雄才、季世昌、马云鹏(担任通信员一职)等。英文科函授讲义由科长兼教员周越然负责组织编写①。上述英文科教员"皆学界知名之士"②。

在不同的办学历史阶段,英文科师资队伍构成人员也发生了一些变化。随着英文科学办学规模的不断扩张、学员人数的持续增加,英文科的师资队伍也一直处于持续的扩充之中,商务印书馆出版的《英语周刊》设置的《商务印书馆函授学社新闻》栏目经常会刊登这样的消息。比如说,在 1921 年 7 月,英文科增添了三名新教员,他们均精通英语,而且"对于本社讲义,向来极有研究,且亲身受过函授教育者,自知函授学员之所需要"③。仅仅两个月之后,在 1921 年 9 月,英文科又增加了一名新教员,相关具体信息如下:"本社新闻一则——近因各界人士,报名入本社肄业

---

① 《上海商务印书馆附设函授学社英文科》,《教育杂志》,第 11 卷第 10 号,1919 年 10 月,书首黑白插页;商务印书馆附设函授学社编订:《商务印书馆附设函授学社英文本科简章》,1918 年(出版单位不详),第 1 页;商务印书馆附设函授学社编订:《商务印书馆附设函授学社英文选科简章》,1918 年(出版单位不详),第 1 页

② 王步贤:《Translation—A Visit to the Commercial Press Correspondence School (Continued)——参观商务印书馆英文函授学社纪略(续)》,《英语周刊》,1919 年 6 月 7 日,第 193 期,第 2042—2043 页。

③ 《C. P. C. S. News 商务印书馆函授学社新闻——本社新闻一则:增添教职员》,《英语周刊》,1921 年 7 月 9 日,第 301 期,第 13 页。

者,日见增多,以此社中教员改卷答问,异常忙迫。兹特添聘刘君麟生,到社担任教员。刘君系安徽人,上海圣约翰大学文科学士,精于英文,于国学尤有研究,诗赋词章咸臻佳境。在校时历任《约翰生》、《约翰年刊》华文总编辑,华文辩论队队员,圣约翰学生分会日刊主笔。此次应本社之聘,与吾社员讨论英文,固本社之幸,亦社员全体之福也。"①

由本书第二章对商务函授学校英文科办学经历的相关论述,可以发现其重要核心成员构成情况变化不大,比如说,外语教学专家周越然、周由廑、邝富灼等知名学者长期担任英文科教师。这种稳定的主体师资力量为函授教育一直保持较高的教学水平提供了必要的智力保障,对英语函授教育的持久发展也是大有裨益的。以邝富灼、周越然、周由廑和平海澜为例,接下来将对他们在外语专业领域所取得的成就分别做概括性的介绍。

邝富灼"学问渊博,为当世知名人士"②,1905 年毕业于加利福尼亚大学,获得文学学士学位;1906 年在哥伦比亚大学学习英语与教育学,并获得硕士学位。1907 年到北京参加归国留学生考试(当时科举已经废除,但仍存有各种相关考试),取得进士资格;又于 1922 年被帕摩那大学授予法学博士学位。从 1908 年起,邝富灼长期担任商务印书馆编译所英文部部长,他是当时民国外语界的权威人士之一③。邝富灼著作等身,他的研究领域宽广,兴趣广泛。不包括编、译、著的书籍在内,据不完全统计,仅仅发表在英语教育类专业期刊《英文杂志》和《英语周刊》上的文章就有上千篇④。

---

① 《C. P. C. S. News 商务印书馆函授学社新闻——本社新闻一则》,《英语周刊》,1921 年 9 月 10 日,第 310 期,第 139 页。
② 《教育消息——商务印书馆之英语正音讲习会》,《申报》,1919 年 5 月 29 日,第 3 张第 12 版。
③ 邝均永编:《邝富灼博士纪念集》(汉文版),1966 年 3 月刊行(印刷单位不详),第 1—56 页(此书是私家版,封面有于右任的题名,书中文章由邝的一位侄子邝均永编辑);编者:《自由谈——告老退休之邝富灼》,《申报》,1929 年 1 月 28 日,第 5 张第 19 版。
④ 参考资料来源:1915 年 1 月出版的《英文杂志》(第 1 卷第 1 号)——1927 年 12 月出版的《英文杂志》(第 11 卷第 1 号);1915 年 10 月 2 日出版的《英语周刊》(第 1 期)——1926 年 10 月 30 日出版的《英语周刊》(第 577 期)。

周越然在1907年以总分第一名的优异成绩考入上海复旦公学(今复旦大学的前身),由于英文入学成绩优异,深得校长严复的赏识①。1907—1908年在校深造期间,英语学业成绩突出。他经常指导、帮助同学学习英语,被同学称为"英文专家"②。1915年年初,在商务印书馆编译所英文部长邝富灼的推荐下,"不写自荐书,亦不经考试手续",周越然直接进入商务印书馆从事编辑出版和英语函授教育工作③。期间有过短暂的离开,曾经被南京高等师范学校英文科聘为外语教授,担任英文科主任,于1918年7月辞职,校长郭秉文"坚留无效"④,旋即返回商务印书馆编译所工作。为了表彰周越然、邵仲辉(即邵力子)等复旦同学会会员在文化教育界所做的突出贡献,"因以上诸君或学有专长,或热心服务,颇得社会信仰",复旦大学在1922年6月特授予周越然等人名誉文学学士⑤。周越然为晚清秀才,中文根基亦相当深厚⑥,学贯中西,被教育界称为"英语权威"⑦。周越然著述丰厚,在从事英语函授教育期间,据不完全统计,仅仅在英语教育类专业期刊《英文杂志》(1915—1927年)和《英语周刊》(1915—1931年)上发表的文章就有800多篇。其撰写的文章主题及内容涉及外国语言学及应用语言学、英语语言文学、外语教育学、教育学、心理学、中国文学、历史学、哲学等诸多专业领域⑧。

周由廑是周越然的兄长,1901年中秀才,后留学美国。在美国完成

---

① 周越然:《追忆先师严几道》,《杂志》,1945年第15卷第5期,第15—16页。
② 方晓鳌:《本人在母校求学时代之回忆》,载薛明扬、杨家润主编:《复旦杂忆》,复旦大学出版社,2005年9月第1版,第17页。
③ 周越然:《编译之味》,《模范小史》,载周越然:《六十回忆》,太平书局,1944年12月第1版,1945年5月再版,第59,62—63页。
④ 《南京快信》,《申报》,1918年7月18日,第2张第7版。
⑤ 《教育消息——复旦大学之名誉学士》,《申报》,1922年6月20日,第4张第15版。
⑥ 希平:《记周越然》,载杨之华:《文坛史料》,中华日报社出版社,1944年1月1日第1版,3月1日再版,4月1日3版,第259页。
⑦ 薇公:《周越然讲笑话》,《复旦同学会会刊》,1938年第7卷第1期,第8页。
⑧ 参考资料来源:1915年1月出版的《英文杂志》(第1卷第1号)——1927年12月出版的《英文杂志》(第11卷第1号);1915年10月2日出版的《英语周刊》(第1期)——1931年9月26日出版的《英语周刊》(第822期)。

学业之后,曾执教于弗吉尼亚州的一所中学。回国后曾经在湖郡女学校担任英文科教员,又去留韵商业学校任校长一职十余年。后来于1916年9月进入商务印书馆编译所。"周君学优中西",从1918年10月份起,开始担任《英语周刊》编辑部的主编。他是"英文专家"、翻译家和作家①。

平海澜青年时期毕业于上海南洋公学(今上海交通大学的前身),学习成绩优异;后赴日留学,就读于东京英语专科学校,毕业成绩优良,为以后从事英语教学与研究工作打下了坚实的基础②。平海澜英语语言功底深厚,他是民国外语界的英文专家③,长期担任《英文杂志》的主编④,其在英语研究方面的造诣很高。在担任英文科函授教员前后,据不完全统计,他仅在《英文杂志》(1915—1925年)⑤和《英语周刊》(1917—1920年)⑥上发表的文章就有600多篇,主要涉及外国语言学及应用语言学、英语语言文学、外语教育学、教育学等诸多领域。

上述这些英文科教员不仅是外语专家,还都是从事该学科教学工作的具有丰富教学实践经验的教育专家。周越然是中国近代知名外语教育家,曾经在1917年8月、1918年8月连续两届被选举为江苏省教育会附设英文教授研究会会长⑦。他是把当时欧美先进的外语教学法——直接

---

① 参考资料来源:《Announcement 通告》,《英语周刊》,1918年10月5日,第158期,第1255页;《周杨婚礼记》,《申报》,1933年11月9日,第3张第12版;贝德士编辑:《中国基督徒名单——周由廑》,载章开沅主编:《社会转型与教会大学》,湖北教育出版社,1998年9月第1版,第408页;张元济:《一九一六年九月二日,星期六,用人》,载张元济:《张元济全集·日记》(第6卷),商务印书馆,2008年12月第1版,第107页。

② 平俶同:《英语教学先师平海澜》,载吴汉民主编:《20世纪上海文史资料文库·第8辑》,上海书店出版社,1999年1月第1版,第124—127页;上海地方志办公室编:《上海辞典》,上海社会科学院出版社,1989年7月第1版,第43页。

③ 《教育消息——海澜英文专门学校消息》,《申报》,1924年12月24日,第3张第10版。

④ 《教育消息——英文界近讯》,《申报》,1928年8月21日,第4张第14版。

⑤ 参考资料来源:1915年1月出版的《英文杂志》(第1卷第1号)—1925年1月出版的《英文杂志》(第11卷第1号)。

⑥ 参考资料来源:1917年1月20日出版的《英语周刊》(第69期)—1920年9月18日出版的《英语周刊》(第259期)。

⑦ 《本埠新闻——英文教授研究会大会纪要》,《申报》,1917年8月27日,第3张第10版;《本埠新闻——省教育会开办之第八日》,《申报》,1918年8月17日,第3张第10版。

法(Direct Method)引入中国英语教育领域的第一人,而直接法"被称为科学外语教学法之始"①。周由廑亦"是实际从事英语教学的专家,而且在国内素负盛名的"②。平海澜早在民国初期就已经享誉外语教育界,曾经在1918年8月被选举为江苏省教育会附设英文教授会副会长③,他被当今的外语界尊称为"中国英语教学先师"④。邝富灼亦是当时一位知名度很高的教育家⑤、外语教学专家⑥。周由廑、平海澜和邝富灼都为推广、研究直接法做出了重要的贡献。

此外,在民国时期的编辑出版领域,邝富灼、周越然、周由廑、平海澜等人也取得了同样引人瞩目的成就,他们都是著名编辑出版人或资深编辑。上述英文科函授教员尤以其编著的英语教科书著称。在1909年至1929年期间,邝富灼编著的教科书主要有:《新世纪英文读本》(1910年)、《新法英文教程》(1910年)、《共和国教科书中学英文文法》(1913年)、《英文法阶梯》(1913年)⑦等。周越然编著的教科书主要有:《英文共和新读本》(1911年)、《英语模范读本》(1918年)、《英语作文易解》(1918年)、《国民英语入门》(1920年)、《新法英语教科书》(1922年)、《现代初中英文教科书》(1923年)等⑧。周由廑编著的主要有《汉译共和国教科书中学英

---

① 张正东:《中国外语教学法理论与流派》,科学出版社,2000年6月第1版,第19—20页。
② 编者:《最后一页》,《江苏教育》(外国语教学法专号),第3卷第11期,1934年11月,第226页。
③ 《本埠新闻——省教育会开办之第八日》,《申报》,1918年8月17日,第3张第10版。
④ 上海地方志办公室编:《上海辞典》,上海社会科学院出版社,1989年7月第1版,第43页。
⑤ 《本埠新闻——纪省教育会之译音统一谈话会》,《申报》,1917年4月9日,第3张第10版。
⑥ 邝均永编:《邝富灼博士纪念集》(汉文版),1966年3月刊行(印刷单位不详),第1—56页。
⑦ 同上。
⑧ 周越然:《编译之味》,载周越然:《六十回忆》,太平书局,1944年12月第1版,1945年5月再版,第62—63页。

文法》①、《英语论说文苑初集》②等。平海澜编著的主要有:《科学观之英文法》(1919年)、《汉释初级实用英文法》(1924年)、《高级英文读本》(1924年)③等。以上列举的英语教科书经多次重印再版,受到广大师生的好评,备受文化教育界的推崇,可以说是那个时代的经典英语教材。

(二) 函授教材的特点

函授教育是不同于普通学校教育的一种开放式教育体制,它是在教师有效的指导下,以学员自学为主、集中面授为辅,并有完整教学环节的一种远距离教育形式。整体而言,中国早期的远程教育基本上都缺乏集中面授的教学环节。在当时电子媒介极度匮乏的时代背景下,教学活动大都是借助纸质媒介(函授教材)来完成的,而作为学员获取知识的主要来源——函授教材(尤其是主体函授教材——函授讲义)在函授教学活动过程所具有的重要地位是不言而喻的。一套函授教材的编写质量将会在很大程度上决定着函授教育的成败。

1. 函授教材的构成特点

与当时大多数普通私立函授学校的函授教材构成状况相比,商务函授学校英文科的函授教材构成呈现出多元化的特点,它主要由下列三部分组成:

(1) 主体函授教材——函授讲义

英文科函授讲义"皆请名人编纂,由周越然先生主任,与普通教科书不同。教员:周越然,科长。历任江苏高等学堂、商船公学、中国公学教员;安徽高等学校教务长,南京高等师范学校英文科主任十余年;邝富灼,周由廑,黄访书,平海澜"④。

---

① 《商务印书馆英文用书——周由廑编一册三角——〈汉译共和国教科书中学英文法〉》,《申报》,1917年2月13日,第1张第1版。
② 《Specimens Short Essays——周由廑〈英语论说文范初集〉一册定价九角》,《申报》,1924年7月18日,第1张第3版。
③ 平俶同:《英语教学先师平海澜》,载吴汉民主编:《20世纪上海文史资料文库》(第8辑),上海书店出版社,1999年1月第1版,第124页。
④ 《函授学社英文科通告》,《教育杂志》,第11卷第10号,1919年10月,书首黑白插页。

英文本科(学历教育)第一级函授讲义共计 8 种。按照先后发放给学员的顺序,依次分别是:《习字》(40 页)、《读音及拼法》(5 册)、《读本》(10 册)、《简易文法》(6 册)、《会话》(5 册)、《简易造句》(3 册)、《翻译简易句语》(6 册)、《记字法》(3 册)。

第二级函授讲义共计也是 8 种,依次分别是:《习字》(40 页)、《读本》(8 册)、《文法撮要》(8 册)、《会话》(8 册)、《造句》(8 册)、《简易翻译》(6 册)、《大写法及点句法》(5 册)、《短篇作文》(3 册)。

第三级函授讲义仍是 8 种,依次分别是:《读本》(6 册)、《英文法》(12 册)、《作文》(5 册)、《会话》(6 册)、《故事选录》(4 册)、《普通信札》(6 册)、《翻译》(6 册)、《新闻译例》(5 册)。

第四级函授讲义还是 8 种,依次分别是:《文学史略》(6 册)、《修词学及作文》(6 册)、《文选》(5 册)、《英文习语之研究》(6 册)、《信札》(6 册)、《翻译新闻》(5 册)、《翻译文件》(6 册)、《用参考书法》(5 册)①。

英文选科(非学历教育)共计由 9 门课程可供学员任意选择,共计 9 种函授讲义,它们依次是:《读本》,27 册;《初级文法》,17 册;《高级文法》,18 册;《造句》,17 册;《修词学及作文》,16 册;《文学》,16 册;《信札》,12 册;《初级翻译》,自简易译句起至新闻译例止,12 册;《高级翻译》,自寻常之件起至新闻及作文件止,17 册②。

(2) 函授讲义的补充、辅助教材——《英语周刊》、《英文杂志》

《英文杂志》(*The English Student*)和《英语周刊》(*English Weekly*)分别创刊于 1915 年 1 月③、1915 年 10 月④,它们分别是商务印书馆发行的中国第一份英语学习类月刊、第一份英语学习类周刊,在国内文化教育

---

① 商务印书馆函授学社编:《商务印书馆附设函授学社英文本科简章》,1918 年(出版单位不详),第 1—4 页。
② 同上书,第 1—3 页。
③ 《Editorials(编者语)》,《英文杂志》(*The English Student*),1915 年 1 月,第 1 卷第 1 号(创刊号),第 1 页。
④ 《Editorials(编者语)》,《英语周刊》(*English Weekly*),1915 年 10 月 2 日,第 1 期(创刊号),第 1 页。

界具有广泛的影响力。这两份杂志的读者对象主要为教育界的师生,也兼顾社会其他职业领域对英语感兴趣的人士。《英语周刊》和《英文杂志》还具有另一个重要的社会教育功能,即其都被视为商务印书馆函授学校的函授辅导刊物,用来辅助学员自学;自从出版以来,亦大受学员的欢迎①。

(3) 有声函授教材——《英文留声机片》

在此需要做出交代的是,中华书局为推动国语事业运动的深入发展,在1920年8月利用欧美的高科技技术率先成功制作了一套语言留声机片——《中华国音留声机片》,在1921年2月对外发售,开创了国人自制语言留声机片的先例。这就为以后国人将这种新兴的电子教育媒介引入函授教育领域奠定了坚实基础。上海得胜留声机器公司、商务印书馆不甘落后,紧随其后,也利用这项先进的技术分别成功制作了国人自制的第一套、第二套英语留声机片。上海得胜留声机器公司在1924年8月发行了一套《英语正音机片》及教材;商务印书馆在1926年4月正式对外发行了一套《英文留声机片》及配套教材②。值得一提的是,商务印书馆的这套英语留声机片主要是针对英语函授教育而特意制作的,这是国人首次将有声媒介——留声机片运用到英语函授教育领域,这在中国外语函授教育史及中国早期外语远程教育史上都具有里程碑的意义。

商务印书馆发行这套语言留声机片,目的十分明确:"函授国语及英文,有一极困难之问题,即发音是也。本社英文科第一级有'发音及拼法'讲义,国语科有'国语发音学'讲义,固足为发音之助,惟终不及当面教授之正确。商务印书馆有鉴于此,特制英文留声机片及国语留声机片。英文留声机片共计六张,定价十二圆。"这套留声机片"均可应用(留声机最

---

① 邝富灼(Fong F. Sec):"Editorial: Making Books that Are Remaking China",《英语周刊》,1920年3月13日,第232期,第436页。
② 丁伟:《中国最早的一套语言留声机片——中华书局出版的〈中华国音留声机片〉》,《编辑之友》,2011年第9期,第109—110页。

低之价目为二十余圆)。有志研究或矫正发音者,皆宜购买"①。

2. 函授教材的编写特点

(1) 主体函授教材——函授讲义的编写特点

与当时大多数普通私立函授学校函授讲义的编写情况相比,商务函授学校编著的英文函授讲义,从整体上而言,呈现出了下列几个较为显著的编写特点:

第一,特别重视培养学员养成正确的学习方法,提高学员的自学能力。现在举例进行说明,我们商务把函授学校英文科编著的《第一级第三种——读本》函授讲义作为个案研究对象。这套函授讲义由若干小册子构成,陆续被发放给各位学员。现在,任意选择其中一本小册子,将这一册中首页上刊登的《读者须知》给予公布,从中便可以清楚地发现上述编写特点,其详情如下②:

读者须知

(1) 本讲义共十章,七十一课,每课首生字,次正文,次注释。生字皆附音符,并译汉义。正文中一切记忆之用法,及初学难明之处,皆于注释中详明之。

(2) 本讲义每章之后,附有全章各生字。且每一生字,皆附一例句,以为模范,学者务须熟记。

(3) 每章之后,各有练习。学者于读熟全章之后,应将练习作出,寄交本社评阅。

(4) 一字每有数义,字在句中,应作何解,须观于上下文而定,学者不可不知。

(5) 英文之字序,与汉文不同。读本讲义者,万勿以读汉文之眼光读

---

① 《C. P. C. S. News 商务印书馆函授学社新闻——国语及英语留声机片》,《英语周刊》,1928 年 4 月 7 日,第 648 期,第 1000 页。

② 上海宝山路商务印书馆附设函授学社英文科编著(Commercial Press Correspondence School English Course):《第一级第三种——读本》(*English Reader*, *First Grade*, *Section* X)(出版单位不详),1918 年 9 月,第 106 页。

英文,但求明白英文之大意。并将各句读至极熟,俟将来读过文法后,自能豁然贯通也。

(6) 英汉文字不同,故以汉文释英文,有英文中有此字,而汉文中必不可有;或英文中无此字,而汉文中必不可有者;或甲乙两种句中同此一英字,而汉文独用两种释法,学者但求明其大意,勿为汉释所拘。

(7) 本讲义注释,已极详明。学者果能慎思明辨,自无不解之处。万一有之,应将不明之字或句,用正书缮于课卷纸上,并注明见某种、某页、某行,寄本社询问,万勿可含混过去。

这套英文科函授讲义能够帮助学员充分了解每册函授讲义内容构成、学习目的、学习任务、学习方法、学习重点、学习难点等。不仅想方设法让学员"学会",而且还尽力使学员"会学",以便使学员在较短的时间内可以更好地在整体、系统的层面上,加深对某门学科知识、技能的理解、记忆、掌握和运用。

第二,综合性地使用语法翻译法和直接法,将二者有机地融为一体。

语法翻译法是在16、17世纪西欧闭关自守的封建经济制度的历史背景下而产生的,它在18、19世纪的欧美国家依然占据着统治地位。语法翻译法的优点是重视阅读、翻译能力的培养和语法知识的传授以及磨练学生的智慧,其缺点是未能科学、合理地发挥母语在外语教学中的积极作用和过分强调语言知识的传授,忽略了语言技能的培养。语音、词汇、语法与课文阅读教学产生了较为严重的脱节现象[1]。到了19世纪下半叶,随着西欧各国资本主义的进一步发展,各国间在经济、政治、文化教育等领域的交流和沟通日益频繁,语言不通也就越来越成为各国人直接交往的最大障碍。显然,以语法翻译法培养的外语人才已经无法满足当时社会发展的实际需求。正是在上述历史背景下,直接法在西欧国家便应运而生了。

---

[1] 章兼中主编:《国外外语教学法主要流派》,华东师范大学出版社,1983年12月第1版,第24—59页。

直接法最大的优点是重视对学生外语听说能力的培养,并在这方面取得了显著的成绩。直接法是在近代语言学、心理学、教育学等理论基础上被构建的一种较为科学的外语教学法,相比语法翻译法,它是教学法史上的一大进步,为以后陆续兴起的听说法、视听法、功能法、交际法等现代外语教学法奠定了理论、实践基础。但由于它是完全针对语法翻译法的弊端而被构建的,因此它也有自身的不足和缺陷,主要表现在以下几方面:第一,在外语教学中偏重经验、感性认识,而对学习者的自觉性估计不足。第二,对母语在外语教学中的作用,只看到消极的一面,没有注意到或没有充分估计到它具有的积极性的一面,因而对它采取了极端的排斥态度,没有善加利用。这在它的发展前期表现最为明显。第三,只关注和强调幼儿学习母语和已掌握母语的人士学习外语之间的共同规律,而忽略了两者之间存在的差异。第四,过于偏重让学生掌握实际存在的语言,而对学生的智力发展方面则关注不够,还有其他的一些不足,等等[①]。

商务函授学校所聘请的英文科教员大都是中国最早一批从事直接法的引进、推广和研究工作的外语教育专家,因此在函授讲义的编写过程中,他们不可能不受到直接法的影响。但函授教育不是一种面对面的、主要以师生之间口头语言作为交流方式的课堂教学模式。因而,直接法的特点决定了它不太适合这种通过以师生之间互通信函的交流方式来完成的远距离教学模式。但直接法的若干特点又非常有助于培养学生的听说能力,使学生养成通过英语学习英语的良好习惯,可以在一定程度上锻炼中国学生的英语思维能力。鉴于上述原因,商务函授学校英文科在编写讲义的过程中,没有简单地采取其中一种教学方法,而是创造性地将语法翻译法与直接法有机地融为一体。

现在我们将选取商务函授学校英文科所编著的任意一种第一级或初级英文科函授讲义作为个案进行具体说明和解释。初级英文科所面对的

---

① 章兼中主编:《国外外语教学法主要流派》,华东师范大学出版社,1983年12月第1版,第64—67页。

学员都是没有任何基础的初学者,采取某种合适的外语教学法不仅能够使他们产生浓厚的学习兴趣,并可有效调动他们的学习积极性;而且还要使学员在较短的时期内找到入门的途径,掌握相关的知识与技能,培养他们养成良好的外语学习习惯。由此可见,越是在外语学习的入门阶段,越是要重视外语教学方法的合理使用。对任何一位外语学习者而言,在入门阶段所接受的英语教育对其今后的外语学习历程将会产生非常重要的影响,这一点在今天的外语界已经达成共识。因此,选取初级函授讲义所使用的外语教学法作为个案研究对象具有较强的代表性,具有较高的学术价值和现实意义。

现在让我们选取商务函授学校英文科编著的《第一级第三种——读本》函授讲义中的第LXIV课作为研究对象,从中可以发现这一课讲义所使用的外语教学法的若干特点。在此,需要做出补充说明的是,每级每种都是由若干本小册子构成的一套完整的函授讲义。每一本小册子按照学员自修进展的实际情况被陆续发放给学员。此课内容由三部分构成,详情如下①:

Lesson LXIV

第一部分为:有关阅读材料的生词解释。age 年龄,[韦氏音标省略];myself 余、自己(即我自己),[韦氏音标省略];ten 十,[韦氏音标省略];uncle 叔伯、姑父、舅父,[韦氏音标省略]。

第二部分为:阅读材料。

How many of you went to the park today?

There are ten of us.

Who were there?

My father and mother, my two brothers and sisters, and myself.

---

① 上海宝山路商务印书馆附设函授学社英文科编著(Commercial Press Correspondence School English Course):《第一级第三种——读本》(*English Reader, First Grade, Section X*)(出版单位不详),1918 年 9 月,第 108—109 页。

There were then six of you; who were the other four?

My uncle and aunt and my two cousins.

Are your cousins boys or girls?

One of them is a boy and the other is a girl.

Are they older than you?

The boy is two years older; but the girl is of the same age as I am.

第三部分为：阅读材料注释。

How many of you went to the park today? 汝等几人今日曾到公园去。

There were ten of us. 有余等十人。

There were then six of you; who where the other four? 然则汝等有六人；其余四人为谁。

The boy is two years older; but the girl is of the same age as I am. 男孩乃较长两岁；然女孩乃与余年龄相同。（the same age as I am，与余年龄相同，年龄如余）。

现在让我们分析和总结一下上述课文内容的讲解所使用的教学方法。课文的第一部分通过翻译的方式直接讲解单词在本课中的确切意义，不做任何多余的解释或说明，这种处理方式具有语法翻译法的一些特点，但又不尽相同。在通常情况下，使用语法翻译法讲解单词的时候，常常会举出彼此之间没有任何联系的单个句子，然后再给出汉语翻译；通过这种单一的方式向学生讲解单词的意义和用法。那么这份讲义如何讲解单词的用法呢？答案将在第二部分的阅读材料中被找到。

第二部分对阅读材料的展示却一改常态，没有使用当时中小外语教科书所惯用的两种方式。这两种惯用的讲解方式是：要么采取以第三人称口气叙述的方式给出阅读材料；要么给出由2至3个句子构成的简单对话，并在每一句后面给出汉语翻译。第二部分的阅读材料完全由10个彼此有着密切关联的句子构成。每个句子表示一个简单的情景，若干个不同的情景构成一个完整的有意义、有逻辑的情景单元。这个情景单元中包含了第一部分所列举的所有单词。具备小学英语水平的初级学员可以通过上下文语境去推断和理解每句话的大概意思。上一句的问题总能在下一句中发现或找到答案。就是说,单词不应该被孤立地学习,应该避免使用母语翻译的讲解方式,应该把它们放在一系列彼此之间有着较为密切联系的句子模块中去理解、学习和运用。这体现了直接法一个非常重要的特点,就是与情景相结合的句本位教学的特点①。第三部分,使用翻译法讲解难句子,让学生直接搞清楚它的确切含义,可避免浪费过多的时间,以免影响自学进程的正常开展。这是因为,直接法在课堂教学中很容易被教师使用;在课堂教学中,教师可以通过多种方式、多种途径让英语与所表述的对象建立一种直接的联系,从而可以更好地运用这种外语教学方法。但是在函授教学过程中,教师就无法通过口头表达或者面部表情、语音语调、肢体动作的变化,或者教学用具的运用,或者其他类别的方式来向学生传递一种对方可以理解的信息或指令。所以,在函授教学过程中不能过多使用直接法,而是应该将两者结合在一起,合理地进行综合使用。

在上述提到的这本函授讲义中,从第 LXIII 课到第 LXXI 课,共计 9 课,也可以说是 9 个单元,都是按照上述方式安排和讲解阅读材料的。特别值得一提的是,在对 9 个单元的阅读材料讲解完毕之后,这册函授讲义又单独设置了一个单元的阅读材料对这 9 个单元出现的生词进行了回顾和总结。这个独立设置的单元阅读材料比较鲜明地体现了其所使用的某种外语教学法的若干特点,很有必要在此给予全文公布,详情如下②:

New Words In Lessons LXIII-LXXI

(1) Clear—Rain has stopped, and it will soon *clear* up.

(2) Stop—Rain has not *stopped*; it rains again.

---

① 有关直接法的若干特点,参见章兼中主编:《国外外语教学法主要流派》,华东师范大学出版社,1983 年 12 月第 1 版,第 24—59 页。

② 上海宝山路商务印书馆附设函授学社英文科编著:《第一级第三种——读本》(*English Reader, First Grade, Section* X)(出版单位不详),1918 年 9 月,第 120—122 页。

(3) Sun—I am afraid the *sun* will not come out till to morrow.

(4) Wet—It is too *wet* for us to go out today.

(5) Age—What is the *age* of your brother?

(6) Ten—The age of my brother is *ten*.

(7) Myself—I *myself* am twelve years old.

(8) Uncle—My father and my *uncle* are very old.

(9) Class—Is your *class* very big?

(10) Bigger—Yes, my class is *bigger* than yours.

(11) Highest—Are you in the *highest* class in yours school?

(12) Low—No, I am in a *low* class.

(13) Yet—My brother is young; he is not *yet* in any school.

为了更加清楚地说明它所使用的外语教学法,我们不妨把上述阅读材料翻译成汉语。根据所处的不同语境,材料中的13个句子可以分为三个不同组合的句子模块,也可以说是三个不同组合的情景单元。第一个情景单元由第(1)(2)(3)和(4)句构成,其汉语翻译是:雨已经停了,天气很快将会放晴;雨还没有停止,还在下;我恐怕直到明天才能看到太阳;外面太过潮湿,今天我们无法出门。上述4句构成的一个以"下雨"为主题的完整的情景单元。其所对应的生词按照顺序分别是:clear(晴朗)、stop(停止)、sun(太阳)和wet(潮湿)。讲解生词的过程不是通过翻译的方式,也不是通过在几个彼此没有任何联系的句子中进行,而是将上述4个彼此没有关联的单词放在一个由一组彼此有着密切联系的4个句子构成的情景单元中进行讲解和练习。也就是说,一个完整的句子—情景序列由若干个句子—情景单位组成。以这样的方式构成的一组句子可以前后照应,彼此能够互相说明和解释,构成一个较为完整的言语交际背景,这充分体现出了直接法的一个最显著的特点,即与情景相结合的句本位教学的特点①。

通过这种讲解方式,学员从中就比较容易弄清楚每个句子的意义及其所代表的情景(在不使用母语和翻译的条件下)。学员熟练掌握一个完整的句子—情景序列之后,以后在外语言语交际场合中碰到类此的情况,就能够迅速做出反应。按照这样的训练方式,他说出的正确英语句子就不仅仅是一个,而是一连串有逻辑、有意义的句子情景序列。

第二个情景单元由第(5)(6)(7)和(8)句构成,其汉语翻译是:你弟弟的年龄是多大?我弟弟的年龄是10岁;我自己的年龄是12岁;我的父亲和叔叔的年龄都非常大了。上述4句构成的一个以"家庭成员的年龄"为主题的完整的情景单元,其构成特点和所使用的外语教学法与第一个情景单元完全相同,在此不再赘述。

第三个情景单元由第(9)(10)(11)(12)和(13)句构成,其汉语翻译是:你所在的班级很大吗?是的,我所在的班级比你的班级大;你所在的班级在你们学校是年级最高的班级吗?不是,我在年级比较低的班级;我弟弟还小,他还没有上学。上述5个句子构成了一个以"学校班级"为主题的完整的情景单元,其构成特点和所使用的外语教学法与第一个情景单元完全相同,在此不再赘述。有一点需要补充说明的是,第三个情景单元与第二个情景单元彼此之间也存在着一定的关联,其中所涉及的主人公都有"我"和"我的弟弟",而"我""我的弟弟"的年龄问题与"学校班级"也存在着一定的因果联系。

翻阅商务函授学校英文科编著的一、二级的不同门类课程的函授讲义,可以发现大部分课文材料采取的都是以对话为主体的讲解方式,综合性地使用了语法翻译法和直接法。

第三,特别注重学科相关背景知识的介绍和讲解,文字表达通俗易懂、诙谐幽默、深入浅出。课文题材、体裁均呈现出多样化、多元化的特

---

① 有关直接法的若干特点,参见章兼中主编:《国外外语教学法主要流派》,华东师范大学出版社,1983年12月第1版,第24—59页。

点,充满生活气息,贴近现实社会,彰显人文精神。比如,课文选材内容主要包括:中西宗教知识、中西童话故事、中西文学名著、中西国家观念、中西社会意识、中西文化教育、应用英语、常识与科学智识等。且篇幅长短适中,融知识性、趣味性、实用性、技能性于一体,便于阅读、理解、记忆、掌握和运用。

第四,函授讲义中附带大量极为详细的注释,主要针对难点和疑点。在讲解过程中,大量引用翔实的文献资料,举例丰富;能够做到理论联系实际,讲练结合,以讲导练,以练促讲。讲解所采用的具体方法主要为归纳法、比较法、图表法;解释清楚明晰,富有逻辑,极为详尽。

第五,自始至终,不管是每一级内的不同门类课程的函授讲义内容的编排,还是不同级之间的同一门课程的函授讲义内容的编排,基本上都遵循了由简单到复杂,由具体到抽象,由语言知识到语言技能,再到语言文化这样一个符合学员认知规律的逻辑顺序[①]。

(2)函授讲义的补充、辅助教材——《英语周刊》《英文杂志》的编写特点

首先关注一下《英语周刊》的办刊特点及影响力。《英语周刊》的编辑特色鲜明,"内容丰富,注释详明,如社论、读本、会话、同义字之用法、作文、翻译、尺牍、故事、新闻之类皆由专家撰述,极切实用,可供学堂课外之

---

① 上海宝山路商务印书馆附设函授学社英文科编:《第一级第二种——读音及拼法》(第1—4分册)(出版单位不详),1918年8月,第1—60页;《第一级第三种——读本》(第1—9分册),1918年9月,第1—124页;《第一级第四种——文法》(第1—6分册),第1—79页;《第一级第五种——会话》(第1—5分册),1918年9月,第1—36页;《第一级第六种——简易造句》(第1—3分册),1918年9月,第1—37页;《第一级第七种——翻译简易句语》(第1—6分册),1915年9月,第1—48页;《第一级第八种——记字法》(第1—3分册),1918年10月,第1—42页;《第三级第一种——读本》(第1—6分册),1926年6月,第1—163页;《第三级第二种——文法》(第1—12分册),1923年7月,第1—156页;《第三级第三种——写作》(第1—5分册),1925年2月,第1—57页;《第三级第四种——会话》(第1—6分册),1923年3月,第1—93页;《第三级第五种——故事选录》(第1—4分册),1924年11月,第1—92页;《第三级第六种——信札》(第1—6分册),1926年9月,第1—123页;《第三级第七种——翻译》(第1—6分册),1925年2月,第1—80页;《第三级第八种——新闻译例》(第1—5分册),1925年7月,第1—63页。

补习休沐余暇之修。除上列各门外,有商业常识,科学常识,有日记作法,初学英文之学生、略识英文之商人均可获益"①。《英语周刊》的受众主要为"英文程度未深,已就事于商店、铁路、银行、电局、邮局、海关者。学校学生欲于课外补习英文,谋迅速之进步,求实用之英文者,不可不读"②。为了加强与读者的沟通和交流,帮助他们解决在自修英语过程中的疑难问题,《英语周刊》从第12期开始"于周刊之末另开回答通信一门,与读者诸君研究疑义"。就在同一时期,为了鼓励读者自学英语的积极性,"阅者诸君之各种投稿均择优陆续登出,并备赠薄奖"③。不仅如此,《英语周刊》又在第301期"添载 C.P.C.S.(C.P.C.S.,即商务印书馆函授学社)新闻一门,其内容如次:(一)发表历届毕业学员姓名、住址、职业,俾学员之读本刊者,得收声应气求之效。(毕业学员,现在住址、职业如有更动,务希开示以便照登,否则即照其毕业时之住址、职业登出。)(二)登载社中要闻。(三)关于学问上,学员与学员间如有互相切磋之点,亦得投函发表之"④。

《英语周刊》编辑内容丰富,取材新颖有趣、注重实用,内容浅显、注释详明、价格低廉,非常适合作为初学英语者的课外补习读物。"出版以来,风行海内,日、美、南洋各埠之学校、商界咸纷纷寄函订购。每期各印万册,瞬息即罄,阅者诸君来书奖励,日必数十起。教育部批为善本,各日报赞为良师。"⑤由于其办刊质量高、影响力大,第1期仅出版两个月后,便得到了民国教育部的嘉奖,"本周刊现蒙教育部审定,奉批有:该书措辞简明,分配亦合,作为初学课外补习或自修书可也"。"同人受此奖誉,益加奋勉。"⑥

---

① 《课外补习之良师——英语周刊新年号、初学英文者不可不读——休沐自修之善本》,《申报》,1916年12月27日,第1张第1版。
② 同上。
③ 《英语周刊十二期出版》,《申报》,1915年12月20日,第1张第1版。
④ 《英语周刊特别启事》,《英语周刊》,1921年7月9日,第301期,封面、封底。
⑤ 《课外补习之良师——英语周刊新号、初学英文者不可不读——休沐自修之善本》,《申报》,1916年12月27日,第1张第1版。
⑥ 《教育部审定商务印书馆英语周刊第十三期出版》,《申报》,1915年12月26日,第1张第1版。

再来了解一下《英文杂志》的办刊风格及影响力。"今将本杂志特色条举于下:(1)内容除向列各门外,全书约分三部,供(教员)、(学生及商人)、(初学)之研究,包罗万有,特色一。(2)注重商业英语,特开商业会话一门,请商界通人分类编辑,所列皆通常日用之语,无格格不入之虞,特色二。(3)初学一部,另订一册,作为附录,内容分文法、读本、短段故事、浅易作文、翻译征文各门。卷首且用中文,概论研究英文之各种方法,即学程绝浅者,亦可一览了然,特色三。(4)通讯问答一门,本社向惟择要答复。今为便利读者起见,凡英文研究上之疑义,教科书中之质问,如蒙投函,当即一一答覆。且代读者刊登求事介绍,或讨论学理之函件,以作英文界上交换智识之机关,特色四。"①

由于《英文杂志》读者对象定位准确,栏目设置符合重点读者群体的实际需求,编辑特色相当突出,一经发行,便备受文化教育界好评。"本杂志发行以来,荷蒙学界欢迎,许为研究英文唯一之杂志。"《英文杂志》办刊质量高、发行量大,也获得了教育部的充分认可和赞许,"据上海商务印书馆禀送英文杂志一种,阅悉所编各类简而且明,足补学校教科书之不足,作为教员参考及学生研究书可也,此批。十二月十三日"②。

由此可见,两份英语刊物有两个共同特点:第一,编写内容非常有助于读者补习、自学英语之需要。第二,办刊质量高,发行量大,无论是官方还是民方都给予了很高的评价。值得注意的是,《英语周刊》与《英语杂志》设置的主要栏目所涵括的项目门类与前面提到的英文科函授讲义的种类基本上是一致的,特别是《英语周刊》和《英文杂志》连续刊登大量的有关商业常识方面的文章,这对完善来自于工商业界函授学员的知识结构是非常有必要的。

(3) 有声函授教材——《英语留声机片》的编写特点

这套英语有声函授教材"由世界著名之胜利(Victor)唱片厂制造。

---

① 《教育部审定英文杂志大扩充、二卷一号发行特别增刊广告》,《申报》,1915年12月26日,第1张第1版。
② 同上。

品质精良,售价低廉,无可比拟",可谓是"价廉物美"①。

这套《英文留声机片》"分二十课,由浅入深,全用对话体裁,并有两片专以练习元音、辅音之读法"②;"发音正确,发音者为美国语音学专家福司德教授(Lawrence Faucett),准确清晰,无异面授"③。为了便于函授学员跟读机片播放的英语,商务印书馆又出版了《英文留声机片课本》(Manual for English Records)一册,作为它的配套教材。此套教材由留美硕士、外语专家、外语教育家胡宪生等人编著。一边听机片,一边浏览教材,同时进行跟读,"学习英语者,由机片听音、由课本识字,自能收事半功倍之效"④。

根据配套教材《英文留声机片课本》的记载,这套有声函授讲义编写特色鲜明,从第1片的第1课至第8片的第15课中的每一课,按先后顺序均由下列部分构成:词汇、简单对话(带汉语翻译)、注释(重点讲解语法)和练习。从第8片的第16课至第10片的第20课中的每一课,依次由下列内容构成:词汇、复杂对话(带汉语翻译)、注释(重点讲解语法)和练习。机片中所载对话以日常生活为主题,也兼顾一些简单的商业对话⑤。

由此可见,这套有声函授讲义不单单训练了学员的发音技巧,且将词汇、对话、语法和语音的讲解融合在了一起,注重讲练结合、学用结合。"此机片及其所附课本,专供国人学习英语者之用。个人自修,或教室讲授时,均可作口说、耳听、眼看之助";对广大函授学员而言,不可不谓是

---

① 《商务印书馆发售英语留声机片四大特色》,《英语周刊》,1935年3月16日,第新124期,书首黑白插页。
② 《商务印书馆发行教科及自修适用留声机片三种》,《申报》,1926年4月9日,第1张第3版。
③ 《商务印书馆发售英语留声机片四大特色》,《英语周刊》,1935年3月16日,第新124期,书首黑白插页。
④ 《英文留声机片课本一册,定价一元,邮费二分半》,《申报》,1926年4月20日,第1张第2版。
⑤ 胡宪生、[美]福司德:《英文留声机片课本》(Manual for English Records),商务印书馆,1926年1月第1版,第1—112页。

"切合需要"①。

(三) 辅导答疑、作业批改、教学考核环节的特点

与当时大多数普通私立函授学校相比,商务函授学校英文科构建了较为完备的辅导答疑、作业批改、教学考核环节,上述教学环节的实施过程呈现出了下列显著的特点:

1918年编订的《商务印书馆附设函授学社英文本科简章》把上述教学环节均纳入了其建构的函授教育制度之中,并对以上教学环节向学员提出了一些具体要求,首先是对作业的要求:"课艺:学生应作课艺,寄至本社,经教员改正后发还。所用课卷向商务印书馆分馆购取,以归一律。共有两种,(甲种)每份纸二百张,封条五十个,售洋一元三角五分。(乙种)每份纸一百四十张,封条三十个,售价八角五分,……。如不敷用,可随时添购。"其次是对"质问"的具体要求:"学生对于讲义如有疑问,须用课卷纸缮出,随课艺寄交本社。"然后,对学员如何毕业的问题也提出了一些具体要求:"学生修完一级,由教员将其平日成绩结算,如平均成绩在七十分以上者,给以修业证书。其为第四级毕业者则给中、英文毕业文凭各一。"②由上述可知,学员必须在规定的期限内在统一要求使用的课卷纸上完成每一次布置的函授课程作业,然后邮寄给学校。经教员批改后再返还学员。学员在自学过程中如果遇到任何困惑和疑难问题,也必须把它们写在课卷纸上,连同作业一起寄往学校。

学员能否按时毕业主要依据其平时的作业成绩。商务函授学校英文科从函授教育制度的层面对上述教学环节做出了硬性规定,必须给予执行和实施。要求学员一律使用由商务印书馆编印的统一规格、型号的课卷纸(即作业本),这样便于教员的阅览和批改,并有助于教员做好相关的记录和存档工作。上述规章制度的制定与实施为函授教学过程的顺利开

---

① 《商务印书馆发售英语留声机片四大特色》,《英语周刊》,1935年3月16日,第新124期,书首黑白插页。

② 商务印书馆附设函授学社编:《商务印书馆附设函授学社英文本科简章——十三:课艺;十四:质问;十七:毕业》,1918年修订(出版单位不详),第6—7页。

展和函授教育质量的提高提供了必要的前提条件。

根据《申报》的记载,商务函授学社英文科在办学仅 10 个月后,便取得了较为显著的办学成绩。英文科在反思和总结办学成功原因的时候,认为其中最重要的一个原因就是"阅卷详慎而且敏速"①。商务函授学社英文科通过《申报》向社会各界介绍其办学特色的时候,其中两个分别是"对于课艺督责极严""讲解甚详,务求明显"②。显然,在日常教学过程中,英文科非常重视辅导答疑、作业批改等教学环节,一直都是认真、负责地从事着上述教学实践活动,并取得了令人满意的教学效果。对此,大量英文科学员纷纷致函学校,表达了由衷的谢意和感激之情。我们在函授辅导刊物《英语周刊》上经常可以看到这一类的感谢信函。现在,将其中的三封信函内容公布如下,从中可以窥见英文科教学环节的特点和学员对此的感受、评价。

其中一封是英文科学员孙文英的来函:"英少小失学,方兴长大徒伤之叹。自闻贵社创办,成绩昭著,遂于去年报名入学。数月以来,承诸先生善诱循循,指导迷盲,获益匪浅。今幸二级毕业,得于英文之学,稍窥门径,实拜贵社之赐。至于讲义之精良,改卷答问之明晰详尽,久已众口交称,播誉全国,更无待英之赘述也。"③

另一封是英文科学员周长池的来函:"生于去年九月十五日报名入贵社英文本科第一级,陆续收读贵社寄发之讲义,展诵之余,胸中朗然,毫无费解之虞。且改课之迅速,答问之周详,可谓止于至善。生不过抽间费去一百八十点钟之光阴,竟能修完一级之功课。间当与肄业于其他学校之友人谈及英文字母中元音、辅音等,彼等皆茫然不知。生益沾沾自喜,是

---

① 《讲习英文之捷径——上海商务印书馆附设函授学社英文科启》,《申报》,1916 年 8 月 13 日,第 1 张第 1 版。
② 《函授英文科——上海商务印书馆附设函授学社英文科启》,《申报》,1918 年 5 月 19 日,第 1 张第 1 版。
③ 《C.P.C.S. News 商务印书馆函授学社新闻——英文科学员孙文英君来函》,《英语周刊》,1928 年 7 月 21 日,第 662 期,第 1280 页。

天生诸公,使致力于函授事业,加惠于吾侪学子也。"①

还有一封是英文本科学员陆斌兆的来函:"学校教员批改学生课卷,往往就一己之意,或增或删,致课卷中语句,时深时浅。惟贵社改卷,则以学生程度为标准,顺学员之原意批改。学员看过之后,便能模仿。"②

根据上述信函可以断定,英文科改卷、答问不仅极其明晰、详尽,而且也相当迅速。并且课卷批语还充分考虑学员的英语水平、理解程度和接受能力,这有助于学员掌握、运用所学到的知识和技能。受益于这些办学特点,上述两位入学前几乎没有任何英语基础的函授学员,通过函授教育的指导和训练,很快便对英语产生了兴趣,并找到了入门方法,取得了明显的进步。由此可见,英文科高度重视辅导答疑、作业批改等教学环节的做法确实有力促进了函授教学过程的顺利开展,在很大程度上保证了函授教育的质量。

一位学员写信向商务函授学社咨询英文科是按照何种标准评定分数的,英文科给出了这样的答复:"我们给分数的方法,因为种种关系,各科各级各门并不一律。有几种讲义是按章给分的,有几种是按课的;按章的至少一章一寄,按课的至少应一课一寄。""至于哪几种是按章的,哪几种是按课的,在我们讲义的(读者须知)里都有说明,请诸位去翻阅便知。"③无疑,学员能否按时毕业取决于其平时作业成绩的综合表现。由前述可知,英文科对学员是否达到毕业水准的考核有着相当严格的规定,其学员平时每一次按照要求完成的书面作业平均成绩必须达到 70 分以上,方可准予毕业。显然,英文科对毕业成绩的鉴定方式采取的是一种动态性的评价与测试体系。

---

① 《C.P.C.S. News 商务印书馆函授学社新闻——英文科学员周长池君来函》,《英语周刊》,1928 年 8 月 11 日,第 665 期,第 1340 页。
② 《C.P.C.S. News 商务印书馆函授学社新闻——学员对于本社改卷答问之意见》,《英语周刊》,1931 年 1 月 24 日,第 788 期,第 1784 页。
③ 《C.P.C.S. News 商务印书馆函授学社新闻——王君纯仁的来信和我们的答复》,《英语周刊》,1931 年 10 月 10 日,第 824 期,第 498 页。

(四) 教学体制特点

关于商务函授学校英文科的教学体制特点,笔者已在本书上一章进行过较为详细的分析和论证,在此仅给予整体性的介绍和总结。与当时大多数普通私立函授学校的教学体制相比,商务函授学校呈现出了以下几个显著的特点:

商务函授学校英文科的办学形式有三种。第一种是英文本科学历教育办学形式,由四个不同的办学层次构成,分为一、二、三、四级办学层次。这种本科学历教育办学形式明显参照了《壬子·癸丑学制》所规定的中学4年的学习期限,即有4个不同的年级构成。学员可以根据自己的英语水平和实际需求,任意选择一个级别,均可获得结业证书;或者从任何一个级别开始,循序渐进直到第四级,获得学历证书。每个级别的学习期限富有弹性,最快6个月,最慢两年。在抗日战争全面爆发之前,其四级整体办学水平是以中等学历为主体,兼顾高等学历的混合型办学层次。抗战全面爆发之后,为了适应社会变迁的需要,其四级整体办学水平完全等同于中等学历的办学层次。

第二种是英文选科非学历教育办学形式,学员可以根据自己的兴趣和需要,任选一门或几门课程自修和研读。完成课程学习之后,经过考核,达到要求者被发以单科结业证书。

第三种也属于非学历教育的短期培训班办学形式——每年定期举办的英语正音讲习会,在一定程度上可视为函授教学过程中的面授环节,但又明显不同于面授环节,主要表现在以下三点:首先,这种短期培训班的教学对象不仅包括英文科函授学员、还面对更广泛的社会民众。其次,参加培训班须交纳一定的费用。再次,参加培训班的学员经过考核之后,单独被授予能够证明其英语语音水平的资质证书。由此可见,英文科举办的英语正音讲习会属于另外一种独立存在的非学历办学形式,即短期培训班的办学形式。

英文本科学历教育第一级共计开设8门课程,每门课程的名称与发放给学生的讲义名称基本上是一一对应的。按照先后开课的顺序,依次分别是：习字、读音及拼法、读本、简易文法、会话、简易造句、翻译简易句语、记字法。

第二级也是8门课程，依次分别是：习字、读本、文法撮要、会话、造句、简易翻译、大写法及点句法、短篇作文。

第三级仍是8门课程，依次分别是：读本、英文法、作文、会话、故事选录、普通信札、翻译、新闻译例。

第四级还是8门课程，依次分别是：文学史略、修辞学及作文、文选、英文习语之研究、信札、翻译新闻、翻译文件、用参考书法。随着民国工商业资本主义经济的进一步发展和学员就业趋势的新动态，在20世纪20年代初期，英文本科三、四级课程设置体系又添加了商业算学、商业地理大纲两门商业类专业课程。

选科课程体系包括9门课程，分别是：读本、初级文法、高级文法、造句、修辞文学及作文、文学、信札、初级翻译和高级翻译。英语正音讲习会开设的课程为一门综合性课程：英语语音学，包括所有与英语语音学相关的知识、技能和理论，但是更侧重于技能的训练和培养。正是由于民国时期的国情决定了商务函授学校英文科的课程设置体系呈现出了兼顾普通学校教育、职业教育的双重属性。商务函授学校英文科的教学体制鲜明地体现了函授教育的远程性、开放性、成人性和包容性，能够满足不同社会群体的差异性需求。

（五）奖励制度的特点

民国时期，近代民营出版机构开办的英语函授教育通常已经具备了入学、自学、辅导、答疑、作业、奖励、毕业考核等重要的函授教学环节，这些教学环节有机地联系起来，构成了一个较为完整的教学过程。可以说，一所函授学校是否具备较为完整的函授教学环节将在很大程度上直接影响函授教育的效率和质量。与当时大多数普通私立函授学校的奖励制度相比，商务函授学校英文科极为重视奖励制度的建设工作，努力构建了一套多种类、多层次的奖励制度。

为了减轻学员负担，鼓励学员努力进取，商务函授学校英文科动态性地构建了一套行之有效的以学养学、以学促学的奖励机制,主要包括年度毕业奖金制度、助学金制度、奖品奖励制度、赠品奖励制度和购书优惠制度。具体情况如下:

1. 年度毕业奖金制度

从1917年1月开始,商馆函授学校在一些主流报刊上陆续发布了一系列有关英文科奖学金规章制度的重要通告。"夫以本有职业之人,竟能爱惜光阴,偷间求学。似此热诚,本社不胜钦敬。兹为答诸君热诚起见,拟一奖励办法,凡民国六年毕业之学员,每级选择成绩最佳者三名,薄给奖金。第一名五十元,第二名三十元,第三名二十元,均给现金。其选择之方法,另有详章附简章内。"①

获奖学员不仅可以得到一定数额的现金奖励,而且其个人住址、工作或学习单位在《申报》上被及时发布。《申报》在民国时期的新闻出版界、文化教育界都具有非常大的影响力,将获奖学员的个人信息公布在《申报》上显然也是对获奖学员的一种精神奖励。商务函授学社英文科从1918年8月开始在《申报》上发布第一次获得奖励金学员的名单之后,截止到1932年"一·二八"事变的爆发为止,成功举办了共计14次年度毕业奖金评选活动②。"一·二八"事变使商务印书馆遭遇国难,函授学校被迫关闭半年之久,到1932年8月恢复办学,英文科的毕业奖金评选活动又重新启动。1932年至1937年间,英文科又举办了4次奖学金评选活动③。

---

① 《勤学者有奖——商务印书馆附设函授学社英文科启》,《英语周刊》,1917年1月20日,第69期,封底。又见《勤学者有奖——商务印书馆附设函授学社英文科启》,《教育杂志》,第9卷第1号,1917年1月,书中黑白插页。又见《勤学者有奖——商务印书馆附设函授学社英文科启》,《申报》,1917年4月7日,第1张第1版。
② 《现款奖金四百元,外加奖书券百余元——商务印书馆函授学社英文科第十四届奖案揭晓》,《申报》,1931年9月1日,第1张第3版。又见《C. P. C. S. News 商务印书馆函授学社新闻——本社英文科第十四届奖励案揭晓,共奖现银四百元,外加奖书券一百余元》,《英语周刊》,1931年9月19日,第821期,第438页。
③ 《上海市教育登记私立商务印书馆函授学校添设日文科、图书馆学科——联合四科,减收学费;征求新学员——附启》,《东方杂志》,第34卷第14号,1937年6月,书末黑白插页。

2. 助学金制度

助学金制度主要包括两种类别：一种是直接助学金制度，就是直接给予学员现金奖励，资助其在高等院校继续深造。毕业于英文科四级的函授学员，如果能考入以英语教育为特色的圣约翰大学，资助一定数额的学费①。另一种是间接助学金制度。英文科四级毕业学员如果进入美国在华开办的高等函授教育机构——万国函授学校继续深造，所交学费可享受八折优惠。"查万国函授学校创办已近三十载，学生之数过百万；本部设于美国，其支部遍于世界；科目完备，讲义即极精审，教授尤为勤恳，为开创函授学校之祖。亦为一切函授学校之冠。""今本社与该校商妥，订立合同。凡本社第四级毕业生经由本社介绍入万国函授学校者，可享特别利益，所有学费亦以八折缴付。毕业诸君，有志欲习专科者，幸勿失此好机会。本社现备有万国函授学校章程，凡本社第四级毕业生函索即寄，不取分文。"②

3. 奖品奖励制度

奖品奖励制度主要有以下三种类别构成：第一种是年度奖品奖励制度。除了获得年度奖学金的 12 名学员以外，其余"未经录取诸君亦各酌给奖品"，就是说，只要在规定的期限内，寄回课卷的学员均可得到种类不同的物质奖励③。

每一次奖励给学员的物品都有所不同，比如，在 1925 年 8 月第八届的评奖中，除了 12 名优秀学员获得现金奖励之外，"其余成绩在第十名之前者，各给以价值一元至五元之西书及纪念品。至第十名以下，凡参与本

---

① 张元济：《一九一六年六月卅日，星期五》，载《张元济全集·日记》(第 6 卷)，商务印书馆，2008 年 12 月第 1 版，第 78 页。

② 《紧要通告——上海商务印书馆附设函授学社英文科谨启》，《申报》，1918 年 7 月 15 日，第 1 张第 1 版。又见《紧要通告——上海商务印书馆附设函授学社英文科谨启》，《英语周刊》，1918 年 7 月 6 日，第 145 期，杂志封底。

③ 《商务印书馆附设函授学社英文科第一次奖励金发表，四级共奖现洋四百元》，《申报》，1918 年 8 月 31 日，第 1 张第 1 版。又见《商务印书馆附设函授学社英文科第一次奖励金发表，四级共奖现洋肆百元》，《英语周刊》，1918 年 9 月 14 日，第 155 期，书末黑白插页。

第三章 英语函授教育的办学特点、效果及问题

届奖案诸君,亦均有赠品"①。而在 1926 年 7 月第九届的评选中,"其余每级第四、五两名均赠于价值三元至五元之西书及纪念品。第六名以后亦均有纪念品奉赠"②。到了 1928 年 8 月,《申报》上公布了第十一届的评选结果,"其余每级第四、五、六三名均赠以书券一元至三元。第七名以后一、二两级学员,各赠《英语语音学纲要》一册。三级学员各赠《鬼沼禄》一册(由周越然编著的西方经典文学英语读本)。四级学员各赠《英语中国故事》一册"③。由此可见,随着评奖次数的推移,奖励给学员的奖品价值在逐年提高。

第二种是平时学业成绩奖品奖励制度:学员按照要求,定期将平时的课卷(即作业)邮寄给函授学校,经过批改后,成绩平均在 90 分以上的学员可以获得一定的物质奖励。第三种是毕业成绩奖品奖励制度:"未满六个月而修完一级,成绩在八十分以上者,亦给予奖品;六个月修完一级而成绩在九十分以上者,特别加奖。"④

4. 赠品奖励制度

商务函授学校英文科还不定期地向在规定的时间段内报名参加函授教育的新学员赠送英语类书籍、杂志,比如,在 1928 年 5 月 1 日—31 日期间,就专门制定了相关规则,具体情况如下:

"本社英文科为优待新报名学员起见,自十七年五月一日起至五月三

---

① 《现款奖金四百元、今年加奖价值五十余元之西书及赠品——商务印书馆函授学社英文科第八届奖案揭晓》,《申报》,1925 年 8 月 1 日,第 1 张第 3 版。又见《现银奖金四百元、今年加奖价值五十余元之西书及赠品——商务印书馆函授学社英文科第八届奖案揭晓》,《教育杂志》,第 17 卷第 7 号,1925 年 7 月,书末黑白插页。
② 《现款奖金四百元、加赠价值五十余元之西书及纪念品——商务印书馆函授学社英文科第九届奖案揭晓》,《申报》,1926 年 7 月 1 日,第 1 张第 1 版。又见《上海商务印书馆函授学社英文科第九届四百元现款奖案揭晓——加赠价值五十余元之西书及纪念物品》,《教育杂志》,第 18 卷第 7 号,1926 年 7 月,书中黑白插页。
③ 《现款奖金四百元——商务印书馆函授学社英文科第十一届奖案揭晓》,《申报》,1928 年 8 月 5 日,第 1 张第 3 版。
④ 商务印书馆附设函授学社编:《商务印书馆附设函授学社英文本科简章——十九:奖品》,1918 年(出版单位不详),第 8 页。

十一日止,凡报名入本科各级之学员,一律给以赠品,其办法如下:

(一)入第一级或第二级者,赠《初级标准英汉字典》及《英语语音学纲要》各一册,或《袖珍英汉辞林》一册。同时入一、二两级者,三种全送。

(二)入第三级或第四级者,赠《双解标准英汉字典》一册,或《英语周刊》一年,同时入三、四两级者,两种全送。

(三)入第一级而同时预缴第二级、第三级、第四级学费者,赠《英语语音学纲要》、《双解标准英汉字典》各一册,《英语周刊》一年及正在新编《汉英辞典》一册。

(四)已入社之学员,如在此期内预备升级缴费者亦照(一)、(二)两条优待。

(五)学员所择赠品为《英语周刊》时,得自行指定自某期(以未出版者为限)赠起。

(六)赠品以本科全级学费一次付清者为限,至分期缴费及入选科者一概不给赠品。"[1]后来"兹因国内交通多阻,远地有志入社者,不及于期内报名,故特将赠送期限展长一月,至六月三十日止"[2]。

5. 购书优惠制度

此项优惠制度主要包括以下两种:一种是购买西书优惠制度。按照商务印书馆的经营规则,所有进口欧美原版书籍一律不对顾客打折优惠,但是为了调动英文科函授学员的学习积极性,提高其英语阅读能力,提升函授教学质量,特意制定相关规则,给予学员一定程度的优惠[3]。另一种

---

[1] 《商务印书馆函授学社英文科赠送书籍杂志》,《申报》,1928年5月8日,第2张第5版。又见《C.P.C.S. News 商务印书馆函授学社新闻——英文科赠品通告》,《英语周刊》,1928年5月5日,第652期,第1080页。

[2] 《商务印书馆函授学社英文科赠送书籍杂志展期一个月、阳历六月底截止》,《申报》,1928年6月5日,第2张第7版。又见《C.P.C.S. News 商务印书馆函授学社新闻——英文科赠品展期通告》,《英语周刊》,1928年6月2日,第656期,第1160页。

[3] 《商务印书馆附设函授学社英文科紧要通告》,《申报》,1917年4月9日,第1张第1版。又见《商务印书馆附设函授学社英文科紧要通告》,《教育杂志》,第9卷第4号,1917年4月,书末彩色插页。

是购买英语工具书优惠制度。英语工具书,如字典、词典类图书通常亦是学员自修英语、查阅资料不可缺少的重要工具书,但是其价格往往比较昂贵,对一般学员而言很难承受。为了解决这一难题,对于英文科学员购买商务印书馆新近出版的英语工具书,馆里给予一定数额的优惠,并专门制定了一套优惠办法[①]。

(六) 交费制度特点

与当时大多数普通私立函授学校的交费制度相比,商务函授学校英文科的交费制度呈现出了灵活多变、富有弹性的特点。它的交费制度主要由常规交费制度和减收学费制度构成,详情如下:

1. 常规交费制度

此项交费制度包括两种类别:一种是一次性付清学费,英文科本科(学历教育)第一级学员只需交费 20 元即可;第二、三、四各级学员每级需要交费 30 元。学费的货币单位为上海市通用的银元。另一种是分期交费,又分为三种具体情况:第一级学员"半年一付者,报名时先付十一元,半年后再付十一元;每季一付者,报名时先付八元,每三个月后各付五元;每月一付者,按月预缴二元"。第二、三、四级学员的交费方式也是如此,"半年一付者,报名时先付十六元,半年后再付十六元;每季一付者,报名时先付十元,每三个月后各付八元;每月一付者,按月预缴三元"。每级学员学习期限为两年,最快可以 6 个月毕业[②]。

选科(非学历教育)共计 9 门,每门收费情况如下:读本,6 元;初级文法,8 元;高级文法,8 元;造句,8 元;修辞文学及作文,12 元;文学,8 元;信札,15 元;初级翻译,10 元;高级翻译,12 元[③]。上述收费制度至少保持到了抗日战争全面爆发,也没有任何的变化。

---

① 《商务印书馆函授学社各科学员公鉴》,《申报》,1923 年 3 月 14 日,第 1 张第 3 版;《C. P. C. S. News 商务印书馆函授学社新闻——本社赠送综合英汉大辞典预约优待券》,《英语周刊》,1928 年 3 月 31 日,第 647 期,第 980 页。
② 商务印书馆附设函授学社编:《商务印书馆附设函授学社英文本科简章》,1918 年(出版单位不详),第 5 页。
③ 同上书,第 2—3 页。

此外，学员每次按时完成的作业必须写在由商务印书馆统一印刷、有一定规格要求的课卷纸上，无论是本科还是选科学员，每次购买课卷纸的费用不得低于五角①。"至学生所用课卷，每份取价一元五角，约两份可供一级修业之用。"②

2. 减收学费制度

此项交费制度也分为两种情况。一种是继续升级减收学费制度。本科第一级毕业后，若继续升级者，每升1级，减学费5元，连续到第四级，减收的学费为20元③。选科"学生修完一门、再习他门者，于缴该门学费时，减收学费二元。此后，续入他门，均减收二元。期间，同时兼习二门者亦照此办理"④。

另一种是特殊时期减收学费制度。此项制度主要包括以下几种情况。第一，在其办学初期，非常重视社会各界民众对如何办理函授教育提出的各种意见，应社会各界的要求，降低第一级学费的收费标准，由30元减为20元，并制定、实施了相关减收学费的具体规则⑤。第二，在具有重大特殊纪念意义的时期，也会减收学费。举例而言，在商务印书馆建馆30周年的特殊时期，制定了一套优待学员的具体规则，对学员的学费"一律对折实收"⑥。第三，在函授学校增设一些新开办的专业之际，通常也

---

① 商务印书馆附设函授学社编：《商务印书馆附设函授学社英文选科简章》，1918年（出版单位不详），第6页。
② 《诸君入函授学社英文科，欲得课程完备、学费轻廉者，请取本社简章一看——商务印书馆函授学社英文科谨启》，《申报》，1916年2月11日，第1张第2版。
③ 商务印书馆附设函授学社编：《商务印书馆附设函授学社英文本科简章》，1918年（出版单位不详），第7—8页。又见《函授学社英文科减收学费通知》，《教育杂志》，第9卷第3号，1917年3月，书首插页。
④ 商务印书馆附设函授学社编：《商务印书馆附设函授学社英文选科简章》，1918年（出版单位不详），第4页。
⑤ 《商务印书馆附设函授学社英文科减收费用通告》，《申报》，1917年2月22日，第1张第1版。
⑥ 《商务印书馆函授学社优待学员办法》，《申报》，1926年8月3日，第2张第2版。又见《商务印书馆函授学社优待学员——三十年大纪念期内，国文科、国语科、英文科、商业科、算学科五科一律优待，对折收费》，《英语周刊》，1926年8月28日，第568期，书末黑白插页。

会制定相关的减收学费制度。比如,在1937年7月至9月,"添设日文科、图书馆学科,联合四科,减收学费"。在这个特殊时期,英文科就出台了较为详细的减收学费的具体办法①。

三、中华函授学校英文科的办学特点

(一) 师资特点

与当时大多数普通私立函授学校的师资状况相比,中华书局函授学校在1926年3月成立之际,供职或兼职于英文科的教职员工全都是文化教育界的知名人士、专家学者:

校长为吴任之博士,主任为沈问梅先生。负责编辑函授讲义和批改课卷的教师有:东南大学文科教授白约瑟学士,东南大学英文科教授李玛利硕士,上海南洋大学教授杜光祖学士,东吴大学英文科教授吴献书学士,中华书局英文部编辑员朱恬持学士,湖南大学工科土木系主任俞亨硕士,美国华盛顿大学通儒学院马润卿博士,前北京农专、高师教授陆费执硕士,江苏省立第一中学校长陆殿扬先生,东吴大学历史科主任张似旭学士,中华书局英文部编辑刘元龙学士,暨南学校英文教员刘尚一先生,中华书局英文部编辑员戴昌藻硕士,扬州第五师范学校英文教员樊兆庚先生。他们全是学问渊博、研究能力突出、经验丰富的学者,且均系留学英美知名人士②③。

同商务函授学校英文科一样,中华书局函授学校英文科在其办学的15年期间,一直拥有一支较为稳定的、高水平的师资队伍。

---

① 《添设日文科、图书馆学科,联合四科,减收学费,征求新学员。——上海市教育局登记私立商务印书馆函授学校》,《申报》,1937年7月4日,第3张第10版。又见《添设日文科、图书馆学科,联合四科,减收学费,征求新学员。——上海市教育局登记私立商务印书馆函授学校》,《教育杂志》(复刊),第27卷第7号,1937年7月,封底。
② 《如何自习英文——中华书局附设函授学校先开办英文科初等三级、高等三级》,《申报》,1926年9月13日,第1张第3版。
③ 《自修英文之好机会——中华书局附设函授学校英文科六级全开》,《中华教育界》,第16卷第7期,1926年7月,书首黑白插页。

在供职于中华书局函授学校英文科的众多名家中,尤其以吴献书和陆殿扬二位先生在民国外语界取得的成就较为突出。1909年吴献书毕业于著名教会大学——东吴大学,主修英语专业。在校读书期间,因其英语成绩非常出众,故毕业后留校任教。为了表彰吴献书在英语教育事业上所做出的杰出贡献,东吴大学在1936年5月在召开的"东吴大学五届校节"上特意为他与另外三名教授举办了庆祝典礼,并对他的教育事迹给予了高度评价。"今为庆祝文、薛、吴、朱教授服务纪念,特将校节移后五日,合并举行。因昨日为该校西顾问文乃史博士莅苏四十年之纪念日,而薛灌英、吴献书、朱啸谷三教师又皆连续服务、历二十五年以上之久,瘁心教育,诲人不倦,可谓难得。是以该校特于昨晨举行庆祝典礼。"[①]

在20世纪20年代,吴献书的"英语水平之高,时人皆知",他不仅英语造诣深厚,而且中文功底也十分扎实。现代著名外语专家、外语教育家许国璋曾三度受教于他,获益匪浅。许国璋对"他教学方法之先进、语法造诣之深及教学效果之好,印象极为深刻"[②]。吴献书被誉为"东吴元老"、"东吴名师"和"近代中国英语界教学界之大师"[③]。

陆殿扬毕业于上海南洋公学,英语成绩优异。在1928年之前,先后担任江苏省立常州中学英语教师兼教务处主任、江苏省立一中校长兼东南大学外语教授[④]。著名教育家、冶金学家胡庶华这样评价陆殿扬:"陆君于英文一科,研究有素,经验尤富,且早有著作行世。"[⑤]陆殿扬在民国外语教育界具有较大的影响力和较高的知名度,曾经在1920年8月当选

---

① 《教育消息——东吴大学五届校节,兼为四教授庆祝服务纪念》,《申报》,1936年3月23日,第3张第12版。
② 吴锜:《欲寄彩笺兼尺素——忆我的父亲吴献书》,《人物——怀念集》,2001年第12期,第102—104页。
③ 顾卫星、孙倚娜:《东吴英语名师文化研究——以"近代中国英语界教学界之大师"吴献书为例》,《苏州大学学报》(哲学社会科学版),2010年第1期,第118页。
④ 张学群等编著:《苏州名门望族》,江苏广陵书社有限公司,2006年7月第1版,第66页。
⑤ 《教育消息——各省教育专家介绍革新之中学英语教本》,《申报》,1933年2月15日,第4张第15版。

为江苏省教育会附设英文教授研究会书记①。他也是国内最早一批将当时欧美先进的外语教学法——直接法引入中国英语教育领域的先行者②。陆殿扬不仅是民国时期知名的外语专家，也是著名的翻译理论家③。

在从事英语函授教育之前后期间，吴献书、陆殿扬二位先生均编著或译著了一大批高质量的适合中高等学校师生阅读的英语教科书、英语教学辅导参考书、英语课外读物。由吴献书编、译著的在文化教育界产生较大影响的英语书籍主要有：《初中英文背诵文选》④、《英文文法作文合编》⑤、《英语正误详解》⑥、《英语正误详解练习册》⑦、《英语正误详解自修册》⑧、《英语正误详解自修册答案》⑨、《最近欧洲史》⑩、《英语文学入门》⑪等。陆殿扬先生"对于英语教学极富研究，著作很多，想为读者所知"⑫。

---

① 《本埠新闻——英文教授研究会开会纪略》，《申报》，1920年8月13日，第3张第10版。
② 张正东：《中国外语教学法理论与流派》，科学出版社，2000年6月第1版，第103页。
③ 王宗炎：《序》，载张美芳：《中国英汉翻译教材研究1949—1988》，上海外语教育出版社，2001年7月第1版，第1页。
④ 《竞文书局——初中英文背诵文选，吴献书编，五角五分》，《申报》，1935年8月30日，第1张第4版。
⑤ 《初中及高中英语教科书用书——高一、初三适用英文文法作文合编，吴献书编，定价一元——商务印书馆启》，《申报》，1935年8月29日，第2张第7版。
⑥ 《英语补充用书——英语正误详解，吴献书编，二元——商务印书馆出版》，《申报》，1935年9月15日，第2张第8版。
⑦ 《英语补充用书——英语正误详解练习册，吴献书编，第一册一元六角，第二册二元——商务印书馆出版》，《申报》，1935年9月15日，第2张第8版。
⑧ 《英语补充用书——英语正误详解自修册，吴献书编，五角——商务印书馆出版》，《申报》，1935年9月15日，第2张第8版。
⑨ 《英语补充用书——英语正误详解自修册答案，吴献书编，二角五分——商务印书馆出版》，《申报》，1935年9月15日，第2张第8版。
⑩ 《中华书局初版新书——最近欧洲史，吴献书译》，《申报》，1935年12月8日，第1张第2版。
⑪ 《商务印书馆出版——英语文学入门，吴献书编》，《申报》，1935年2月18日，第1张第4版。
⑫ 《出版界——第九十八期：文通英语初阶》，《申报》，1948年1月29日，第2张第8版。

其中,具有代表性的英语教材主要包括:《英文实用修词学》①、《革新的外国语教学法》②、《英语构造法》③、《国民英语读本》(1、2、3、4、5、6册)④等。

(二) 函授教材特点

1. 函授教材的构成特点

与当时大多数普通私立函授学校的函授教材构成较为单一的状况相比,中华函授学校英文科的函授教材构成呈现出多元化的特点,它主要由下列三部分组成:

(1) 主体函授教材——函授讲义

英文科函授"讲义由各讲师编辑,如东吴大学文科教授美国白约瑟学士,东南大学教授李玛利硕士,江苏一中校长陆殿扬先生,前北京农专、高师教授陆费执硕士,留美哥伦比亚通儒院马润卿先生以及戴昌藻硕士、吴献书、朱恬持、张似旭、刘元龙诸学士"⑤。

1926—1933年,初等英文本科学历教育第一级的函授讲义共计10种。按照先后发放给学员的顺序,依次分别是:《英语基本课程》(六册)、《正音符号练习》(三册)、《正音和拼法》(六册)、《读本》(八册)、《初等英文文法》(五册)、《简易会话》(四册)、《简易句构造法》(四册)、《记字捷径》(五册)、《英文习字法》(三册)、《习字贴》(二十四页)。

第二级的函授讲义共计9种,依次分别是:《读本》(八册)、《中等英文法》(五册)、《普通会话》(五册)、《复难句构造法》(四册)、《点句法》(三册)、《翻译初步》(四册)、《作文初步》(四册)、《尺牍初步》(四册)、《习字

---

① 《陆殿扬著英文实用修辞学——每册四角;售书处:上海及各省商务印书馆、中华书局、上海伊文思图书公司》,《申报》,1928年8月13日,第4张第13版。

② 《教育消息——革新的外国语教学法出版——中学生学习外国语之导师》,《申报》,1934年3月21日,第4张第13版。

③ 《教育消息——各省教育专家介绍革新之中学英语教本》,《申报》,1933年2月15日,第4张第15版。

④ 同上;《教育新闻——国立编译馆四月份审查中小学教科书结果》,《申报》,1935年5月5日,第4张第15版。

⑤ 《如何自习英文——中华书局附设函授学社先开办英文科初等三级、高等三级》,《申报》,1926年9月13日,第1张第3版。

贴》(四十八页)。

第三级的函授讲义也是共计 9 种,依次分别是:《读本》(八册)、《高等英文法》(六册)、《社会用会话》(六册)、《故事选录》(四册)、《新闻译例》(四册)、《应用文件》(例如信柬、章程、报告等类)(六册)、《短篇作文》(三册)、《短篇翻译》(四册)、《普通信札》(四册)。

高等英文本科学历教育第一级的函授讲义包括 10 种,依次分别是:《文学史辑要》(四册)、《修辞学》(七册)、《英美文选》(七册)、《上古史》(七册)、《成语活用法》(四册)、《作文》(五册)、《社交尺牍》(四册)、《翻译》(四册)。

第二级的函授讲义包括 8 种,依次分别是:《名著选粹》(五册)、《英美文选》(六册)、《中古史》(七册)、《近世新闻编辑法》(五册)、《介词活用法》(六册)、《作文》(八册)、《商业尺牍》(六册)、《翻译》(四册)。

第三级的函授讲义也是由 8 种构成,依次分别是:《名著选粹》(五册)、《近世文选》(六册)、《近世史》(八册)、《文学研究法》(三册)、《世界名言集》(三册)、《作文》(八册)、《公文程式》(机关相互往来联系事务的文件格式)(四册)、《翻译》(四册)①。

1935 年改制以后的英文本科初级函授讲义依次分别是:《英文习字法》《正音和拼法》《初级英文读本》《初级英文法》《简易会话》《点句法及大写法》《造句法》《记字捷径》《翻译初步》,各附《修学指导》。中级函授讲义依次分别是:《中级英文读本》《中级英文法》《会话》《尺牍》《作文入门》《应用文件》《成语例解》《翻译》《故事》,各附《修学指导》。高级函授讲义依次分别是:《英美文选》《修辞学》《作文》《商业应用文件》《介词活用法》《商业尺牍》《阅报指南》《英美文学辑要》《新闻译例》,各附《修学指导》②。

---

① 《中华书局附设函授学校英文函授讲义——开办伊始,减收半费》,《中华教育界》,第 16 卷第 4 期,1926 年 4 月,插页。
② 《上海市教育局备案私立中华书局函授学校招收学员》,《申报》,1935 年 3 月 10 日,第 1 张第 4 版。又见私立中华书局函授学校编:《上海市私立中华书局函授学校章程》,1937 年 4 月修订,第 10 页。

(2) 函授讲义的补充、辅助教材——函授辅导刊物《中华英文周报》

《中华英文周报》(Chung Hwa English Weekly)创刊于1919年4月5日①,它是中国近代出版的第二份英语学习类周刊。办刊后不久,由于它办刊目标明确、读者对象定位准确、栏目设置针对性强,仅出版半年便大受读者欢迎。在1926年3月中华函授学校英文科开办之后,《中华英文周报》就被作为函授辅导刊物用来辅助函授学员自修英语②。

(3) 有声函授教材——《中华英语留声机片》

中华书局为推动国语事业运动的深入发展,在1920年8月,利用当时欧美的高科技技术成功制作了一套语言留声机片——《中华国音留声机片》,开启国人自制语言留声机片的先河。令人称赞的是,在中华函授学校创办后的第四个年头,中华书局又不失时机地在1930年3月将这项成熟的技术引入其从事的函授教育领域,制作了一套有声函授讲义——《中华英语留声机片》,这是民国时期国人制作的第二套专门针对函授教育的英语留声机片③。

2. 函授教材的编写特点

(1) 主体函授教材——函授讲义的编写特点

与当时大多数普通私立函授学校的函授讲义编写情况相比,中华函授学校英文科函授讲义的编写特点如下:

第一,同商务函授学校英科一样,中华函授学校英文科也非常重视培养学员的自学能力,使他们了解、掌握正确的自修方法,养成良好的学习习惯。举例而言,英文科编著的每一册函授讲义均配有一册《修学指导》,

---

① 《中华英文周报阳历四月五日发刊——第一期送阅》,《申报》,1919年3月30日,第1张第1版。
② 《C. H. C. S. Bulletin 函授学校通讯栏》,《中华英文周报》,1920年9月11日,第372期,书末彩色插页。
③ 丁伟:《中国最早的一套语言留声机片——中华书局出版的〈中华国音留声机片〉》,《编辑之友》,2011年第9期,第109—110页。

而每一册《修学指导》讲义所包含的《(A)读法及参考书》部分中均体现了上面提及的这个显著特点。下面请看《(A)读法及参考书》中对《记字捷径》函授讲义的具体指导①:

1. 学外国语有两件最要紧的事情,就是读音和记字,这两件事都是用脑筋的。凡人读音不正确或记字不多,他对于外国语终学不好的,所以本级有"正音和拼法"与"记字捷径"两种讲义。

2. 记字捷径的编辑法,分三大类(a)分类日用字类、(b)同音异义字类、(c)字根和转成字类。第一类的范围最广,虽然本讲义中列三十四门,纳一千多字,尚不能称尽善尽美。不过学英文的人脑筋里有了这一千多字为基础——读音、拼法和意义都不错——则其他生字,也容易变化,容易记牢。

3. 英国有句俗语说,"There is no royal road to learning",意即求学须用功,对于读音和记生字两门功课,全赖记忆力;单字记得多,则引用便利,语言自然学得好。所以学者研究这门功课,当备空白抄本一本,遇见普通字也照这个法子,分类记出,时时温习,便于应用的时候,不假思索,要用就用,得事半功倍之效。

参考书:《英文最常用四千字表》,《同音异字汇解》,《英文歧字辨异》(商务印书馆出版)。

第二,同商务函授学校英文科一样,中华函授学校英文科也是综合性地使用语法翻译法和直接法,并将二者有机地融为一体。现在,让我们选取中华函授学校英文科编著的《初级英文科讲义第七种——造句法》(第三册)中的第18课作为研究对象,然后对此课所使用的外语教学法进行

---

① 上海静安寺路一四八六号私立中华书局函授学校编(Chung Hwa Book Company Correspondence School, 1486 Bubbling Well Road, Shanghai):《初级英文科讲义(First Grade English Course)——修学指导》(*Companion Books, Book 7*,第7分册)(出版时间不详),第67—68页。

分析和总结。第18课的内容由三部分构成,详情如下①:

18. Complex Sentences(繁句,今称为复杂句)

第一部分为:试比较下列的两个例句:The cock crows at daybreak. The cock crows when day dawns. 天明的时候,雄鸡啼了。

上面的两句是同一的意思,不过说法有些不同。

第一句是一个简句(Simple Sentence),因为句内祇有一个主辞(Subject,今称为主语)和一个述辞(Predicate,今称为谓语)。句内的 at daybreak 是一个疏状的仂语(Adverbial Phrase,今称为状语),其效用等于一个表时候的装词(Adverb of Time,今称为时间副词),形容述字 crows。

第二句是一个繁句(Complex Sentence)。句内共有两个字句(Clauses),就是(1)The cock crows;(2)When day dawns. 第一个句子有独立的可能性,即使将第二个句子除掉,仍能成一完全的句,故可称为独立字句(Independent Clause)或主要字句(Main Clause)。第二个字句 When day dawns 不过是一个形容词,其效用等于 at daybreak 二字,并没有独立的可能性,故可称为附属的字句(Dependent Clause)或次级的字句(Subordinate Clause)。

第二部分为:由此可知繁句(Complex Sentences)有下列的特性:1. 一个繁句之内,必有二个以上的字句(Clauses)。2. 至少须有一个附属的字句(Dependent Clause)。

第三部分为:繁句杂例。

(1) These flowers are beautiful, though they are very small. (这些花虽然小,却很美。)

(2) This is the man who sent the message. (这就是送信来的人。)

---

① 上海静安寺路一四八六号私立中华书局函授学校编著(Chung Hwa Book Company Correspondence School, 1486 Bubbling Well Road, Shanghai):《初级英文科讲义(First Grade English Course)——造句法》(Sentence Formation, Subject Ⅶ, Book 3,第七种第三册)(出版时间不详),第41—43页。

（3）To be happy is all that most persons desire.（有许多人的愿望，只求能够得一些乐趣。）

（4）I expect that the train will arrive on time.（我希望火车能准时到达。）

（5）I know the price that he asks for the property.（他这块地产，他要卖多少钱，为亦知道的。）

（6）I will come when I am needed.（到必要的时候，我可再来。）

（7）I have a friend whose name is Arthur.（我有一个朋友，名叫亚瑟。）

（8）A friend who helps you in time of need is a true friend.（在急难时帮助你的，可称为至友。）

（9）The sailor knew that the ship was sinking.（水手明明知道船将沉没了。）

（10）If you will go over, I will follow you.（倘使你往那边去，我必跟从你。）

如上所述，首先举出两个例句进行展示，在此很有必要进行补充说明的是，在18课之前的函授讲义中已经多次出现与例句结构相同的句子，也就是说，学员对这种的繁句的构造特点已经有了初步的印象。而在这一次的讲解过程中，首先，有意识地、主动性地引导学员仔细观察和比较这两个例句的异同点。其次，再逐步分别对每一个例句进行仔细分析，讲解其构成特点。然后水到渠成，得出一个结论，即总结了繁句的两个最显著的特征，也可以说是它的语法规则。最后，又再次举出若干个例句；通过这些例句的讲解，让学员运用已经总结出的语法规则、繁句的语法特点，通过实际运用，反复练习，强化对语法规则的记忆和掌握。为了便于学员的理解和接受，使用汉语分析和总结语法规则；所举出的每个例句后面均给出相应的汉语翻译。

可以看出，上述函授讲义的讲解步骤遵循了这样一个原则：首先让学员实际掌握语言材料，然后再从他所接触和积累的感性语言材料中总结语法规则，用以指导以后的语言学习。通常情况下，在学员未接触相关感性语言材料之前，不应该教授他们相关的语法规则。这种处理语法的讲解方式与语法翻译法的通常强调"语法规则先入"、"演绎途径教语法规则"的主张可以说是针锋相对、大相径庭的。这种通过归纳途径教授语法规则的方式也是直接法所具备的一个非常重要的特点①。很清楚，中华函授学校英文科函授讲义也是综合地运用了语法翻译法和直接法。

至于中华函授学校英文科函授讲义所呈现出的其他显著特点，则与商务函授学校英文科的讲义基本相同，在此就不再赘述。

(2) 函授讲义的补充、辅助教材——《中华英文周报》的编写特点

通过中华书局在1919年11月24日的《申报》上刊登的相关宣传广告，可以比较清楚地了解《中华英文周报》的办刊特色以及办刊影响力："本报出版以来，读者佥以内容完善、极为欢迎。兹于廿一期起，加添页数，增多材料，程度深浅适宜。凡习过英文一、二年者，即能阅读。每期除论说及一周间之新闻外，另辟初级英文学生之友、高级英文学生之友。此两栏中，凡社交会话、应用文法、普通成语、应酬用语、商业会话、名人文选、名言翻译等，均足供学生自修之助。此外，商业常识中不乏应用文件，尤为商界研究之良师。英汉译丛足为从事翻译之梯阶，英语正音学更为学英语者必要之研究，谐谈小说足供消遣谈助。"②

由此可见，《中华英文周报》的重点固定栏目主要涉及了普通英语语言、一般社会用途英语、商业专门用途英语等领域，特别强调英语的技能性、实用性和职业性。上述栏目的设置与中华函授学校英文科重要门类的函授讲义的内容基本上都是一致的。而且上述这些重点栏目的难易程度也分为初、高级两个层次，分别相当于初中、高中英语水平；其重点栏目

---

① 有关直接法的若干特点，参见章兼中主编：《国外外语教学法主要流派》，华东师范大学出版社，1983年12月第1版，第24—59页。

② 《中华书局中华英文周报内容加赠、预订减费》，《申报》，1919年11月24日，第1张第1版。

设置的目的十分明确,即主要为初、高中学生自学英语提供指导和帮助。显然,《中华英文周报》在办刊初期,其栏目设置就已经非常适合青年学生自修英语之需要了。

到了1922年左右,为了加强与读者群体的沟通和交流,《中华英文周报》设置了一个通信问答栏目,担任这个栏目的主持人的身份值得关注,"除中华书局英文部编辑员及各校教员外,特聘美国新闻专家甘开脱夫人担任撰述,并主任通信问答栏。阅者如有问难或询问美国各种事情,均可陆续答复,刊入本报,即可释疑解惑,又可练习文字,故极为阅者欢迎"①。由本章第一节可知,中华函授学校英文科的师资队伍都是由中华书局英文部编辑人员及各校的知名教师构成的,而他们又担任通信问答栏目的主持人,比较了解和熟悉函授学员的学习状况、心理特点以及自学过程中所遇到的种种问题;他们所具备的综合文化素质、函授教学经验都非常有助于推动师生间的互动、沟通和交流。由他们担任这个栏目的负责人自然是最为合适了。这个栏目帮助函授学员解决在函授学习过程中遇到的诸多疑难问题,而且还为函授学员提供发表意见、交流学习经验的宝贵机会,可以锻炼他们的英语写作能力。翻阅1931—1935年出版的《中华英文周报》,可以看到有为数不少的英文科学员经常在这个固定栏目通过信函的方式,向栏目负责人请教、咨询有关英语语言、文学及自修过程中所遇到的各种各样的问题②。

到了1923年6月,《中华英文周报》的办刊风格又发生了一次重要革新,这引起了《申报》对此的关注。《申报》发布了如下专题报道:"学习英文最重练习,而练习以阅读书报最易得益。中华书局之《中华英文周报》,刊行已四年,现从第五年(即二百零九号)起分初、中、高三级。初级一栏

---

① 《中华英文周报 Chung Hwa English Weekly——研究英文之福音》,《申报》,1922年9月5日,第1张第3版。
② 参考资料来源:从1931年10月10日出版的第519期《初级中华英文周报》到1935年2月16日出版的第675期《初级中华英文周报》。

有一二年英文程度者,即可阅读,材料活泼有趣,颇能引人入胜。"①"初级文字浅短,解释明白,中级、高级程度渐进,最合中等学生及有职业者之自修。"②

经过改革后的《中华英文周报》依据读者的英语水平,办刊体例分为初、中、高三个层次。英语"学过半年即可阅"《初级中华英文周报》,英语"学过二、三年即可阅"《中级中华英文周报》,英语"学过四、五年即可阅"《高级中华英文周报》③。改革后的《中华英文周报》分为初、中、高三个级别的版本。这样,不同级别的英文科学员就可以选择适合自己实际英语水平的版本去阅读,可以有效地节省资金和精力。这种编辑方式非常有助于在最大的限度之内发挥函授辅导刊物的"助学"功能。

(3) 有声教材——《中华英语留神机片》的编写特点

从 1930 年 3 月以后,中华函授学校英文科开始使用一种新的教学手段,即有声函授讲义——《中华英语留声机片》,用来配合纸质函授讲义。"英语留声机片与英文函授讲义两种兼用,保证学成正确的发音、流畅的英文作文。"在《申报》上刊登的广告特意阐明了制造英语留声机片的原因:"学习英文有三难:难得读音准确之好教师,一也;教师口授数遍,仍未学会,不能请教师重读若干遍,二也;复习之时,无从请教师再读给我听,三也;已有职业者,欲读英文,尚有时间上之困难。本局为免除上述困难,特制一种'优良外国教师,不限时地,可以口授千百遍之工具',即中华英语留声机片是也。"

这套留声机片附带配套课本一册,详情如下:"此机片系马润卿博士、周开甲先生编辑,美国司密斯夫人发音。马周二君英语深造,复有教授经验。此片三十课,于发音、文法、日常用语、会话,业已应有尽有;卒业此片,一方可敷应用,一方可藉以深造。司密司夫人美籍而在英校教授十余

---

① 《本埠新闻三——中华英文周报之革新》,《申报》,1923 年 6 月 8 日,第 5 张第 17 版。
② 《学过一年英文、便可阅看的〈中华英文周报〉,五年纪念大廉价》,《申报》,1924 年 12 月 14 日,第 1 张第 3 版。
③ 《中华书局发行中华英文周报——本报内容特色》,《学衡》,1926 年 6 月第 54 期,书首黑白插页。

年,刚柔得中,既不粗犷,又不柔靡,可为学者模范。此机片三十课,十五片,连课本一册,附新式英华双解词典一部,售价仅四十元,特价期内再减十元,较之不适华人用之外国机片尚不及半价也。"①

为了保证此套英语留声机片的发音质量和收听效果,英文科特意聘请语言学专家马润卿博士编著了一册与之相配套的留声机片课本,又聘请美籍英语专家朗读课文材料。为便于学员有效地利用这套留声机片,中华书局特发行《英语留声片课本》一册,并附带一部与之配套的工具书——《新式英华双解词典》。唱片的播放不受时间、地点的限制,学习者可以随时随地反复播放、跟读和自修。遇到词汇、语法问题,可以随时翻阅英汉双解词典,自行解决,这就很好地解决了对学员进行系统听说能力培养的问题,这是纸质函授讲义所无法做到的。

由马润卿博士、周开甲先生编辑的留声机片课本是作为主体函授讲义的辅助教材来使用的。此课本内容共三十课,具体包括下列主题:"(1)发音——主音(即现在的元音)字母,(2)发音——仆音(即现在的辅音)字母,(3)日常用语,(4)几个常用动词的变格,(5)普通问答,(6)普通问答,(7)名词,(8)名词,(9)代名词,(10)代名词,(11)成语,(12)成语,(13)形容词,(14)形容词,(15)动词,(16)动词,(17)不规则动词,(18)副词,(19)前置词,(20)介词与感叹词,(21)运动会话,(22)百货商店会话,(23)轮船会话,(24)火车站会话,(25)电话会话,(26)市车会话,(27)医室会话,(28)学校会话,(29)家庭会话,(30)商业会话。"

这套留声机片"系就中国成童成年之能力与需要编辑。其特色有五:(一)注重发音,开机静听,不啻得一不倦不厌之外国教师;(二)注重文法,各种文法之应用,无不完备;(三)注重实用,开首既有短句数课,后部复有分类会话;(四)深浅有序,与英美机片不适华人用者,迥不相同;(五)售价

---

① 《有声函授讲义,学习英文之唯一良机——上海及各省中华书局——中华英语留声机片是也》,《申报》,1930年3月10日,第1张第1版。又见《有声函授讲义,学习英文之唯一良机——上海及各省中华书局——中华英语留声机片是也》,《中华教育界》,第18卷第5期,1930年5月,书首黑白插页。

低廉,不及外国通行语言片售价之半"①。

《中华英语留声机片》是为配合纸质函授讲义而被使用的,它的编辑特色鲜明,不单讲解语音知识和技巧、解决发音之困难,而是将语音、词汇、句型、语法和会话有机地融合在一起,注重实际操练和应用,融知识性、趣味性、欣赏性与技能性于一体。会话的主题涉及了众多的社会生活场景和职业场景,以培养学员的英语标准发音和口头交际能力为最终目标。为便于学员有效利用这套唱片,中华书局特发行《英语留声机片课本》一册,并附带一部与之配套的工具书——《新式英华双解词典》②,这就从根本上解决了对学员进行系统听说能力培养的问题,弥补了纸质函授讲义的不足和缺陷,有效地改善了自学英语的语言环境。有声函授讲义出版后便大受各地学员的欢迎,在不到半年的时间内就销售一空,同年的 9 月份不得不再次出版发行,以满足学员的急切需求③。

(三) 辅导答疑、作业批改、教学考核环节的特点

同商务函授学校英文科一样,中华书局函授学校英文科也构建了较为完备的辅导答疑、作业批改、教学考核等教学环节,其特点为:

"学员修习讲义时,遇有疑难之处,如经查看注释、翻阅字典后,尚有不明瞭者,随时可向本校质问,由负责的教员详细答复。""批改课卷,尤为认真,不但正其谬误,并将错误改正外,更注明错误之原由。"④

学员在平时自修期间,应按照要求完成两种类型的作业:一种是每册讲义中所附的练习题。在修习讲义时,经过认真思考后,"即须详细作成

---

① 《中华书局中华英语留声机片——内容、特色》,《申报》,1930 年 10 月 10 日,第 2 张第 8 版。又见《中华英语留声机片(现售特价)》,《中华教育界》,第 21 卷第 4 期,1933 年,书首黑白插页。

② 《有声函授讲义,学习英文之唯一良机——上海及各省中华书局——中华英语留声机片是也》,《申报》,1930 年 3 月 10 日,第 1 张第 1 版。

③ 《中华书局中华英语留声机片——初版售完多日,再版已出来了》,《申报》,1930 年 9 月 21 日,第 2 张第 5 版。

④ 《上海市教育局备案私立中华书局函授学校招收学员》,《申报》,1935 年 3 月 10 日,第 1 张第 4 版。

答案,然后再与修学指导中所载之答案一一核对,自行改正错误",然后再将作业分次邮寄到中华函授学校。英文科经过核查,给出分数,做好记录,再返还给学员。另一种则按照讲义要求,每门课程通常需要学员"作文十次,寄交本校详细批改,改后发还"①。

根据公布于《申报》上的一份英文科学员的课卷(翻拍的课卷,标有学员姓名、级别和学号),可以清晰地看到,批改的范围非常广泛,由标点符号、单词(或汉字)、词组、固定搭配,到句型、语法,再到段落、篇章全部都有涉及;不仅仅将错误答案简单给予改正,而且还详细指出错误原因,并且对类此的语言现象举一反三,详加说明,这非常有助于加深学员的理解和记忆②。

中华函授学校英文科对毕业成绩的鉴定方式采取的也是一套综合性评价与测试体系。评价函授学员是否达到毕业水平的主要依据以下三个层面的表现:第一,每册讲义中需要完成的课后练习作业成绩。第二,修完每级课程需要完成十次"作文"(相当于现在考试中的论述题)的作业成绩。第三,学员的毕业"大考课卷"考试成绩,"而大考课卷则由校长吴博士、主任沈先生亲自批定"③。由此可见,中华函授学校英文科实行的是一套"平时课后练习作业成绩+课程结业成绩+毕业考试成绩"的动态性考核体系,而且对毕业考试极为重视,由校长和教务主任亲自批改试卷,严格把关。

(四) 教学体制的特点

有关中华函授学校英文科的教学体制的构成和特点,之前已进行过较为详细的阐述和探讨,在此仅做以概括性介绍和总结。

---

① 《私立中华书局函授学校招收学员——已开办国文、英文两科——有志深造及中途失学诸君,请即报名入学》,《申报》,1936年2月23日,第1张第1版。又见私立中华书局函授学校编:《上海市私立中华书局函授学校章程》,1937年4月修订,第3页。
② 《私立中华书局函授学校招收学员——已开办国文、英文两科——批改课卷、异常认真、举例如左》,《申报》,1936年2月23日,第1张第1版。
③ 《如何自习英文——中华书局附设函授学校先开办英文科初等三级、高等三级》,《申报》,1926年9月13日,第1张第3版。

中华函授学校英文科的办学形式分为两种：一种是英文本科学历教育办学形式。在1926—1933年期间，由六个不同的办学层次构成，一、二、三、四、五、六级逐一与普通初中的一、二、三年级和高中的一、二、三年级相对应。其办学层次的整体水平属于中等性质。到了1935年，经过学制和课程改革之后，本科学历教育形式被分为三个办学层次：初级、中级和高级，其办学水平分别与普通初中毕业学历、高中毕业学历、大学一二年级的水平基本上是一致的。另一种办学形式是英文选科非学历教育办学形式。学员可以根据自己的兴趣、爱好及需要，任意选择一门或数门课程进行自学。完成课程学习之后，经过考核达到要求者被发以单科结业证书。在1935年学制改革以后，英文选科非学历教育办学形式发生了一个重要变化，就是由选择一门或数门课程的方式改为选择一组课程模块的方式，具体情况如下：首先从所给的三个大组课程模块中选择一组课程模块；而每一个大组课程模块又由2个小组课程模块构成，然后再从2个小组课程模块中再选择一个小组课程模块。

在1926—1933年期间，初等英文本科学历教育第一级开设的课程共计十门，依次分别是：英语基本课程、正音符号练习、正音和拼法、读本、初等英文文法、简易会话、简易句构造法、记字捷径、英文习字法、习字帖。

第二级开设的课程共计九门：读本、中等英文法、普通会话、复难句构造法、点句法、翻译初步、作文初步、尺牍初步（书信）、习字帖。

第三级开设的课程共计九门，按照开课的顺序，依次分别是：读本、高等英文法、社会用会话、故事选录、新闻译例、应用文件（例如信柬、章程、报告等类）、短篇作文、短篇翻译、普通信札。

高等英文本科学历教育第一级课程共计八门，按照开课的先后顺序依次分别是：文学史辑要、修辞学、英美文选、上古史、成语话用法、作文、社交尺牍、翻译。

高等英文本科第二级课程共计八门，按照开课的先后顺序依次分别是：名著选粹、英美文选、中古史、近世新闻编辑法、介词活用法、作文、商业尺牍、翻译。

高等英文本科第三级课程共计八门，按照开课的先后顺序依次分别是：名著选粹、近世文选、近世史、文学研究法、世界名言集、作文、公文程式（机关相互往来联系事务的文件格式）、翻译①。

在1935年改革学制之前，选科非学历教育开设的课程有：读本、初级文法、高级文法、造句法、修辞学及作文、文学、历史、初等尺牍、高等尺牍、会话、初等翻译、高等翻译等十二科②。

1935年改制以后的英文本科初级课程设置情况如下：英文习字法、正音和拼法、初级英文读本、初级英文法、简易会话、点句法及大写法、造句法、记字捷径、翻译初步（各附修学指导）。

英文本科中级课程设置情况如下：中级英文读本、中级英文法、会话、尺牍、作文入门、应用文件、成语例解、翻译、故事（各附修学指导）。

英文本科高级课程设置情况如下：英美文选，修词学，作文、商业应用文件，介词活用法，商业尺牍，阅报指南，英美文学辑要，新闻译例（各附修学指导）③。

1937年4月，中华函授学校英文科重新开办选科非学历教育。选科中又分"选科"。这一时期非学历课程设置体系发生了重大的变化和调整。该课程设置体系首先由三个大组课程模块构成，分别是：文法大组课程模块、应用语文大组课程模块和翻译与文学大组课程模块。文法大组课程模块又包括两个小组：A组、B组课程模块。A组课程模块由下列科目构成：初级文法、点句法及大写法、造句法；B组课程模块由下列科目构成：中级英文法、成语例解。

应用语文大组课程模块也包括两个小组：C组、D组课程模块。C组

---

① 《中华书局附设函授学校英文函授讲义——开办伊始，减收半费》，《中华教育界》，第16卷第4期，1926年4月，书首黑白插页。
② 《自修英文之好机会——中华书局附设函授学校英文科六级全开》，《中华教育界》，第16卷第7期，1926年7月，书首黑白插页。
③ 《上海市教育局备案私立中华书局函授学校招收学员》，《申报》，1935年3月10日，第1张第4版。又见中华书局函授学校编：《上海市私立中华书局函授学校章程》，1937年4月修订，第10页。

课程模块包括:简易会话、尺牍、应用文件;D组课程模块包括:会话、商业尺牍、商业应用文件。翻译与文学大组课程模块也包括两个小组:E组、F组课程模块。E组课程模块包括:翻译初步、翻译、新闻译例、修学指导;F组课程模块包括:英美文选、英美文学辑要、修学指导。综合考虑自身的实际情况,英文选科学员首先选择一个大组课程模块,然后从这个大组课程模块中再次选择一个小组课程模块。这种"分科选科"的制度很显然是借鉴了1922年《壬戌学制》所确定的综合中学制度,成功地将学校教育制度改革的成果引入英语函授教育领域。

同商务函授学校一样,国情决定了中华函授学校英文科的课程设置体系兼顾了普通学校教育、职业教育的双重属性。

(五) 奖励制度的特点

与当时大多数普通私立函授学校相比,中华函授学校英文科的奖励制度呈现出了多元化、多种类、多层次的特点。为鼓励学员的进取心,调动其积极性,中华函授学校英文科动态性地制定了一系列的奖励制度,主要有以下6种构成:年度毕业奖金制度、助学金制度、奖品奖励制度、购书优惠制度、赠品奖励制度和升学保送制度。

1. 年度毕业奖金制度

"本校为鼓励学员起见,规定奖金、奖学两种办法如下:每年于修毕本科各级学员中选择成绩最佳者三名,给予奖金。第一名五十元,第二名三十元,第三名二十元,每级计一百元,六级共六百元。照章毕业学员欲得此项奖金者,须于每年三月底前将本校批回课艺订齐,寄来。……,一经评定,得奖学员姓名即于八月后登报揭晓。"每年本科毕业的各级学员都可以参加课卷评比活动,通过严格的评选后,选择每一级成绩最佳者前3名给予奖金,六级共计有18名函授学员可以获得相应数额的现金奖励[①]。

[①]《中华书局函授学校英文科毕业学员注意!》,《申报》,1927年7月3日,第1张第1版。又见《中华书局附设函授学校先开办英文科初等三级、高等三级》,《中华教育界》,第16卷第3期,1926年3月,书首黑白插页。

1935年中华书局函授学校改革教学体制,英文科本科(又称正科)由之前的六级制改为现在的初、中、高级制,年度毕业奖金制度也随之进行了修改和调整,详情如下:"本校为鼓励学员起见,在正科修毕一级课程之学员中,每年选择成绩最优者三名酌给奖金。第一名三十元;第二名二十元;第三名十元。第四名以下,成绩优良者,酌给奖品。正科学员修毕一级,总平均分数在八十分以上者,例应将课艺卷及试验卷全份分别汇订成册,于本校规定之评奖期内寄校评奖,过期则作为放弃得奖权利论。"①

2. 助学金制度

在1926年至1927年办学初期曾经这样规定:高等英文科毕业学员,如果曾得两次奖金者,并考入本校所指定的大学,每年补助学费二百元②。后来在1930年10月对助学金奖励制度做出了大幅度的调整,大大降低了奖励条件的标准,使获奖和资助的范围更广、力度更大,"修满一级,考试及格,有现金奖励。毕业而考入大学者得由本社辅助学费"③。

3. 奖品奖励制度

每级毕业学员成绩在第四名以下、分数在八十分以上者,酌给奖品④。

4. 购书优惠制度

为了减轻英文科学员购买辅助自修的参考书的经济压力,特制定一项购书优惠政策,"本校均有优待券赠予学员,平时购买本局及文明书局

---

① 中华书局函授学校编:《上海市私立中华书局函授学校章程》,1937年4月修订,第6页。
② 《中华书局函授学校英文科毕业学员注意!》,《申报》,1927年7月3日,第1张第1版。又见《中华书局附设函授学校英文函授讲义——开办伊始,减收半费》,《中华教育界》,第16卷第4期,1926年4月,书首黑白插页。
③ 《中华英文函授讲义共六级》,《申报》,1930年10月21日,第1张第4版。又见《中华书局附设函授学校英文科》,《中华教育界》,第18卷第2期,1930年2月。
④ 《上海市教育局备案私立中华书局函授学校招收学员》,《申报》,1935年3月10日,第1张第4版。又见中华书局函授学校编:《上海市私立中华书局函授学校章程》,1937年4月修订,第6页。

出版图书,可得九折优待"①。

5. 赠品奖励制度

英文科还不定期地向在规定的时间段内报名注册的新学员赠送购书券,或者赠送英语工具书,比如,在1926年9月底以前中华书局15周年纪念期内,向初等第一级学员赠送书券2元,向第二级及以上的学员赠送书券3元②。对于在1928年7月至8月内报名交费的学员,"照下列办法加送赠品:(1)初等第一级一次缴费者,赠一九二七年订正《新式英华双解词典》一部,及《英华万字字典》一部,价值四元五角。(2)初等第二级至高等第三级一次缴费者,赠一九二七年订正《新式英华双解词典》一部,及《英华正音词典》一部,价值七元二角。(3)选科一次缴费者,赠《英华万字字典》一部,价值九角"③。

6. 升学保送制度

"高等科毕业成绩优者,可径入大学",也就是说,毕业成绩优秀的英文科四、五、六级学员可以被直接保送到普通大学继续深造④。

学业优秀的高等科毕业学员经过推荐可以直接保送上大学,这一奖励规则的实施把函授教育与普通高等教育进行接轨,构成了一个较为完整的教育体系。这种教育体制为广大学员提供了宝贵的继续深造、接受高等教育的机会,对推动函授教育的发展有着强烈的现实意义。诚然,上述奖励措施的实行本身就是民国政府对函授学校高质量办学效果的认可。

---

① 《私立中华书局函授学校招收学员——已开办国文、英文两科——有志深造及中途失学诸君,请即报名入学》,《申报》,1936年2月23日,第1张第1版。又见《上海市教育局登记私立中华书局函授学校招收学员——增设日文科,请速报名》,《高级中华英文周报》,1936年5月9日,第739期,封底。

② 《如何自习英文——中华书局附设函授学社先开办英文科初等三级、高等三级》,《申报》,1926年9月13日,第1张第3版。

③ 《中华书局附设函授学校英文科六级全开、奖励自修、加送赠品——校长吴任之博士、教员均系英美留学生及有教授经验者》,《申报》,1928年7月5日,第1张第3版。

④ 《中华书局附设函授学校英文科六级全开》,《申报》,1931年6月11日,第1张第4版。又见《中华书局附设函授学校英文科》,《中华教育界》,第18卷第2期,1930年2月,书首黑白插页。

(六) 交费制度特点

与当时大多数普通私立函授学校的交费制度相比,中华函授学校英文科的交费制度也呈现出了灵活多变、富有弹性的显著特点。英文科的交费制度主要由以下两种构成:

1. 常规交费制度

1926年至1933年期间,此项制度与商务函授学校英文科相同,也包括两种类别:一种是一次性付清。英文本科(学历教育)初等第一级交费20元,初等第二级以上至高等三级,每级交费30元。选科(非学历教育)自6元至15元不等,但只能选择一次性付清学费的方式。另一种是分两次付清学费。英文本科初等第一级在报名时交纳费用11元,5个月之后,再交纳10元的费用。初等第二级以上至高等三级,学员在报名时首先交纳费用16元,5个月之后,再交纳15元的费用[①]。学习期限通常为1年,最快可以6个月毕业,最慢可以延长至2年毕业[②]。后来,1937年4月修订的简章对上述学习期限稍做调整,规定最多只能延长至一年半的时间[③]。

在1935年改制后,即由英文本科初等三级、高等三级构成的学历层次,改为由初、中、高三级构成的学历层次。改制后的常规交费制度也是分为两种情况:一种情况是一次性付清。初级学费需要12元,中级学费需要16元,高级学费需要20元。英文选科由三个大课程组构成(每一个大课程组又由两个小课程组构成),每一个大课程组的收费都是8元。另一种情况是本科可以分为两次付清学费。初级学员在报名时交费7元,5个月后续交学费6元。中级学员在报名时交费9元,5个月周续交学费8

---

① 《中华书局附设函授学校英文科六级全开、奖励自修、加送赠品——校长吴任之博士、教员均系英美留学生及有教授经验者》,《申报》,1928年7月5日,第1张第5版。
② 《中华书局附设函授学校英文函授讲义——开办伊始,减收半费》,《中华教育界》,第16卷第4期,1926年4月,书首黑白插页。
③ 中华书局函授学校编:《上海市私立中华书局函授学校章程》,1937年4月修订,第4页。

元。高级学员在报名时交费 11 元，5 个月后续交 10 元①。由此可见，改制后的学费不仅没有升高，反而有所降低。

以上是英文本科的收费制度。而英文选科在改制后，收费情况比较简单。英文选科由三个大课程组构成（每一个大课程组又由两个小课程组构成），每一个大课程组的收费都是 8 元②。

2. 减收学费制度

此项交费制度与商务函授学校英文科的基本相同，也分为两种情况：一种是继续升级减收学费制度，其相关具体内容是："敝校对于成绩优良各学员，备有奖金外，更为奖励旧学员完成学业起见，新定优待办法，凡升入中、高级者，学费照下表定额，减收二元至四元不等。"③另一种是特殊时期减收学费制度。此项制度主要包括下列几种情况：

（1）在具有重大特殊纪念意义的时期，通常会公布相应的减收学费的具体规则。比如，在中华书局成立 15 周年的特殊时期，相关具体内容如下："现在开办伊始，特别优待，减收半费，九月底以前中华书局十五周年纪念期内，更赠书券两成，即初等第一级一次缴费者，学费二十元，现收半费，仅十元，再送赠书券二元。初等第二级以上一次缴者，学费三十元，现收半费仅十五元，再送赠书券三元。"④此项减费制度的公布和实施受到了广大民众的欢迎，在社会各界的强烈要求下，其减费期限又延长至

---

① 《上海市教育局备案私立中华书局函授学校招收学员》，《申报》，1935 年 3 月 10 日，第 1 张第 4 版。又见中华书局函授学校编：《上海市私立中华书局函授学校章程》，1937 年 4 月修订，第 11 页。

② 《上海市教育局登记私立中华书局函授学校招收学员——国文、英文添办选科》，《申报》，1937 年 4 月 25 日，第 2 张第 7 版。又见中华书局函授学校编：《上海市私立中华书局函授学校章程》，1937 年 4 月修订，第 18 页。

③ 《上海市教育局登记私立中华书局函授学校招收学员——奖励升级学员，减收学费》，《申报》，1935 年 12 月 26 日，第 1 张第 3 版。又见《上海市教育局登记私立中华书局函授学校招收学员——奖励升级学员，减收学费》，《初级中华英文周报》(*Chung Hwa English Weekly—Section A*)，1935 年 12 月 9 日，第 713 期，封底。

④ 《如何自习英文——中华书局附设函授学社先开办英文科初等三级、高等三级》，《申报》，1926 年 9 月 13 日，第 1 张第 3 版。

1927年3月底为止①。在1936年1月中华书局开办的新厂建成之际,也制定了相关减收学费的规章制度,"现值敝局新厂建成纪念,特举行廉价,原定学费,已甚低廉,现一律再打八折","无论初入学者及升级学员之另照特价优待缴费者,学费一律八折"②。学费八折优惠期限从1936年"一月五日起至三月五日止"③。

(2)在国难期间制定的相关减费制度的具体相关内容是:"初等科三级,与初中程度相同。一级学费二十元,二、三级各三十元,减收七五折。高等科三级,与高中程度相同。每级学费各三十元,减收七五折。选科有会话、作文、尺牍、翻译……等科。每科学费六元至十五元,减收七五折。"④

(3)在1933年至1935年2月中华函授学校因为改革教学体制与课程设置,英文科暂时停止招收新学员;改制后的英文科在1935年3月重新开始招生,为了吸引和鼓励更多的社会各界人士报名参加函授学习,其又特意制定了一套减费制度,"四月底前入学,特别优待";"英文科:初级只收十元,中级只收十三元,高级只收十六元。分两次缴款者,减收之数额,统于第一次付款时扣除。章程承索即寄"⑤。

四、开明函授学校英文科的办学特点

(一)师资特点

开明函授学校英文科自始至终都聘用了一大批文化教育界的名流、

---

① 《中华书局附设函授学校英文科六级全开;减收半费、阳历三月底止》,《申报》,1927年2月28日,第1张第3版。
② 《上海市教育局私立中华书局函授学校招收学员》,《申报》,1936年2月23日,第1张第1版。
③ 《中华书局新厂建成纪念大廉价》,《高级中华英文周报》(Chung Hwa English Weekly—Section B),1936年1月4日,第721期,封底。
④ 《国难失学青年!诸君拟自修英文吗? 本社为诸君谋便利,减收学费四分之一——中华书局附设函授学校谨启》,《申报》,1932年4月6日,第1张第2版。又见《国难失学青年!诸君拟自修英文吗? 本社为诸君谋便利,减收学费四分之一——中华书局附设函授学校谨启》,《初级中华英文周报》,1932年3月18日,第549期,封底。
⑤ 《上海市教育局备案私立中华书局函授学校招收学员》,《申报》,1935年3月10日,第1张第4版。

名师担任英文教员。开明函授学校从1932年4月创办之际至1935年停办期间,其校长职务一直由开明书店编辑所主任夏丏尊先生担任;教务主任是暨南大学前教授刘薰宇,干事为中学生杂志编辑章锡琛。英文科讲师主要有北京大学前教授林语堂、厦门大学前英文教授林幽。此外,开明函授学校又专门聘请了一些课外讲师辅助校内讲师的教学工作,他们分别是:王庆曾、王鞠侯、吴觉农、周予同、周白棣、周建人、金仲华、矛盾、胡愈之、范寿康、陶森杰、陈超崙、华挺生、郑尧拌和顾寿白①。"讲师就是编写讲义的人,也就是函授的教师,不是用口而是用笔来教授罢了。"开明函授学校的师资队伍"阵容是坚强的,大都是教育学术上知名人士及社会上有名的人物"②。

被开明函授学校聘为英语讲师的林语堂在文化教育界更是一位重量级的人物。林语堂在1916年从上海圣约翰大学文科专业毕业后,任教于清华大学。至1919年赴美国哈佛大学留学,后转赴德国莱比锡大学,研究语言学,获哲学博士学位。1923年回国,任北京大学英文教授兼北京师范大学讲师。1930年任中央研究院外国语编辑。从1932年9月起,先后创办、编辑《论语》《人世间》《宇宙风》等语言、文学类刊物,引起了文化教育界的关注。林语堂是集语言学家、文学家、作家和翻译家于一身的著名学者③。而且,他还是中国近代著名的外语教育家,积极推广、研究当时欧美先进外语教学法——直接法,为努力构建一套适合中国国情的外语教学法理论做出了重要贡献④。

在担任开明函授学校英文科教员之前,林幽长期在厦门大学担任英

---

① 上海市私立开明函授学校编著:《开明中学讲义第四卷·第二期——开明英文讲义——上海市私立开明函授学校教职员一览表》,上海市私立开明函授学校发行,出版时间不详,书首黑白插页。
② 章克标:《开明函授学校简述》,载中国出版工作者协会编:《我与开明》,中国青年出版社,1985年8月第1版,第248页。
③ 北京语言学院、中国文学家辞典编委会:《中国文学家辞典》(现代第二分册),四川人民出版社,1979年12月第1版,第606—607页。
④ 张正东:《中国外语教学法理论与流派》,科学出版社,2000年6月第1版,第105页。

语教师,具有丰富的英语教学经验。因受到厦大学潮的影响,被迫辞职[①];离开厦大之后,担任《中国评论周报》的主编,成为新闻出版界名流[②]。除了英语教学专家的身份之外,林幽还是当时具有相当高知名度的翻译家、作家,他译著了大量西方文学经典作品,其中,比较具有代表性的主要有《别托尔斯泰》[③]、《非战文字二篇》[④]、《真娜拉》[⑤]、《革命家箴言》[⑥]、《奇特的罪犯》[⑦]等。

在从事英语函授教育之前后期间,林语堂与林幽二位先生都编著了一定数量的经典英语教材,在文化教育界产生了重大影响,受到了广大英语爱好者的赞赏。林语堂编著的经典英语教材主要有《开明英文读本》《开明英文文法》等[⑧]。在20世纪30年代,他与林幽等人共同编著的一套《开明青年英语丛书》被多次再版重印,有力推动了民国时期的社会英语教育事业的发展[⑨]。

(二)函授教材的特点

1. 函授教材的构成特点

与当时大多数普通私立函授学校的函授教材构成状况相比,中华函授学校英文科函授教材构成也呈现出多元化的特点,它主要由下列三部分组成:

(1)主体函授教材——函授讲义

开明函授学校英文函授讲义的构成特点明显不同于商务、中华函授

---

① 《蜀生:厦大学潮续志》,《申报》,1924年6月8日,第3张第10版。
② 《本埠新闻——孙夫人领导下之营救牛兰会,发表英文宣言》,《申报》,1932年7月12日,第4张第13版。
③ 林幽译:《别托尔斯泰》,《文学》(周刊),1924年3月10日,第112期,第1页。
④ 林幽译:《非战文字二篇》,《人间世——小品文半月刊》,1935年第24期,第3—8页。
⑤ 林幽译:《真娜拉》,《晨报六周年纪念增刊》,1924年12月1日,第315—317页。
⑥ 林幽译:《革命家箴言》,《论语——半月刊》,1932年12月第6期,第194—209页。
⑦ 林幽译:《奇特的罪犯》,《人间世——小品文半月刊》,1935年第29期,第42—45页。
⑧ 赵艳宏:《林语堂先生编纂的英语教科书》,《出版史料》,2012年第4期,第83—84页。
⑨ 丁伟:《民国时期开明书店出版的一套重要读本——〈开明青年英语丛书〉》,《沧桑》,2010年第5期,第219—223页。

学校的英文函授讲义,它是把不同种类的专业课程讲义全部融合在一起,统称为《开明英文讲义》。"特聘富有中学教学经验之各科专家,依中学课程标准,编成浅明易解之讲义","讲解详明"。编写英文函授讲义的"讲师均系各科著名专家,富有教授经验。所编讲义,无不丁宁,亲切明白如话;读者读之,恍如面授指导"①。"除了依照课程登载初中必修之各科讲义外,各册冠以讲坛,指导社员独学自习之方法及立身处世之方针。末附课外讲义一种,对于部定课程○无而为社员立身社会所必需之各种学科,分请专家讲述,务求简要明显、适切实用。"②

这套《开明函授讲义》共计由三厚册构成,第一册包括90课(从第1—310页)③;第二册从第91课开始至第180课结束(从第311—600页)④;第三册起始于第181课,终结于第270课(从第601—902页)⑤。

《开明英文讲义》编写内容相当丰富,信息容量也很大,涵括了英语语言知识、技能和文化的各个层面。"本书适合初中程度学生英语自修之用,故课本材料,不厌求详。内容包括商业上及社交上的会话、请帖、信札,及欧美神话、寓言、故事、科学常识、西人观念等。除生字详加注音释义外,凡发音、书法、成句成段的语音、文法、字之用法以及外人之风俗习惯,均有详细说明。一至十课专讲发音、书法,十一课至百三十五课,各句皆附译文;每课另辟(讲义)一段,可作理解课文之助。"⑥

---

① 《开明中学讲义社减费征募社员、本月底截止》,《申报》,1932年7月25日,第1张第4版。
② 《开明中学讲义社征募新社员——本社章程摘要》,《申报》,1932年9月19日,第1张第4版。
③ 开明中学讲义社编著:《开明中学讲义第四卷·第一期——开明英文讲义》,开明中学讲义社发行(出版时间不详)。
④ 上海市私立开明函授学校编著:《开明中学讲义第四卷·第二期——开明英文讲义》,上海市私立开明函授学校发行(出版时间不详)。
⑤ 上海市私立开明函授学校编著:《开明中学讲义第六卷·第三期——开明英文讲义》,上海市私立开明函授学校发行(出版时间不详)。
⑥ 《开明书店新书(二十四年春季出版)——开明函授学校讲义五种》,《申报》,1935年5月12日,第1张第4版。

(2) 函授讲义的补充、辅助教材——辅导刊物《社员俱乐部》

开明函授学校办学初期的名称为开明中学讲义社。开明中学讲义社成立 4 个月之后,在 1932 年 8 月,开明中学讲义社主办的第 1 期《社员俱乐部》正式与学员见面了,它的办刊目的十分明确:"本刊不想做成一般的杂志,只想做成社员诸君的课余良伴";"本刊是学员间(联络感情、交换知识)的机关"①。很清楚,这个刊物发行的目的就是要充分发挥函授辅导刊物的社会教育功能,辅助学员顺利完成学业。

(3) 有声函授教材——《开明英语正音片》

如前所述,在 1926 年 4 月,商务印书馆成功发行了一套《英文留声机片》及配套教材,它是专门为了辅助商务函授学社的英语函授教育而特意制作的,开启了中国早期远程教育使用有声电子媒介的先河。4 年之后,中华书局也成功制作了一套专门针对英语函授教育的留声机片,也取得了相当不错的发售业绩,受到学员的普遍好评。开明书店亦紧随其后。为了解决学员发音上之困难,辅助学员更好地学习纸质英文函授讲义,开明书店也特意利用这项较为成熟的高科技技术在 1932 年 7 月成功制作了一套英语留声机片。开明书店在《社员俱乐部》上专门刊登了制作英语留声机片的缘由及制作过程:

"学习英文本来是一件难事,而自习英文更非容易。本社《英文讲义》,为想减少学者自习时的困难,特请林语堂、林幽先生专任编辑对于发音,特别注意,注释明显,讲解详尽,务使学者阅读讲义时,无异面对讲师,亲聆教诲。无如尚有多数社员,时以不谙发音为问。"鉴于上述原因,"特请林语堂先生手编发音讲义,亲自赴欧代请英国 Daniel Jones 博士发音灌片,……。现在已经全部制成,定名为《开明英语正音片》,……,不日即能公告发售"②。

---

① 《编者的话》,《上海市私立开明函授学校学员俱乐部》,1933 年 10 月,第 8 号,封底。
② 《本社消息——〈开明英语正音片〉即将行世》,《社员俱乐部》,1932 年 8 月,创刊号,第 1 页。

2. 函授教材的编写特点

（1）主体函授教材——函授讲义的编写特点

与当时大多数普通私立函授学校函授讲义的编写情况相比，开明函授学校英文科函授讲义具有以下几个显著的编写特点：

第一，开明函授学校英文科非常重视培养学员的自学能力，帮助他们掌握正确的自修方法，以养成良好的学习习惯。举例而言，英文科所编著的《开明中学讲义第四卷·第一期——开明英文讲义》中的《告读者》部分鲜明体现了这个显著特点。下面请注意阅读《告读者》这一部分的函授讲义①：

告读者

目标：本讲义的目标，在于使读者有学习现代通行活用的英语之机会，听，讲，写，读并重；但是为切合实用及求学习上的便利起见，在最初六期比较注重会话，即听与讲。

程度：本讲义的程度相当于初中的英文课程（例如《开明英文读本》，第一，二，三册）；但是因为读者多为现已失学在校外谋生的人，所以本讲义力求切合读者的需要，与普通初中的课程略有不同。

内容：本讲义内容包含会话，尤其是商业上和社会上的会话，请帖，商业信札，欧美神话，语言，故事之已成为通用之典故者，科学常识，西人观念型式等等，以及书法及发音练习。

学习语言的基本原理：小孩子学习语言确乎我们成人来得容易，但是他的秘诀祇是不厌反复仿效而已。本讲义极注重有系统的练习，使读者可以反复仿效。

语言要素：语言为字与语法所合成，而字有义与音两种要素；所以我们可以说语言有语汇，语音，语法三种要素。现在就将这三者来说一说本讲义所取的方针。

语汇：语汇是语言的内容，本质。在这一点本讲义力求其切合实用，

---

① 开明中学讲义社编著：《开明中学讲义第四卷·第一期——开明英文讲义》，开明中学讲义社发行（出版单位、时间不详），第1—6页。

采用浅显常见的,尤其是商业上、工业上通用的名词、术语。……(篇幅所限,省去后面的内容)。

语法:语法就是通常的所谓文法。关于文法,随着讲义的课文而解释,……。文法上的理论,读者但须求其明瞭,不必强记;于规则方面,则须注重实习,至能自然地使用为止,强记或背诵规则是无用的。

英汉文构造的不同:汉文与英文的语法不同,其实是由于意向的不同,举凡词的用法与转变之不同以及句法的不同,都是如此。……

英文的句法构造较为复杂,而字在句中的位置也不尽与汉文相同。……

全科的分配:……(内容省略)。

每课的组织:……(内容省略)。

课文的学习法:……(内容省略)。

单字的学习法:认字的时候,于每个字应当认识四件事,就是拼音,读音,字义,用法。四者缺一,不能算是真正认识该字。不过普通人总以为懂得一个字的拼音,读音,字义便算了事;其实不然,那只能算对于该字的功能得到一半,只能认识,不能使用;某字认识了一半而硬要使用它,便会闹出笑话来。我们的目标是认识与使用(就是听,讲,写,读)并重的。

……(内容省略)。练习是极重要的;例如一个人学骑马或游水,无论理论上学得如何的精,如果没有练习,一定会跌在马下或溺死在水中。语言是人在社会上的一种练习,我们学习一种的语言就是在养成一种新的习惯,只有反复的练习,能够养成它。本讲义只能告诉你如何练习以养成这新习惯,至于习惯养成的责任,那全在你——读者——自己的身上了。

第二,同商务函授学校英文科一样,中华函授学校英文科也是综合性地使用语法翻译法和直接法,并将二者有机地融为一体。现在,让我们选取《开明中学讲义第四卷·第一期——开明英文讲义》中的第85课作为研究对象,然后对其使用的外语教学法做以探讨。此课内容由五部分构成,详情如下①:

---

① 开明中学讲义社编著:《开明中学讲义第四卷·第一期——开明英文讲义》,开明中学讲义社发行(出版时间不详),第266—269页。

Lesson LXXXV(第八十五课)

第一部分为课文主体部分:

(1) We see with our eyes, but some people cannot see with eyes, they are blind.

(2) We hear with our ears, but some people cannot hear with ears, they are deaf.

(3) We speak with our mouth, but some people cannot speak with their mouth, they are dumb.

(4) We eat with our mouth, taste with our tongue and chew with our teeth.

(5) We smell with our nose.

(6) We breath with our nose and our lungs.

(7) We think with our brain which is inside our head.

(8) Our brains also controls our actions.

(9) We do things with our hands.

(10) We walk or run with our feet.

第二部分为[译文]:

(1)我们以我们的眼睛看物,但是有的人不能用他们的眼睛看物,他们是盲目的。(2)我们以我们的耳听声音,但是有的人不能用他们的耳朵听,他们是耳聋的。(3)我们以嘴巴说话,但是有的人不能用他们的嘴巴说话,他们是哑巴的。(4)我们以我们的嘴吃东西,以我们的舌尝滋味,以我们的牙齿嚼东西。(5)我们以我们的鼻嗅东西。(6)我们以我们的鼻孔与肺呼吸。(7)我们思想以我们的脑子,那脑子在我们的脑袋中。我们以那在我们的脑袋中的头脑想事情。(8)我们的头脑也管理我们的动作。(9)我们以我们的手做事。(10)我们以我们的足行路或跑。

[生字]1. people:[韦氏音标](省略),汉语意思(省略,以下所有的生字均省略音标、汉语意思)。2. deaf. 3. dumb. 4. taste, chew. 5. smell, 过去时制与过去分词, smelt. 6. breathe, lung. 7. brain. 8. control, action. 9. thing. 10. run,过去时制 ran,过去分词 run。

[Review](复习)

1. Our nose has two nostrils.

2. One eye has one eyebrow, two eyelids, many eyelashes, and one eyeball.

3. The eyeball has pupil and iris.

4. Our mouth has two lips, two jaws with gums, many teeth, one tongue, and one throat.

5. We breathe and smell with our nose.

6. We also use our lungs when we breathe.

7. We taste with our tongue and chew with our teeth.

8. We work with our hands and walk or run with our feet.

9. We control our actions with the brain which is inside our head.

根据该课文材料,可以发现其第一部分也是由10个彼此有联系的句子组成的,它们构成了一个较为完整的、具有一定逻辑和意义的情景单元。这个情景主题应该是"人体各个器官的不同功能"。需要引起我们注意的是,课文的讲解顺序遵循了一定的规则,从人体器官眼睛的功能开始讲起,然后基本上都按照身体器官从上至下的分布次序,依次讲解了耳朵、嘴巴、舌头、牙齿、鼻子、肺部、大脑、手和脚的不同的功能。而且这个顺序也正好遵循了由具体到抽象再到具体这样的一个过程。由眼睛、耳朵、嘴巴、舌头、牙齿、鼻子和肺部做出的身体动作都是受大脑控制的;在大脑的控制下,手、脚才能够发挥正常的功能。通常情况下,由具体到抽象再到具体这样的一个描述过程比较符合人们对事物的认知规律。

还有一个现象需要特别注意,即在这个情景单元中所运用的句型结构基本上都是主语"We"+身体器官发出的某一个动作+"with+某一个身体器官"构成的介词短语,它们在上下文中总是反复出现的。不仅如此,在前3个句子中还反复出现了由"but"连接的转折并列句,与前面的句子形成强烈的对比。不难断定,通过这种方式处理句子与句子之间的组合、排列关系,可以帮助函授学员在上下文语境中有效地开展联想、对比、类推、综合、判断等诸如此类的思维活动,有助于学员更好地理解、记忆、掌握和运用所学到的课文材料。显而易见,上述函授讲义的讲解方式明显地呈现了反复、循环、与情景相结合的句本位教学等特点,这些特点也都是直接法所具备的一些显著的特征。

课文的第二部分给出全文的汉语翻译,第三部分使用汉语讲解生词,这两部分材料都使用了语法翻译法。这种方法有助于学员在较短的时间内解决难点和疑点问题。函授学员经过前三部分课文材料的反复接触、反复练习之后,第四部分再对本课出现的重点语法现象进行归纳和总结,这又再次体现了直接法的一个显著特点。

课文材料的第四部分——复习部分,是由 9 个彼此之间有着密切关系的句子构成的一个大的情景单元,这个大的情景单元又被分为两个较小的情景单元。其中一个是由前 4 个句子构成的一个情景主题:身体器官的结构;另一个是由 5 个句子构成的一个情景主题:身体器官的功能。这种处理方式再次体现了直接法的若干特点。

综上所述,开明函授学校英文科函授讲义也是综合地运用了语法翻译法和直接法。至于英文科函授讲义呈现出的其他显著特点,则与商务函授学校英文科的讲义基本相同,在此就不再赘述了。

(2) 函授讲义的补充、辅助教材——《社员俱乐部》的编写特点

"为本刊执笔写文的作者……,社员诸君已经和他们十分熟悉了。""他们多半是本社的讲师。"[①]这份函授辅导刊物主要由函授学校的教师负责编写,这对函授学员的自修英语是相当有利的。因为他们了解、熟悉学员的学习具体情况,就可以有的放矢并及时发现问题。函授辅导刊物可帮助学员解决现实问题,并有效指导他们采取适当的自学方法掌握知识、形成技能,并切实提高自修效率。

开明函授学校的办学体制明显不同于商务、中华函授学校;一旦学员报名入校,其不仅要学习英文一科,还要同时兼顾学习当时普通中学开设

---

① 《编者的话》,《社员俱乐部》,1932 年 8 月,创刊号,封底。

的所有重要科目。因此,它所编著的函授辅导刊物所涉及的专业范围就会相当广泛。其中涉及英文科方面的知识、技能的讲解,只能做到点到为止,就不像商务函授学校英文科的《英语周刊》、中华函授学校英文科的《中华英文周报》那样面面俱到,而且也不像上述两份专业类英语学习类期刊那般呈现出较强的专业性特点。此外,开明函授学校的这份函授辅导刊物也只面向本校的函授学员发行,并不对外公开发售。但是上述的《英语周刊》、《中华英文周报》是面向社会大众公开发售的英语学习类期刊,同时又充当了英文科的函授辅导刊物的功能。

《社员俱乐部》呈现出的最显著的特点为:第一,特别注重向函授学员进行英语学习方法、学习经验、学习技巧的讲解和指导。翻阅这份函授辅导刊物,几乎在每期上都会发现由英文科教员撰写的这一类风格的文章。比如主要有下列一些具有代表性的文章:傅冰然撰写的《学习法和学习》①(重点介绍了英语学习法),林语堂撰写的《英美用字之不同》②,越奇所写的《英文学习法漫谈之———从句学起》③,振之撰写的《英语范句例解》④,傅彬然所著的《谈习惯技能的学习》⑤,章锡琛的《我的学习英文的失败》⑥,张沛霖的《关于英语读音》(上、下),等等⑦。

第二,高度重视与函授学员的沟通和交流。这份函授辅导刊物为了更好地了解学员的学习动态和所存在的学习问题,特意设置了两个固定栏目,一个是《问答选刊》栏目,另一个是《公开信箱》栏目。在这两个固定的栏目里,经常可以看到函授学员通过来函向英文科教师提出各种各样

---

① 傅冰然:《学习法和学习》,《社员俱乐部》,1932 年 8 月,创刊号,第 1—2 页。
② 林语堂:《英美用字之不同》,《社员俱乐部》,1932 年 11 月,第 2 号,第 87—88 页。
③ 越奇:《英文学习法漫谈之———从句学起》,《社员俱乐部》,1932 年 11 月,第 2 号,第 83—85 页。
④ 振之:《英语范句例解》,《社员俱乐部》,1933 年 5 月,第 4 号,第 239—240 页。
⑤ 傅彬然:《谈习惯技能的学习》,《社员俱乐部》,1933 年 8 月,第 5 号,第 319—320 页。
⑥ 章锡琛:《我的学习英文的失败》,《上海市私立开明函授学校俱乐部》,1933 年 11 月,第 6 号,第 397—400 页。
⑦ 张沛霖:《关于英语读音(上)》,《上海市私立开明函授学校俱乐部》,1933 年 11 月,第 6 号,第 401—404 页;《关于英语读音(下)》,《上海市私立开明函授学校俱乐部》,1934 年 10 月,第 8 号,第 551—556 页。

的有关英语语言、英语文学、英语学习等方面的问题,或者就某一个相关问题与英文科教师做进一步的交流和探讨①。

第三,定期出版《自学》专号。为了加强学员之间自学经验的交流、提高学员整体的自学能力,同时也为了能够充分了解各位学员在自学过程中所遇到的实际问题,开明函授学校决定不定期出版《自学》专号。1933年2月,函授学校出版了一份《自学》专号。在这期杂志上,来自全国各地的学员所撰写的有关个人自学生活的文章占据了大部分的版面。众多学员纷纷结合自己的个人实际情况,畅谈了在自学过程中的所感、所想、所悟、所得及存在的诸多问题。这一期的《自学》专号绝对可以称得上是一次空前的跨越时空的学习经验交流"盛会"②。通过这次"盛会",大家集思广益、取长补短,共同进步、共同提高,分享彼此的成功与快乐;不仅有力激发了学员的自学热情,而且也加强了其对自我身份的认同感,有利于学员形成积极、健康、向上的自学心态,培养坚忍不拔的毅力和自强不息的奋斗精神。

如上所述,这份杂志的编辑特色十分突出,栏目设置具有很强的针对性,"出版以来,虽仅仅八期,蒙学员诸君热心赞助;而且还有多数校外的人也热烈购阅,这是本刊所引为异常欣慰的"③。这份刊物充分发挥了"辅助"函授教育的独特功能。

(3) 有声函授教材——《开明英语正音片》的编写特点

开明书店制作、发行的这套《开明英语正音片》于1933年1月公开发行出售。为了强调这套正音片的权威性和经典性,开明书店在《申报》发

---

① 开明中学讲义社编:《问答选刊》,《社员俱乐部》,1932年11月,第2号,第151—154页;《问答选刊》,《社员俱乐部》,1933年2月,第3号,第221—226页;《问答选刊》,《社员俱乐部》,1933年5月,第4号,第299—305页;《问答选刊》,《上海市私立开明函授学校俱乐部》,1933年8月,第5号,第377—383页;私立上海市开明函授学校设:《公开信箱》,《上海市私立开明函授学校俱乐部》,1933年8月,第5号,第385页;《公开信箱》,《上海市私立开明函授学校俱乐部》,1933年11月,第6号,第459—461页;《问答选刊》,《上海市私立开明函授学校俱乐部》,1933年11月,第6号,第455—457页。
② 《社员俱乐部》,1933年2月,第3号,第157—210页。
③ 《编者的话》,《上海市私立开明函授学校俱乐部》,1933年10月,第8号,封底。

布的宣传广告中称它是"英语正音的唯一标准"、"学习会话的不二法门"。这套英语正音片由当时世界英语语音学权威琼斯（D. Jones）教授——英国伦敦大学语音学系主任发音，由风靡一时、备受教育界推崇的《开明英文读本》的编著者林语堂博士编辑配套英语正音片课本，并由美国亚尔西爱胜利公司（RCA Victor）灌音制片。

这套英语正音片共包括英语元音、辅音、音变、连音、声调、连读和会话在内的7部分构成。全套四张，共计八课；每套售实洋13元，发行伊始特价10元；赠课本及林语堂著《英文学习法》各1册，单购课本，每册1角①②。为了更好地把这套权威的英语正音片推向广大函授学员，开明函授学校特意向全体函授学员赠送开明英语正音片优待券。函授学员凭优待券，只需付款9元即可购得一套③。

这套《开明英语正音片》的编辑、制作呈现出以下几个显著特点：第一，聘请世界英语语音学权威为其灌音，以确保这套英语留声机片发音的标准性、规范性和经典性。第二，这套机片录制的内容将发音知识、发音技能与会话融合在一起进行讲解。第三，配有一本英语留声机片课本。开明书店发行的这套有声函授教材《开明英语正音片》非常有利于函授学员模仿、跟读，掌握正确的发音技巧，形成良好的语音面貌。

通过赠送优待券或直接打折的方式，函授学校分别向各自的英文科函授学员出售自己公司制作的有声函授讲义——英语留声机片。这些优惠办法可以适当地减轻函授学员的经济负担，非常有助于提高有声函授讲义的使用率，有利于促进这种新型的电子教育用具在英语函授教育领域中的推广和应用。

（三）辅导答疑、作业批改、教学考核环节的特点

开明教学环节的实施呈现出下列显著的特点：

---

① 《要英文好、先要发音正确；要发音正确、不可不用开明英语正音片》，《申报》，1933年1月18日，第1张第4版。

② 《开明英语正音片》，《申报》，1933年10月10日，第1张第2版。

③ 《上海市私立开明函授学校招收学员通告》，《申报》，1933年7月27日，第1张第4版。

同商务、中华函授学校一样，开明函授学校亦对英文科的辅导答疑、作业批改、教学考核等教学环节给予高度重视。其制定的章程对以上教学环节做出了以下的具体规定：所有正式函授学员对每次布置的练习题答案、阅读讲义遇到的疑难问题"须写记于本社所编之自习册。该项自习册依照讲义程序，每科各分练习、笔记、质疑三项，按月印发。社员写毕，送社经讲师分别批答、评定分数，发还"①。

教学考核环节主要由两部分构成：其中一部分是平时的学业成绩考核，被称为"试验"，"每修毕讲义六册，本社即按科命题、试验成绩、评定分数。但已将自习册按月送社评阅、并无遗漏者，得以其自习册之成绩为标准，免除试验"。另一部分是毕业成绩考核，"修毕全部讲义，试验及格后即为毕业。由本社发给成绩证书"②。

同商务、中华函授学校英文科一样，开明函授学校英文科采取的也是一套由动态性评价与终期性评价相结合的毕业考核体系。其中动态性评价体系由两种考核方式可供学员选择：一种是学员每读完六册讲义，可以选择参加由学校统一组织的阶段性考试。另外，如果不参加阶段性考试，学员必须按时完成每月发放一次的自习册中的练习题，按照要求在规定的期限内邮寄给函授学校。经过评改、评分后，函授学校将学员每6次作业的成绩分总视为其阶段性考试成绩。

（四）教学体制的特点

开明函授学校英文科的办学形式与商务、中华函授学校英文科相同，也是由学历教育和非学历教育构成，但是其非学历教育和学历教育的表现形态与后两者却有着明显的不同：首先，它的办学层次不是由级别构成的，而是分为三个阶段。每个阶段的课程学习时间为6个月，学完所有的课程需要1年半的时间，毕业之后可以获得与普通初中学历相当的毕业

---

① 《开明中学讲义社征募新社员——本社章程摘要》，《申报》，1932年9月19日，第1张第4版。
② 同上。

文凭。这种学历函授教育也是借鉴了1922年《壬戌学制》的规定。

其次,开明函授学校的英文科的学历教育又被分为两种教育模式:一种是函授学员可以根据自己的实际需要和经济状况,选择具备完整函授教学环节的学历教育模式;第二种是学员也可以选择具有不完整函授教学环节的学历教育模式(不参加辅导答疑教学环节)。由此可见,开明函授学校的学历教育形式呈现出了更加本土化、更加灵活多变的特点。它的非学历教育形式也是选科制,学员可以从选科课程体系中任意选择一门或多门进行自修。

开明函授学校的非学历教育的招收对象是广大的非正式函授学员。所谓非正式函授学员指的是只需一次交纳购买函授讲义的所有费用,而不需要再交纳入校报名费用的特殊学员。他们完全依靠自己在业余时间自修学校定期邮寄的函授讲义,不参加任何函授教学环节,也不会获得任何修业或毕业证书,是一种完全在函授讲义指导下的、纯粹的自主学习方式。这种自主学习的方式便是非学历教育的办学形式。

开明函授学校英文科学历教育为学员开设的必修课程主要有:语音、书法、词汇、语法、一般社交会话、商业会话、普通信函、商业信函、修辞学、应用文写作、阅读(重视阅读方法、技巧的指导和训练)、新闻翻译、商业翻译、文学翻译、文学史、英美文学、西方习俗礼仪等。上述所有课程讲义都融合在三大本综合性的《开明英文讲义》之中,没有被单独分开。此外,非学历教育还为函授学员开设了以下门类众多的选修课程:珠算、书法、笔记、文字源流、文艺、进化论、医学常识、家事、政治、劳动问题、妇女问题、农业、工业、商业、统计、天文气象、哲学、国际等。

其英文科非学历教育开设的课程与上述学历教育所开设的必修课程完全相同。

(五)奖励制度的特点

与当时大多数普通私立函授学校相比,开明函授学校英文科的奖励制度亦呈现出了多元化、多种类的特点。为鼓励学员的进取心,调动其积极性,开明函授学校英文科也动态性地制订了一系列较为规范的奖励制度,这套奖励制度由学业成绩奖金制度、学业成绩奖品制度和赠品制度构

成,详情如下:

1. 学业成绩奖金制度

办学之初,每3个月对学员学业成绩进行评奖一次,"奖励优厚。每三个月发表成绩一次,对于优良者给予奖励。第一名现金三十元,第二名二十元,第三名十元,以下酌给奖品"①。到了1932年7月25日,由每3个月改为"每六个月发表成绩一次",具体奖励规则没有任何变化②。

2. 学业成绩奖品制度

除了学业成绩优秀的前3名分别可以获得30元、20元和10元的现金奖励之外,第4名和第5名可以分别获得爱国24号自来水笔一支;第6名到第11名,共计6人,可以分别获得价值3元的书券奖励;从第12名到第23名,共计12人可以分别获得价值2元的书券奖励;从第24名到47名,共计24人可以分别获得一年的《中学生杂志》的奖品奖励;从第48名到第56名,共计9人可以分别获得开明文稿一本和字笺一本的奖品奖励;从第57名到67名,共计11人可以分别获得一本A4稿纸的奖品奖励③。

3. 赠品奖励制度

主要包括两种规定:第一种是在指定的时间期限之内,向按时报名接受函授教育的学员赠送购买书籍、学习用品的优待券。比如,在1932年7月至8月间,向所有报名入社的新学员赠送购买书籍、留声机片所使用的优待券。在邮寄给新学员的函授讲义中"附送《中学各科学习法》优待券一纸,此书原价壹元,凭券向上海四马路开明书店总发行所购买,祇收大洋五角,非社员概不赠送"④;"期内缴费入学,附送开明正音片优待券

---

① 《开明中学讲义开始发行广告——总经理处:上海福州路开明书店总发行所、分经理处:广州、沈阳、北平、汉口开明书店分店(印有章程、样本,函索即寄)》,《申报》,1932年4月14日,第1张第4版。
② 《开明中学讲义社减费征募社员、本月底截止》,《申报》,1932年7月25日,第1张第4版。
③ 《上海私立开明函授学校第一届第一期试验给奖案》,《申报》,1933年7月27日,第1张第4版。
④ 《开明中学讲义第一期出版——开明中学讲义社通告》,《申报》,1932年5月14日,第1张第4版。

(定价十二元,凭券祇售九元)及中国模范地图优待券(定价二元五角,凭券祇售一元)各一纸"①。在 1932 年 10 月以内报名入学的学员"概赠送《励志哲学》半价券一纸,原价实价六角,凭券祇收大洋三角"②。在 1933 年 1 月 16 日至 3 月 15 日,"本店因营业发达,原有房屋不敷展布,爰租定四马路八十五、八十六号大洋房一所,业经迁入营业。为报答惠顾诸君雅意,特举行大廉价两个月,拟定办法如下,一、廉价期两个月,一月十六日起、三月十五日止……。四、加入开明中学讲义社,一次缴足社费,原定十八元,期内祇收十五元。分期缴纳,第一次六元,祇收四元。在二月底以前并赠一九三二年《中学生文艺》一册,以前分期缴纳社费者期内如改为一次交足,得照十五元计,已缴社费照除"③。在 1933 年 8 月 21 日至 9 月 30 日,凡是报名入函授学校的学员无论是一次性缴清学费者,还是分期缴付学费者,"并各赠送定价一元之新中国大地图一幅"④。

第二种是定期向所有函授学员免费赠送函授辅导刊物《学员俱乐部》一份,正式函授学员一律免费赠送、邮寄,但是对于非正式函授学员只需要"每册寄下邮票壹角,即行寄赠"。⑤

(六) 交费制度特点

开明函授学校英文科的交费制度为常规交费制度和减收学费制度,详情如下:

1. 常规交费制度

此项收费制度包括两项。其中一项是通常所说的学费收费制度,也分为两种情况:一种是"一次缴纳,计洋十八元于入社时一次付清";另一

---

① 《上海市私立开明函授学校招收学员通告》,《申报》,1933 年 7 月 27 日,第 1 张第 4 版。
② 《开明中学讲义社征募新社员——本社章程摘要》,《申报》,1932 年 9 月 19 日,第 1 张第 4 版。又见《开明中学讲义社赠送〈励志哲学〉半价券》,《大公报》,1932 年 9 月 24 日,第 2 张第 5 版。
③ 《开明书店总发行所迁移纪念大廉价》,《申报》,1933 年 1 月 16 日,第 1 张第 4 版。
④ 《开明书店南京分店开幕大廉价——八月廿一日起,九月三十日止》,《申报》,1933 年 8 月 21 日,第 1 张第 2 版。
⑤ 《开明中学讲义社征募新社员——本社章程摘要》,《申报》,1932 年 9 月 19 日,第 1 张第 4 版。又见《开明中学讲义社赠送〈励志哲学〉半价券》,《大公报》,1932 年 9 月 24 日,第 2 张第 5 版。

种是"分期缴纳,共洋二十一元,计分六期。第一期六元于入社时缴纳,以后每隔三个月为一期,每期三元"①。学完所有函授讲义的期限为 18 个月,通常分为三个阶段,接受函授教育的期限在特殊情况下可以适当延长②。

另一项是学员作业"批答费",亦包括两种具体情况:一种是"一次预缴计洋十八元;由本社按月发给自习册一本"。另一种是"但得按月零缴,将批答费付交本社经理处,领取自习册。每月洋一元二角"③。

2. 减收学费制度

在开办初期,为吸引更多的社会民众报名入社制定了相应的减收学费的具体方案:"一年半毕业,祇收社费十八元;在七月内入社,减收十五元。并可分期缴纳。章程、样本、入学证书等,函索即寄。"④

在具有重大特殊纪念意义的时期,通常要颁布并实施减收学费的具体办法。例如,1933 年 7 月开明书店搬迁至新址之际,"本店迁移纪念期内,各书一律照实价八折,预订杂志九折,讲义社费减收十五元"⑤。1933 年 8 月开明书店新设立的南京分店开业之际,"开明书店南京分店开幕大廉价,八月廿一日起、九月三十日止——期内报名入开明函授学校中学部,一次缴足学费,祇收十五元(原定十八元)。分期缴纳,第一次祇收四元(原定六元)"⑥。

在一些固定时间周期内也出台了相关减收学费的具体规则,比如,"学年更始,减收学费。期间:民国二十二年七月一日起、八月三十日止。

---

① 《开明中学讲义社征募新社员——本社章程摘要》,《申报》,1932 年 9 月 19 日,第 1 张第 4 版。
② 《开明中学讲义社减费征募社员,本月底截止》,《申报》,1932 年 7 月 29 日,第 1 张第 4 版。
③ 《开明中学讲义社征募新社员——本社章程摘要》,《申报》,1932 年 9 月 19 日,第 1 张第 4 版。
④ 《开明中学讲义社可替你解决这种种困难;有志上进,请速报名入社》,《申报》,1932 年 4 月 30 日,第 3 张第 10 版。
⑤ 《中学生杂志社、开明中学讲义社展期赠送一九三二年中学生文艺》,《申报》,1933 年 3 月 1 日,第 1 张第 4 版。
⑥ 《开明书店南京分店开幕大廉价——八月廿一日起,九月三十日止》,《申报》,1933 年 8 月 21 日,第 1 张第 2 版。

办法:一次缴足学费,原定十八元,期内祇收十五元;分期缴费,原定第一次六元,期内祇收四元"①。

五、共同办学特点之总结

(一) 师资共同特点之总结

商务、中华、开明函授学校大打名人牌,从校长、教务主任到英文科主任、一般教员,都是文化教育界和外语界的名师、名流,这对中国早期英语函授教育事业的发展和推广是至关重要的。因为,教员本身就是一张招生名片,可以在招生宣传中产生良好的名人效应。

在当时电子媒介和电子通信工具都相当匮乏的时代背景下,名人效应的传播力量、传播效应都是非常巨大的。通过这种宣传方式,可以迅速扩大函授学校的社会影响力,大力提升其办学知名度和信誉度,有助于在较短的时期内吸引更多的社会成员接受函授教育,有利于函授学校创造良好的社会效益和经济效益。名人效应还可以在较短的时期内有效提高广大中国民众对这种新型开放式教育体制的感受、认知和接受程度,从而有助于函授教育在民国社会的推广和普及。

一流的师资力量为保证英语函授教育质量提供了必要的前提条件。上述英文科师资队伍绝对称得上是超豪华阵容,这充分显示了近代民营出版机构对英语函授教育事业的高度重视态度。高度重视师资队伍的建设工作是非常富有远见的,近代民营出版机构已经自觉意识到了函授教学模式具有不同于学校课堂教学模式的显著特点。

首先,毫无疑问,从事函授教学活动的教师必须具备一名普通学校教师应该拥有的职业素质和能力结构,但函授教育对师资力量有着更高的要求,这是函授教学的特点所决定的。我们可以这样表述现代函授教育:函授教育是以有指导的业余自学为主、集中面授为辅,并有完整教学环节的一种远距离教育形式②。因此,函授教育的全过程,包括教学内容的选

---

① 《上海市私立开明函授学校招收学员通告》,《申报》,1933年7月1日,第2张第6版。
② 杜志全、许建国主编:《函授教育学》,光明日报出版社,1988年12月第1版,第3页。

择、教材的编写、作业布置与批改、辅导答疑、考试等重要的教学管理环节的具体实施,都离不开教师的主导作用[①]。

那么,教师指导学生的一个重要媒介就是其所编辑的函授讲义。教师水平的高低直接决定着函授讲义的编写质量,最终在很大程度上决定着学生自学的成败,仅就这一点而言,已经对教师的综合素质提出了很高的要求。超一流的外语师资队伍完全有能力把其精通的英语专业知识、专业技能,所掌握的英语学科教育教学规律,所拥有的编辑教科书的丰富经验,巧妙地融合在一起,物化于函授讲义之中,从而打造出一整套符合外语函授教育规律的精品函授讲义。

如果再从函授教育的客体——学生的层面去考察,函授教育对教师的业务素质和职业道德要求比普通学校的外语教师要求更为苛刻,因为函授教育的特点还直接造成一名外语教师所面对的学生数量要远远超出一间普通教室所能容纳的学生数量,而且其所面对的教学对象群体更加复杂、更加难以掌控、更加具有挑战性。因为,函授教育的教学对象往往是以在职、下岗、待岗和转岗的成人群体为主体,而成人教育对象的差异性远远大于一致性,主要存在年龄差异、职业差异、学习目的差异、个性差异(包括知识、技能、经验、智力、兴趣等)[②]。通常情况下,在刚刚开始接触期间,成人学员对教师的亲切感、仰慕程度、信任程度和尊重程度都远远低于普通学校的未成年学生所表现出的那样的高度。因此,教师必须在较短的时间内尽快了解和熟悉学生的社会背景和个性心理特点,想方设法消除师生之间的隔膜,尽快构建起一种和谐、互动、互信的"朋友型"师生关系。

然后,在以后的辅导答疑、作业批改的函授教学过程中,教师还要能够解决学员提出的各种复杂多变的疑难问题。由于成人学员群体往往具有一定程度的人生阅历、社会经验和工作经验,这些问题不单单涉及本学

[①] 赖春明:《函授教育与管理》,解放军出版社,1989年6月第1版,第191页。
[②] 祝捷:《成人教育概论》,东北大学出版社,2006年1月第1版,第113—114页。

科的领域,还有可能触及其他学科的范畴,甚至会波及当今社会的热点、敏感话题;不仅仅是理论层面的问题,还有更多的是如何将理论运用到实际层面的问题,还有可能是学习、工作、社会交往中遇到的令人困惑的疑难问题。这些都需要教师做出一个科学而合理的解释和答复。并且还要逐一改正千差万别的错误,这就势必要求教师必须储备广博的信息量,具备宽广的知识结构、丰富的人生阅历和教学实践经验,否则将很难胜任此项工作。

在中国早期的函授教学活动中,近代民营出版机构所从事的英语函授教育基本上都缺乏集中面授的机会。受制于当时的科学技术水平,师生之间存在阻碍听觉、视觉信息的自然传播空间,是一种异地实施教学的、以学生自学为主的教育活动。教师对学生的指导、师生之间的沟通与交流都是通过通信的方式来完成的。无论是学员获取学习内容的载体,还是彼此间沟通、交流的信息内容载体,都必须依赖于纸质媒介上的文字,这就要求教师还必须具备较强的中英双语书面语言表达能力。这种书面表达必须是简洁易懂、富有逻辑、切中要害、文笔流畅、可以达到预期教学效果的,否则就会阻碍函授教学过程的顺利开展,严重损害教学质量,而且还要通过这种卓有成效的书面表达向学员展示教师的文化素养和人格魅力,从而更好地教书育人。显然,商务、中华、开明函授学校所拥有的一大批文化教育界、外语界的名流、名师是完全能够胜任这项工作的。毋庸置疑,近代民营出版机构从事的英语函授教育能够取得如此显著的办学效果,这与它们所拥有的一批高素质英语师资是有着极为密切的关联的。

(二)函授教材共同特点之总结

1. 函授讲义共同特点之总结

如前所述,无论是商务、中华还是开明函授学校编著的英文科函授讲义,都是适合学员自主学习的高质量的函授教材。当然,作为函授教育的客体——函授学员,他们认真阅读了英语函授讲义,对函授讲义的编写特点有着最为切身的体会,他们是最有发言权去评价这三套英文函授讲义的编写水平的。早在商务函授学校英文科办学初期,其精心编撰的高质量的函授讲义便受到了广大学员的高度评价。"本社开办以来未及三年,报名入社者已达两千五百余人之多。承诸同学不弃,来书称许;或赞讲义编纂之完善,或赞改课答问之精细,实属指不胜屈。"① 函授辅导刊物《英语周刊》经常会刊登大量英文科学员的来函,这些信函反映了学员对英语函授教育的看法和观点。现选择其中两封比较有代表性的信函给予公布,从而可以函授学员的视角去评价英语函授讲义的编写特点。

一位英文本科一级学员周孝在曾信函中娓娓而谈,这样写道:"我对于英文,在四个月前,连字母都认不得一个;现在呢,英吉利所有很巧妙的字母,读音,拼法,和很有趣味的文规,我都晓得一二了。至于他的巧妙,究竟巧到怎么样?他的趣味,究竟浓到怎么样?我却一时还说不出来;不过记得有时候我的脑筋很糊涂,拿几本关于英文的书籍看一看,他就会清爽起来了;有时候我的精神很疲倦,再拿几本关于英文的书籍读一读,他也就会振作起来了。事实虽是如此,然而我却不晓得各种英文书籍,都有这种好处呢?还是只有我所读的几本关于英文的书籍,方才有这种好处?现在我把我所读的几本英文书籍的总名,写在下面,给大家看看,就是:商务印书馆附设函授学社英文科讲义。"②

另外一位英文科学员竺崇清在来函中给出这样的评价:"本科讲义,内容丰富,取材新颖,解释精细,举例详明,趣味浓郁,由浅入深。种种优点,罄竹难书,如贵社之办法优美,讲义完善,实为我国一般函授学校,绝无而仅有也。"③ 尽管上述两封信函的表达风格截然不同,一封文字形象生动、富有文采;另一封文字表达精练、言简意赅,但是这两封学员的信函

---

① 《上海商务印书馆附设函授学社英文科特别启事》,《英语周刊》,1918 年 9 月 7 日,第 154 期,封面背面。又见《上海商务印书馆附设函授学社英文科特别启事》,《申报》,1918 年 8 月 1 日,第 1 张第 1 版。
② 《C. P. C. S. News 商务印书馆函授学社新闻》,《英语周刊》,1922 年 3 月 18 日,第 337 期,第 517 页。
③ 《C. P. C. S. News 商务印书馆函授学社新闻》,《英语周刊》,1928 年 9 月 1 日,第 668 期,第 1400 页。

都发出了一种共同的声音,那便是对这套高质量的函授讲义的充分认可。

开明函授学校的众多学员也在函授辅导刊物上纷纷发表自己的意见,表达了对《开明英文讲义》的编写水准的认可。其中一位名叫俞剑峰的学员做出了这样的评价:"我认为它是我唯一的良好读物,忙于职业的我,仍得利用业余时间,来受中等教育,那得不使我欣喜欲狂呢?每期讲义都有讲坛一篇(即学习方法的指导),指示我们独学自习的方法,勉励我们这班没有教师在旁督促的自学者,使我们不断地奋发前进,这确是有益于我们的。各种讲义编制都极详明,只要专心读,便能了解而感到愉快。末后所附的课外讲义所讲的也是立身社会所应具的知识。这种讲义真是不可多得的读物呀。"[1]由此可见,这套编著内容兼顾学校教育、职业教育的函授讲义融合知识性、趣味性和技能性于一体,的确是有效发挥了函授讲义所具备的独特的远距离教育功能。

这三套适合学员自修英语的函授讲义不仅受到了广大学员的欢迎和好评,也引起了社会各界的高度关注。在通常情况下,函授讲义不公开向社会发行出售,而是由函授学校直接邮寄给各个学员。因此非函授学员的英语爱好者无法通过正常渠道购买这些精品函授讲义。如果翻阅一下20世纪20年代出版的《申报》,经常可以发现一些个人刊登的以高价出售或求购商务、中华、开明函授学校英文科讲义的商业广告,例如,1924年8月5日刊登的《讲义出让》广告[2],1924年9月23日登载的《收买函授讲义》广告[3],1926年12月23日刊发的《讲义出让,独习之好机会》广告[4],等等。有文化教育界人士竟然开出50元的价格出售一套中华函授学校英文科编写的"第三级英文讲义"[5]。

---

[1] 俞剑峰:《开明中学讲义》,《上海市私立开明函授学校学员俱乐部》,1933年11月第6号,第18—19页。
[2] 《本埠增刊——讲义出让》,《申报》,1924年8月5日,第1张第1版。
[3] 《本埠新闻——收买函授讲义》,《申报》,1924年9月23日,第1张第4版。
[4] 《本埠新闻——讲义出让,独习之好机会》,《申报》,1926年12月23日,第2张第8版。
[5] 《本埠增刊——讲义出让》,《申报》,1924年8月5日,第1张第1版。

某种文化商品的学术价值、应用价值越大,其相对应的商品价格就会越高。从市场的供需层面来审视近代民营出版机构编著的英语函授讲义,可谓是"有市有价",这也充分验证了英语函授讲义的编撰质量之高,其为近代民营出版机构取得英语函授教育办学成功的一个不可或缺的必要因素。

2. 有声函授讲义共同特点之总结

20世纪二三十年代,商务印书馆、中华书局、开明书店陆续利用当时欧美先进的录音技术,聘请知名外语专家灌制留声机片,先后为各自开办的函授学校英文科学员精心制作了一套有声函授教材——英语留声机片。如前所述,这三套英语留声机片都具有以下三个共同特点:第一,由知名外语专家灌制,以保证发音的标准性、规范性、经典性和权威性。第二,配备一本配套的英语留声机片课本,以便学员更好地跟读、模仿留声机片的标准发音,非常适合学员自修英语语音。第三,将知识性、技能性与趣味性融为一体,有利于学员掌握发音技巧,形成正确的语音面貌。显然,这三套英语留声机片都是适合学员自主学习的高质量的有声函授教材。

商务、中华、开明各自先后制作、发行的这套有声函授教材为全国各地的函授学员提供了一个相对标准的英语语音、会话范本,为散居在各地的函授学员学习、模仿、掌握和运用标准的英美式发音范式提供了极大的帮助。用它来辅助人工教授英语可以更加有效地提高学习者的发音水准,训练其养成标准、流畅和悦耳的语调。并且它可以持续、反复对人的大脑产生强烈的听觉冲击,有利于增强大脑的记忆力。更为重要的是,它可以激发初学者的学习动机,培养其兴趣,并在一定程度上改善国人学习英语的外语语言环境,非常有助于推动自学过程的顺利开展,有效地提高函授学员的自学效率,其教学效果之显著是可想而知的。

教学用具在实际的课堂教学中所具有的重要功能和作用在教育界早已达成共识。一般来讲,教学用具指的是,在教育教学的过程中,为了能够使学生直观、形象地理解教学内容而由教师所使用的各类器具及用具的总称。教师借助教具,可以较为直观地展现某种讲解对象的形态、色彩、大小、体积、声音、运动状况等外观特点;可以有效地弥补教师仅仅依赖自身的语言(包括身体语言)与纸质教材所传递知识信息的不足;可以激发学生的好奇心,调动其学习积极性,丰富其感性认识,帮助他们形成明确的、富有逻辑的概念;可以更好地培养、锻炼和发展学生的观察能力、辨析能力和思维能力。从古至今,我国教育界历来一直都很重视教学用具的制作和使用。但是在20世纪20年代以前,由于科学技术的限制,我国教育界人士在课堂教学中所使用的教学用具都是一种相对静态的、无声的固态物体,它无法在学生面前形成一个多维的、视听一体化的、连贯的、动态的、完整的图景或场景。因此,有些更加复杂、抽象、远离公众视野的、超出一般人士的理解能力之外的概念、定义、知识、技能,根本无法仅仅通过上述教学用具向学生传递足量的、可供解读的教育信息。这对于一些应用科学、语言等科目的讲解和传授都是非常不利的。而留声机片价格相对低廉,播放技术简单,操作程序易于掌握,学习者可以随时播放、跟读和自修。毫无疑问,留声机片应该是当时最容易推广和普及的一种重要的语言教学工具。在课堂教学中,教材是沟通教师与学生之间的最重要的媒介之一,尤其是在外语教学中,外语教材的编写越是多元化,越是立体化,它的沟通功能、沟通效果就会越加显著。一套系统的、高质量的外语教材对教师、学生、教学过程以及教学结果都起着积极的作用[①]。英语留声机片与其配套课本以及函授讲义相辅相成、互为补充,有力保证了函授教育的质量,有效提高了函授学员的自学效率。

  语音是由人的发音器官发出的、表达一定意义的声音。语音是语言的物质外壳,它随着人类社会的发展而演变。语音跟语义有着紧密联系,它是人们交际中信息的载体,而且不同的语音系统在一定程度上可以反映出不同民族在思维方式上的差异。[②] 比如,尽管英语是非声调语言,它

[①] 程晓堂:《英语教材分析与设计》,外语教学与研究出版社,2002年4月第1版,第1—10页。
[②] 何善芬:《英汉语言对比研究》,上海外语教育出版社,2002年7月第1版,第5页。

的单词没有声调,但是它的句子必须具有自己的语调。英语的语调正如汉语的声调一样,在言语中的作用是非同小可的。英语语调主要具备以下几个语言功能:强调功能、语法功能、表义功能、语段功能和表态功能[①]。鉴于语音在语言系统中的重要位置,认知和研究任何一种现代语言,都应该先从这种语言的语音体系开始。显然,近代民营出版机构制作的这三套英语留声机片作为一种记录声音的电子载体,为当时我国语言学界、外语界开展相关研究提供了一个便于保存、可供多次重复考察的理想样本。在一定的技术条件和储存环境下,留声机片可以保存相当长的时间。由于它忠实地复制了受过正规教育、具有代表性的某一个体或群体在某一个历史时段曾经真实使用过的用来交际的标准、规范的英语口头语言,因此它不仅被赋予了相当完美的传承历史英语语言的功能,而且它还具备完全再现和展示这种标准口头语言的重要功能,这就为后人了解和探究这一历史时期的社会英语语言面貌提供了极其宝贵的有声文献资料。留声机片的这种特质是任何一种纸质媒介都无法媲美的。

中国传统教学用具的近代化是中国教育近代化所包含的重要内容和重要环节之一。近代民营出版机构最先将这种有声的电子教学用具——英语留声机片,引入中国英语教育领域,这必将对中国教学用具的近代化产生深远、广泛的影响。由于史料有限,目前我们尚不清楚究竟有多少函授学员购买和使用了这种英语留声机片。但如前所述,商务、中华、开明制作、发售的这三套英语留声机片,由于制作精良、质量上乘,备受广大函授学员的欢迎和好评。

(三)辅导答疑、作业批改、教学考核环节共同特点之总结

如前所述,商务、中华、开明函授学校英文科都构建了较为完备的辅导答疑、作业批改教学环节,且在教学实践活动中对上述教学环节都给予了高度重视并认真实施,有力推动了函授教学过程的顺利开展,充分起到

---

① 何善芬:《英汉语言对比研究》,上海外语教育出版社,2002年7月第1版,第47—59页。

了辅助函授学员开展自主学习的重要功能,为保证函授教育的质量奠定了坚实的基础。

商务、中华、开明函授学校英文科所采取的都是以动态性评价方式为主体的考核体系。这种考核体系不仅能够比较客观、真实、全面、动态地反映出一个学员的学习成长过程和英语综合素质的发展轨迹,而且还能够避免"一次考试定终身"所导致的不公平现象的发生,从而有助于帮助函授学校对个体学员的学业成绩做出一个比较公平、公正、合理的评估和判断。

(四)教学体制共同特点之总结

如前所述,商务、中华、开明函授学校英文科的办学形式、办学层次都没有照搬欧美的单一的高等函授教学体制,而是富有创造性地构建了一套"双轨"教学体制,兼顾学历教育与非学历教育。这三所函授学校建构的适合国情、灵活多变、富有弹性的教学体制充分考虑了学员个性化的学习需求,兼顾升学、就业与研究的三重需要;理解、尊重和支持学员个体之间的差异,扬长避短,尽力发掘不同类型学员群体所具备的学习潜力,尽量发挥他们各自的学习优势,在很大程度上有力保证了函授教育的办学成功。

如果将商务、中华、开明函授学校英文科课程设置体系放在一起,做以整体的考察和审视,可以发现具有以下共同的显著特点:初级侧重于语言知识的学习兼顾一般性的语言技能;中级侧重于专门性职业语言技能的训练,兼顾语言知识和语言文化的学习;而高级侧重于语言的研究兼顾专门性职业语言技能和语言文化的训练。语言知识、技能依次从一般社会用途,到专门职业领域用途(以工商业界为主),再到综合用途的发展轨迹转变。整体而言,课程体系的专业性、技能性、理论性、复杂性、系统性的难度是逐渐递增、循序渐进的。还有一点需要注意的是:每一级开设的课程都特别注重语言技能的培养和训练,强调学以致用。

上述课程设置体系遵循了这样的发展逻辑:由简单到复杂,由易到难,由具体到抽象,这套课程设置体系的安排路径符合一般人士在业余自修时候的认知规律。不仅如此,每一级的课程设置都特别强调语言的技能性、实用性和应用性,这种设置方式比较符合成人群体的学习心理特点。成人群体通常都以在职人士为主体,他们具有丰富的生活阅历、工作经验,具有较强的实践能力和动手能力。在函授教学的过程中,尤其是这种实践性、应用性较强的课程往往能够引起他们浓厚的兴趣,能够使他们产生较强的学习动力,因此上述课程设置的特点非常有助于提高函授教育的办学质量。

上述三所函授学校英文科的课程设置不但相当丰富、较为完备,而且也较为科学、合理,这与它们的办学形式、办学层次完全一样,能够在最大限度内满足不同学员群体的个性化、差异性学习需求,这也充分彰显了成人教育最为显著的特质。毋庸置疑,商务、中华、开明函授学校制定的这套适合国情、灵活多变、富有弹性的英文科教学体制也是其取得办学成功的必要因素。

近代以来,中国传统教育的变革所体现出来的最本质特征,就是实用性、民主性、科学性和开放性,这也正是我们所理解的教育近代化的基本内涵。那么,在中国教育近代化的历程中,商务印书馆、中华书局、开明书店将起源于欧美的这种先进的开放式教育制度——函授教育引入中国外语教育领域,其所从事的英语函授教育起到了重要的推手作用。商务、中华、开明函授学校英文科不设置任何招生门槛,没有性别、年龄、地域、家庭出身、宗教信仰的束缚,不受时空、职业的限制,任何愿意学习英语的社会各界人士都可以随时随地办理注册手续,及时参加函授学习。这种新型的函授教育制度在很大程度上促进了教育的公平、公正,它为广大未能完成学业的中下层民众、寒门子弟提供了一次极其宝贵的、通过校外教育的新途径去接受继续教育的宝贵机会。翻阅商务印书馆发行的《英语周刊》,经常可以看到一些英文科函授学员写给函授学校的感谢信。

其中有两封信函颇具代表性,一封是英文本科第三级学员田兆勋的来函:"一个半途失学的人,正在对付不下他的求知欲的时候,忽然找到了一条出路,一个满足这种欲望的途径——函授学社——他的兴奋的热度,也就可以想象得出了。本来受经济压迫的人,及有职业的人,是没有求学的机会的,进一步说,是没有享受这种权利的可能的,而函授学社竟大开方便之门,与失学的学子一个补习的捷径,这不得不感谢贵社对于教育所抱的热忱。我入贵社虽没有许多时候,可是颇觉自己的英文程度已有些小进步,这自然应当归功于讲义之精审,注释之详明,和诸位先生批改课卷之认真迅速。因此我对于函授学社,有了一个深刻的认识,他在我一生中,可说是最可纪念的,我永远忘不掉他的。"①

另一封是英文本科第二级学员余汉名的来函:"自修英文,甚不易易,尤其在偏僻的地方,既乏良师解惑决疑,又无书籍可以购买。且各书局所售者,多不适自修之用,就学校教科书而言,原以供给教员教读,故非解释不易明瞭。惟贵社讲义,适合自修,按次研读,绝少解释之处。又学校所用之英文教科书,多为读本、文法两种,而贵社每级俱有多种讲义,同时可收相当的完全英文知识。所以贵社不仅为自修者的导师,亦是身在校中者的明灯。"②

读着这一封封饱含感激之情的肺腑之言,不禁让人感慨万千,内心久久不能平静。上述两位有志青年都是由于客观环境的限制而无法通过正规学校接受教育,无法进一步提高其英语综合素质,从而影响了其正常的职业发展和学业进步。正当他们处于人生低谷之际,商务函授学校英文科使他们看到了希望的曙光,再次点燃了他们渴望上进的激情,使他们鼓起勇气,重拾人生梦想,为他们指明了前进的方向。

又有多少位像上述的两名有为青年那样,充分利用业余时间,通过参加函授教育的方式,努力吸取新知、提高技能,进而改变了人生的际遇,实现了人生的理想。这种新型的开放式函授学校所具备的办学优势和独特的社会教育功能,是普通学校的教育制度所无法与之媲美的。

近代民营出版机构都没有简单地从欧美国家移植这种新型的开放式教育体制,而是在借鉴中进行了可贵的探索和创新,又将中国近代两次最

---

① 《C. P. C. S. News 商务印书馆函授学社新闻——英文本科第三级学员田兆勋君来函》,《英语周刊》,1929 年 2 月 2 日,第 689 期,第 1820 页。
② 《C. P. C. S. News 商务印书馆函授学社新闻——英文本科第二级学员余汉名君来函》,《英语周刊》,1929 年 10 月 19 日,第 725 期,第 524 页。

重要的学制改革成果引入英语函授教育领域,创建了一套适合中国国情、灵活多变、富有弹性的"双轨"教学体制。商务、中华、开明函授学校的办学形式、办学层次、课程设置体系呈现出了多元化、多样化的特点,以期在最大限度之内能够满足不同社会成人群体对英语函授教育的个性化、差异性需求。商务、中华、开明函授学校英文科能够取得如此突出的办学成就,它们各自创建的颇具本土色彩、富于创新精神的函授教育体制功不可没。

函授教育是中国传统成人教育向现代成人教育转变过程中的一个非常重要的环节,它起到了承上启下的重要功能。近代民营出版机构不是简单地引进发轫于欧美的函授教育体制,而是吸取、借鉴其合理成分,科学、大胆地对此进行创新,努力构建了一套适合中国国情的函授教育体制。围绕着这套科学化、本土化的函授教育体制,其开展了长达数十年的丰富多彩的英语函授教育实践活动,取得了引人瞩目的办学成就,这本身就是对中国教育近代化事业做出的一个非常重要的贡献。仅仅从这个层面而言,近代民营出版从事的英语函授教育已经在一定程度上有力促进了中国教育由传统到近代的发展。

纵观近代民营出版机构从事英语函授教育的历史发展轨迹,应该说,每一个时期所制定的函授教育体制既适应于中国社会变革的需要,也集中反映了某一个历史阶段重大教育改革的成果;它既是对西方先进的函授教育制度的学习借鉴,又及时吸取本土学校教育制度的最新革新成果,更是彰显了一种可贵的立足国情、脚踏实地、敢于创新的探索精神。从商务制定的英语函授教育体制到中华、开明制定的相关制度的演变、递进的历程中,呈现出这样一幅鲜明的、富有时代特征的历史画卷:民国英语函授教育在制度建设方面不断趋向民主、科学、本土,变得越发成熟和完善;民国文化教育界在向西方学习的过程中自主意识和创新能力日渐增强、提升。

(五)奖励制度共同特点之总结

如前所述,商务、中华、开明函授学校制定的多层次、多种类的英文科奖励机制,都尽量使获奖覆盖面更广,获奖机会更多,资助力度更强,不仅关注函授学员的现在,而且还关注其未来。学员既可以获得物质(现金和物品)奖励,还可以获得在《申报》上刊登其个人信息的一种精神奖励。而且获得的物品奖励往往都是与英语自学密切相关参考书、工具书、辅导书、杂志等,这些书籍和刊物都是函授学员在业余时间自修英语的过程中不可或缺的得力助手。

商务、中华、开明函授学校英文科精心构建的动态性的、立体化的奖励制度究竟对函授学员的自学进程产生了怎样的积极影响呢?现在以商务函授学校为个案进行分析和论证。从下面即将公布的几份重要史料中便可窥见一斑。

早在商务函授学校英文科的办学初期,学者严天倅在1917年12月出版的《教育杂志》上发表了一篇题目为《中国之函授学校》的学术论文,作者在综合考察了国内各种不同类别的函授学校办学情况的基础之上,明确指出"中国人所办之函授学校,当以商务印书馆英文函授学社为规模最大,声誉最著"[①]。之所以取得如此显著的办学成绩,严天倅认为商务函授学校英文科构建的这套奖励制度起到了相当重要的作用[②]。

至1934年2月,由商务印书馆出版的《同行月刊》刊发了一篇题目为《本馆函授学校的进展与革新》的文章,就专门论及了商务函授学校英文科制定的这套年度毕业奖学金奖励制度是如何有效调动了函授学员的学习积极性的。文章谈道,在最近一期举办的年度毕业奖学金评比活动中,所有获奖函授学员"近已缮具收条,向本校领取奖金。来函备道感忱,并谓益将努力习学,以求精进。诚可佩也"[③]。

除了上述两份史料之外,在1928年4月至1932年1月期间出版的函授辅导刊物《英语周刊》设置的一系列《商务印书馆函授学社新闻》栏目

[①] 严天倅:《中国之函授学校》,《教育杂志》,第9卷第12期,1917年12月,第73页。
[②] 同上书,第74页。
[③] 四维:《本馆函授学校的进展与革新》,《同行月刊》,第2卷第4期,1934年2月,第14页。

所刊发的数量众多的英文科函授学员的来函也格外引人瞩目。据统计，从第651期至第837期《英语周刊》共计刊登了72位英文科函授学员写给商务函授学校的感谢信函，其中有37位学员在信函中明确表达了在其接受英语函授教育的过程中，他们都受到了英文科颁发的奖品或奖金的激励和鼓励[①]。

这套多元化、多种类的奖励机制起到了鼓舞和激励学员的积极作用；在此套奖励机制和其他因素的共同影响下，一些学员在获得某一级的修业证书之后，打算继续升级，争取获得更高一级的修业证书或毕业证书；还有一些学员竟然连续学完本科四级的课程，最终获得了毕业证书。现从上述的37位学员的来函中选择其中5封信函为例，从中可以看出端倪。其中一封的具体内容如下："英文本科学员李秉琮君来函——敬肃者，顷由邮局寄下修业证书及颁奖券各一张，其他印刷品多件，谨收谢谢，琮自前年十二月报名入学，中间因受时局影响，辍学多时，直至去年十月始继续修读，今年始将第一级功课修完，日来借得英语模范读本第二册试读，自觉尚无困难，拟俟此书读毕后，再行升级，更望先生等随时督促，勿使间断，实为万幸。"[②]

另一封信函的详情如下："英文本科第一级薛圣俞君来函——敬肃者，顷由邮局交来第一级修业证书及领奖券各一纸，与其他印刷品多件，敬收谢谢，谬蒙奖饰，愧不克当，非云成绩之佳，实由诸先生循循善诱，教导有方，有以致之耳，圣俞自入贵社以来，所得之英文智识，确已不少，蒙颁证书，复给奖品，热心鼓励，感激之至，圣俞现已加入第二级，望诸先生随时督促，幸甚。"[③]

---

① 资料来源：从1928年4月28日出版的第651期至1932年1月16日出版的第837期函授辅导刊物《英语周刊》所设置的一系列《商务印书馆函授学社新闻》。
② 《C.P.C.S. News 商务印书馆函授学社新闻——英文本科学员李秉琮君来函》，《英语周刊》，1929年3月23日，第696期，第1960页。
③ 《C.P.C.S. News 商务印书馆函授学社新闻——英文本科第一级薛圣俞君来函》，《英语周刊》，1929年6月22日，第708期，第184页。

第三封信函的具体内容如下:"英文选科丁级学员赵齐贤君来函——学生自入贵社,蒙社中诸先生循循善诱,英文智识较前大有进步,饮水思源,皆诸先生之赐也。此次毕业,蒙赐证书及奖品,诚为咸愧,学生拟温习一二月,即续入他级,以期不负诸先生教导之一番苦心(十八年八月六日)。"①

第四封信函的具体内容是:"英文本科第一级学员张脉新君来函——顷由邮局递到贵社寄发之邮件,内有修业证书及赠书券各一纸。学员蒙诸先生之训导,茅塞顿开,已感激之不暇。今又承厚赐,心实不安,特修寸牍,以表谢忱。学员现正努力温习旧课,一俟温理就绪,当即报名加入第二级,再浴春风也(十九年十一月二十日)。"②

第五封信函的具体内容是:"英文本科第四级学员张泉生君来函——生自蒙友人李君翔生介绍加入贵社英文本科,自第一级修起,依次升入第四级,今第四级业已修毕。只因生年岁较大,记忆力弱,故成绩平庸。幸能从恒字上用功,故费时虽然较久,在学业上卒得一结束,乃蒙于中英文毕业证书之外,加奖书券,拜领之下,感谢莫铭。……(十九年九月十二日)。"③

由此可见,函授学社邮寄的领奖券与其他印刷品(即赠品)使这五位学员备受鼓舞,体验到了成功的快乐,对培养他们的学校产生了感激之情,这一切都为他们继续深造提供了持久的动力支持,增强了其克服困难的毅力,使其养成了一种良好的自主学习的习惯。

综上所述,上述"双重"奖励机制的制定和实施的确是起到了它独特的激励作用,产生了良好的教学效果。它可以充分调动学员的学习积极性,激发其学习热情;使学员保持长久的学习动力,培养其自主学习的毅力,有助于提高英语函授教育的教学质量和办学效能。对此,商务、中华、

---

① 《C. P. C. S. News 商务印书馆函授学社新闻——英文科丁级学员赵齐贤君来函》,《英语周刊》,1929 年 9 月 29 日,第 722 期,第 464 页。
② 《C. P. C. S. News 商务印书馆函授学社新闻——英文本科第一级学员张脉新君来函》,《英语周刊》,1931 年 1 月 10 日,第 1744 页。
③ 《C. P. C. S. News 商务印书馆函授学社新闻——英文本科第四级学员张泉生君来函》,《英语周刊》,1930 年 10 月 25 日,第 776 期,第 1544 页。

开明函授学校都清醒地意识到了这一点,商务函授学校这样认为:"本社开办仅两年,社员多至两千数百名,大半均为有职业之人竟能惜爱光阴,抽闲求学,不胜钦敬,兹为酬答诸君热诚向学起见,拟有奖励办法。"①中华函授学校的观点是:"求学贵有恒心,诚能立定主意,始终勿懈,无有不成功者;否则功亏一篑,岂不可惜。敝校对于成绩优良各学员,备有奖金外……"②开明函授学校对此的观点是:"至于成绩考察后的给奖,那无非使由比较而生的兴趣,更加浓厚一点、持久一点。因为函授学校学员互相比较的机会少,所以不能不有此种增进其影响的设施,这一点,也要请各位学员注意,尤其是各位得奖的学员。"③更为重要的是,学员一旦能够形成持久的自学动力和较强的自学毅力,这会使其终身受益。同时,在一定程度上还减轻了学员的经济压力,还可以向函授学员宣传、介绍和推广近代民营出版机构发行的图书期刊,可谓一举三得。

由前所述可知,在商务、中华函授学校英文科的年度学业成绩评选活动中,除了获得现金奖励的学员名额有限制外,只要按照要求参加评比活动的毕业学员都可以获得价值不等的奖品奖励,就是说获得年度学业成绩奖品奖励的学员名额没有任何限制。在开明函授学校每隔6个月举行一次的学业成绩评比活动中,除了前3名的学员可以获得现金奖励以外,还有多达56人的函授学员都有机会获得价值不等、种类不同的奖品奖励。除了定期评比的学业成绩奖励制度以外,商务、中华、开明函授学校还为英文科制定了其他不同形式、不同类别的多元化、多途径的奖励机制,可以说几乎每个函授学员都有获奖的机会。

上述奖励机制的获奖范围之广、获奖机率之高、获奖人数之多、奖励力度之大是不言而喻的。上述三所函授学校构建的这样一套奖励机制,不仅彰显了近代民营出版机构的"吾辈当以扶助教育为己任"的出版文化

---

① 《奖励金第一名现洋五十元——上海商务印书馆附设函授学社英文科谨启》,《申报》,1918年3月4日,第1张第1版。
② 《上海市教育局登记私立中华书局函授学校招收学员》,《申报》,1935年12月23日,第1张第3版。
③ 惜余:《成绩考察与学习》,《学员俱乐部》,1933年8月20日,第5号,第318页。

理念,而且也很好地诠释了其英文科取得办学成功的一个重要原因,那就是多元化、多层次、多种类的奖励制度有效调动了在读学员的上进心,激发了其学习热情,使其保持了持续的学习动力,强化了其自主学习毅力。在完成本阶段的学业之后,主动转入下一个阶段的课程学习,直至坚持到最后,顺利获得毕业证书。对于那些处于观望和犹豫状态中的广大中下层民众而言也具有相当大的鼓动性和吸引力,可以促使他们早日报名入学,接受函授教育。更为重要的是,学员一旦形成较强的自学毅力,养成良好的自学习惯,便将会使他们受益终身。诚然,这也是近代民营出版机构从事英语函授教育取得成功的一个不可忽略的重要因素。

(六)交费制度共同特点之总结

由前所述可知,商务函授学校英文科的常规收费情况如下:在两年的学习期限内,一级收费 20 元,二、三、四级各收费 30 元。中华函授学校英文科的常规收费情况是:1926—1923 年期间,在两年的学习期限内,初等第一级收费 20 元,初等第二级以上至高等三级,每级收费都是 30 元。在 1935 年改革学制之后,初级收费 12 元,中级收费 16 元,高级收费 20 元。开明函授学校英文科的常规收费情况是:在 18 个月(一年半的时间)的学习期限之内,收费为 18 元。

由于以上三所函授学校兼顾普通中学教育和中等职业教育的办学性质,首先,我们不妨将它们的收费价格分别与同在上海一地的公私立中学、职业学校做以比较,从中可以看出其收费的合理性和廉价性。根据《申报》的记载,在 1917 年上海崇实中学的收费如下:"通常学生每半年每名洋二十元,中膳生加膳费洋十元,寄宿生加膳宿费洋三十元,均于入学时预缴。"[1]在同一时期上海甲种商业学校每半年的收费为 16 元,膳宿费是 21 元 6 角[2]。1925 年 8 月江苏省教育行政部门规定全省各地的公立中学对新旧学生的每学期收费数额为 20 元,膳宿费 4 至 8 元不等[3]。经

---

[1] 《上海崇实中学及附属两等小学简章》,《申报》,1917 年 1 月 15 日,第 3 张第 12 版。
[2] 《上海甲种商业学校紧要广告》,《申报》,1913 年 9 月 16 日,第 1 张第 4 版。
[3] 《教育消息——要闻:江苏十四年度教费预算已决定》,《申报》,1925 年 8 月 7 日,第 3 张第 9 版。

过上述收费数额的比对,可以清楚地发现在商务、中华、开明函授学校学习两年的花费还不及在江苏省一所中学、职业学校学习半年的费用,这种收费是相当低廉的。

上述中学、职业学校都位于江苏省,属于东部较为发达的沿海地区,其学校整体收费水准较高,那么,如果把商务、中华、开明函授学校的收费标准与民国中西部公立学校的收费水准做以比较,情况又会如何呢?现在以1928年湖北省为例进行说明:湖北省教育厅明文规定各地公立初级中学每名学生每学期应交纳学费6元,高中每学期交纳9元[①]。这样算来,初中(3年制)毕业费用至少为36元,高中(3年制)毕业费用至少是54元。而在商务、中华函授学校获得相当于高中、初中单科(英语)学历的花费分别是30元、20元(后降至12元),在开明函授学校(英文科与其他学科融合在一起学习),获得相当于初中单科(英语)学历的花费分别是30元、30元(后降至16元)。由此可见,从整体上来说,这三所函授学校英文科的收费标准也要远远低于中部地区公立中学的收费标准。况且,为了有效缓解学员一次性付清学费的经济压力,每所函授学校都制定了分期交付学费的具体方案,交费方式因人而异、灵活多变、富有弹性。

不仅如此,上述三所函授学校英文科经常不定期开展减收学费活动,而且其减收学费次数相当频繁,减收学费的期限持续时间较长且减收学费的力度相当大,这种优惠活动使广大中下层民众受益良多。这套适合国情、灵活多变、收费低廉的交费制度的颁布和实施充分说明了商务、中华、开明函授学校意识到了在中国广袤的东、中、西部地区,南方与北方,沿海与内地,大中城市与偏远乡村之间,其经济水平、受战争的破坏程度都存在着较大的差异;充分考虑到了不同成人学员群体在其居住地的经济发展水平、家庭收入、职业状况等方面实际存在的个体性差异。毫无疑问,这套多元化交费制度的实施能够在较大的限度内满足成人学员群体

---

① 《教育栏——鄂省中学校学费仍照旧,初中生每期六元,高中生每期九元》,《益世报(天津)》,1928年3月19日,第4张第16版。

的个体需求,能够被广大的处于工薪阶层的成人群体所接受。这套交费制度在很大程度上有效地缓解了来自社会中下层的函授学员的经济压力,有利于他们按时完成学业;而且还可以很好地避免由于经济压力而导致学员流失现象的发生,就如开明函授学校向函授学员所郑重承诺的那样,"我们的中学校(即开明函授学校)不必使学生的父母负重大的经济负担"①。

还需要引起我们关注的一点是,中华、开明这两所函授学校英文科制定的收费标准不仅明显低于老牌的商务函授学校英文科,而且它们减收学费的次数、持续时间和力度都远远超过商务函授学校英文科。显然,作为后起之秀的中华、开明函授学校试图通过这种方式增加办学优势的筹码,提高自己的竞争实力,更好地开展与商务函授学校英文科之间的竞争活动,至少可以在收费制度的层面立于不败之地。三者之间在收费制度上展开的激烈竞争活动最终使函授学员获益,以较低的经济支出获得了高质量的英语函授教育。

近代民营出版机构制定的这套学费低廉、缴费方式灵活交费制度使广大中下层民众接受英语函授教育的机会大大增加,有利于函授教育的推广和普及。当然,这种灵活多变的交费制度不仅体现了函授教育制度自身"惠而不贵"的特点,而且也向社会各界鲜明地传达了近代民营出版机构所大力提倡和一贯坚守的"吾辈当以扶助教育为己任""昌明教育,开启民智"的出版理念和文化追求。

第二节 显著的办学效果

通常人们评价一所普通中学或中等职业学校的办学效果,其评价标准和评价维度既有相同点,也有不同点。其相同点是,都会考虑一所学校

---

① 开明中学讲义社:《我们的豪言》,《社员俱乐部》,1932 年 8 月,第 1 期(创刊号),第 1 页。

的在读学生总人数、历届毕业总人数、毕业学生在日后取得的成就、毕业学生服务社会情况等方面。其不同点则差异较大,评价一所普通中学时,人们往往更加关注的是学生的会考成绩、毕业学生升入更高一级学校的入学考试成绩、被更高一级学校录取的人数等层面。而评价一所中等职业学校,往往会从学生的就业状况、就业去向等层面去审视和衡量。显然,上述这些不同点都是由于普通中学、中等职业学校的办学宗旨、教育目标、教育体制彼此之间存在较大的差异所造成的。

中国近代特殊的社会背景决定了商务、中华、开明函授学校的英文科在不同的历史发展阶段都兼顾了普通中学教育、中等职业教育的双重属性。但是,函授教育又是一种能够突破时空藩篱、不受职业束缚、利用业余时间以自修为主的开放式远程教育。还有,函授教育亦是成人教育结构系统中的一种重要类型,在职成人群体往往是上述三所函授学校重要的招收对象。因此,很显然,一所函授学校所拥有的学员来源地构成情况、职业领域构成情况、所就读学校种类及层次越具多元化、越呈现复杂的特点,就越能体现出函授教育的远程性、开放性的特色,也就越能在一定程度上说明其所产生的重要办学影响力及取得的显著办学效果。综合考虑上述因素,本章主要从学员的人数、学员的来源地情况、学员的供职或求学状况等若干层面来探讨、论述其取得的显著办学效果。

一、商务函授学校英文科的办学效果

(一) 从办学人数看其办学效果

由于商务函授学校英文科办学历史最久、办学影响力最大、办学声誉最佳,因此,其英语函授教育最具代表性、典型性,也最具个案研究价值,它所留下的文献资料也最为丰富。为此,我们将对其学员人数情况进行重点考察。为了能够从整体上动态地、清晰地、连贯地展现函授学校英文科在1916—1937年间学员人数及毕业人数的历史图景,现将其以表格的形式展示出来,请浏览表1。

表 1　商务函授学校英文科学员人数情况统计①

序号	年、月份	专业	在读学员人数	毕业学员人数	备注
1	1916年8月	英文科	800人	无	1915年7月开始招生，9月正式开学

---

① 有关表1的资料来源,参见:《讲习英文之捷径——上海商务印书馆附设函授学社英文科启》,《申报》,1916年8月13日,第1张第1版;《勤学者有奖——商务印书馆附设函授学社英文科启》,《申报》,1917年4月7日,第1张第1版;《暑假补习英文之好机会——商务印书馆附设函授学社英文科谨启》,《申报》,1917年7月10日,第1张第版;《商务印书馆附设函授学社英文科》,《申报》,1917年10月7日,第1张第1版;《奖励金第一名现洋五十元——上海商务印书馆附设函授学社英文科谨启》,《申报》,1918年3月4日,第1张第1版;《紧要通告——上海商务印书馆附设函授学社英文科谨启》,《申报》,1918年7月15日,第1张第1版;《上海宝山路商务印书馆函授学社英文科招生广告》,《申报》,1921年1月1日,第1张第3版;《上海宝山路商务印书馆函授学社英文科招生广告》,《申报》,1921年7月6日,第1张第2版;《上海宝山路商务印书馆函授学社英文科招生广告》,《申报》,1922年1月4日,第1张第3版;《上海宝山路商务印书馆函授学社》,《申报》,1922年4月5日,第1张第3版;《上海宝山路商务印书馆函授学社》,《申报》,1922年6月9日,第1张第3版;《上海宝山路商务印书馆函授学社》,《申报》,1922年9月16日,第1张第3版;《从来没有生下来就聪明、就有学问的人——国语科、英文科、算学科——我们这三科的讲义:英文、国语、算学使人得到学问的利器》,《申报》,1923年1月10日,第1张第2版;《阁下不是有志求学而苦于无入校的机会吗？请即日加入商务印书馆函授学社》,《申报》,1923年5月21日,第1张第2版;《商务印书馆函授学社优待学员办法》,《申报》,1926年8月3日,第2张第6版;《商务印书馆函授学社半费优待、截止在即——纪念期限只余六天》,《申报》,1926年9月25日,第2张第7版;《家产百万,不如薄技在身！——商务印书馆函授学社谨启》,《申报》,1926年10月17日,第1张第4版;《有志求学者公鉴——上海宝山路商务印书馆函授学社谨启》,《申报》,1927年3月12日,第1张第3版;《上海商务印书馆函授学社为我国成绩最佳、信用最著之通信教授机关》,《申报》,1927年8月10日,第1张第3版;《商务印书馆函授学社》,《申报》,1929年12月6日,第1张第1版;《历史最悠久的、设备最完善的、成绩最卓著的补习教育机关:商务印书馆附设函授学社》,《申报》,1931年2月23日,第1张第3版;《上海市教育局登记私立商务印书馆函授学校国文科、英文科招生》,《申报》,1935年2月24日,第2张第5版;《上海市教育局登记私立商务印书馆函授学校添设日文科、图书馆学科——联合四科、减收学费;征求新学员》,《申报》,1937年7月4日,第2张第6版;《馆事消息——编译所:函授学社各科近况》,《励志》,1925年6月第2期,第78—80页;《馆事消息——编译所:函授学社近事》,《励志》,1925年9月第3期,第78页;《馆事消息——编译所:函授学社近事》,《励志》,1925年12月第4期,第74—75页;《馆事消息——编译所:函授学社要闻》,《励志》,1926年3月第1期,第91—92页;《馆事消息——编译所:函授学社要闻》,《励志》,1926年9月第3期,第99—100页;品洁:《本馆函授学社的概况》,《同舟》,1933年9月第9期,第19页;《C.P.C.S. News商务印书馆函授学社新闻——英文科小史》,《英语周刊》,1928年2月4日,第639期,第820页;张元济:《一九一六年八月廿八日,星期一——用人》,《张元济全集·日记》(第6卷),商务印书馆,2008年12月第1版,第104页;张元济:《一九一九年四月一日,星期五——英文函授学社报告》,《张元济全集·日记》(第7卷),商务印书馆,2008年12月第1版,第52页。

续表

序号	年、月份	专业	在读学员人数	毕业学员人数	备注
2	1917年10月	英文科	2000人	无	
3	1918年7月	英文科	2500人	300余人	
4	1921年7月	英文科	7000余人	1200余人	1921年5月,函授学校增设国语科
5	1922年9月	英文科	10,000余人	2000余人	1922年2月,又增设算学科
6	1923年1月	英文科	11,000余人	2100余人	1923年5月,又增设商业科
7	1925年6月	英文科	19,000人左右	(不详)	1925年2月又增设国文科;截止到1925年6月,在读学员总人数将近20,000人
8	1926年9月	英文科	20,000人左右	3952人	函授学校五科在读学员共计23,000人,毕业学员共计4232人
9	1927年12月	英文科	20,718人(本科17,068人,选科3650人)	4258人(本科3115人,选科1167人)	函授学校五科在读学员共计26,635人,毕业学员共计4681人
10	1929年12月	英文科	23,100人左右	4600人左右	函授学校五科在读学员共计30,000人,毕业学员共计5000人
11	1931年2月	英文科	28,080人左右	(不详)	函授学校五科在读学员共计36,000人
12	1935年2月	英文科	40,000人左右	(不详)	1932年8月—1938年9月期间,函授学校所开设的专业只有英文科、国文科,两科在读学员共计50,000余人

续表

序号	年、月份	专业	在读学员人数	毕业学员人数	备注
13	1937年7月	英文科	42,000人左右	10,000人左右	函授学校英文、国文两科在读学员共计56,000余人

由上述表可知，仅仅用了11年的时间，函授学校英文科学员人数从1916年的800人增加至1927年的20,718人，在读学员总人数竟然是办学初期的26倍，在办学的头一个10年里，其学员人数增长速度之快，办学规模扩张之迅速，着实让人印象深刻。在第二个10年里，从1927年的20,718人增加到1937年的42,000人。在这期间遭遇国难，一度停办，然后重新走向复兴。随着日寇侵华程度的逐步加深，办学环境每况愈下，即使是在这样艰难的办学环境中，到抗日战争前夕，英文科学员人数依然是处于兴盛时期的学员人数的2.1倍左右，是办学初期学员人数的50多倍。能够在战事不断的年代里取得这样的办学成绩实属不易。而且，从1916年至1937年长达21年的办学生涯中，英文科的学员人数年平均增长率保持在20%左右，仅从这个层面而言，英文科的办学规模、办学实力和办学效果都具有良好的可持续发展性和稳定性。

商务函授学校充分考虑到了民国中学英语教育资源严重匮乏的办学状况，为弥补办学资源的不足，为在校学生、辍学青年群体提供一次补习英语、提高英语综合素质的校外求学机会，其制定的教学体制、课程设置等呈现出了普通中学教育的特点。而英语课程在民国前中期所有的公私立中学里都已经成为一门必修课程，占据着非常重要的位置。由于开放式学校所具备的一个显著特点就是它不受有限校园空间的限制，其招收对象可以数十倍于普通的中学，那么，现在我们很有必要将商务函授学校英文科在读学员的人数与同时期所有公私立中学所拥有的学生人数做以比较，从中便可以清楚地发现这所函授学校在多大程度上弥补了普通中学英语教学资源的不足，尤其是在战争时期，从而可以更好地衡量其办学效果。首先，让我们仔细浏览表2，然后再分析和总结这些表格所包含的重要信息。

表 2　商务函授学校英文科学员人数与中学学生人数之比较

学校 数量 年份	商务印书馆函授学校	民国公、私立中学[①]		
	英文科学员人数[②]	学校总数（人）	学生总人数	每所中学平均人数
1918	2500 人，占中学总人数的 3.2%，是每所中学平均人数的 16 倍	484	77,621	160
1922	10,000 余人，占中学总人数的 9.6%，是每所中学平均人数的 53 倍	547	103,385	189
1925	19,000 人左右，占中学总人数的 15%，是每所中学平均人数的 101 倍	687	129,978	189
1928	20,718[③]，占中学总人数的 11%，是每所中学平均人数的 105 倍	954	188,700	198
1931	28,080 人左右，占中学总人数的 7%，是每所中学平均人数的 133 倍	1893	401,772	212
1935	40,000 人左右，占中学总人数的 9.1%，是每所中学平均人数的 173 倍	1894	438,113	231
1937	42,000 人左右，占中学总人数的 14%，是每所中学平均人数的 168 倍	1240	309,563	250

上述表中反映的信息是：1918—1937 年，商务函授学校英文科学员人数随逐年呈递增的态势，函授学校的办学规模日益扩大。1918 年，英

---

① 谢长发主编：《中国中学教育史》，山西出版集团、山西教育出版社，2009 年 4 月第 1 版，第 99、161—162 页。
② 参见表格 1：商务印书馆函授学校英文科学员人数情况统计表格。
③ 由于资料有限，无法获得 1928 年商务印书馆函授学校英文科学员人数，在此使用 1927 年 11 月份统计的英文科学员人数代替。参见表格 1：商务印书馆函授学校英文科学员人数情况统计表格。

文科学员人数已经占到当时所有公、私立中学学生总人数的3.2%。由于办学资源的限制,当时每所中学只能容纳160名学生,而仅仅一家函授学校的英文科所容纳的学员人数,却是当时每所中学平均所拥有学生人数的16倍。经过20年的办学积累,商务函授学校英文科办学实力更加雄厚,办学效果更加显著。1937年,其学员人数居然占到了当年所有公、私立中学学生总人数的14%。

需要引起注意的是,1937年是一个非常的特殊的年份,随着抗日战争的全面爆发,大批校舍被日军炸毁,师资严重流失。在这一特殊的时期,中学教育的正常发展受到了严重挫折,各类中学总数由1935年的1894所骤然下降至1240所,学生总数也由1935年的438,113人下降至309,563人。显然,普通中学没有能够保持持续发展的势头。同一时期,商务函授学校英文科学员人数不仅没有大幅度缩减,反而有了进一步的增长,由1935年的40,000人攀升至1937年的42,000人,依然保持了良好的上升趋势。可见,战乱对一所函授学校的破坏程度要远远低于对普通学校的破坏程度,其在战乱期间反而可以更加凸显自己的办学优势,依然能够在很大程度上发挥着远程教育功能,对在抗战期间办学资源更加匮乏的中学英语教育起到了极其重要的弥补作用。

(二) 从学员的来源地看其办学效果

从1921年7月至1923年5月,函授辅导刊物《英语周刊》从第301期至第400期连续公布了英文科毕业学员的相关个人信息。

首先来关注一下学员在民国各个省级行政区的分布情况。为了更加清楚地说明这一问题,我们将以表格的形式展示学员的分布情况。在绘制表格之前,在此很有必要对以下三个问题交代清楚。第一,此表格所依据的文献资料是在1921年至1922年期间毕业学员的个人信息,而这一阶段处于北洋政府统治时期,因此表格中出现的各省名称均沿用当时的称呼,无论是各省级区的划分还是名称,均与现在的情况有所不同。第二,北洋政府解体之前,中华民国全国共有北京、天津、上海、青岛、哈尔滨、汉口6个特别市,但是只有北京市直接归中央政府管辖,其余5个特别市都隶属省级政府,相当于现在的直辖市,因此只把北京作为省级行政区给予单独列出。考虑到函授教育是一种不受地域限制的新型开放式教育体制,具有很强的发散性、扩散性、辐射性等特点,而上海是商务函授学校英文科的所在地,以上海为源头和中心,呈现出了向四周扩散和辐射的特点;为了更好地说明其办学影响力,除了北京之外,下表也将上海市给予单独列出。第三,其他各个省级行政区均按照其所拥有的函授学员人数的多寡依次进行排列。信息如下:

表 3　商务函授学校英文科学员在各省级行政区的分布情况①

序号、行政区名称	所拥有的学员人数(人)	在总人数中所占的百分比（总人数为 1704 人）(%)
1. 上海(属江苏管辖)	347	20.3
2. 江苏	369(不包括上海的学员人数)	
3. 浙江	187	11.0
4. 广东	138	8.1
5. 直隶	136	8.0
6. 北京	98	5.7
7. 湖北	83	4.9
8. 山东	62	3.6
9. 奉天	40	2.35
10. 福建	39	2.29
11. 安徽	37	2.2
12. 江西	33	1.9
13. 湖南	33	1.9
14. 河南	23	1.3
15. 广西	14	0.8
16. 四川	11	0.6
17. 陕西	10	0.6
18. 吉林	9	0.5
19. 云南	9	0.5

① 资料来源:1921 年 7 月 9 日至 1923 年 5 月 26 日期间出版的《英语周刊》(第 301—399 期)所刊登的一系列《商务印书馆函授学社英文科历届毕业学员题名录》。

续表

序号、行政区名称	所拥有的学员人数（人）	在总人数中所占的百分比（总人数为 1704 人）（%）
20. 山西	9	0.5
21. 黑龙江	6	0.35
22. 热河	5	0.29
23. 贵州	4	0.23
24. 察哈尔	2	0.12

上表无法呈现出函授学员在各个省级行政区所管辖的县、市级行政单位所分布的具体情况，为了更好地了解英文科的办学影响力和所取得的办学效果，在此很有必要补充一下函授学员在县、市级行政单位分布情况的重要信息（不包括县、市所管辖的乡镇、村庄）：

表 4 商务函授学校英文科学员在各省的市、县级行政单位分布情况①

序号、省份	市、县级总数	学员所在市、县级行政单位的名称
1. 江苏	60	上海、松江、镇江、苏州、崇明、浦东、太仓、南京、泰州、常州、泰兴、宜兴、丰县、南通、徐州、板浦、青浦、昆山、扬州、东台、兴化、泰县、海州、六合、吴县、吴江、东海、如皋、丹徒、南汇、海门、无锡、阜宁、川沙、萧县、金山、嘉定、武进、常熟、江浦、宝山、清江浦、淮安、上海县、吴淞、宝应、镇海、浒浦、金坛、江宁、常州、溧阳、浦口、江都、江阴、高邮、灌云、靖江、沭阳、奉贤
2. 浙江	42	杭州、萧山、杭县、宁波、余姚、嘉兴、嘉善、温州、衢州、湖州、吴兴、海宁、绍兴、绍兴县、镇海、丽水、遂昌、绍兴县、永嘉、金华、余杭、兰溪、青田、嵊县、奉化、长兴、桐乡、慈溪、宁海、上虞、海盐、新登、慈裕、平湖、定海、严州、鄞县、乐清、硖石、乍浦、永康、临安、崇德
3. 山东	31	牟平、青岛、德县、宴城、莱阳、烟台、济南、德州、荣成、即墨、莒县、城阳、临沂、文登、枣庄、历城、胶县、寿光、胶南、临朐、安丘、平度、福山、齐东、长清、藤县、德县、吕县、诸城、惠民

---

① 资料来源：1921 年 7 月 9 日至 1923 年 5 月 26 日期间出版的《英语周刊》（第 301—399 期）所刊登的一系列《商务印书馆函授学社英文科历届毕业学员题名录》。

续表

序号、省份	市、县级总数	学员所在市、县级行政单位的名称
4. 直隶	26	天津、天津县、临城、唐山、正定、张家口、沧县、易县、滦州、开平、南皮、廊坊、昌黎、临榆、保定、石家庄、秦皇岛、井陉、古冶、滦县、万全、宣化、通县、清苑、曲周、邢台
5. 广东	19	广州、汕头、潮州、潮安、曲江、梅县、兴宁、新会、香山、佛山、东莞、台山、潮安、琼州(今海南)、合浦、三水、顺德、澄海、花县、佛冈、恩平
6. 安徽	21	芜湖、蚌埠、安庆、歙县、亳州、滁州、滁县、乌衣、屯溪、南陵、无为、大通、宣城、铜陵、当涂、凤阳、婺源、宿县、寿县、颍上、徽州
7. 湖北	12	汉口、汉阳、武昌、沙市、宜昌、黄陂、阳新、安陆、大冶、蒲圻、江陵、黄州
8. 奉天	17	沈阳、大连、锦州、营口、北镇、锦县、安东、绥中、台安、公主岭、辽源、昌园、凤城、宽甸、开原、辽阳、铁岭
9. 河南	18	开封、信阳、郑州、郑县、陕县、焦作、禹县、修武、西平、新乡、济源、洛阳、固始、孟县、淇县、新安、商丘、汲县
10. 四川	9	重庆、成都、达县、射洪、大竹、长寿、泸州、渠县、开县
11. 广西	9	南宁、梧州、桂林、百色、荔浦、融县、邕宁、北通、藤县
12. 福建	10	厦门、福州、宁县、崇安县、闽侯、闽县、德化、晋江、莆田、同安、光泽
13. 湖南	10	长沙、益阳、岳阳、衡阳、攸县、临沣、湘潭、常德、湘阴、株洲
14. 江西	14	南昌、九江、萍乡、万载、丰城、安源、大庾、永新、奉新、赣州、浮梁、会昌、金溪、临川、鄱阳
15. 陕西	5	西安、长安、安康、高陵、大荔
16. 云南	4	昆明、大理、腾冲、蒙自
17. 山西	4	大同、太原、长治、中阳
18. 吉林	4	长春、珲春、永衡、吉林
19. 黑龙江	4	哈尔滨、呼兰、黑河、绥化
20. 热河	2	朝阳、绥东
21. 察哈尔	1	丰镇(县)
22. 贵州	3	贵阳、安顺、铜仁

根据《英语周刊》记载的相关信息,我国学员中,有1704名来自上述各省,55名来自港澳台地区;46名学员来自香港地区,8名学员来自澳门

地区,1名学员来自台湾地区。此外,另有87名学员来自海外国家和地区。来自海外国家及地区的学员主要集中在东南亚地区,少数学员来自北美洲、南美洲和欧洲。

(三) 从学员的供职或求学状况看其办学效果

函授教育是成人教育的一种重要结构类型,它的招收对象往往以在职成人群体为主。不可否认,在职成人群体利用业余时间,在选择函授教育机构接受继续教育的时候,他们的求学动机和出发点具有多元化的特点,有的是出于自身的兴趣、爱好,有的是为了获得更高的学历,有的是为了提高自身的文化素养,有的是为了提高职业竞争能力,等等。但是,通常情况下,从事不同行业的在职成人群体在选择函授专业科目的时候,往往表现出较强的功利性的特点,这种选择倾向或多或少与其目前正在从事的职业岗位有一定程度的关联。由此可见,一所专门函授学校所开设的专业课程应该在最大限度内尽量满足从事不同类型行业成人群体的个性化、差异化的职业需求,满足程度越高,就会吸纳更多的从事不同行业的成人群体参加函授学习,就会使成人群体产生更大的学习动力,办学效果也就越发显著。因此我们在评价一所函授教育机构的办学影响力、办学效果的时候,其成人学员群体是否具备职业岗位种类多样性和多元化也是一个重要的参考依据和评价标准。

不仅如此,一些学员群体所供职的特殊单位机构会对某一门专业知识、技能有着更高的要求。以英语专业为例,知名高等学府,外语专业院校,涉外公司、企业以及新闻出版机构等对工作人员的英语综合素质通常会比其他行业要求更高。一般来说,如果有相当多数量的来自上述机构的学员接受一所函授学校的英语函授教育,那么在一定程度上,这也意味着对这所函授学校的办学质量的认可。因而,通过函授学员从事职业岗位的特殊属性的这个角度去看待这一问题,也可以帮助我们更好地了解一所函授学校所取得的办学效果。

接下来,我们将从英文科学员的供职或求学状况的层面去审视和评价商务函授学校英文科所取得的办学效果。

根据《英语周刊》的相关记载,经过统计与核对,商务函授学校英文科的学员共计有852人提供了毕业前夕的工作单位或学习单位,因此有效统计学员人数为852人。他们供职于国内10个不同种类的行业领域,分别是:教育界、工业界、商业界、政界、军事界、医药卫生界、宗教界、新闻出版界、农业界和法律界。为了比较清楚地说明函授学员在不同社会职业领域的分布情况,请见表5:

表5 商务函授学校英文科在读学员在社会不同职业领域的分布情况①

序号、社会职业领域名称(按照学员人数在社会不同职业领域的多寡排序)	毕业人数(人)	占毕业总人数的百分比(总人数为852人)(%)
1. 商业界	439	51.5
2. 教育界	183	21.5
3. 政界	74	8.7
4. 工业界	67	7.9
5. 医药卫生界	28	3.3
6. 新闻出版界	26	3
7. 军事界	18	2.1
8. 宗教界	14	1.6
9. 法律界	2	0.2
10. 农业界	1	0.1

上表显示,商务函授学校英文科学员的供职单位主要集中在商业界、教育界、政界和工业界。在商业界工作的学员人数竟然占总人数的51.5%,而供职于其他9个不同职业领域的学员人数累加在一起还不及这个比例。

为了进一步说明英文科学员在社会不同职业领域内的具体分布情况,再按照上表中所给出的顺序,将学员在社会各界具体行业的分布情况总结如下:

在商业界的分布情况:共计有439名函授学员供职于商业界的众多

---

① 资料来源:1921年7月9日至1923年5月26日期间出版的《英语周刊》(第301—399期)所刊登的一系列《商务印书馆函授学社英文科历届毕业学员题名录》。

行业，包括：铁路交通运输、航运交通运输、金融、典当、邮电、餐饮服务、住宿服务、保险行业；调料品、竹席、燃料、铁器产品、茶叶、珠宝、药品、鞋类产品、棉织品、食用油、食用盐、酒类饮品、粮食、海鲜类食品、副食品、糖果类食品、烟草、服装、布料、扇子类产品、首饰类装饰品、皮革、丝绸、金属器件、综合类产品销售行业；共计多达32个不同行业。

在教育界的分布情况：共计有183名函授学员来自多所各级各类学校，来自小学的基本上都是教师；来自中等学校的学员有的是教师，有的是学生；来自高等学校的基本上都是学生。183名函授学员的工作或学习单位主要包括普通综合类公私立大、中、小学校，教会大、中、小学校，专门类学校，师范类学校，社会教育机构，军队系统内的学校，铁路系统内的学校，华侨学校，私塾学堂，等等。其中专门类学校所涵盖的范围极为广泛，尤其引人瞩目，主要有：纺织、法律、数学、航空、电报、国语、外语、财政税务、商业、农业、工业、医学、军事、电报、铁路类专门学校，共计多达15种。具体而言，上述综合类公私立大学中不乏国内著名高等学府，在文化教育界享有很高的办学信誉，主要包括：天津北洋大学、北京大学、复旦大学、东南大学、上海交通大学、上海南洋公学、清华学校（中、高等教育兼顾的综合性学校）等。著名的教会大、中学校主要有：圣约翰大学、金陵大学、金陵神学院、东吴大学、北京汇文大学、湖北武昌文华大学、东吴中学、扬州美汉中学等。著名的高等师范院校有：广州高等师范学校、南京高等师范学校、北京高等师范学校。省级师范学校有：江西省立第一师范学校、江苏南京第四师范学校、浙江绍兴第五师范学校、江苏第九师范学校、江苏南通代用师范学校等。具有较大办学影响力的公私立中学有：广东省立第一中学、天津南开中学、山东省立第一中学校、上海大同学校、上海南洋中学、保定育德中学、安徽第三中学等。办学知名度较高的专门类学校主要有：同济医工专门学校（上海同济大学的前身）、上海南洋医学专门学校、浙江医学专门学校、北京外交部俄文法政学校、北京农业专门学校、广东公医医学专门学校、江苏南通纺织专门学校、天津法政学校、武昌商业专门学校、北京南苑航空学校、上海国语专修学校、上海惠灵英文专修学校等。

在政界的分布情况：共计有 74 名函授学员供职于政界不同级别的众多行政管理机构。包括：邮电、铁路交通、水路交通、河口、海关、政府、教育、司法、公安、财政税务、金融、外国驻华使馆、军事、农业、食品、盐业管理机构，共计多达 16 种。

在工业界的分布情况：共计有 67 名函授学员供职于工业界的众多行业，包括：矿产资源开采、燃料、建筑材料、木材、粮油食品、酱菜、粮食、食用油、烟草加工行业；铁路设施、机器、军火、货币、火才、电灯、灯具、金银首饰器皿、棉纺织品、布料、服装、综合类产品制造行业，共计多达 21 种。

在医药卫生界的分布情况：共计有 28 名函授学员供职于医药卫生界的一些医疗机构，主要包括公私立综合类医院、中医院、西医院、教会医院、红字会组织机构等。

在新闻出版界的分布情况：共计有 26 名函授学员供职于新闻出版界的一些机构。有 19 名学员供职于在民国时期享有盛誉的四大书局之首的商务印书馆编译所（总馆和分馆），有 1 名学员供职于中华书局编辑所，有 2 名学员供职于七大书局之一的开明书店编译所（总店和分店）。还有一些学员供职于具有较高知名度和较大影响力的传统出版机构、地方报社机构，比如湖南衡阳宝华书坊、汕头平报社等。

在军事界的分布情况：共计有 18 名函授学员供职于军事界的中央直属的正规陆军、海军部队系统和地方武装力量系统。正规陆军、海军分别驻扎在一些省级、市级、县级行政区。在部队服役的学员有的属于普通兵种，有的属于特殊兵种。

在宗教界的分布情况：共计有 14 名函授学员供职于宗教界的佛教、基督教、天主教、伊斯兰教等不同类别的宗教组织机构。在法律界的分布情况：共计有 2 名函授学员供职于律师事务所。在农业界的分布情况：共计有 1 名函授学员供职于北京海甸农商部第一林业试验场，该科研机构就是今天中国林业科学研究院林业研究所的前身，这是我国最早的国家级林业科研机构。

上述 1921 年至 1923 年期间英文科学员在社会各界的整体分布状况至少至 1931 年 10 月，几乎没有发生任何变化。据 1931 年 10 月 31 日出版的《英语周刊》的记载,商务函授学社的学员"包罗各界,有在职业界办事的,有在家念书的,有在学校肄业的"①。

（四）从杰出学员个案分析看其办学效果

由前所述,可知近代民营出版机构为民国社会各个领域培养了数量众多的复合型英语专业人才,取得了显著的办学效果,赢得了很高的办学信誉。由于商务函授学校英文科创办时间最早、办学时间最久、办学规模最大,因此它培养的杰出学员的人数亦是最多的。而且从整体而言,其毕业学员取得的成就在当时社会上的所产生影响力也是最大的。

商务函授学社英文科学员中的杰出代表主要有:中国新民主主义革命先驱、著名抗日女英雄赵一曼烈士②；蜚声海内外的文艺活动家、文学评论家、诗人、《黄河大合唱》的词作者张光年③；杰出的无产阶级革命家、新闻家恽逸群④；著名宗教界人士、当代第一比丘尼隆莲法师⑤；著名无党派爱国人士、蜚声海内外的报业巨子、中日关系研究专家王芸生⑥；中国现代流行音乐奠基人、著名音乐家黎锦晖；著名语言学家、世界语专家、北京大学教授岑麟祥；中国最早的马克思教育理论家、著名教育家、革命教育工作的先驱,杰出的青年运动领导人杨贤江；著名外语教育家、语言学家、词典编纂家、翻译家、复旦大学教授葛传槼；著名历史学家、中外关系史权威、暨南大学历史系博导朱杰勤教授⑦；著名翻译家、作家、资深编辑

---

① 《C.P.C.S.商务印书馆函授学社新闻》,《英语周刊》,1931年10月31日,第827期,第558页。
② 李云桥:《赵一曼传》,黑龙江人民出版社,2005年7月第1版,第23—28页。
③ 汤礼春:《从革命少年到传世绝唱——记革命文艺家张光年》,《世纪桥》(下半月),2008年第11期,第33页。
④ 恽逸群:《恽逸群自传(续完)》,载南京师范学院学报编辑部、中文系资料室编:《文教资料简报》(内部刊物),1980年8月总第104期,第111页。
⑤ 裘山山:《当代第一比丘尼——隆莲法师传》,上海辞书出版社,2007年1月第1版,第48页。
⑥ 王芝琛:《一代报人王芸生》,长江文艺出版社,2004年9月第1版,第8页。
⑦ 中国史学会《中国历史学年鉴》编辑部编:《中国历史学年鉴1991》,生活·读书·新知三联书店,1991年12月第1版,第443—445页；顺德市地方志编纂委员会编:《顺德县志》,中华书局,1996年12月第1版,第1234—1235页。

韩世钟(笔名施种、叶文等)[1];著名医史学家宋向元[2];著名编辑出版家徐调孚[3];乡村教育活动家杨公权,等等[4]。中华书局函授学校英文科培养的杰出学员有著名的新民主主义革命音乐家麦新[5],方志编撰专家朱保和[6],等等。开明书店函授学校培养的杰出学员有著名编辑出版专家陆联棠[7]等。

现在我们分别对岑麟祥、黎锦晖、杨贤江、葛传槼先生的经历做以分析、探讨,从中可以窥见英语函授教育是如何对其职业生涯、学术发展产生重要影响的。

(一) 杰出学员岑麟祥

岑麟祥(1903—1989),字时甫,出生在广东省合浦县城(今属广西壮族自治区)。幼年丧父,仅靠母亲一人维持生计,家境贫寒。在中学时期,因受到一位英语教师的影响,岑麟祥便对英语产生了浓厚的兴趣。1921年,他以优异的成绩毕业于广东省廉州中学。由于家境困难,无力承担昂贵的大学学费,他不得不放弃读书。弃学在家这段期间,为了不断提高自己的英语水平,他于1921年9月报名加入商务印书馆函授学社英文科,成为一名英文本科三级学员。他相当珍惜这次来之不易的求学机会,学

---

[1] 中国人民政治协商会议浙江省桐乡市委员会文史资料委员会编:《桐乡文史资料·第十二辑——桐乡当代人物资料(一)》(内部交流)(出版单位不详),1993年12月,第120—125页。
[2] 甄志亚:《医史学家宋向元》,《中华医史杂志》,1988年第18卷第3期,第146页。
[3] 丁景唐主编:《中国现代著名编辑家编辑生涯》,中国展望出版社,1990年2月第1版,第149页;《C.P.C.S. News 商务印书馆函授学社新闻——本社新闻一则:添增教职员》,《英语周刊》,1921年7月9日,第301期,第13页。
[4] 上海市青浦县县志编纂委员会编:《青浦县志》,上海人民出版社,1990年4月第1版,第788页。
[5] 周扬、吕骥、孟波、方纲等:《麦新牺牲三十五周年文集》,内蒙古哲里木报社(通辽市),1982年7月第1版,第119—134页。
[6] 中国专家名人辞典编委会主编:《中国专家名人辞典》,中国城市经济社会出版社,1989年10月第1版,第116页。
[7] 中宣部出版局编:《发行家列传》(二),辽宁人民出版社,1989年8月第1版,第59—62页;陆联棠:《"百年大计"》,《中国出版》,1980年第5期,第36页。

习非常刻苦努力。在函授学社英文科教员的精心指导下,他的英语自学进程相当顺利,岑麟祥仅仅用了半年时间,便获得了三级毕业证书。然后他再接再厉,又花费了半年时间,获得了英文科四级毕业证书[①]。我们在1922年6月24日出版的《英语周刊》所公布的《商务印书馆函授学社英文科历届毕业学员题名录》中找到了岑麟祥的个人信息:"岑麟祥,广东合浦下新桥广文第岑宅。"读完英文本科三级课程之后,他又成为一名本科四级学员,最终在1923年获得商务函授学校颁发的英文科毕业证书[②]。

凭借在商务函授学社英文科打下的坚实的英语语言功底,岑麟祥在1924年9月以入学考试第一名的总成绩被国立广东高等师范学校英语正科录取。当时的高等师范学校的学费都是免费的,这就很好地缓解了他的经济压力。经过两年的努力学习,岑麟祥于1926年7月以优异的成绩毕业于国立广东大学高师部英语系。随后,又进入中山大学英语系三年级继续求学,在1928年获得文科学士学位。由于岑麟祥在大学求学期间的英语成绩非常突出,加之又非常勤奋,他的出色表现受到了时任中山大学英语系系主任刘奇峰的器重,被推荐参加了中法协会资助到法国留学的考试。岑麟祥再次凭借其突出的英语优势,成为唯一一名通过这次留学法国考试的考生。

到了法国之后,从1926年9月至1933年11月,岑麟祥先后在法国格勒诺布尔大学、里昂大学、巴黎大学进修、深造。通过自己坚持不懈的努力,他在法国求学期间共计获得了英国语文学、实际研究、语音学、语言学四张高等研究证书。尤其是语音学、语言学这两张证书都要经过极其严格的笔试、口试,岑麟祥为此付出了极大的努力和心血,终于全部通过,获得法国国家文科硕士学位。学成归国之后,在民国时期,岑麟祥就在语

[①] 岑运强:《岑麟祥传略》,《文教资料》,1997年第2期,第3页。
[②] 《C. P. C. S. News 商务印书馆函授学社英文科新闻——商务印书馆函授学社英文科历届毕业学员题名录》,《英语周刊》,1922年6月24日,第351期,第713页;《C. P. C. S. News 商务印书馆函授学社新闻——商务印书馆函授学社历届毕业学员题名录》,《英语周刊》,1928年1月28日,第638期,第800页。

言学理论研究领域崭露头角。至中华人民共和国成立之后,他逐渐走到了中国比较语言学、历史语言学研究领域的最前沿,已经成为上述研究领域内的领军人物。

岑麒祥先生一生著述丰富,学术成就斐然。从 1934 年开始,他所撰写的学术著作多达 16 部,所翻译的学术著作有 20 部左右。其撰写的学术著作主要有:《国际音标用法说明》(1937 年,上海商务印书馆初版)、《欧美现代作家自述》(1938 年,上海商务印书馆)、《语言学》(1938 年,广州心声社印行)、《方言调查方法》(1938 年,中山大学《语言文学专刊》第一卷第一期)、《广州音系概论》(1947 年,广州蔚兴印刷厂)、《语音学概论》(1939 年上海中华书局,1959 年科学出版社再版)、《广州音和国音的比较》(1949 年,中山大学图书供应社)、《语法理论基本知识》(1956 年,时代出版社)、《普通语言学》(1957 年,科学出版社)、《语言学史概要》(1958 年科学出版社,1988 年 4 月北京大学出版社)、《历史比较语言学讲话》(1981 年,湖北人民出版社)、《国际音标》(1982 年,湖北人民出版社)、《语言学学习与研究》(1983 年,河南中州书画社)、《普通语言学人物志》(1989 年,北京大学出版社),等等。其中,《语音学概论》《语法理论基本知识》《普通语言学》《语言学史概要》比较具有代表性,在语言学界产生了较大影响力。另外,据统计,在各种知名度较高的学术期刊上,岑先生公开发表学术论文 50 篇。岑麒祥先生从事科学研究和教育事业五十多年,他在教育事业上所取得的成就也非常突出,他所培养的学生多有栋梁之才。香港的一份报纸曾经以这样的题目介绍他:《教授的教授,中国的语言学巨人》。岑麒祥作为中国普通语言学的奠基人之一,其地位是不容置疑的[1]。

由是观之,正是商务函授学社英文科的开办,为失学在家的岑麒祥提

---

[1] 岑运强:《岑麒祥传略》,《文教资料》,1997 年第 2 期,第 3—7 页;于平:《岑麒祥生平与学术活动资料》,《文教资料》,1997 年第 2 期,第 28—47 页;《岑麒祥教授逝世》,《语文研究》,1990 年第 1 期,第 19 页。

供了一次非常难得的校外补习英语的机会。拥有当时国内外语界第一流英语师资力量的商务函授学社使岑麟祥的英语学业没有中断,为他赢得了一次通过接受远程英语教育而改变人生的宝贵机会。商务函授学社英文科使岑麟祥所具备的学习英语的天赋、潜力得到持续的开发、发掘,从而使他的英语水平得到了可持续发展,最终使其英语实力进一步得到巩固、加强和提升,这就为他日后出国留学提供了必要的前提条件,并为他从事比较语言学、历史语言学领域内的研究工作奠定了良好的开端。

(二) 杰出学员黎锦晖

黎锦晖(1891—1967),出生于湖南省湘潭县一个书香世家。他在少年时期就表现出了很高的音乐天赋。1909 年中学毕业后,他考入国立湖南优质师范学堂。黎锦晖在 1912 年 6 月从湖南优质师范学堂毕业后即走向社会,此后再也没有进入高等学府获取更高的学历[1]。由此可见,这一时期黎锦晖的英语基础是薄弱的,英语水平相当有限。我们在 1921 年 12 月 3 日的《英语周刊》所公布的《商务印书馆函授学社英文科历届毕业学员题名录》中,发现了黎锦晖的名字。根据这份题名录的记载,他所提供的供职单位是"上海方板桥西 53(号),上海国语专修学校",他是英文科四级毕业学员[2]。在 1921 年 11 月至 1926 年,黎锦晖先后在中华书局创办的上海国语专修学校担任教务主任、校长一职[3]。如上所述,能够获得商务函授学社英文科四级毕业证书,也就标志着黎锦晖的英语水平已经接近或达到当时的大学英语本科二年级的水平。他所具备的较强的英语语言运用能力,就为他日后密切关注欧美乐坛动态及发展趋向、致力于将西方音乐引进中国的传统音乐领域提供了一个非常重要的前提

---

[1] 孙继南:《黎锦晖与黎派音乐》,上海音乐学院出版社,2007 年 2 月第 1 版,第 3—4、6—8、24 页。
[2] 《C. P. C. S. News 商务印书馆函授学社英文科新闻——商务印书馆函授学社英文科历届毕业学员题名录》,《英语周刊》,1921 年 12 月 3 日,第 322 期,第 307 页。
[3] 黎遂:《民国风华——我的父亲黎锦晖》,团结出版社,2011 年 10 月第 1 版,第 42、52 页。

条件。

　　他在事业上能够取得辉煌成就，主要依赖于他的勤奋好学。虽然他自幼在民族音乐方面受到了良好的熏陶，并且还因于五四运动期间在北京参加国语统一运动的探究活动而在民族文化方面有了一定的积累，但是毕竟他从未接受过专门的音乐教育。为了弥补对西方音乐理论知识的不足，拓宽艺术视野，丰富音乐修养，提高理论水平，他每星期风雨无阻，必定要到公共租界市政厅去欣赏一两次交响乐。还经常观摩意大利米兰大歌舞剧团、美国旦尼斯古典歌舞团、邓肯歌舞团和上海俄侨业余剧团演出的各种歌剧和舞剧。通过观摩国外歌舞团演出的方式，加深"中西合璧"的音乐理念。除此之外，他还经常与民间乐团进行广泛交流，并聆听大量的唱片，努力扩大艺术眼界。通过这些灵活多变的学习、摸索、探究中西方音乐的方式，黎锦晖的艺术素养和创作技能不断得到提高，随之而来的是他在艺术创作的道路上取得的一个又一个的新突破[①]。

　　黎锦晖是五四新文化运动时期登上中国乐坛的音乐大师，他是中国现代流行音乐的奠基人，他所取得的艺术成就是多方面的。2001年，在由文化部艺术司、中国音乐协主办的纪念黎锦晖先生诞辰110周年学术研讨会的开幕式上，当年与黎锦晖同时代的左翼音乐家周魏峙对黎锦晖做出了这样的评价："黎锦晖先生的创作，应该更明确地说是在中国音乐的普及方面，并且产生了非常大的作用。黎锦晖音乐的影响，是很难精确估计的。他以音乐宣传民主思想、平等思想、父爱思想、劳动观念，很深入人心。"[②]

　　黎锦晖在艺术创造上所取得的其中一个重大成就就是将西方歌剧形式成功移植到了中国传统的音乐领域，并在当时的文化艺术界产生了极其深远的影响。对黎锦晖的这一重大贡献，时任中央音乐学院音乐研究所所长的汪毓和先生在1991年举行的黎锦晖诞辰一百周年纪念会上这

[①] 孙继南：《黎锦晖与黎派音乐》，上海音乐学院出版社，2007年2月第1版，第24—25页。
[②] 李岩：《冬天来了，春还会远吗？——纪念黎锦晖诞辰110周年学术研讨会要点实录》，《中国音乐学》，2002年第1期，第141页。

样谈道:"我认为黎先生是儿童歌舞剧和儿童歌舞音乐这两种体裁的首创者。在黎先生之前,在学校音乐课里,主要是唱歌。从他之后,我们的学校音乐教育从单纯的唱歌,进入到进行儿童歌舞的表演。从这点上,他使我们学校的音乐跨入到向多种形式发展的新阶段。黎先生完全可以说这两种音乐形式的奠基人。"

"黎锦晖先生的歌舞剧是把西方的歌剧形式移植到中国来,并加以民族化、大众化的最早尝试,黎先生是引入西方歌剧的第一人。他的歌剧尝试对后来产生了很大的影响。我个人认为,大革命时期,特别是江西革命根据地,也排过一些小的歌舞剧,虽然到现在我还没有掌握完整的东西,只有片段的材料,但据回忆,基本上与黎先生的歌剧相类似。另外,像聂耳的《扬子江暴风雨》这种形式,我认为也是从黎锦晖先生那里受到启发的。这一点在聂耳的日记里可以看到。"①

黎锦晖的勤学钻研和音乐天赋是他在中国近现代音乐史上取得如此重大成就的两个非常重要的原因。但是,正是商务函授学校英文科为他提供的系统的、严格的英语函授教育使他受益匪浅,由此他的英语综合素质才有了根本性的提升。黎锦晖所具备的外语优势助他一臂之力,帮他叩开了通向西方音乐世界的大门,使他能够自由徜徉于中西方音乐的殿堂之间,汲取西方音乐的精华,将中西音乐融为一体,创造出了具有中国本土元素的现代流行音乐。

(三)杰出学员杨贤江

杨贤江(1895—1931),浙江余姚人,1912 年以优异的成绩考入浙江省立第一师范学校。在校期间,他学习刻苦,成绩优异,是一位品学兼优的模范生。在西学东渐渐盛、中西文化交流日益频繁的时代背景下,早在师范学校读书期间,杨贤江就已经非常重视对英语的学习和研究了,从1915 年他撰写的日记中可以发现这一点。除了认真学习必读的英语课

---

① 黎遂:《民国风华——我的父亲黎锦晖》,团结出版社,2011 年 10 月第 1 版,第 68—69 页。

本以外,在 1915 年期间,他充分利用业余时间,还阅读了大量的初、中等性质的英语教材、英语词典和英语杂志,主要有:《英文新读本》《增广英文法教科书》《英文作文教科书》《华英会话合璧》《华英会话文件词典》《英汉字典》《英文杂志》《英语周刊》等①。

在未正式加入商务函授学社之前,杨贤江就与其开办的英文科结下了不解之缘。自从 1915 年 3 月开始阅读商务印书馆出版的中国第一份英语学习类月刊《英文杂志》以来,他就对这份英语期刊产生了浓厚的兴趣。他在日记中这样写道:"阅《英文杂志》第一期。观其序说,亦能了解,盖彼等务以浅显者与阅者也。且谓学生亦可将作文寄去(长不逾百字,确系以作者为限),以便批评且发表云。"②《英文杂志》不仅面向广大爱好学习英语的青年学生群体发行,还重点针对商务函授学校英文科的函授学员群体,它被视为商馆函授学社的函授辅导刊物,作为主体函授讲义的补充教材,用来辅助学员的业余自学③。

编制精良、适合青年自修的《英文杂志》更加鼓舞了杨贤江学习英语的热情和动力,"复阅《英文杂志》,读其汉文译注,觉诠释精当明了,确实有不忍释卷之势。吾以为,如此于英文必有进益也"④。阅读《英文杂志》使杨贤江受益匪浅,他认为,"此等书于青年有大助力,不可不阅也"⑤。仅仅通过研读商务函授学社英文科的函授辅导刊物,都已经对他的英语学习产生了较大的影响,如果能够加入函授学社,接受系统的英语函授教育,这一定可以大幅度提升他的英语水平。况且,他订阅的《英文杂志》经

---

① 熊贤君、黄永刚主编:《杨贤江全集·日记、通信、答问》(第四卷),河南教育出版社,1995 年 3 月第 1 版,第 1—80 页。
② 熊贤君、黄永刚主编:《杨贤江全集·日记、通信、答问——一九一五年三月十五日、星期一、冷》(第四卷),同上,第 19 页。
③ 邝富灼(Fong F. Sec):"Editorial: Making Books that Are Remaking China",《英语周刊》,1920 年 3 月 6 日,第 231 期,第 422 页。
④ 熊贤君、黄永刚主编:《杨贤江全集·日记、通信、答问——一九一五年四月三日、星期六、阴》(第四卷),河南教育出版社,1995 年 3 月第 1 版,第 26 页。
⑤ 熊贤君、黄永刚主编:《杨贤江全集·日记、通信、答问——一九一五年四月十七日、星期六、雨》(第四卷),同上,第 36 页。

常刊登商务函授学社英文科的招生广告、通告、布告及办学动态[1]，上述相关函授教育信息不能不引起他对英语函授教育的关注和留意。

鉴于上述原因，杨贤江便萌发了加入商务函授学社英文科的想法，于是他致函商务函授学社索取英文科招生简章，以便详细了解其办学详情。在1915年7月7日，他收到了英文科的简章，"阅之，内容颇详备，惟经费大，非余力所及，只得付之无可奈何而已"[2]。尽管商务函授学社英文科所收取的学费与普通中等性质的学校相比已经便宜不少，但是对来自乡村、正在求学期间的杨贤江而言，就算选择分期付款的方式，首次付款不低于5元的费用也是很难承受的。于是杨贤江决定写信给时任商务函授学社英文科第一届科长的邝富灼，向他寻求帮助，询问可否先让其报名入学，以后再补交学费。杨贤江在日记中这样写道："作致邝富灼先生信，已完稿，惟未誊清。余不识先生，然余欲效菲斯的见康德故事，求助于先生，俾得入函授学社英文科之愿。"[3]杨贤江于1915年9月下旬寄出了这封求助信函，1915年10月6日他收到了回信："函授英文科信来，邝科长已许可，是则当感谢不置者也。"[4]商务函授学社英文科同意他先入学、后交费的做法使杨贤江欣喜不已，也备受鼓舞，这使他更加重视研读英语，并注重实际运用，"于学注重国文、英文、日文、教育四者，总须精进，毋但泛求。吾望如是，吾必当实践之"[5]。

还有一点需要在此补充说明的是，商务印书馆在1915年10月又公开发行了商务函授学社英文科的另一份函授辅导刊物——《英语周刊》，

---

[1] 参考资料来源：《英文杂志》，第1卷第1号（1915年1月）——第1卷第12号（1915年12月）。
[2] 熊贤君、黄永刚主编：《杨贤江全集·日记、通信、答问——一九一五年七月七日、星期三、晴》（第四卷），河南教育出版社，1995年3月第1版，第87页。
[3] 熊贤君、黄永刚主编：《杨贤江全集·日记、通信、答问——一九一五年九月十日、星期五、晴》（第四卷），同上，第128页。
[4] 熊贤君、黄永刚主编：《杨贤江全集·日记、通信、答问——一九一五年十月六日、星期三、晴》（第四卷），同上，第145页。
[5] 熊贤君、黄永刚主编：《杨贤江全集·日记、通信、答问——一九一五年十月八日、星期五、晴》（第四卷），同上，第146页。

它是中国近代第一份英语学习类周刊。杨贤江也及时预定了这份英语期刊,读过第一期《英语周刊》之后,就像《英文杂志》那样,同样使他获益良多,"十一时阅《英语周刊》,浅易而得益甚多"①。即将成为商务函授学社英文科正式学员的杨贤江,在1915年10月9日"又改定自修日程,每周国文十小时、英文六小时、教育四小时、日文二小时、数学、物理各一小时"②。在此之前,每周课外自修国文的时间是4个小时,"英文亦四时,教育三时,数学二时,物理、地理、博物各二时"③。除了认真阅读英语书籍、英语期刊之外,他还积极参加《英语周刊》举办的翻译征文活动,"续读英文,并应《英语周刊》翻译征文,八时赴邮寄出"④。由此可见,在即将进入英文科学习之际,杨贤江更加重视对英语科目的学习和探究了,他在英语自修方面投入的时间和精力更多了。

1915年10月21日,杨贤江收到了函授学社英文科邮寄的有关办理入学手续的信函,"昨函授学社函谓:所请已经社长许可,乞照章填立志愿书寄上云。余当即填就,并拟另缮一函致报名处,声明不随交费之原由,免致疑惑也"⑤。他于11月5日收到函授学社英文科第一级讲义之后,"即于夜间唱歌练习后读之,程度虽不深,然余终须益加努力也"⑥。英文科函授讲义难易适中,这更加坚定了他努力学习英语的决心。自从收到函授讲义后,仅从杨贤江在1915年11月至12月撰写的日记中,就可以

---

① 熊贤君、黄永刚主编:《杨贤江全集·日记、通信、答问——一九一五年十月三日、星期日、晴》(第四卷),同上,第143页。
② 熊贤君、黄永刚主编:《杨贤江全集·日记、通信、答问——一九一五年十月九日、星期六、阴》(第四卷),同上,第146页。
③ 熊贤君、黄永刚主编:《杨贤江全集·日记、通信、答问——一九一五年四月二十五日、星期日、冷》(第四卷),河南教育出版社,1995年3月第1版,第42页。
④ 熊贤君、黄永刚主编:《杨贤江全集·日记、通信、答问——一九一五年十月十二日、星期二、晴》(第四卷),同上,第148页。
⑤ 熊贤君、黄永刚主编:《杨贤江全集·日记、通信、答问——一九一五年十月二十二日、星期五、雨、冷》(第四卷),同上,第154页。
⑥ 熊贤君、黄永刚主编:《杨贤江全集·日记、通信、答问——一九一五年十一月五日、星期五、雨》(第四卷),同上,第164页。

第三章　英语函授教育的办学特点、效果及问题

发现,他每天都会抽出相当多的时间去研读英文科函授讲义。他见缝插针,不浪费一切可以利用的业余时间去阅读函授讲义,"补此空时,则专读函授社《英文讲义》,为增长精神生产力之一助,立实质长寿之基础也"①。由此可见,在自修英语函授讲义还不到一周时间,杨贤江就对这套高质量的函授讲义产生了很好的印象,他认为阅读这套英语函授讲义可以增加学识、开阔视野、丰富精神生活。

杨贤江通常每天晨练之后要做的第一件事情就是自修《英文讲义》,他学习英语相当用功,"随读随译"②。这套融合语言知识、技能与文化为一体的英语函授讲义深深吸引了杨贤江,他读书太投入,以至于常常错过了去吃早饭的时间。1915 年 11 月 8 日,他在日记中这样写道,"早食时,余不去,读《函授英文讲义》并译之"③。另外一则日记这样记载了当时的情景,"未两遍,已届早餐,余乃读《英文讲义》并译之"④。在自修函授讲义期间,杨贤江还常常注意认真阅读函授辅导刊物《英文杂志》和《英语周刊》⑤,这种自修方式非常有助于推动其自学过程的顺利进展。在加入函授学社英文科不到两个月的时间内,杨贤江的翻译能力便有了一定程度的提高,他完成的两份函授讲义作业的分数都达到了 85 分,但是他对自

---

① 熊贤君、黄永刚主编:《杨贤江全集·日记、通信、答问——一九一五年十一月七日、星期日、雨》(第四卷),河南教育出版社,1995 年 3 月第 1 版,第 165 页。
② 熊贤君、黄永刚主编:《杨贤江全集·日记、通信、答问——一九一五年十二月九日、星期四、阴冷》(第四卷),同上,第 184 页。
③ 熊贤君、黄永刚主编:《杨贤江全集·日记、通信、答问——一九一五年十一月八日、星期一、雨》(第四卷),同上,第 166 页。
④ 熊贤君、黄永刚主编:《杨贤江全集·日记、通信、答问——一九一五年十二月十日、星期五、晴》(第四卷),同上,第 185 页。
⑤ 熊贤君、黄永刚主编:《杨贤江全集·日记、通信、答问——一九一五年十一月十一日、星期四、晴》(第四卷),河南教育出版社,1995 年 3 月第 1 版,第 168 页;《杨贤江全集·日记、通信、答问——一九一五年十一月十二日、星期五、晴、冷》(第四卷),同上,第 169 页;《杨贤江全集·日记、通信、答问——一九一五年十一月二十日、星期六、晴》(第四卷),同上,第 173 页;《杨贤江全集·日记、通信、答问——一九一五年十一月二十三日、星期二、雨》(第四卷),同上,第 175 页;《杨贤江全集·日记、通信、答问——一九一五年十一月二十七日、星期六、晴》(第四卷),同上,第 177 页。

己的英语成绩仍不甚满意,"'函社'寄来第三种第一章及第一种第七章第七、九两课之改文,各得百分之八十五,可见译文未佳也"①。

杨贤江于1917年7月从浙江省立第一师范学校毕业后②,被南京高等师范学校聘为学监处事务员③。1918年工作期间,他已经读完英文本科第三级的所有课程,并参加了1919年商务函授学社英文科举办的第二届年度毕业奖学金评比活动。我们在1919年7月出版的《申报》、《英语周刊》和《教育杂志》上找到了商务函授学社英文科第二届年度毕业奖学金获奖名单的学员个人信息,其中一名获奖学员的具体信息为:"第三级——杨贤江,入学号数:306,通信处:南京北极阁高等师范学校。"④由此可以断定杨贤江是一位成绩优异的英文本科三级毕业生。按照相关规定,只有1918年毕业的学员,或1918年之前毕业,但未能按时参加第一届评比活动的学员才有资格参评,本年度毕业的学员只能参加下一年的评选互动⑤。经过在函授学社英文科数年的系统训练之后,毕业于本科三级的杨贤江的英语水平已经达到了当时大学英语专业预科的水平,他的整体英语素质已经有了显著的提高和进步。从商务函授学社英文科毕业之后,杨贤江再也没有考入任何高等院校进修过英语。

1918年3月供职于南高师的杨贤江还清了商务函授学社的学费,也已经从商务函授学校英文科顺利毕业,但是他仍然在业余时间坚持自修

---

① 熊贤君、黄永刚主编:《杨贤江全集·日记、通信、答问——一九一五年十二月十九日、星期日、晴》(第四卷),同上,第190页。

② 《咨浙江省长第一师范学校本科毕业生杨贤江等准备案文——第二千一百五十五号、六年七月二十七》,《教育公报》,1917年第4卷第12期,第37页。

③ 熊贤君、黄永刚主编:《杨贤江全集·日记、通信、答问——一九一八年一月一日、星期二、晴、30℃》,(第四卷)河南教育出版社,1995年3月第1版,第197页。

④ 《商务印书馆函授学社英文科第二次奖励金发表、四级共奖现洋四百元》,《申报》,1919年7月1日,第1张第1版。又见《上海商务印书馆函授学社英文科第二届奖励金发表、四级共奖现洋四百元》,《英语周刊》,1919年7月12日,第197期,封面背面。又见《上海商务印书馆附设函授学社英文科第二届奖金发表,四级共奖现洋四百元》,《教育杂志》,第11卷第7号,1919年7月,书首彩色插页。

⑤ 《欲得奖励金者鉴、奖金共现洋四百元——上海宝山路商务印书馆附设函授学社英文科启》,《申报》,1919年3月3日,第1张第1版。

英语,继续阅读商务函授学社英文科辅导教材《英语周刊》和《英文杂志》①。恰巧就是在1917年6月—1918年7月期间,商务函授学社英文科的创办人、英文科科长兼英文科教员周越然暂时离开商务印书馆一段时间,被南高师聘为英文教授,兼任英文科主任②。幸运之神再次垂青了杨贤江,这又是一次难得的向外语教育家周越然学习英语的宝贵机会。杨贤江非常钦佩周越然在英语教育上取得的成就,他这样评价周越然:"于英语教授极有经验,于语音学极有研究。"③杨贤江从1918年1月14日起,以旁听生的身份,"入国文科英文班听讲,已通知该科英文教师周越然先生矣"④。不仅如此,杨贤江还在课下经常拜访周越然,向他求教自学英语的正确方法,"访周越然君,询自修英文法,渠为择字典二种、文学及文学史各一种云"⑤。还向他虚心请教如何养成正确的发音方式,"昨日就周越然先生学语音学之发音字母,今日复去就正,大致无误。自得此法,从前所记得之读音皆不足凭,非完全查过不信"⑥。周越然是中国英语函授教育的创始人,商务函授学社英文科简章和函授讲义都是由他负责主编的,长期从事英语教育工作,自然是深谙英语教学规律。而且他还是当时国内极少数精通英语语音学的权威人士之一,能够有幸得到他的面授指导,杨贤江的英语水平当然会有较为显著的进步和提升。

在周越然先生的精心指导下,杨贤江自学英语的能力得到进一步加

---

① 熊贤君、黄永刚主编:《杨贤江全集·日记、通信、答问——一九一八年三月六日、星期三、阴》(第四卷),河南教育出版社,1995年3月第1版,第224页。
② 周越然:《编译之味》,载周越然:《六十回忆》,太平书局,1944年12月第1版,1945年5月再版,第55—57页;《南京快信》,《申报》,1918年7月18日,第2张第7版。
③ 熊贤君、黄永刚主编:《杨贤江全集·日记、通信、答问——一九一八年一月三日、星期四、晴24℃》(第四卷),河南教育出版社,1995年3月第1版,第198页。
④ 熊贤君、黄永刚主编:《杨贤江全集·日记、通信、答问——一九一八年一月十三日、星期日、晴、风猛》(第四卷),同上,第204页。
⑤ 熊贤君、黄永刚主编:《杨贤江全集·日记、通信、答问——一九一八年七月十一日、星期三、晴》(第四卷),同上,第275页。
⑥ 熊贤君、黄永刚主编:《杨贤江全集·日记、通信、答问——一九一八年七月十三日、星期六、晴、下午雨》(第四卷),同上,第276页。

强,英语阅读能力和听说能力都比前一年有了明显的提高。到 1918 年 10 月,他已经开始阅读英文原版的由杜威撰写的《教育学》,这是一部很难读懂的教育学专著①。在阅读当时备受教育界关注的原版《美国公共教育管理》这本著作的时候,他感觉比杜威的《共和与教育》一书要容易理解一些②。读毕《美国公共教育管理》一书,"据云可尽解各种教育名词,为攻教育书者不可不读之书"③。杨贤江的英语听力水平亦有了实质性的改观。1918 年 11 月 20 日,"下午四时,往青年会听讲。讲者为美总统特派调查东方各国国情专使克林先生。演词英文,另由陶知行先生翻译。余聆英文仅懂得十之二三,然较之去年全不领会者略有进步矣"④。

在南高师工作期间,杨贤江凭借其外语优势,阅读了大量欧美原版的哲学、政治、教育、伦理、心理、美学等方面的著作,开阔了视野,构建了较为完善的知识结构。他撰写了多篇教育和时政方面的文章,并在当时比较有影响力的教育类期刊上得到发表,有效地提高了自己在哲学、政治学、教育学等领域的理论水平和写作能力⑤。

才华出众、勤奋好学、知识渊博的杨贤江给当时担任《学生杂志》主编的朱元善留下了深刻的印象,深得他的赏识。在其力荐下,1921 年杨贤江被商务印书馆聘请为《学生杂志》的编辑。能够被商务印书馆录用,其中一个重要的原因就是他具备较为扎实的英语语言功底和较强的英汉翻译能力⑥。杨贤江到商务印书馆编译所同沈雁冰相识以后,他从沈雁冰那里看到了英文版的《共产党宣言》和《国际与革命》等著作,以及上海共

---

① 熊贤君、黄永刚主编:《杨贤江全集·日记、通信、答问——一九一八年十月二十三日、星期三、晴》(第四卷),河南教育出版社,1995 年 3 月第 1 版,第 308 页。
② 熊贤君、黄永刚主编:《杨贤江全集·日记、通信、答问——一九一八年十月二十七日、星期日、晴》(第四卷),同上,第 310 页。
③ 熊贤君、黄永刚主编:《杨贤江全集·日记、通信、答问——一九一八年十月二十五日、星期五、晴》(第四卷),同上,第 309—310 页。
④ 熊贤君、黄永刚主编:《杨贤江全集·日记、通信、答问——一九一八年十一月二十日、星期三、晴》(第四卷),河南教育出版社,1995 年 3 月第 1 版,第 318 页。
⑤ 熊贤君、黄永刚主编:《杨贤江全集·日记、通信、答问》(第四卷),同上,第 197—318 页。
⑥ 金立人、贺世友:《杨贤江传记》,光明日报出版社,2005 年 4 月第 1 版,第 66—69 页。

产主义小组的理论刊物《共产党》月刊。而此时的商务印书馆已是上海共产主义小组开展活动的主要场所之一。这一时期的人际交往空间和工作场所给杨贤江学习马克思主义理论、接触共产党组织提供了相当有利的环境和条件。在此期间,他学习的第一本书就是英文版的《共产党宣言》。他学得相当认真,对每一章都做了笔记①。至此,进入商务印书馆的杨贤江迎来了其学术生涯和事业发展的又一个转折点和高峰。

得益于商务印书馆的英语函授教育,杨贤江的英语阅读、英汉翻译能力得到了大幅度的提升,最终形成了较为扎实的英语语言功底,为其日后走向学术生涯和职业生涯的巅峰奠定了坚实的基础。凭借着其良好的综合英语语言素质,杨贤江能够及时密切关注和跟踪国外教育界、思想界出现的新思潮、新动态,并能够对欧美国家和苏俄社会的教育理念、教育制度进行科学地甄别、客观地评价,合理地借鉴、融合和创新,从而为构建符合中国国情的现代马克思教育理论体系做出重大的贡献。杨贤江翻译了一系列有关政治、哲学、教育学等领域的专著和论文,其中尤其以恩格斯的《家族、私有财产及国家起源》这部著作最具代表性,在当时的教育界和青年学生界中有过广泛的影响②。他写的《教育史 ABC》是我国最早以历史唯物主义的观点和方法论述教育发展过程的著作,它深刻揭示了教育的历史面目。《新教育大纲》是杨贤江代表作,是最早在我国系统地利用马克思主义理论结合中国国情阐明教育理论的著作。他指出教育同经济基础有依存关系,受经济和政治的制约,同时也影响经济和政治。他揭露了资本主义和旧中国教育的反动本质;批判了改良主义的教育思潮,指明只有推翻反动统治,中国才能得救,教育才能走向社会主义。这在当时是使教育界"耳目一新"的大事,对于同时代的以及以后的新民主主义革命者都有过很大的影响③。

---

① 金立人、贺世友:《杨贤江传记》,光明日报出版社,2005 年 4 月第 1 版,第 78—82 页。
② 沈德林、周建华编:《伟大的一生、不朽的业绩——杨贤江生平事迹简介》,光明日报出版社,2005 年 4 月第 1 版,第 84—85 页。
③ 周谷平:《近代西方教育在中国的传播》,广东教育出版社,1996 年 11 月第 1 版,第 296—304 页。

(四) 杰出学员葛传椝

葛传椝(1906—1992),出生于江苏省嘉定县(今上海市嘉定县)。他在 1920 年秋季开始就读于江苏省立第四中学,但只读了一年半,迫于家庭经济的压力,中途辍学,考入交通部当时在上海建立的电报传习所。1922 年年底,他被分配到上海崇明无线电台工作,成为一名普通的公职人员。在工作期间,出于兴趣,他利用业余时间开始自学英语,订阅商务印书馆出版的《英文杂志》和《英语周刊》作为自修教材[①]。

为了加快自学英语的进程,葛传椝有了加入函授学社的想法。由于当时总部在美国的万国函授学社是中国出现的最早的专门函授学校,在上海具有相当大的办学影响力,葛传椝就慕名前去拜访万国函授学校设在上海的办事处,咨询相关办学情况。结果,他却发现万国函授学校收费太高,远远超出他的承受能力。此外,"当然,有一个无可避免的缺点:一切讲义和答语都必须用英语,对于我们中国人打基础恐有不便之处"[②]。最终,葛传椝放弃万国函授学校,而选择加入商务函授学社,接受英语函授教育。"我自认为我的程度已可入第四级,所以报名第四级。"[③]报名注册之后,"社里陆续发给讲义","每次发给讲义,还赠给学员几本英语小书";"学员依照讲义中所列的习题,分几次寄去,由教员批改给分"[④]。葛传椝非常珍惜这次来之不易的校外求学机会,他每次总是能够按时认真完成函授讲义中所安排的练习题,同时还向英文科函授教员提出各种各样的疑难问题,随同作业一同邮寄给函授学社。而英文科教师也总是能够耐心解答他的质疑。每次邮寄作业,他总是质疑太多,这样往往就会占用负责批改试卷的教师的大量时间。由于函授学社英文科学生人数众多,而改卷教师人数却相当有限,他这个"子入太庙,每事问"式的学生便

---

① 葛传椝:《英语教学往事谈》,载李良佑、刘犁主编:《外语教育往事谈——教授们的回忆》,上海外语教育出版社,1988 年 8 月第 1 版,第 63—65 页。
② 同上书,第 76 页。
③ 葛传椝:《我学习英语的点滴回忆(一)》,《外语界》,1986 年第 1 期,第 55 页。
④ 同上。

引起了某位教员的不悦,以至于这位教员在邮寄给葛传椝的批改过的作业中,竟然写下了这样一句话:"本社学员数千人,问题之多,以阁下为第一。"①这段小插曲正好从侧面说明了以下两点:首先,葛传椝是一位善于发现问题、勤学好问的优秀学员。其次,正是编写精良、适合自学的英语函授讲义调动了葛传椝的学习积极性,激发了他的求知欲。无疑,函授讲义充分起到了连接教师和学员的桥梁作用。

葛传椝通过这种校外远程教育的方式,顺利完成了英文本科四级的所有课程,并获得了毕业证书②。这时,葛传椝的英语实力已经达到了当时大学英语本科的二年级水平了。从函授学社毕业之后,葛传椝再也没有进入任何一家高等院校进修英语。在函授学社接受英语函授教育的宝贵经历可以说改变了葛传椝的人生志向。经过在英文科的系统训练之后,他已经具备了较为扎实的英语功底,对英语的兴趣越发强烈,这就使他决定以后应该从事与英语专业密切相关的职业,以便更好地发挥其所具备的英语优势。获得英文科四级毕业证书之后,在1926年年底他写信给商务印书馆编译所英文部长邝富灼(当时兼任商务函授学社社长一职),毛遂自荐,要求供职于英文部,他的请求得到了同意③。

商务印书馆编译所为葛传椝英语水平的继续提升、学术的积累和职业生涯的起步及发展提供了一个高起点的、较为宽广的支撑平台。葛传椝进入英文部的第一件工作就是担任函授学社英文科教员,这次他的角色与以前有了根本性的不同,由学员身份转换为教员身份了。正是函授学社英文科赋予了他的这次身份转换,为他继续自修英语提供了又一次不可多得的机会。"每天六小时工作,都是批改学员的作业和回答学员的问题。感到没有把握时就向同事们请教。"④面对数量众多的学员作业中

---

① 葛传椝:《我学习英语的点滴回忆(一)》,《外语界》,1986年第1期,第55页。
② 葛传椝:《我与商务印书馆》,载商务印书馆编:《1897—1987 商务印书馆九十年——我和商务印书馆》,1987年1月第1版,第352页。
③ 同上;葛传椝:《我学习英语的点滴回忆》(一),《外语界》,1986年第1期,第55页。
④ 葛传椝:《我学习英语的点滴回忆》(一),《外语界》,1986年第1期,第56页。

出现的千差万别的错误,及时解答学员提出的各种各样的问题,这对一位刚从函授学社毕业没有多久的"新手"而言,绝对是一项富有挑战性的工作。而每一次不管是依赖自己,还是向同事们请教以解决上述疑种种难问题,都是一次次吸取新知、完善知识结构、提高综合英语素质、开阔视野的学习机会。

"每天改卷答问,少不得查字典。英文部里有各种英语词典,使我大开眼界。至今还是全世界最大的英语词典的 *A New English Dictionary on Historical Principles*,……同事中使用者不多,我却几乎每天用到它。"[1]商务印书馆拥有数量众多的具有重要影响力的英语词典,这对一直坚持自学英语的葛传椝是大有裨益的。英语词典是英语自修过程中的一种极其重要的必备工具书,尤其是对英语水平已达到较高水准的专业人士而言,如果没有英语词典的辅助,可以说是寸步难行。一般外语专业人士或迫于经济窘迫,或因出版资源的匮乏,很难获得种类繁多、编写质量上乘的英语工具书。英文部所具有的这种丰厚的英语工具书资源优势为葛传椝打开了一扇通往英语自由世界的大门。

在函授学社担任英文科教员期间,葛传椝勤奋努力、谦虚好学、善于思考,向他提供帮助次数最多的同事就是时任英文科科长的周越然。"我在函授学社英文科改卷和答问时,从讲义内容、学员作业、学员质疑三个方面,也注意到和学到些东西,并不时向英文科科长周越然先生提出。"[2]

可以这么说,在函授学社担任英文科教员的两年期间,是青年时期的葛传椝在自修英语的过程中又一次极其宝贵的自我学习、自我提升的特殊经历。回顾这段难忘的经历,他这样总结道:"我在商务印书馆编译所英文部工作共五年多,开头两年左右,是函授学社英文科的教员,就享受

---

[1] 葛传椝:《我学习英语的点滴回忆》(一),《外语界》,1986年第1期,第56页。
[2] 同上。

到教学相长的机会。"①。

　　经过在函授学社英文科的长达两年时间的历练,葛传椝很好地完成了本职工作,同时,他的英语水平又有了进一步的提升,知识结构日渐完善,学术视野更加开阔。当过函授教员以后,他开始从事编辑工作,主要审理和修改英语稿件。在新的岗位就职期间,在审理和修改一些国内外语界知名专家、学者的英语文章及著作的时候,才思敏捷、知识渊博的葛传椝常常能够发现其中存在的一些不当和失误之处;他的真知灼见、精辟见解也常常被作者、编辑部所采纳和接受。除了审稿、改稿之外,葛传椝还担任《英文杂志》和《英语周刊》的编辑,同时,他在上述期刊上发表过一系列数量可观、备受读者欢迎的有关英语专业领域的文章,尤其在《英语周刊》上发表的文章数量最多②。据不完全统计,葛传椝仅在1928年1月7日—10月6日出版的《英语周刊》(第635—673期)上发表的文章就多达20篇。其中一些属于英语语言学的研究领域,涉及语音学、词汇学、修辞学、语法学等层面。另有一些属于外语教育学的研究领域,涵盖了听、说、读、写能力培养方面的内容。还有一些属于英语文学的研究领域,主要包括了诗歌、小说等方面的内容。在上述一系列彼此有着联系的英语文章中,葛传椝以朋友的身份,通过与读者谈话的方式,结合自己在自学英语过程中所遇到的问题、所积累的经验,向广大青年读者群体娓娓道来,介绍了英语语言的特点,学习英语的正确方法,指出了如何克服在学习英语的过程中遇到的困难;并鼓励青年读者群体要充分利用业余时间学习英语,持之以恒。他所撰写的英语文章短小精悍、文风朴实,文笔诙谐幽默;内容生动有趣,讲解清楚、举例丰富、通俗易懂,具有较强的可读性。上述有助于提高读者英语水平的系列文章受到了读者的欢迎和好评,他们

---

① 葛传椝:《我学习英语的点滴回忆》(二),《外语界》,1986年第2期,第52页。
② 葛传椝:《我与商务印书馆》,载商务印书馆编:《1897—1987 商务印书馆九十年——我和商务印书馆》,1987年1月第1版,第353—356页。

纷纷来函与葛传椝进行互动和交流,达到了预期的社会教育效果①。

受益于英语函授教育的葛传椝,通过在面向社会公开发行的函授辅导刊物上发表文章的方式,与广大社会青年读者群体分享其自学英语的心得体会,总结学习英语的经验,这不仅使商务函授学社英文科学员获益良多,也惠及了更多的来自不同职业领域、坚持自学英语的读者群体。葛传椝通过在函授辅导刊物《英语周刊》上发表一系列英语学习类文章的这种途径,为促进商务印书馆从事的英语函授教育事业做出了重要贡献。

---

① Hertz C. K. Ke(葛传椝):"Chitchat with Language Students— XVII. Letter Writing as an Art",《英语周刊》,1928 年 1 月 7 日,第 635 期,第 727 页;"Chitchat with Language Students— XVIII. Accent",《英语周刊》,1928 年 1 月 21 日,第 637 期,第 767 页;"Chitchat with Language Students— XIX. The Troublesome Letter'R'",《英语周刊》,1928 年 2 月 4 日,第 639 期,第 803 页;"Chitchat with Language Students— XX. More about Letter Writing as an Art",《英语周刊》,1928 年 2 月 18 日,第 641 期,第 847 页;"Chitchat with Language Students— XXI. Why My Style",《英语周刊》,1928 年 3 月 3 日,第 643 期,第 886 页;"Chitchat with Language Students— XXII. Subject Hunt",《英语周刊》,1928 年 3 月 17 日,第 645 期,第 926 页;"Chitchat with Language Students— XXII. Subject Hunt",《英语周刊》,1928 年 3 月 17 日,第 645 期,第 926 页;"Chitchat with Language Students— XXV. Beginning a Composition by Not Beginning",《英语周刊》,1928 年 4 月 28 日,第 651 期,第 1047 页;"Chitchat with Language Students— XXVI. A Sense of Humor",《英语周刊》,1928 年 5 月 12 日,第 653 期,第 1088 页;"Chitchat with Language Students— XXVII. A Sense of Humor",《英语周刊》,1928 年 5 月 26 日,第 655 期,第 1126 页。Hertz C. K. Ke(葛传椝):"Chitchat with Language Students— XXVII. A Sense of Humor",《英语周刊》,1928 年 5 月 26 日,第 655 期,第 1126 页;"Chitchat with Language Students— XXVIII. Read More",《英语周刊》,1928 年 6 月 9 日,第 657 期,第 1168 页;"Chitchat with Language Students— XXIX. The Philosophy of Borrowing Books",《英语周刊》,1928 年 6 月 23 日,第 659 期,第 1208 页;"Chitchat with Language Students— XXX. Poetry among the Arts",《英语周刊》,1928 年 7 月 14 日,第 661 期,第 1247 页;"Chitchat with Language Students— XXXI. Do You Know Any Bad English",《英语周刊》,1928 年 7 月 28 日,第 663 期,第 1287 页;"Chitchat with Language Students— XXXII. Some Questions and Answers concerning Pronunciation",《英语周刊》,1928 年 8 月 11 日,第 665 期,第 1325 页;"Chitchat with Language Students— XXXIV. Two Recent Red-letter Days of Mine",《英语周刊》,1928 年 8 月 25 日,第 667 期,第 1366 页;"Chitchat with Language Students— XXXIV. Telling My Own Story",《英语周刊》,1928 年 9 月 8 日,第 669 期,第 1406—1407 页;"Chitchat with Language Students— XXXV. The Artistic in Poetry",《英语周刊》,1928 年 9 月 22 日,第 671 期,第 1446 页;"Chitchat with Language Students— XXXV. The Artistic in Poetry",《英语周刊》,1928 年 10 月 6 日,第 673 期,第 1486 页。

商务函授学社英文科为葛传椝的自学成功奠定了坚实的基础,而葛传椝又充分凭借函授学社这个享有盛誉的校外教育机构,获得了进入商务印书馆工作的机会。而商务印书馆又为他服务英语函授教育、继续提升英语水平、施展才华提供了更高的学术平台,从而改变了他的人生境遇和事业发展方向。通过在商务印书馆的工作历练和学术积累,葛传椝的英语语言功底已相当深厚,他在教育界、外语界和新闻出版界已具备一定的影响力了。

1932年"一·二八"事变爆发后,商务经历国难,遭遇重创,中止营业长达半年之久,葛传椝不得不离开了商务印书馆[1]。他凭借自己在商务印书馆积累的深厚英语语言功底与所获得的知名度和影响力,先后被世界书局编译所英文部聘为编辑,被竞文书局聘为总编辑并担任《竞文英文杂志》(*The Ching Wen English Magazine*)的主编,后来又担任大同大学文学院和商学院英语教授,直至1949年中华人民共和国的成立[2]。在20世纪30年代,葛传椝还同时被《中华英文周报》和《英语周刊》聘请为特约撰稿人[3]。在1932—1949年期间,葛传椝的职业、学术生涯发展均渐入佳境,他在英语专业领域取得了非常突出的成就;就相关研究问题,已经具备一定的实力,能够与世界著名语言学家开展对话、交流和探讨。当时,在全世界广为流传的《英国牛津简明字典》《美国韦氏新万国字典》的编辑人员之一,美国语言学家George & Charles Merriam,这样评价葛传椝在英语研究领域所达到的造诣:"余等赞先生对于英语之精通,先生对于此字典之评论,均极中肯。以异国人如先生,而能精通英文之习用法如是,余等不禁为之惊异。"[4]此时的葛传椝已成为民国时期公认的外语教

---

[1] 葛传椝:《我与商务印书馆》,载商务印书馆编:《1897—1987商务印书馆九十年——我和商务印书馆》,1987年1月第1版,第352页。

[2] 葛传椝:《英语教学往事谈——作者简介》,载李良佑、刘犁主编:《外语教育往事谈——教授们的回忆》,上海外语教育出版社,1988年8月第1版,第62页。

[3] 《出版界——英文〈致友人书〉畅销》,《申报》,1935年3月1日,第4张第15版。

[4] 《〈英国牛津简明字典〉、〈美国韦氏新万国字典〉编者推崇:葛传椝主编〈竞文英文杂志〉*The Ching Wen English Magazine*》,《申报》,1937年4月16日,第1张第1版。

育权威人士①。葛传槼在这一段时期为推动民国外语教育事业发展所做出的重要贡献主要表现在以下三个方面:

首先,他编、译著了一大批针对当时英语教学现状、非常适合大中院校学生自主学习或其他读者群体自修的英语教科书、课外读物和英语工具书。他勤于写作,著述宏富。从1932年至1947年,他仅在竞文书局一家出版的著作就多达22部(大部分都是独著,少数为第一作者),分别是:《英文用法大字典》《英文尺牍全书》《英文作文教本》《英文单字活用法》《日用英文习语》《英文改作详解》《英文报读法入门》《现代英文选注》《现代英文选注二集——中文讲解本》《英文学生日记》《全句注音英语会话》《英语会话实习》《现代日用英语会话(三册)》《葛传槼英文通信集》《英文短篇小说选读》(与桂绍盱合编)、《短篇英文百篇》(与桂绍盱合编)、《浅易英文选》(与桂绍盱合编)、《初中英文选》(与桂绍盱合编)、《中国故事英译详解》(与吴铁声合编)、《初中英语作文》《怎样读通英文》和《英文刍言》②。

上述著作多次得到重印和再版,备受文化教育界的欢迎和好评。现在对其中几部有代表性的进行概括性介绍。首先来看《英文用法大字典》一书。刊登在《申报》上的广告给予这部字典很高的评价,认为它是"葛传槼先生之伟大贡献——《英文用法大字典》"③。这部词典的编著特色如下:"本书用浅显的国文和简易的举例,详论英文里一切普通单字、习语、结构的用法,尤其注重我国学生所易于用错、误解或忽略的种种。著者对于英文用法,研究有素。阅读英美书报,二十年来随时摘录比较。所以本书里的材料,很多著者个人所独有的心得,并不只把基本字典、文法书和

---

① 李良佑、刘犁、张日昇:《中国英语教学史》,上海外语教育出版社,1988年10月第1版,第168—169、179—180页

② 《葛传槼编著英文书——竞文书局出版,上海北京西路七九六号,电话三四九九一号》,《申报》,1946年9月10日,第1张1版。

③ 《葛传槼先生之伟大贡献——英文用法大字典》,《申报》,1942年7月30日,第1张第2版。

修辞学书做根据。对于教师讲解,学生作文,自修研究,图书馆,学校,家庭的参考,以及公司、商行的办理文件,都很有帮助。"①

然后,我们再来关注一本英语课外读物《英文单字活用法》的编写特点:"学习英文,欲求写作及阅读通顺,不在多识僻字奇语,而在明了普通单字之各种习惯用法。本书为著者积年研究之结晶,所收各字均为最常用者。每字之下,多设例句,以示各种活用法,多为中国学生最易误解、误用者。解释用中英双解,每句之后,并附中文翻译,以助读者理解。中等学生如能熟记各字之习惯用法,则对于写作及阅读必有极大之助益。"②

然后再来了解另一本英语课外读物《初中英文选》的撰写风格:"本书共三册,各六十四篇。有故事、论说、传记、尺牍、会话、诗歌等。材料均从原版英文书或杂志中选来。大都经编者多少修改,目的在使(1)文句浅明,易教易读。(2)拼法及标点前后一致。(3)读者得到良好的英文基础。编者深知初中学生对于普通英文字句,每多误解,故本书中难句、习语以及可能误解之语句,均附详细之注解,可供教师参考、学生研究。难读之字,并附万国注音(即国际音标),本书实为极佳之初中英文课本。"③

由上所述可知,葛传椝编著的这三部英语学习类著作具有以下三个明显的共同特点:第一,语言材料来源于原版英语报刊、图书,保证能够让学生接触和学到在欧美国家正在被大多数人士所使用的真实、客观存在的现代英语。第二,针对中国学生在学习英语过程中所遇到的实际困难和经常出现的问题,对症下药,有的放矢。第三,讲解深入浅出,举例丰富,注意理论联系实际;重点、难点皆用汉语注释,便于理解和记忆,容易掌握和运用。上述著作具有很强的实战性、应用性和针对性,非常符合中

---

① 《英文用法大字典——葛传椝著,精装一册,三二〇〇〇元——竞文书局出版,上海北京西路796号,电话三四九九一号》,《申报》,1947年2月19日,第1张第2版。

② 《葛传椝先生编著:英文单字活用法(*Idiomatic Use of Common Words*)——上海爱文义路七九六号,竞文书局发行》,《申报》,1937年6月16日,第2张第6版。

③ 《葛传椝、桂绍盱编初中英文选——上海竞文书局出版,上海北京西路796号,电话三四九九一号》,《申报》,1946年8月24日,第1张第1版。

国英语教学的实际状况,又充分考虑到了中国学生学习英语的心理特点,还能够使学生掌握比较标准、地道的英语。不仅可以满足在校学生,也能够很好地迎合其他读者群体的英语自修需求。一经出版,便得到了社会各界读者的认可和好评,比如,《英文用法大字典》出版后没多久就销售一空了。各地读者纷纷致函出版社,要求尽快再版这本字典。在读者的强烈要求下,竞文书局在1946年12月将普通版《英文用法大字典》改成精装版而公开发售①。

其次,葛传椝在1937年3月创办了一份在当时非常具有影响力的英语学习类期刊《竞文英文杂志》,此份杂志于4月1日由竞文书局公开出版发行。"葛传椝君,在英文界素负声望,现主编《竞文英文杂志》。"②这份杂志编辑特色鲜明,"特约名家撰述,专载关于研究英文之作品;取材范围甚广,不拘一格,而尤注重由实际教学经验得来之专著,期使自修者藉本志可以无师自通,并为中等学生获得一适当之课外英文补充读物。注音及拼法完全依照英国式"③。《竞文英文杂志》的主要栏目有:"编者之页,精读文选,短篇记事,作文示范,尺牍,怎样翻译,时事纪略,学生错误,学生作文,改作详解,问答,滑稽与幽默,现代作家像传等,内容极为丰富精彩。每五星期并举行悬赏征文一次。其中'改作详解'及'问答'两栏,为读者详细改正作文错误,并解答疑难问题,远胜函授学校之英文科;故订阅本志,不啻获一忠实之导师。"④

由是观之,葛传椝试图把这份杂志的两个重要栏目"改作详解"和"问

---

① 《英文用法大字典——上海北京西路796号,竞文书局谨启,电话三四九九一号》,《申报》,1946年12月9日,第1张第3版。
② 《竞文英文杂志出版》,《申报》,1937年3月27日,第3张第12版。
③ 《葛传椝主编〈竞文英文杂志〉The Ching Wen English Magazine——刊登现代习用英文,文字正确,译注详尽,如获优良教师指导,胜入函授学校英文科》,《申报》,1937年4月1日,第1张第1版。
④ 《葛传椝主编〈竞文英文杂志〉The Ching Wen English Magazine——每半月出版一册,零售每册五分;预订每二十四册一元一角》,《竞文英文杂志》,1937年4月1日,第1期,书首黑白插页。

答"打造成函授学校的英文科。他的这个创意绝对不是偶然。毕业于商务函授学校英文科的葛传椝又曾经在这所函授学校担任英文教员,这使他受益匪浅,而商务函授学校英文科高度重视辅导答疑、作业批改的做法给他留下了深刻的印象。正是受了商务函授学校英文科的影响,他才将英文科这一做法移植到了他主编的这份英语学习类期刊上。

由上所述,不难断定,葛传椝主编的《竞文英文杂志》的栏目设置特点显然秉承了他所编著的英文学习类著作所具备的那些风格——实战性、应用性、技能性和针对性。注意个体差异、注重个体辅导、强化与读者的互动与交流,不仅可以满足在校中等学生自主学习英语的需要,也非常有助于其他读者群体通过阅读这份英语杂志而达到自修英语的目的。这份杂志的栏目设置在期刊界独树一帜,正如其发行人、英语专家桂绍盰所言:"试问:在国内哪种刊物能写给您们读浅显纯正的英文,为您们指示上研究正确英文的路?哪种刊物介绍给您现代的英美作品,为您们精译详注,为您们细讲用法?哪种刊物能这样仔细正确为您们批改作文?哪种刊物能这样诚恳为您们解答英文上种种疑点?我深信您们再也找不到同样的刊物了。"①

由于葛传椝主编的这份英语杂志编撰特色突出,读者群体定位准确,栏目设置具有较强的指向性,能够很好地满足不同读者群体自修英语的实际需求,因而创刊后不久发行量便一路飙升,开始风靡全国各地。"本杂志自去年(1937年)四月创刊以来,因销行广遍,第九期以前各册大半售罄。"②"这个杂志发行未久,已有近万的销数,我们很是荣幸。"③这份英语学习类杂志很快便得到了大中院校广大师生的认可和喜爱:"诸位中间

---

① 桂绍盰:《本志发行人向读者谈话(The Proprietor Addresses the Readers)》,《竞文英文杂志》,1938年5月16日,第13期,第2—3页。
② 《本志合订本现已出版——便于检阅,便于○藏》,《竞文英文杂志》,1938年6月1日,第14期,封底。
③ 桂绍盰:《本志发行人向读者谈话(The Proprietor Addresses the Readers)》,《竞文英文杂志》,1938年5月16日,第13期,第2页。

有很多人曾经写信表示他们怎样地爱读这个杂志。他们觉到它很有助益,很切实用。写信的人当然不全是学生;内中有中学教员,也有大学教授。"①能在如此之短的时间内取得如此非同凡响的发行业绩,杂志发行人桂绍盱把它归功于葛传槼,"我们能达到这种成绩,全是我们贤能的英文怪杰葛主笔的努力"②。

《竞文英文杂志》的办刊特色和销售业绩引起了《申报》的关注,专门对此给予了专题报道:"竞文英文杂志,为英文专家葛传槼、桂绍盱等编辑,执笔者均国内知名之士。该志自去年发刊以来,销行颇广,现在已出至二十二期;内容之精审,译注之详尽,堪称独步。自战事发生后,各大书局出版之英文杂志,均相继停刊,故该志实为目前孤岛上中等学生及自修者之唯一英语读物。"③在 1938 年 10 月,就有学者曾在《申报》上撰文,回顾和总结了抗战全面爆发以后上海杂志界的办刊质量,文章指出:"上海的杂志界,也繁荣起来了,虽不能同战前相比,但总不能说少。在质的方面,虽有好的,但实在太少了",认为"《实用英文》,《竞文英文杂志》等等,都还不错。"④

《竞文英文杂志》的出版也引起了英国著名语言学家、《牛津现代英文字典》的主编 A. J. Fowler 教授的关注,阅读之后,他发表了如下言论:"读贵志极感兴趣,观于其中足下对于学生英文之批改,使人深信异国人习英文之非易。足下历次来信,对于英文之习惯用法正确无误,令余甚为钦佩。""谨祝贵志前途无量,余深信其必为中国学生之恩物也。"⑤无疑,这份英语杂志的创办对当时中国学生自修英语具有重要的参考价值和指导价值。

随着抗日战争的全面爆发,日寇侵华程度的日益加深,数量众多的学

---

① 桂绍盱:《the Proprietor Addresses the Readers(本志发行人向读者谈话)》,《竞文英文杂志》,1938 年 5 月 16 日,第 13 期,第 2 页。
② 同上。
③ 《刊物介绍——〈竞文英文杂志〉》,《申报》,1938 年 10 月 12 日,第 3 张第 12 版。
④ 东耳:《杂志界的总检阅》,《申报》,1938 年 12 月 13 日,第 3 张第 12 版。
⑤ 《〈英国牛津现代英文字典〉编者推崇:葛传槼主编〈竞文英文杂志〉》,《申报》,1937 年 4 月 30 日,第 1 张第 4 版。

校被炸毁,大批青年学生被迫辍学,而之前各大民营出版机构发行的英语教育类期刊在战争的影响下都先后停刊,能够为上海及周边地区青年读者群体提供自学英语指导英语教育类期刊只有《竞文英文杂志》一家了。由此可见,葛传椝通过编撰英语期刊的方式,在一定程度上弥补了抗战时期民国英语教育资源的不足,在一定程度上促进了抗战时期中、高等英语教育事业的可持续发展。

再次,他为初步构建符合中国国情的外语教学法理论体系做出了重要贡献。1941年,葛传椝应聘到上海大同大学担任英语教授,在长期坚持自学英语和从事英语函授教育实践的基础上,他开始了对中国英语教学存在的问题进行系统的梳理和思考。他关于外语教学法的主要观点如下:按学生需要取材,按学生需要施教,这比西方教学法的同类观点早几十年。为了实现这个观点,葛传椝主张由中国教师给中国学生编教材,因为中国教师才最了解中国学生需要学什么。他还认为,考虑学生需要时主要应该考虑他们的工作需要。在中学里难以预知学生以后工作对外语的需要,应着重打基础,以利于将来的学习;但基础主要指的是"基础"的实践,不是"基础"的知识。此外,他还主张,教材应该降低难度,难度降低可以使学生在写作上受益较多。仅仅通过考试并不能真正反映出学生的真实水平,如果不能废除考试,要实行教考分离的考试制度,等等[①]。1949年以后,葛传椝在外语教育理论与实践领域的研究已超出本课题研究的时段,在此不再赘述。

当代著名外语教育家张正东认为:"葛传椝的外语教学法观点是以自己学习和教授英语的亲身实践为出发点而没受到任何外国影响的中国式的理论。今天我们正以发展中的国力办世界上规模最大的外语教育,他的这些观点应备受重视,值得研究、应用。"[②]

[①] 李良佑、刘犁、张日昇:《中国英语教学史》,上海外语教育出版社,1988年10月第1版,第179—180页;周流溪主编:《中国中学英语教育百科全书》,东北大学出版社,1995年8月第1版,第196页;张正东:《中国外语教学法理论与流派》,科学出版社,2000年6月第1版,第117—118页。

[②] 张正东:《中国外语教学法理论与流派》,科学出版社,2000年6月第1版,第118页。

除了上述三个重要方面以外,葛传椝还通过在一些具有较大影响力的无线电台、社会教育机构举办专题讲座的方式,指导青年学生提高自学英语的水平。1936年6月21日的《申报》专门对他开展的这一活动进行了介绍和报道:"葛传椝君擅长英文,著有《英文文法精义》及《新撰英文尺牍》等书(开明书店出售)颇受读者欢迎。兹为嘉惠于一般研究英文之青年起见",除了在固定时段内在美亚公司上海电台做专题演讲之外,还将从7月1日至6日的每天晚上7点半至9点,在位于四川路的上海青年会"公开演讲,概不收费。所讲题目,逐日更换,大都关于研究英文之种种疑难问题,是诚研究英文者之绝好机会"①。无线电台可以反复播放整个演讲活动,演讲内容可以在瞬间传播到不同的地区,使无法赶到现场参加讲座的青年听众如临其境一般,获得良好的听讲效果。且这种传播方式可以大幅度增加受众对象,使更多的青年群体从中受益。而选择在上海文化教育界享有较高声誉的青年会举办专题演讲,可以吸引更多的上海及周边地区的青年学生积极参加讲座,听过讲座之后,可以直接与葛传椝进行现场互动和交流,产生更好的听课效果。葛传椝通过举办专题讲座的方式,在一定程度上有效促进了上海及周边地区广大青年学生自学英语的整体水平的提升。

如上所述,葛传椝在外语教学理论和实践上所取得的突出成就与他在商务函授学社英文科的学习和工作经历有着非常密切的关系,而英文科是完全由国人自办的符合国情的最早的英语函授教育。在接受函授教育期间,以学生为中心、适合自主学习的函授讲义激发了他的学习兴趣,给他留下了深刻的印象。同时,他也积累了如何充分利用英语读物加快自学进程的宝贵经验。毕业于函授学社之后,他再入函授学社,只不过这次角色发生了转换,他成为了一名英文科函授教员。而此时的英文科正处于其办学生涯的最好时期,学员已达到2万多人,其中有相当数量的学

---

① 《葛传椝演讲英文疑难问题——研究英文者之好机会》,《申报》,1936年6月21日,第4张第14版。

员都是在校学生或辍学的青年学员。葛传椝每天都要审阅和批改大量的学员函授作业,还要经常解答不同类型的学员群体提出的形形色色的问题。这种宝贵的经历都使他了解到中国英语教学的现实状况,认识到中国学生在学习英语的过程中最容易出现的错误,意识到应该给他们提供怎样的适当建议,才能真正帮助他们克服自学过程中的困难,打通一条走向成功之路。供职于函授学社的重要经历使他掌握了第一手的有关中国学生自修英语的相关资料,积累了丰富的英语教学经验,为他日后的学术和职业生涯再攀高峰提供了坚实基础。

葛传椝所从事的一系列英语教学实践活动和他提出的英语教学观点,都特别强调要重视中国英语教学的实际状况,要充分考虑中国学生在学习英语过程中所具有的心理特点和所遇到的实际困难,要有针对性地帮助他们解决在学习过程中遇到的问题,要加强方法、技巧的传授,努力提高他们自学英语的能力。也就是说,一切英语教育实践活动要以学生为中心,要充分激发其学习兴趣,尽力调动其学习积极性,要尽大限度地发挥学生学习英语的主体地位。这些特点也正是英语函授教育(无论是函授讲义的编写,还是函授教学的过程)所体现出的一些本质规律,这些本质规律也同样适合于其他英语教育领域。葛传椝对民国外语教育事业所做出的杰出贡献,正是他在商务函授学社英文科所掌握的教育资源、经验经过系统地加工、整合和提炼之后,再一次在更广泛的英语教育与研究领域得到科学地应用、实践和推广的结果。

二、中华函授学校英文科的办学效果

(一) 从学员的来源地看其办学效果

由于资料有限,目前我们只能在 1929 年至 1936 年出版的《申报》上找到共计 56 名中华函授学校英文科获奖学员的个人信息。获奖学员的分布情况为:上海市:14 人,江苏:9 人,浙江:7 人,四川:5 人,天津市:4 人,河南:3 人,南京市:2 人,江西:2 人,青岛市:1 人,河北:1 人,辽宁:1 人,福建:1 人。我国学员中,52 名获奖学员分布在 12 个省及市行政区,1名获奖学员来自香港地区。另外,还有1名学员来自日本,2名来自爪哇地区①。

仅仅通过总结中华书局函授学校在《申报》上公布的3次获奖优秀学员名单,数量有限的优秀学员群体已经分布相当广泛了,其来源地已经覆盖了多处重要的省级行政区。

(二) 从学员的供职或求学状况看其办学效果

还是根据《申报》的相关记载,可以发现,英文科获奖学员中有26人提供了目前的工作单位或学习单位,他们分别供职于6个行业领域,分别是:教育界、工业界、商业界、政界、军事界、医药卫生界。

尽管所选取的研究对象的数量非常有限,但是通过考察这26名获奖学员的个人信息,也可以帮助我们大致了解其职业状况。具体内容是:

表6 中华函授学校英文科获奖学员在社会不同职业领域的分布情况②

序号、社会职业领域名称(按照学员人数在社会不同职业领域的多寡排序)	所拥有的获奖学员人数(人)	在总人数中所占据的百分比率(总人数为26人)(%)
1. 商业界	15	57.7
2. 教育界	4	15.4
3. 工业界	2	7.7
4. 政界	2	7.7
5. 医药卫生界	2	7.7
6. 军事界	1	3.8

由上表可知,供职于商业界的获奖学员人数比例高达57.7%,处于遥遥领先的地位。教育界的学员人数比例居于第二,达到了15.4%。工业界、政界和医药卫生界的人数比例均为7.7%,军事界的人数比例为

---

① 资料来源:《现款奖金六百元——中华书局函授学校英文科第一届奖案揭晓》,《申报》,1929年11月1日,第2张第5版;《上海市教育备案私立中华书局函授学校招收学员——奖学金》,《申报》,1935年3月10日,第1张第4版;《中华书局函授学校本年度评奖揭晓》,《申报》,1936年8月28日,第1张第4版。

② 同上。

3.8%,处于最低水平。

三、开明函授学校英文科的办学效果

(一) 从学员的来源地看其办学效果

根据函授辅导刊物《社员俱乐部》刊登的相关信息,经过统计与核对的英文科学员共计724人,其中1人的通信地址不详,因此有效统计学员人数为723人。其中,各省学员为680人,香港地区12人;海外国家和地区共计31人[1]。

首先来了解一下学员在民国各个省级行政区的分布情况。为了更好地阐明这一问题,我们将以表格的形式公布学员的分布情况。在绘制表格之前,在此很有必要对以下三个问题交代清楚。第一,此表格所依据的文献资料是1932—1933年期间在读学员的情况,而这一阶段处于南京国民政府统治时期,因此表格中出现的各省名称均沿用当时的称呼。第二,南京国民政府在1930年颁布相关政策制度,规定将"市"分为院辖市(即原来的特别市,日后又改称直辖市)。院辖市与省同级,省辖市则与县同级。截止到1933年,共设立南京市、上海市、北平市、青岛市、天津市、汉口市(今武汉市)、广州市等7个院辖市。而广州市兼具院辖市和省会城市的双重地位[2],因此,在表格中将广州市归属广东省所管辖的范畴,而不再将其单独列出。第三,由于上海市是开明函授学校的所在地,为了更好地阐述其办学影响力和辐射力,将上海市列于表格中的首位。除了上海市之外,其他各省及院辖市的排位顺序,均按照其所拥有的函授学员人数的多寡依次进行排列。相关信息如下:

---

[1] 开明中学讲义社编辑:《开明中学讲义社社员录》,《社员俱乐部》(内部刊物,只向学员免费发放),1932年8月20日,创刊号,第65—78页;《社员录(续)》,《社员俱乐部》,1933年2月20日,第3号,第227—234页;《社员录(续)》,《社员俱乐部》,1933年5月20日,第4号,第309—312页。
[2] 凌霄:《民国时期的特别市》,《钟山风雨》,2009年第3期,第54—56页。

表7 开明函授学校英文科学员在各省级行政区域的分布情况①

序号、行政区域名称	所拥有的学员人数(人)	在总人数中所占的百分比(总人数为680人)(%)
1. 上海	138	20.3
2. 浙江	86	12.6
3. 汉口	70	10.3
4. 广东	66	9.7
5. 江苏	63	9.3
6. 湖北	34	5
7. 山东	23	3.4
8. 北平	22	3.2
9. 天津	21	3.1
10. 河北	20	2.9
11. 南京	20	2.9
12. 福建	20	2.9
13. 安徽	14	2.1
14. 江西	12	1.8
15. 河南	11	1.6
16. 四川	10	1.5
17. 青岛	9	1.3
18. 湖南	8	1.2
19. 广西	8	1.2
20. 山西	7	1
21. 陕西	4	0.6
22. 贵州	4	0.6
23. 云南	3	0.4
24. 绥远	2	0.2
25. 辽宁	2	0.2
26. 甘肃	1	0.1
27. 察哈尔	1	0.1
28. 新疆	1	0.1

---

① 开明中学讲义社编辑:《开明中学讲义社社员录》,《社员俱乐部》(内部刊物,只向学员免费发放),1932年8月20日,创刊号,第65—78页;《社员录(续)》,《社员俱乐部》,1933年2月20日,第3号,第227—234页;《社员录(续)》,《社员俱乐部》,1933年5月20日,第4号,第309—312页。

为了更好地了解英文科的办学影响力和所取得的办学效果,在此很有必要补充一下函授学员在县、市级行政单位的分布情况(不包括县、市所管辖的乡镇、村庄)。根据函授辅导刊物《社员俱乐部》的记载,相关信息如下:

表8 开明函授英文科学员在各省的市、县级行政单位分布情况①

序号、省份	市、县级总数	学员所在市、县级行政单位的名称
1. 浙江	30	杭州、宁波、嘉兴、温州、海宁、奉化、上虞、玉环、吴兴(今湖州)、萧山、慈溪、汤溪、鄞县、海门、绍兴、平湖、桐乡、嘉善、新昌、衢县、丽水、金华、平阳、杭县、宁海、碛石、浦江、余姚、诸暨、崇德
2. 江苏	30	松江、淮安、宝应、东台、昆山、青浦、高邮、常州、南通、句容、镇江、苏州、金山、扬州、南汇、邵伯、无锡、泰县、江阴、徐州、崇明、宝山、灌云、吴江、兴化、嘉定、吴淞、盐城、川沙、海安
3. 广东	15	广州、汕头、佛山、琼州(今海南)、中山、潮州、番禺、合浦、南海、宝安、惠阳、三水、新会、台山、潮安
4. 山东	12	济南、烟台、淄川、日照、威海卫、禹城、昌邑、福山、黄县、潍县、益都、海阳
5. 湖北	10	武昌、汉阳、宜昌、鄂城、鄂州、广水、孝感、沙市、随县、武穴
6. 江西	8	南昌、九江、贵溪、玉山、宜春、赣州、余干、抚州
7. 四川	8	重庆、巴县、合江、内江、雷波、叙府(今宜宾)、宣汉、万县
8. 河南	7	开封、新乡、郑州、郑县、辉县、西平、信阳
9. 河北	7	唐山、邯郸、秦皇岛、石家庄、静海、正定、高阳
10. 安徽	6	合肥、芜湖、蚌埠、阜阳、固镇、巢县
11. 广西	6	南宁、柳州、宜北、清西、贺县、蒙山
12. 山西	5	太原、大同、榆次、介休、徐沟
13. 湖南	5	长沙、湘潭、攸县、南县、湘乡
14. 陕西	4	西安、大荔、潼关、碛石
15. 贵州	4	贵阳、镇宁、郎岱、毕节
16. 云南	3	河口、蒙自、腾冲
17. 福建	3	福州、厦门、漳州

---

① 开明中学讲义社编辑:《开明中学讲义社社员录》,《社员俱乐部》(内部刊物,只向学员免费发放),1932年8月20日,创刊号,第65—78页;《社员录(续)》,《社员俱乐部》,1933年2月20日,第3号,第227—234页;《社员录(续)》,《社员俱乐部》,1933年5月20日,第4号,第309—312页。

续表

序号、省份	市、县级总数	学员所在市、县级行政单位的名称
18. 绥远	2	张家口、归绥
19. 辽宁	2	沈阳、锦州
20. 新疆	1	喀什
21. 察哈尔	1	丰镇（县）

我国学员中，有680名来自上述各省，12名来自香港地区。另外，还有31名学员来自海外国家和地区，具体的分布情况是：9名学员来自菲律宾；8名学员来自暹罗（今称泰国）；4名学员来自日本；3名学员来自马来亚（今称马来西亚）；分别各有2名学员来自新加坡、印度尼西亚和南洋地区；还有1名学员来自砂拉越地区（今属马来西亚）。来自海外国家及地区的学员主要集中在东南亚地区，分布在菲律宾、暹罗、日本等国家[①]。

（二）从学员的供职或求学状况看其办学效果

根据《社员俱乐部》刊登的相关信息，经过统计与核对，开明函授学校英文科在读学员共计有344人提供了工作单位或学习单位，因此有效统计学员人数为344人。他们供职于10个不同种类的行业领域，分别是：教育界、工业界、商业界、政界、军事界、医药卫生界、新闻出版界、农业界、广电界和自然科学研究界。具体情况请见下表：

表9 开明函授学校英文科在读学员在社会不同职业领域的分布情况[②]

序号、社会职业领域名称（按照学员人数在社会不同职业领域的多寡排序）	所拥有的在读学员人数（人）	在总人数中所占的百分比（总人数为344人）（%）
1. 商业界	172	50.1
2. 教育界	59	17.2
3. 工业界	48	14

---

① 开明中学讲义社编辑：《开明中学讲义社社员录》，《社员俱乐部》（内部刊物，只向学员免费发放），1932年8月20日，创刊号，第65—78页；《社员录（续）》，《社员俱乐部》，1933年2月20日，第3号，第227—234页；《社员录（续）》，《社员俱乐部》，1933年5月20日，第4号，第309—312页。

② 同上。

第三章　英语函授教育的办学特点、效果及问题　293

续表

序号、社会职业领域名称（按照学员人数在社会不同职业领域的多寡排序）	所拥有的在读学员人数（人）	在总人数中所占的百分比（总人数为344人）（％）
4. 政界	24	7
5. 军事界	19	5.5
6. 新闻出版界	10	2.9
7. 医药卫生界	6	1.7
8. 农业界	4	1.2
9. 广电界	1	0.3
10. 自然科学研究界	1	0.3

上表显示，函授学员的供职单位主要集中在商业界、教育界、工业界和政界。在商业界工作的学员人数比例居然高达50.1％，而供职于其他9个不同职业领域的学员人数累加在一起还无法达到这个标准。

根据《社员俱乐部》的记载，为了进一步说明英文科学员在社会不同职业领域内的具体分布情况，下面将学员在社会各界具体行业的分布情况总结如下：

在商业界的分布情况：共计有172名函授学员供职于商业界的众多行业，包括：邮电、金融、餐饮、娱乐、保险、进出口贸易、住宿、铁路交通运输、航运交通运输行业，丝绸、服装、布料、自行车、食品、药品、粮食、建筑材料、水果、烟草、蒲包、燃料、图书、中药材、棉纺织品、纸类产品、茶叶、茶具、皮鞋、酒水饮品销售行业；共计多达28个不同行业。

在教育界的分布情况：共计有59名函授学员来自各级各类学校（以各类初、中等性质的学校为主，兼顾各类大学）。这些函授学员以在校中学生群体为主，有少数是教师，还有一些是高等院校的学生。58名函授学员的工作或学习单位主要包括普通综合类公私立大、中、小学校，教会大、中、小学校，专门类学校，军队系统内的学校，铁路系统内的学校，社会教育机构，等等。

具体而言，上述综合类公私立大学中不乏著名高等学府，在文化教育界享有很高的办学信誉，主要有清华大学、复旦大学、大同大学等。著名的教会大、中学校主要有燕京大学、岭南大学、之江大学附属中学等。具有较大办学影响力的公私立中学有天津扶轮中学、山东济南育英中学等。办学知名度较高的专门类学校主要有山东青岛海军学校、上海文生氏英文专修学校、广东军事政治学校、集美高级水产航海学校等。

在工业界的分布情况：共计有48名函授学员供职于工业界的众多行业，包括：综合类产品、牙刷、电器产品、电器产品原材料、军需用品、洗涤用品、兵器、精细化工产品、建筑材料、金银首饰器皿、眼镜、火柴、铁路产品、鞋子、造纸、钢铁、化工产品制造业。烟草、副食品、调味品、面粉、食用油、棉纺织品、丝绸、服装、燃料、矿产资源加工行业、建筑行业，共计多达28种。

在政界的分布情况：共计有24名函授学员供职于政界的众多行业，包括：财政税务、公安管理、邮电、铁路交通、政府、司法、教育、政党管理机构，共计8种。

在军事界的分布情况是：共计有19名函授学员供职于中央直属的正规陆军、海军部队系统和地方武装力量系统。正规陆军、海军分别驻扎在一些省级、市级、县级行政区。有的函授学员是军官，有的是普通士兵，有的是教官。在部队服役的学员有的属于普通兵种，有的属于特殊技术兵种。

在新闻出版界的分布情况：共计有10名函授学员供职于新闻出版界的一些重要机构，以民营出版机构为主。各有1名学员供职于享有盛誉的中华书局（编辑所）、大东书局和世界书局，这三家书局与商务印书馆一起号称民国时期的四大书局。还有1名学员供职于民国时期具有较大影响力的民国日报社，该社出版的报纸为国民党中央机关报。另有1名学员供职于重要的进步文化机构——生活书店。有的供职于在当地具有较高知名度和较大影响力的出版机、印刷机构、报社机构，主要有亚东图书馆（编辑所）、汉口的江汉印书馆、宁波的竞新书社、上海的大业印刷公司等。

在医药卫生界的分布情况：共计有6名函授学员供职于医药卫生界

的一些医疗机构,主要包括公私立综合类、专科类、教会、疗养类医院等。在农业界的分布情况:共计有4名学员,其中3名供职于浙江省昆虫局,1名供职于上海一家畜牧养殖场。广电界有1名函授学员,其供职单位是南昌无线电台。自然科学研究界有1名学员,其供职单位是中国西部科学研究院,该院是中国近代著名爱国实业家卢作孚在20世纪二三十年代创办的中国西部地区的第一家民办科学院,是当时四川乃至整个西部地区重要的科研机构。

四、共同办学效果之总结

(一)函授学员分布特点的分析、总结

综上所述,从整体上看,商务、中华、开明函授学校英文科学员的分布态势是:从东部沿海地区到中部地区,再到偏远西部地区,学员人数呈依次递减的状态;南方地区人数明显多于北方地区人数;学员主要集中在京津冀地区、长江三角洲地区、长江中下游地区、珠江三角洲地区。而学员居住地较为集中的地区正好是近代对外开放较早、中西交往和交流最为频繁的沿海、沿江地区,其近代工业化程度发展水平较高,资本主义工商业经济发展较为迅速,中外进出口贸易事业发展较为兴盛。因此,上述地区对具有中等水平的"普通语言英语+社会用途英语+商业英语"复合型外语人才的需求量日益增长。商务、中华、开明函授学校为上述地区培养了大量的复合型外语实用人才,在很大程度上弥补了普通中学、中等职业学校外语教育资源的严重匮乏,很好地满足了资本主义工商业经济的快速发展对外语专业人才的大量需求,有力地缓解了学校、社会之间的供需矛盾。

商务、中华、开明函授学校的英文科学员遍布中国的大江南北,从乡村到城市,从东部沿海发达地区到西部偏远落后地区,涵盖了当时几乎所有的重要城镇。近代以来,由于西方势力的渗入,中国社会越发呈现出了多元化、多样化、多维度的历史面貌,各地区经济、政治、文化教育的发展水平变得更加不平衡。而商务、中华、开明函授学校构建的灵活多变、富

有弹性的英语函授教育体制是符合中国近代复杂多变的国情的,是能够满足广大民众的实际求学需求的。这种新型的开放式学校深受广大民众的欢迎。毫无疑问,这种从欧美引进的、又具有浓厚本土色彩的新型开放式教育体制尤其适合像中国这样的以"后发外源型"的态势而进入近代化的国家。

自从民营出版机构开办英语函授教育以来,这种新型的不受时空、地域限制的开放式教育体制便显示出了极其强大的辐射力和穿透力。英语函授教育以上海为源头向四周辐射,经江浙地带,向中西部扩散,然后抵达地处偏僻的东北、西北、西南等省份。在当时交通尚不发达、各地经济发展水平不尽一致、教育资源分配严重不均的历史背景下,函授教育自身所具备的这种独特的开放式办学优势是任何一所普通学校难以比拟、可望而不可即的。

(二) 函授学员的职业或求学状况特点分析、总结

综上所述,这三所函授学校英文科的学员在民国社会各个职业领域分布的整体态势呈现出了相当高的一致性和接近性,那就是供职于商业界的学员人数都达到了总人数的50%,独占鳌头。来自教育界的学员人数的比例高居第二位,其拥有的实际学员人数也相当可观。工业界、政界的人数比例分别位于第三、第四位的水平,而其他职业领域的学员人数比例就明显低于上述工、商、政、教育界人数比例。

在民国的初、中期,中国社会正处于由传统到现代转型的重要过渡时期,正在经历着一场深刻的社会变革,由自给自足的封建小农经济体制向开放的资本主义工商业经济体制转变,由封建集权专制体制向资本主义民主政治体制转变,由传统农业社会向近代工业社会转变。然而,无论是哪一种制度类型的社会,其经济领域、政治领域和教育领域都是该社会中最关键的构成部分,一场系统的、全面的、深刻的社会变革首先要从经济、政治、教育领域开始发起。可以说,经济、政治、教育领域的变革和转型过程是比较剧烈、迅速、迫切和关键的。这三者之间存在极为密切的关联,互为前提,相辅相成。这些领域的变革和转型将直接影响和决定整个社

会的变革和转型。

在民国时期,英语已作为世界通用语言成为国际上的一种最重要的交流工具,是反映和承载西方近代先进文化的最重要的载体之一。经济、政治、教育领域对英语专业人才的需求量日益增大,程度也日渐迫切,主要体现在以下两个具体层面:

第一,工、商、政和教育界出于自身变革和转型的需要,都必须充分借助英语这个重要的传播媒介,向西方借鉴和学习相关具体行业的知识、技能、制度、理论、理念等。上述丰富的社会实践活动都需要数量众多的复合型英语专业人才来实施、开展和完成。

第二,辛亥革命的成功直接导致了资本主义制度在中国的创建,中华民国的经济发展不可遏制地被纳入到世界资本主义体系之中,民国社会各个领域的发展都与西方社会的发展息息相关、亦步亦趋,中国近代社会从来没有像当时那样与西方世界保持如此密切的联系。中外交往、交流和沟通的次数更加频繁,广度和深度都远远超过以前任何时期;而工、商界所具有的特殊属性又决定了它们在中西交往、互动过程中担当了最为重要、活跃的角色,它们对英语专业人才的需求数量和迫切程度都大大超出了其他社会职业领域。与工、商界同样处于重要位置的教育界、政界则跟随其后。

如前所述,供职于商业界的商务函授学校英文科学员从事着32种类别的具体行业,工业界的学员从事着21种类别的具体行业,政界的学员从事着16种类别的具体行业,来自教育界的学员供职或求学于100多所大、中、小学校。供职于商业界的开明函授学校英文科学员从事着28种类别的具体行业,工业界的学员也从事着28种类别的具体行业,政界的学员则从事着8种类别的具体行业,来自教育界的学员供职或求学于30多所中小学校。

在此,非常有必要强调的是,很多函授学员来自对英语水平要求较高的工作单位或求学单位。如前所述,有相当数量的商务、中华、开明函授学校英文科学员来自教会大学和国人自办的高等院校,他们大部分是学生，少数学员是教师。其中国人自办的高等院校包括国内一些顶尖的综合性大学，如北京大学、清华大学、复旦大学、南开大学等；还包括一些著名的师范院校，如北京高等师范学校、南京高等师范学校、广州高等师范学校等；教会大学主要有圣约翰大学、东吴大学、金陵大学、燕京大学、岭南大学等。上述院校的外语教学水平很高，对入校新生的英语语言功底均有着较高的要求。而这些具有一定水准的在校学生利用课余时间选择民营出版机构开办的函授学校，继续进修英语，这本身就是对民营出版机构雄厚的办学资源优势、高水平的办学资质、高质量的办学效果的认可和肯定。

此外，一些学员供职于久负盛名的近代民营文化出版机构——商务印书馆、中华书局、大东书局、世界书局的编译所或编辑所。一些学员供职于涉外医院、公司、企业等单位。另外还有一些学员供职于洋行机构，其中不乏在国际上具有很高知名度的老牌商家，如美孚洋行、西门子洋行等。以上这些供职机构尤其重视和强调所聘职员的英语实际运用能力，而这些员工能够利用业余时间，选择在近代民营出版机构开办的函授学校学习，以提升自己的英语综合素质。这也是对这三家函授学校所具有高质量办学水准的充分认可和肯定。

商务、中华、开明函授学校英文科密切关注社会变革和发展的实际需求，制定了具有中国本土特色的英语函授教育体制，不但为工商界、教育界、政界培养了一大批符合职业岗位实际需求的复合型外语专业人才，而且也迎合了社会其他职业领域对外语人才的需求。

还需要做出补充说明的两点是：第一，在所有被统计作为个案研究对象的商务、中华、开明函授学校英文科学员中，每一所函授学校均有多于半数的学员没有提供工作单位或求学单位，他们中有相当一部分属于失学青年，由于经济状况、战乱或其他原因被迫辍学，通过函授教育自修英语。第二，商务、中华、开明函授学校的招收对象都主要针对失学青年、教育界的师生、工商界的在职成人群体，这种有针对性的招生倾向性与学员的职业特点或求学状况具有较高程度的一致性。

第三节 存在的办学问题

虽然商务、中华、开明函授学校的英语函授教育取得了非常显著的办学成就,但在它们长达数十年的办学生涯中,也存在一些较为突出的办学问题,主要有以下两点:

第一,函授教学过程缺乏面授教学环节。任何一门学科都有它产生、发展和完善的过程,函授教育亦是如此。从世界范围来看,从 1920 年开始,欧美国家的函授教育在"函授"的基础之上又增加了面授的教学环节,这是西方函授教育发展到一个相对成熟、完善阶段的重要标志之一[①]。在此之前,西方函授教育机构都是通过与学员互通信函的方式而开展函授教学过程的;但再好的文字材料也代替不了教师的语言讲授和指导。通过面授,可以解决学员学习中的疑难问题;帮助学生掌握教材的重点、难点;教给学员适当的学习方法,培养其自学能力。另一方面,面授也是体现函授教学目的一种形式,在很大程度上可以弥补自学的不足,起到自学的补充和提高作用。因此,面授教学环节的出现,在世界函授教育的发展史上具有里程碑的意义。

由第三章的论述可知,商务、中华、开明函授学校在函授教学过程中都没有增设面授教学环节。尽管商务函授学校英文科在 1919 年开始举办英语正音讲习会,在一定程度上具备了面授的教学功能;但英语正音讲习会的招生对象不仅仅限于英文科函授学员,广大社会各界人士也可报名参加。参加讲习会的人员还要交纳一定的培训费用,况且每次招生对象人数也相当有限,至多也就一百多人。英语正音讲习会每年举办两次,每次招生一百多人,面对数以万计的英文科函授学员,可以说是杯水车薪。不仅如此,英语正音讲习会的主要教学任务是讲解英语语音知识、训练学员的英语发音技巧,而对英文科开设的其他重要课程,则均未涉及。

---

① 赖春明:《函授教育与管理》,解放军出版社,1989 年 6 月第 1 版,第 9 页。

因此，从严格意义上来说，商务函授学校英文科附设英语正音讲习会的开办还不能算作是函授教学过程中的面授教学环节。

商务印书馆、中华书局、开明书店都没有在其从事的英语函授教学实践活动中增设面授教学环节，这种情况的发生主要是由以下两种因素所造成的：

一种原因是：中国函授教育肇始于 1915 年 3 月由商务印书馆创办的商务印书馆函授学社，比西方函授教育晚了 60 多年，而且在此后的 20 多年中始终都没有得到民国教育部的认可和接受。与西方函授教育的发展历程相比，我国函授教育事业起步较晚，发展相对缓慢。文化教育界对这种新型的开放式教育的认识、理解和研究水平还相当有限，对面授教学环节在整个函授教学过程中所占据的重要位置、所具有的重要功能还没有达成广泛的、一致的共识。所以，当时的上海市教育局、教育部所制定、颁布的所有相关函授教育的法规条例中都没有提到面授教学环节。因此，在上述历史背景下，面授教学环节的重要性也同样没有引起近代民营出版机构的关注和重视。

另一种原因是：由于自身办学条件的限制，即使近代民营出版机构意识到了函授教学环节所具备的重要功能，但仅仅依靠自身的力量也很难在函授教学过程中增设面授环节。因为一旦增设面授教学环节，面对数万名英文科学员，商务、中华、开明函授学校必须聘请足够数量的教学与管理人员，还必须要拥有足够数量的教室，这不仅会大大增加办学成本，更困难的是，一家民营出版机构在较短的周期之内仅仅依靠自身力量是很难具备那样的办学条件的。

而面授教学环节所起到主要作用就是为函授学员指引正确的自学方向，帮助他们解决自学过程中的困难，培养学员的自学能力，有效提高其学习效率。由于缺乏面授教学环节，这势必会对商务、中华、开明函授学校的英语函授教育质量产生一定的负面影响，尤其会对函授学员的英语听说能力造成较大的负面影响。因为，学员英语听说能力的系统训练、培养必须需要一个特定的由教师主导的英语环境；在这个特殊的场合下，教师与学生、学生与学生之间通过使用英语进行沟通、交流和互动。只有这样，教学效果才能够达到理想的目标，否则很难实现。

第二，没有充分发挥二级函授站——各地分支机构的办学功能。根据论文第三章的分析和阐述，商务印书馆、中华书局、开明书店的确意识到了其在各地设立的分支机构在办理英语函授教育过程中所起到的重要作用，都将其看作函授学校的二级函授站，让它们协助其在上海的总部共同办理英语函授教育。

但是，各地民营出版机构的分支机构主要只负责收费，为学员办理注册手续，发售函授教材及课卷纸，发放奖品及赠品，向学员提供有关办学情况的信息咨询等教学管理工作，而并没有参与到日常的英语函授教学工作中。而上述这些具体教学工作是整个函授教学过程中的核心教学环节。并且辅导答疑、作业批改等教学工作都是通过教师、学员之间互通信函的方式来开展、完成的。因此，所有的来自函授学员的邮件必须全部邮寄到上海的总部。

尽管英文科学员的邮件不会在同一时间集中寄送到教员手中，但由于商务、中华、开明函授学校的英文科几乎在每年都至少拥有数以万计的学员，数量众多的学员通常都会按照要求在固定的时间周期内不断邮寄作业且随时来函咨询疑难问题，因而位于上海的商务、中华、开明函授学校的英文科几乎每天都会收到数量众多的学员信函。以商务函授学校英文科为例，"我们因为每天进出课卷，动以千计，以至不能拿诸位分次寄来的零段加以前后汇齐的工作。虽然，有时在可能范围内，也曾尽力代诸位整理一下，使成完卷"①。

这些信函不仅包括学员的作业，还会含有学员的提出的各种疑难问题。拆信、批改作业、解答疑难问题、做好记录、回复学员的来函、邮寄信函等工作流程都是辅导答疑、批改作业等函授教学环节中的不可或缺的

---

① 《C. P. C. S. News 商务印书馆函授学社新闻——（英文科）王君纯仁的来信和我们的答复》，《英语周刊》，1931 年 10 月 10 日，第 824 期，第 498 页。

必要程序。仅依赖上海总部的工作人员去完成上述工作流程,要花费函授教员大量的时间和很多精力。面对数量如此之多的学员信函,人数有限的师资队伍就会有些力不从心,难以应付。不仅如此,由于交通、邮政、战乱等外部客观因素的影响,在函授教学过程中,师生双方无法按时收到对方邮寄的信函情况时有发生。

上述这些情况在一定程度上阻碍了函授教学活动的顺利开展,最终对教学效果产生了一定的负面影响。1931年11月21日出版的《英语周刊》上公布了两封信函,一封是英文科学员蓝朝晖的来函,另一封是英文科的回函,从中我们可以发现函授教学过程中存在的一些问题,详情如下:

来信:朝晖在八月二十五日与二十九日曾先后寄上第五种第四册及第六种第一册课艺二份,至今未见改下,而在后于八月三十一日寄出的一份,却于今日已收回,不知何故。

答复:这件事实,初听确有使蓝君惊异的可能。可是天下的事情,决不尽如我们料想中的简单。像这类先寄后到、后寄先到的情形,就是一个例子。这个起因是多方面的;当然我们就是这当中的一面——谁也不能说我们的办事方面是绝对无挂漏的。不过属于他方面的还多;有时或造因于非我们权力所及的地方。此中情形,说来话长。今且把浅近的几点在这里说一个大概:

(1)学员居处偏远的,因为寄件在途中辗转相递,常常在迟速不一的进程中;结果,竟使前后相距几天付邮的东西,同时交到本社。

(2)本社收发处收到邮件之后,有时遇到星期日或放假时,往往把后、先收到的同时拆封。

(3)本社拆封登册,分批送请教务处批改,改毕,再交回事务处销号,发还学员。一因教员、职员人手既多,先后自难划一;二因往来手续之间,亦难免绝对无前后倒置之虑。

总之,这种由几方面凑合而成的反常事态,我们当然要严密注意而设法祛除的，不过有时在无可避免而偶一发生的当儿，还望诸位原谅！①

其实，像上述师生双方无法按时收到对方邮寄的信函的情况并不是偶然现象，而是时有发生的。比如，商务函授学校英文科从1918年开始举行的年度毕业奖学金评比活动，几乎每届活动都因客观原因的影响而被迫延期。在举办第一届年度毕业奖学金评选活动时，商务函授学校英文科在1918年5月16日出版的《申报》上发布了这样的一个重要通知："本社为奖励热诚向学者起见，拟定每年于毕业之学员中，每级选择最优者三名，酌给奖金"；"第一次选择之期本定民国七年三月三十一号，现因川湘鄂诸省军事迭兴，各地学员多未能将课卷寄到。本社体察情形，改定民国七年八月三十一号为截止之期。凡在民国七年以前，毕业之各学员均请将本社批回之全级课卷，从速检齐寄交本社，以便评定甲乙"。②

第二届奖学金评比活动又受到了交通、邮政的影响，也不得不推迟举办时间。发布在1919年4月10日的《申报》上的通告如此写道："本社定章，每年于各级毕业学员之中择其成绩最优者三名，奖以现银"；"兹因国内有道途阻梗之处，邮驿往还不能如期送达，因徇远方学员之请，展期至六月底截止。凡民国七年分及民国七年分以前在本社毕业诸君，除上届已将课卷寄来、阅过者外，务请于阳历六月三十号以前将全级课卷检齐寄交本社。本社评定甲乙后，当即登报宣布，毕业诸君慎勿令大好机会失之交臂也"。③ 此后多届年度奖学金评比活动均遇到了类似的问题；由于受制于交通、邮政问题，英文科不得不推迟举办年度奖学金评选活动的

---

① 《C. P. C. S. News 商务印书馆函授学社新闻——英文科第三级学员蓝朝晖君的来函和我们的答复》，《英语周刊》，1931年11月21日，第830期，第618页。
② 《奖励金第一名各现洋五十元——上海商务印书馆附设函授学社英文科谨启》，《申报》，1918年5月16日，第1张第1版。又见《奖励金第一名各现洋五十元——上海商务印书馆附设函授学社英文科谨启》，《英语周刊》，1918年5月25日，第139期，封底。
③ 《上海商务印书馆附设函授学社英文科特别通告》，《申报》，1919年4月10日，第1张第1版。

时间①。

中华函授学校英文科在向学员发放函授讲义的过程中,也出现了学员常常不能按时收到或收不到讲义的情况。1938年10月16日出版的《申报》上发布的一条通告反映了这种情况:"各地旧学员公鉴。查本校应发各学员之讲义,前因邮寄阻塞,未能发清者,为数甚多;而因地址迁移,邮寄退回者,亦复不少。长此继续,必致耽误学业。各学员中如有讲义未曾发清者,务请从速函示最近地址,庶校中得以照常寄递。其有课艺未交齐者,望一律补交。如讲义有遗失或缺少者,亦请从速详示,以便酌量补发。特此通告,尚乞公鉴!校长:舒新城,二十七年十月十六日。"②不仅如此,中华书局函授学校英文科在举办年度毕业奖学金评比活动时也遇到了商务函授学校英文科所面临的那些问题,比如,由于邮政、交通等客观原因的影响,第一、二、三、四届年度毕业奖学金评选活动不得不向后推迟一段时间③。

---

① 参见:《商务印书馆附设函授学社英文科特别通告》,《申报》,1920年3月31日,第1张第2版;《商务印书馆函授学社英文科毕业学员公鉴》,《申报》,1921年4月2日,第1张第2版;《上海商务印书馆附设函授学社英文科毕业学员公鉴》,《申报》,1922年4月2日,第1张第2版;《商务印书馆函授学社英文科学员公鉴——四百元现银奖励定期揭晓》,《申报》,1923年4月1日,第1张第3版;《商务印书馆函授学社英文科学员公鉴——四百元现银奖励定期揭晓》,《申报》,1924年4月15日,第1张第2版;《四百元现银奖励、第八期定期揭晓——商务印书馆函授学社英文科学员公鉴》,《申报》,1925年4月1日,第1张第3版;《四百元现银奖励、第九期定期揭晓——商务印书馆函授学社英文科学员公鉴》,《申报》,1926年4月2日,第1张第3版;《四百元现银奖励、第十期定期揭晓——商务印书馆函授学社英文科学员公鉴》,《申报》,1927年4月26日,第1张第3版;《奖金400.00——商务印书馆函授学社英文科毕业学员公鉴》,《申报》,1928年4月3日,第2张第5版。
② 《私立中华书局函授学校优待战区失学青年、学费减收八折——各地旧学员公鉴》,《申报》(上海复刊),1938年10月16日,第2张第5版。
③ 参见:《得奖机会——毕业奖金六百元、大学补助费二百元——中华书局函授学校英文科毕业学员注意!》,《申报》,1929年6月28日,第2张第5版;《上海教育局备案私立中华书局函授学校招收学员——奖学金》,《申报》,1935年3月10日,第1张第4版;《中华书局函授学校本年度评奖揭晓》,《申报》,1936年8月28日,第1张第4版;《上海市教育局登记中华书局函授学校添设书法科——本校征集评奖课卷启事》,《申报》,1939年3月11日,第1张第1版。

与商务函授学校英文科遇到的情形相同,辅导答疑、作业批改等教学活动全部都由上海的总部负责组织开展,也同样给开明函授学校带来了巨大的压力。曾经供职于开明函授学校的著名作家、翻译家章克标在《开明函授学校简述》一文中就回忆了开明函授学校在办学过程中所面临的上述压力,他这样写道:"实践下来的结果,遇到了不易解决的困难。主要是学员的作业寄回来要批改,各种质疑的问题要答复。因为已经收了批答费,必须负责做好这件事。对每个人每个问题,要有仔细明白的回答。当然要麻烦讲师来做这件事,但是把各学员的问题分开来,汇交于任课的讲师,再把讲师批改后的答复,整理区别开来,一个一个寄回学员个人,已是相当繁杂了。学员的作业又不会同时寄来,有的要拖几个月后才来,而且有很多问题大同小异,甚至完全重复,在正规学校里,上了一堂解答说明的补充课就解决了问题,在函授学校就办不到,对此那些比较忙的讲师,就很为难了";"平常正规学校教师的任课时间,一周只有二十小时左右,而批改作业及对学生辅导的时间,比此不知要多多少。可见这项批改作业实际是工作量很大的"[①]。

综上所述,如果商务印书馆、中华书局、开明书店能够充分发挥其在各地的分支机构的函授教育功能,不仅让它们参与日常管理工作,而且也让它们承担一些具体的函授教学工作,如辅导答疑、作业批改等;并且让分散在全国各地的函授学员根据自己居住的地理位置,向其居住地附近的分支机构邮寄信函,这样的处理方式不仅可以有效地减轻、缓解上海总部的高强度的工作压力,而且还可以尽量将诸多外部客观因素对函授教学过程的干扰、影响降至一个较低的程度,从而更能提高函授教学的效果,提升函授教育的水平。

---

① 章克标:《开明函授学校简述》,载中国出版工作者协会编:《我与开明》,中国青年出版社,1985年8月第1版,第250页。

第四章　主要历史作用、启示

第一节　英语函授教育与近代
函授教育的发展

　　中国教育近代化是一个不断对传统教育进行继承和扬弃、不断追赶世界先进水平教育,以期与整个社会近代化相适应的历史过程。在教育内部,包括观念、制度、内容及形式等各个层面的变革[①]。制度是理论和思想的物化形式,是连接观念层面与实际操作层面的中介和桥梁,是教育实践的规范和原则。无疑,教育制度层面的近代化是中国教育近代化链条上一个非常重要的环节。当然,阐述和探讨商务、中华、开明函授学校英文科对中国教育近代化事业所做出的重要贡献,如果仅从其自身开展的函授教育实践活动的层面去审视、考察它们是如何促进中国教育的近代化的,这固然重要,但还不够深入和全面。

　　根据前面几个章节的分析、探讨,当时的函授教育无论是在欧美国家,还是在中国,都是一种新兴的开放式教育制度。由于其发展历程的短暂和公立办学机构教育资源的紧张,中国近代三次学制改革运动都未将函授教育吸收到其改革成果之中,也就是说,各级各类教育部门当时未公开正式认可、接受这种教育制度,没有将其引入公立教育系统之内。本节重点考察了在商务、中华、开明函授学校英文科的示范、影响和推动下,这种新型的函授教育制度是如何逐步被地方、中央政府所正式认可、接受,然后被一步步由私立教育系统纳入公立教育系统,最终得以在全国各地

---

① 田正平主编:《中外教育交流史》,广东教育出版社,2004年9月第1版,第575页。

公立师范院校给予推广和普及的。通过这一节的具体阐述,可以比较清楚地发现近代民营出版机构从事的英语函授教育是如何从整体上影响、改变和推动了中国教育制度近代化的发展历程,进而有力促进了函授教育在近代中国的推广和普及的,这样我们才能更加全面地理解、构建和再现这一重要历史图景。

一、英语函授教育与近代函授教育的初步发展

商务印书馆于1915年3月创办了由国人自办的第一家函授学社,首开英文一科,即开启中国近代函授教育史的先河,也成为近代英语函授教育的嚆矢。截止到1926年9月,仅有商务印书馆一家民营出版机构开办了英语函授教育。作为一种全新的、迥别于普通学校教育模式的开放式教育制度,对绝大数社会民众来讲,都是相当陌生的。要想在较短的时期内取得广大民众的信任和各级教育主管部门的认可,提高社会各界对函授教育制度的认识水平,商务印书馆必须要构建一套较为完善、科学的,并能够符合国情的英语函授教育制度,然后还要通过各种主流纸质媒介,加大力度给予全面、系统的宣传和介绍。同时,一定要严格按照函授教育制度的各项具体规定,认真付诸实施,争取在较短的时期内取得良好的办学业绩,赢得良好的办学口碑。

商务函授学社英文科的确是采取了上述一系列办学措施,抱着对社会、对学员高度负责的办学态度,卓有成效地开展了一系列丰富多彩的英语函授教育实践活动。据不完全统计,仅仅在其办学初期,从1915年3月—1918年12月,商务函授学社在《申报》《大公报》《教育杂志》《学生杂志》《英文杂志》《英语周刊》《妇女杂志》《东方杂志》《小说月报》等主流期刊上发布的有关英文科的招生广告、启事、通告和布告共计一千多条,其内容涉及了函授教育的各个层面,主要有:办学历史背景、办学目的、师资队伍构成、入学手续、学习期限、办学形式、办学层次、课程设置体系、函授讲义的编写特点、讲义的发放、辅导答疑、作业批改、奖励机制、收费机制、

毕业考核、毕业证书的发放等。毫不夸张地说，刊登在这些期刊上的一系列数量众多的招生广告、通告和布告，在某种程度上可以被视为英文科的档案资料，它们比较详细、动态、客观地记载了英文科初期的办学历程。社会各界人士浏览过上述办学资料后，完全可以对这种新型的函授教育制度产生比较全面的了解，留下比较深刻的印象。

这些期刊在当时的民国文化教育界都具有重要的影响力和良好的办刊信誉。它们所面对的受众来自社会各行各业，显然，这些重要的主流期刊的传播范围之广泛、传播力量之强大、传播效果之显著是可想而知的。

经过近两年的努力办学，商务函授学社英文科取得初步的办学成功，逐渐引起了学界对这种新型函授教育制度的关注。有学者在1917年12月出版的《教育杂志》上刊发专文《中国之函授学校》，比较详细介绍了中国函授学校的整体办学情况。文章认为，"中国人所办之函授学校，当以商务印书馆英文函授学社为规模最大，声誉最著"[①]。自从商务函授学社英文科成功创办以来，1915年至1917年间，中国各地的函授学校接踵而起。至1917年12月，中国的函授学校数量已经接近50所。这些函授学校在函授教学与管理等若干层面上均借鉴了商务函授学社英文科的一些办学特点[②]。根据《申报》的记载，1915年至1917年期间开办的私立函授学校大多数集中在上海一地，这些函授学校的名称通常都是以某门术科或几门术科命名的，主要分为以下几种类型：财经类、法政类、国文类、艺术类、实业类等。这一些函授学校具有学历教育和非学历教育两种办学形式，而且学历教育体制由初、中、高三级或初、高二级办学层次构成[③]。由于商务函授学社英文科最先开办并取得了初步的办学成功，不难断定，

[①] 严天侔：《中国之函授学校》，《教育杂志》，第9卷第12期，1917年12月，第73页。
[②] 同上书，第71—74页。
[③] 参见：从1915年7月28日至1917年12月19日期间《申报》上刊登的相关私立函授学校招生广告。

它为其他众多私立的专科类函授学校的开办树立了一个成功的范例和可供模仿、借鉴的蓝本。商务函授学社英文科的带动和示范作用是不容置疑的。

二、英语函授教育与函授教育在上海的推广、普及

(一)英语函授教育与上海民营出版机构的函授教育事业的发展

尽管商务函授学社英文科在办学初期就已经取得了相当不错的办学效果,而且也得到了文化教育界的一些精英人士和一部分社会民众对这种新型的函授教育制度的认可和好评,但是并没有被各级政府机构和教育主管部门所认可和接受。就在其办学取得初步成功之后,商务印书馆为了取得民国教育部对这种函授教育制度的正式认可,特意向民国教育部提出给予商务函授学社英文科备案注册的申请,但遭到了拒绝。相关细节如下:"批上海商务印书馆英文函授讲义及简章毋庸立案——呈及附件均悉,查该学社本科简章,尚属妥适,其各级讲义亦能适合初学程度。惟函授学校向无报部之认可之规定,毋庸立案,此批。"①不难看出,此时的民国教育部仅仅给予精神层面上的鼓励,并没有在教育行政法规的层面上给予正式的认可。

无独有偶,同在上海一地的中国务本函授学校的创办人、浙江师范毕业生杨仲芳,在 1916 年 3 月为了获得上海官方的认可和支持,也特意向江苏沪海道尹公署提出给予其创办的函授学校备案注册的申请,不仅遭到了拒绝,而且还遭遇了比商务函授学社英文科更为尴尬的境遇。《申报》对这一教育事件进行了专题报道:"函授学校未许备案——沪海道尹公署昨出牌示云为示,知事案奉江苏巡按使署批浙江师范毕业杨仲芳禀为创办中国务本函授学校,请备案。由奉批禀及简章均悉,该校创设宗旨

---

① 《批上海商务印书馆英文函授讲义及简章毋庸立案——第三百八十九号,七年六月七日》,《教育公报》,1918 年第 5 卷第 11 期,第 47 页。

在使青年失学者人人具有国文根底,用意未为不善;但此等人于文义尚未了解,仅凭通函讲授,冀收效益,甚非易事。察阅简章,亦不免蹈拉杂之弊,所请备案之处,碍难照准仰,沪海道尹转饬知照,此批禀抄发,简章发还等。"①可以看出,沪海道公署对这种打破课堂教学模式的函授教育制度能否产生良好的教学效果、保证一定的教学质量,持坚决的不信任态度。

综上所述,在民国初期,不管是政府行政机构,还是教育主管部门,对这种从欧美引进的开放式教育制度均不予承认,但也并没有取缔,而是表现出了一种谨慎、怀疑和观望的态度。尽管取得初期的办学成功,仍旧没有被官方认可,但是商务印书馆并没有气馁,依旧尽心尽力办理函授教育,不断扩大函授学社的办学规模。商务函授学社英文科的办学业绩也一次又一次地被刷新,无论是办学质量、办学知名度,还是其办学影响力,亦或是办学实力,在民国函授教育界都已经居于遥遥领先的地位了。

商务函授学社英文科开办仅 11 个月,"有学生八百余,实收一万五千元",取得了良好的社会效益和经济效益。鉴于上述原因,商务印书馆的掌舵人张元济就告诉当时担任函授学社社长的邝富灼对函授教育事业"应加推广"②。在英文科的带动下,商务函授学社在 1921 年 5 月③、1922 年 2 月④、1923 年 5 月⑤、1925 年 2 月⑥分别开设了国语科、算学科、商业

---

① 《本埠新闻——函授学校未许备案》,《申报》,1916 年 3 月 12 日,第 3 张第 11 版。
② 张元济:《一九一六年八月廿八日,星期一——用人》,载《张元济全集·日记》(第 6 卷),商务印书馆,2008 年 12 月第 1 版,第 104 页。
③ 《君愿研究国语吗? 君愿抽间研究国语吗? 如愿抽间研究国语,请快入上海商务印书馆函授学社国语科》,《申报》,1921 年 5 月 3 日,第 1 张第 2 版。
④ 《上海宝山路商务印书馆函授学社添设二科:国语科、算学科》,《申报》,1922 年 2 月 4 日,第 1 张第 3 版。
⑤ 《新商业、人才、智识——上海宝山路商务印书馆函授学社商业科启》,《申报》,1923 年 5 月 19 日,第 1 张第 2 版。
⑥ 《商务印书馆函授学社增设国文科、招收学员》,《申报》,1925 年 2 月 4 日,第 1 张第 4 版。

科、国文科。这种课程设置一直延续到 1932 年"一·二八"事变的爆发。商务函授学社开设的国语科同英文科一样,也属于一种短期培训班性质的非学历函授教育办学形式,其课程设置体系也呈现出了动态发展的特点;而且在每年的固定时期也举办国语正音讲习会,既面向国语科学员,也面向更为广泛的社会群体招生。培训结束之后,学员经过考核,达到要求者会被授予相关技能证书①。无疑,国语科的办学体制模仿了英语科英语正音讲习会的教学体制。而算学科、商业科和国文科的办学形式、办学层次也都出现了多元化的特点,明显是受到了英文科的影响。英文科从事的教学实践活动、所取得的显著的办学成就、所积累的宝贵办学经验,都为其他四科的成功兴办奠定了坚实的基础。

截止到 1932 年"一·二八"事变爆发为止,在商务函授学社英文科的带动和示范下,其他一些民营出版机构所开办的函授学校也陆续成立。1917 年 3 月文明书局附设函授学社成立,首先开设商业一科②;1923 年 11 月上海新中国印书馆附设英文函授学社开办③;1926 年 3 月中华书局附设函授学校组建,首先开设英文一科。除了商务函授学社英文科之外,中华函授学校英文科的办学影响力和办学效果也相当显著。中华函授学校英文科的加盟,更加推动了文化教育界对英语函授教育事业的留意和关注。

商务印书馆从事的这种开放式英语函授教育引起了《申报》的高度关注和持续报道。仅仅从 1918 年 9 月至 1927 年 8 月,据不完全统计,《申报》设置的一些固定栏目,如《本埠新闻》《教育消息》《汇志各学校消息》《各学校消息汇录》《学务业载》《学务汇志》等,就共计刊发了多达 30 条的

---

① 丁伟:《商务印书馆函授学社国语科办学特点及其启示(下)》,《湖北第二师范学院学报》,2012 年第 11 期,第 51—52 页。
② 《上海文明书局附设函授学社商业科通告》,《申报》,1917 年 3 月 12 日,第 1 张第 2 版。
③ 《上海新中国印书馆附设英文函授学社招生》,《申报》,1923 年 11 月 19 日,第 1 张第 2 版。

有关商务函授学社英文科办学动态的专题新闻报道①。在此,很有必要将其中比较具有代表性的两条专题报道给予公布。

一条是《申报》在1926年9月25日发布的相关新闻报道:"本埠商务印书馆函授学社在我国创办最早,成绩早已卓著,历年毕业学员,截至本年八月份,共得四千二百三十二人。其中毕业于英文科者占三千九百五十二人。该社现方调查毕业学员状况,其业已调查明确者约有三百余人,皆在军、政、商、学各界担任重要职务。"②

另一条是《申报》在1927年8月3日刊发的相关新闻报道:"商务书馆函授学社英文科现银奖案——上海商务印书馆函授学社开办迄今,已历十有三载。现设国文、英文、商业、算学、国语五科,学员两万余人,成绩卓著。该社并为鼓励学员起见,特定现金奖励章程,每年举行一次。本年英文科举行第十届奖案。除原额十二人共得现金四百元外,尚有学生陈寿彭,由科长周越然特奖现银十元。其余凡参加此次奖案而未蒙录取者,

---

① 参见:《本埠新闻——英语周刊主任得人》,《申报》,1918年9月24日,第3张第11版;《教育消息——商务印书馆函授学社近闻》,《申报》,1918年11月4日,第3张第10版;《教育消息——商务印书馆函授英文学社开课》,《申报》,1919年2月6日,第3张第10版;《本埠新闻二——商务印书馆之函授学社与同乐会》,《申报》,1919年3月18日,第3张第11版;《本埠新闻——函授学社奖励金展期发表》,《申报》,1919年3月23日,第3张第11版;《本埠新闻——商务印书馆之英语正音讲习会》,《申报》,1919年5月29日,第3张第12版。《本埠新闻——英语正音讲习会消息》,《申报》,1919年6月28日,第3张第10版;《本埠新闻——英语正音讲习会》,《申报》,1920年2月25日,第3张第11版;《汇纪各学校消息——正音会第二届开讲》,《申报》,1920年3月10日,第3张第11版;《汇志各学校消息——英语正音讲习会消息》,《申报》,1920年7月11日,第3张第11版;《本埠新闻——英语正音讲习会开会式》,《申报》,1920年8月2日,第3张第11版;《本埠新闻——英语正音会消息》,《申报》,1920年9月2日,第3张第11版;《各学校消息汇录——商务印书馆函授学社开办第四届正音讲习会》,《申报》,1922年7月21日,第4张第16版;《学务业载——商务英语正音科已开课》,《申报》,1923年7月27日,第5张第18版;《学务汇志——商务暑校英语科(英语正音科)毕业》,《申报》,1923年8月1日,第5张第18版;《教育消息——商务印书馆函授学社毕业学员状况》,《申报》,1926年9月25日,第2张第7版;《本埠增刊——团体消息》,《申报》,1927年8月3日,第4张第17版;等等。
② 《教育消息——商务印书馆函授学社毕业学员状况》,《申报》,1926年9月25日,第2张第7版。

亦各得商务印书馆书券数元或西书数册。闻该社学员并不限额,故有志者不论何时,均可报名入学云。"①

由此可见,英文科的办学成功的确是推动了商务函授学社函授教育事业整体的发展,文化教育界对英文科毕业学员的就业趋向亦表现出了较大的兴趣。商务函授学社通过英文科的教学实践活动带动了其办学规模的持续扩张,逐渐引起了更多的主流媒介和文化教育界的有志之士对函授教育的关注和报道,这对推动函授教育制度早日得到官方的认可和接受,具有举足轻重的作用。

(二)英语函授教育与上海市政府对函授教育的认可和推广

从1928年2月至1931年12月,为了提高办学知名度、扩大办学影响力、招收更多的函授学员,作为后起之秀的中华函授学校英文科为了更好地与老牌商务函授学社英文科在激烈的生源竞争中占据有利地位,在《申报》广告版面的重要位置上刊登了数量众多的彼此之间有着承接性、关联性的英文科招生广告。与此同时,商务函授学社英文科亦不甘示弱,在英文科招生广告的策划、设计等方面上,与中华书局针锋相对,始终牢牢抓住《申报》这个重要舆论阵地,尽量占据主动地位。中国近代办理英语函授教育最为著名的两大民营出版机构几乎都在同一阶段在《申报》上发布了一系列相关的办学动态信息。这种在刊发英语函授教育招生广告领域中的竞争主要体现在以下两个方面:第一,在刊发的英文科招生广告数量方面。据不完全统计,在上面提到的这段期间,商务印书馆在《申报》上发布的有关商务函授学社英文科的招生广告共计多达38条②;而中华书局在《申报》上刊登的有关中华函授学校英文科的招生广告也有35条之多③。并且上述广告内容篇幅长度与所占据的版面明显要比同时期其

---

① 《本埠增刊——团体消息》,《申报》,1927年8月3日,第4张第17版。
② 参见:1928年2月27日至1931年12月26日期间《申报》刊登的与商务函授学社英文科相关的招生广告。
③ 参见:1928年7月5日至1931年6月11日期间《申报》刊登的与中华函授学校英文科相关的招生广告。

他教育机构刊登的招生广告超出很多。第二,在刊发的英文科招生广告标题、内容方面。例如,1928年6月25日,商务印书馆在《申报》刊发了一条标题为《商务印书馆函授学社英文科赠送书籍杂志、阳历本月底截止——请即日报名》的招生广告①,这条广告表示,对于在规定的期限之内报名加入英文本科不同级别的新生学员,商务印书馆一律分别赠送一部《初级标准英汉字典》《双解标准英汉字典》《袖珍英汉辞林》和《双解标准英汉字典》。不久,中华书局就在1928年7月5日的《申报》上对此做出了回应,刊发了一则标题为《中华书局附设函授学校英文科六级全开、奖励自修、加送赠品》的招生广告②,这则广告表示,对于在规定的期限之内报名加入英文科不同级别的新生学员,中华书局也一律分别赠送一部《新式英华双解词典》《英华万字字典》和《新式英华双解词典》。

1929年2月22日,商务印书馆在《申报》上发布了一则标题为《商务印书馆附设函授学社》的招生广告,向社会广大民众强调其为英文科制定了一套相当完善的、合理的教学与管理制度③。随即,就在2月23日,中华书局在《申报》上刊登了一则标题为《一年之计在于春、君须努力!——中华书局附设函授学校英文科六级全开》的招生广告④;在这条广告中向社会各界人士详细介绍了英文科教学与管理制度的具体情况,意在传达这套教学与管理制度的优越性、科学性和完备性,其目的就是为了更好地与商务印书馆展开较量,提高自己的办学竞争能力,以期能够在英语函授教育领域中占据较为有利的地位。

1929年6月1日,商务印书馆在《申报》刊登了一条标题为《奖金400.00——商务印书馆函授学社英文科毕业学员公鉴》的招生广告,向社

---

① 《商务印书馆函授学社英文科赠送书籍杂志阳历本月底截止——请即日报名》,《申报》,1928年6月25日,第1张第3版。
② 《中华书局附设函授学校英文科六级全开、奖励自修、加送赠品》,《申报》,1928年7月5日,第2张第5版。
③ 《商务印书馆附设函授学社》,《申报》,1929年2月22日,第1张第1版。
④ 《一年之计在于春、君须努力!——中华书局附设函授学校英文科六级全开》,《申报》,1929年2月23日,第1张第2版。

会各界民众宣传、介绍了其制定的一套奖励金额颇丰的年度奖学金制度①。中华书局当然不甘落后,也在同年6月28日出版的《申报》上登载了一条标题为《得奖机会——奖金六百元、大学补助费二百元——书局函授学校英文科毕业学员注意!》的招生广告②,特意向社会各界民众重点介绍了其制定的一套奖励金额更加丰厚的年度奖学金制度,意欲与商务印书馆展开竞争。

1929年11月1日,商务印书馆在《申报》刊发了一条标题为《没有时间的限制!没有空间的约束!——印书馆函授学社》的招生广告,在这条广告介绍了商务函授学社英文科的办学形式由4个不同级别的本科和供学员任意选择课程的选科构成,强调其办学体制的灵活性、科学性和合理性。仅仅在3天之后,中华书局马上做出反击行动,在11月4日的《申报》上刊登了一条标题为《中华书局附设函授学校英文科六级全开》的招生广告,在这条广告中,介绍了其英文科办学形式由6个不同级别的本科和供学员任意选择课程的选科构成,意在向社会各界突出其所制定的英语函授教育体制要比商务函授学社更加灵活,更加具备办学优势。

1930年4月3日,中华书局在《申报》上刊出了一条标题为《有声函授讲义——英文之唯一良机——上海及各省中华书局谨启》的广告③;这条广告向英文科函授学员及社会各界人士宣传、介绍其发行的这套有声函授讲义——英语留声机片所具备的种种特点,并向所有购买这套语言机片的学员给予一定的折扣的优惠价格。看到这条广告后,商务印书馆很快采取了与中华书局针锋相对的宣传策略,就在7天之后,即同年的4月10日,在《申报》上发布了一个标题为《商务印书馆发售英语留声机片

---

① 《奖金400.00——商务印书馆函授学社英文科毕业学员公鉴》,《申报》,1929年6月3日,第1张第1版。
② 《得奖机会——毕业奖金六百元、大学补助费二百元——中华书局函授学校英文科毕业学员注意!》,《申报》,1929年6月28日,第2张第5版。
③ 《有声函授讲义——学习英文之唯一良机——上海及各省中华书局谨启》,《申报》,1930年4月3日,第2张第5版。

四大特色》的促销广告①；在这条广告中向函授学员及社会各界民众突出介绍了这套语言留声机片的制作如何精良，其编辑内容如何适合英语自修，其价格是如何低廉。商务印书馆在《申报》上刊出这条广告也是为了更有利地与中华书局展开竞争，从而在英语函授教育领域中尽量保持其领先的办学地位。

类似的例子还有很多，在此不再赘述。由上所述可知，通过在《申报》上刊登的一系列招生广告，商务、中华在英语函受教育领域中互相"比拼师资的雄厚，比拼教学、管理制度的先进、完善，比拼学费的低廉，比拼赠品、奖品、奖金的丰厚程度，比拼学员的学业成绩，比拼办学质量"，可以说是"你追我赶、彼此呼应、亦步亦趋、互不相让、如影随形"。

商务、中华之所以如此重视利用主流报刊媒介的宣传舆论力量去提高自己的办学竞争力，同时去推广这种新兴的函授教育制度，这种原因与从它们自身的书业经营组织机构及其所具备的强烈"书业广告"意识有着极为密切的关系。在民国时期，一些较大的民营出版机构，如商务、中华、开明等，它们尤其重视书业广告所具备的宣传、促销功能，为了确保广告效果的优质高效，先后在各自的机构组织中设立有专门的推广部门。这种广告机构的设置，为广告活动的开展提供了强有力的组织基础和人员保障。翻阅20世纪二三十年代《申报》设置的图书广告一栏，可发现商务、中华、世界、大东、开明等出版机构占据着广告版面的要津位置。这种书业广告的宣传、促销活动有力地推动了近代民营出版机构出版经营业务的发展，起到了良好的商业宣传效果②。从中受益的商务印书馆、中华书局将这种书业广告的宣传模式移植到了英语函授教育领域之中。

这两大出版重镇在《申报》上开启的这场"英语函授风暴"不仅很好地向社会各界宣传、介绍了这种新兴的函授教育制度，也极大刺激、催生了

---

① 《商务印书馆发售英语留声机片四大特色》，《申报》，1930年4月10日，第1张第1版。
② 王余光、吴永贵：《中国出版通史》（8 民国卷），中国书籍出版社，2008年12月第1版，第217—219页。

其他私立函授学校的诞生,并为它们提供了一个可供模仿、借鉴的对象;有力促进了函授教育制度在上海一地及中国其他地方的推广和发展。这场"英语函授风暴"不仅在很大程度上吸引了文化教育界精英人士关注的目光,而且也逐渐引起了上海市及国家相关行政管理机构的关注、重视,这就非常有助于推动函授教育制度早日由私立办学领域进入公立办学领域。

从1919年开始,又有更多的专家、学者纷纷撰文介绍、评价近代民营出版机构从事的英语函授教育,具有代表性的文章主要有下列:

其一,有学者在1919年10月出版的《世界教育新思潮》报刊上撰文指出,近期内,上海一地的函授学校日渐增多,但大部分函授学校办学水平不高,往往以营利为其主要目的,这种不负任何责任的办学态度容易使求学心切的有志青年误入歧途,这种情况着实令人担忧。他心目中理想的函授教育应该像是这样的:"就拿上海的万国函授学校I.C.S.和商务印书馆的英文函授而说,我觉得他里面的分科,如课本,都是简要而实用,有益于社会的进化,是很非浅陋的。这就可见得函授学校的利益。"①

其二,学者朱天一于1923年6月在《教育杂志》特设的《庚子赔款与教育》专刊的第9篇论文中,结合民国国情,以商馆函授学社英文科的显著成绩为依据,强烈呼吁在中国各大学内普设函授学校,并阐述了函授教育的重要意义。"设函授学校:附设于大学内,函授学校之设,所以补学校之不及;而吾国尤宜特别注重。盖我国交通不便,实为青年学子求学之一重大障碍。""设函授学校,无论远近,皆可就学,亦广育人才之一道。不宁惟是,即有函授,对于身有职业而欲求学之人,亦甚便利。且凡入函授者,必皆努力向上之人,其成绩断不劣于面授者。商务印书馆函授学社英文科即其最显著之证据也。"②

---

① 余裴山:《我希望的函授学校》,《世界教育新思潮》(周刊),1919年10月6日,第33号,第1页。
② 朱天一:《庚子赔款与教育——其九》,《教育杂志》,第15卷第6号,1923年6月,第127页。

其三,1929 年 3 月出版的《大常识三日刊》报纸上刊发了一篇名为《函授学校的秘密——登报招请职员,原来滑头性质》文章。文章指出,在上海一地的函授学校中,只有少数几所函授学校的教学质量是可靠的、值得信赖的,如商务、中华函授学校开办的英语函授教育,而大部分函授学校则"黑幕重重,不可不处处提防。函授学校者专以迎合社会心理投机行事,亦骗钱机关之一也"①。

上面列举的一些有代表性的文章和前面提到的《申报》都对民营出版机构从事的英语函授教育给予了持续的关注和好评。文化教育界对商务、中华函授学校英文科办学成就的充分认可和赞许是对商务、中华多年坚持认真办学、热心服务社会的最好的回报,可以说是名副其实。而这些正面的评论和宣传不能不使当地的教育主管部门产生积极的、良好的印象。然而,经过数十年的发展,上海一地的函授教育已经颇具规模,一些函授学校取得了显著的办学成就,弥补了普通中学、中等职业学校的教育资源的匮乏,有力促进了民国资本主义经济的发展。但函授为校办学整体水平参差不齐,乱象丛生,鱼龙混杂,办学质量亟须提高。而民营出版机构从事的高质量的英语函授教育与其他一些办学质量低下、办学声誉欠佳的私立函授学校相比,形成极为强烈的反差。如果当地教育主管部门再不出台相关政策、法规对这种新型的私立函授学校进行统一的监督和管理,这势必会损害到整个社会教育事业的发展。

在私立函授学校的整体办学水平亟待提高的历史背景下,上海市教育局在 1931 年着手制定了一套较为完备的《监督私立补习、函授、职业学校办法》规则,这套对函授学校的监督管理法规于 1931 年 8 月 28 日被市教育局正式颁布②。随后,市教育局在 8 月 29 日的《申报》上全文刊出了这套管理法规,并对制定这套管理法规的具体历史背景进行了说明,其相

---

① 惠民:《函授学校的秘密——登报招请职员,原来滑头性质》,《大常识三日刊》,1929 年 3 月 1 日,第 1 版。
② 《教育消息——市教育局公布监督私立补习、函授、职业学校办法》,《申报》,1931 年 8 月 29 日,第 3 张第 14 版。

关细节内容如下:"查本市人中繁密,成人失学失业者,数不在少。为应环境需要,私立民众学校、补习学校、函授学校及职业传习所等,自必应运而生。顾此项学校良莠不齐,若不明定规则,设法监督,则非特不足补助政府推行社会教育,抑且贻误青年,为害非浅。本局有鉴于此,特拟定监督私立民众学校办法、监督私立补习学校规则、监督私立函授学校办法、监督私立职业传习所办法,业经呈奉市政府、教育部核准备案在案,兹将上述规则办法抄录、公布如下:……。中华民国二十八年八月二十九日,局长徐佩璜。"①

其中,有关《上海市教育监督私立函授学校办法》的主要内容概括如下:首先要求各私立函授学校必须按照要求,将开办的函授学校划归为某一种类别的函授学校,所有函授学校前面一律要"冠以私立二字"。然后需要向市教育局呈报下列重要办学信息资料:"名称、校址、宗旨、性质、筹备经过、设立人姓名履历及住址、校长职员一览表、学科及学程纲要、学生缴费数目。呈请登记时应附缴学校章程一份。"经过教育局委派专人进行调查、验收合格后,方可允许登记注册。登记之后,每年各私立函授学校必须在规定期限之内,将学生名册、毕业学生个人信息及成绩、函授教材、每月收支情况上报到市教育局接受检查。市教育局将随时派人检查其办学状况,一旦发现有违反规定或其办学质量存在问题者,一律给予取缔。

为了从教育管理的制度层面更好地调动私立函授学校的办学积极性,加强其办学自律性,提升整体函授教育的办学水平,上海市教育局在1934年10月份又出台了一套《私立补习学校、函授学校、职业传习所奖惩办法》,此套奖惩制度主要从设备、教学、训练、行政等方面对私立函授学校进行全面的检查和考核,对优秀者给予精神、物质层面的双重奖励,对办学质量较差的函授学校分别给予不同程度的行政处罚,直至取消其

---

① 《上海市教育局为公布监督私立民众学校、补习学校、函授学校、职业传习所规则办法通过——上字第四五号》,《申报》,1931年8月29日,第2张第6版。

办学资格①。为了取得民国教育部对上述三种不同类型私立补习学校资质的认可和支持,上海市教育局特意向教育部提出将这份奖惩方案给予备案的请求,很快便得到了回应,同意将其备案②。这说明民国教育部在一定程度上认可了函授教育制度在推动当时社会教育事业的发展中起到了重要作用,但并没有从国家的层面出台相关政策法规对私立函授学校进行统一的监督和管理,也就是说,还并没有以国家教育管理部门的身份给予正式的承认和接受。由此可见,要想让这种新型的开放式教育制度进入国家行政管理部门的视野,被纳入国家教育行政管理体系之中,还需要一段相当漫长的历程。

1933年2月12日出版的《申报》刊登了由上海市教育局局长潘公展为在上海青年会演讲所撰写的一篇演讲稿——《上海的教育》,这篇演讲稿的第四部分专门介绍了上海社会教育的概况。其撰写的文章这样谈道:"……。上面的几种社会教育方面的设备,都由市教育局办理。此外,本市民众亦有不少私人创办的民众学校以及文化机关,很能帮助公家对于社会教育的设施。"根据最近的统计,私立社会教育机构主要由以下几种:图书馆,职业传习所,补习学校,文化教育团体,函授学校和特殊学校。③ 由此可见,私立函授学校已被上海市教育局公开认可和承认,而且已经发挥了其独特的社会教育功能。

在商务、中华函授学校英文科的大力推动下,民营出版机构最先从欧美国家引进的函授教育制度终于在20世纪30年代初期得到了上海市教育局的正式认可。上海市教育局承认了其合法性,并将其纳入公立的教育行政管理体系之中。上海市在1927年已由特别市改为院辖市,其行政

---

① 《上海市教育局私立补习学校、函授学校、职业传习所奖惩办法》,《教育公报》,1934年第6卷,第43—44期,第32—33页。
② 《公牍——教育部咨第一〇三〇号,廿三年十月廿六日——为准咨送上海市私立补习、函授学校暨职业传习所奖惩办法,业经由部备案,希查照、并转饬、遵照》《教育公报》,1934年第6卷,第43—44期,第26—27页。
③ 《教育消息——市教育局局长潘公展讲演[上海的教育(四)]——学校教育及社会教育的概况》,《申报》,1933年2月12日,第4张第15版。

级别等同于江苏省,直属中央管辖,它在中华民国的政治地位及其所具备的影响力非同寻常,是其他任何一座省府城市难以望其项背的。晚清以降,至少到1941年12月太平洋战争的爆发为止,上海一地的整体教育水平一直在全国保持着领先地位,"上海本来是全国文化中心,而教育更特别发达,从小学到大学,在学校的数量,学生的人数,和一切设施与设备方面,都占全国第一位。所培养出来的人才,数十年中,也不知有多少了"[①]。上海的教育事业在中国文化教育界占据着重要地位,具有较大的影响力,在推动中国教育事业近代化的发展历程中,做出了非常重要的贡献。

就在上海市正式颁布、执行上述有关函授学校管理的具体法规制度以后,它的这一做法很快引起了一些重要的专业类教育学术期刊和一些省级教育部门主办的教育公报的关注。比如,1933年第1卷第1期《安徽教育行政旬刊》全文转发了具体法规制度[②];还有一份在当时具有权威性的职业教育类学术期刊《教育与职业》也及时全文刊发了上述法规制度[③]。类似的报道、转发事件还有一些,由于篇幅所限,在此不再赘述。这些在文化教育界具有重要影响力的主流教育类期刊纷纷转载上海市教育局制定的相关管理函授学校的法规制度,或报道与此相关的重要新闻,这就在一定程度上扩大了上海函授教育所产生的影响力,提高了其办学知名度,有力提升了中央相关行政管理机构对函授教育制度的关注、重视程度。上海市的教育主管部门能够最先从官方的角度承认函授教育制度的合法性,这对函授教育制度最终能够被纳入国家教育行政管理体系之内所起到的重要推动作用是不可低估的。

---

① 《社评——上海教育问题》,《申报》,1942年12月19日,第1张第2版。
② 《最近教育要闻——一、国内沪市教育局公布私立补习、函授、职业传习等校办法大纲》,《安徽教育行政旬刊》,1933年第1卷第13期,第23—24页。
③ 《最近职业教育消息——国内沪市教育局公布私立补习、函授、职业等校办法大纲》,《教育与职业》,1933年第146期,第496—498页。

三、函授教育在中国各地的推广、普及

(一) 文化教育界对函授教育的深入探讨

进入 20 世纪 30 年代以后,随着开明书店的加入,近代民营出版机构的整体英语函授办学力量得到加强,办学规模进一步得到扩大,办学知名度和影响力继续在函授教育界保持着领先地位。在这一时期,商务、中华继续依旧充分利用《申报》这块舆论宣传阵地,各自在其上刊登了数量众多的英文科招生广告,沿袭了其以前的一贯做法。在商务、中华的带动和示范下,开明书店亦不例外。翻阅 1932—1934 年期间出版的每一份《申报》都可以发现,刊登在上面的商务、中华、开明函授学校英文科的招生广告,不仅被安置在广告版面的重要位置,而且不论是其数量还是所占版面,在所有的教育类招生广告中都占据着绝对的统治地位[①]。这种凭借主流媒介、持续加大对英语函授教育的宣传力度的做法,非常有利于函授教育制度在近代中国的推广和普及。

1932 年"一·二八"事变使商务印书馆遭遇国难,出版事业蒙受了巨大的、不可估量的损失,其附属的函授学校亦不例外。但是,在总经理兼任商务函授学校校长王云五的带领下,其在较短时间内摆脱了战乱的阴影,出版事业的整体水平已经接近战前的水准,函授学校英文科的办学水平也已经恢复到了原有的水平。"一·二八"事变爆发之后,商务、中华、开明函授学校的整体办学水平依然在上海函授教育界保持在前三甲的地位,且英文一科始终能够保持高质量的办学水平对其函授学校的整体办学实力起到了决定性作用。

在这期间,文化教育界人士依然对民营出版机构的英语函授教育保持了高度的关注,并给予了较高的评价。比如,1933 年 2 月,由著名民族企业家顾兆桢创办的在工商业界有着较大影响力的《机联会刊》刊登了学

---

① 参考资料来源:1932 年 5 月 27 日至 1934 年 9 月 27 日期间《申报》刊登的有关商务、中华、开明函授学校英文科的招生广告。

者王实明撰写《介绍一种学校——函授学校》,特意向社会工商业界人士介绍和推荐了"我所知道的几个优良的函授学校",重点介绍商务、开明函授学校的办学情况,特别强调了其英文科的相关情况①。

有学者刘毓芬分别在 1934 年 2 月 1 日②、3 月 11 日出版的《益世报(天津)》上发表系列文章,梳理和回顾了中国函授学校发展的历史轨迹,依次分别概括性地介绍了商务函授学校、开明函授学校、中华函授学校、大东书局法律函授学校等几所在国内具有较大影响力、较高知名度的私立函授学校。重点强调了商务、开明、中华函授学校英文科雄厚的师资力量、编写精良的函授教材、完善的课程设置及显著的办学效果③。

随着"一·二八"事变、"八·一三"事变、"七·七"事变的接连爆发,中华民国的近代化事业受到重创,文化教育界更是损失惨重,大量的学校被炸毁,师资严重流失,很多学生、青年"无学可上",中国教育近代化的正常发展受到了严重影响,遭遇着严峻的挑战。在发生重大变故的时代背景下,开明、商务、中华函授学校纷纷及时采取一系列应对措施,并取得了较为明显的办学效果。可以说,民营出版机构依然持续从事着富有探索性的英语函授教育实践活动,并保持着高水平的办学状态,继续向文化教育界证明着函授教育制度完全可以在民国教育界立足、发展;在战乱时期它对民国教育事业的可持续发展将大有作为。

尤其是在抗日战争全面爆发以后,在校学生求学、失学青年"何去何从"的问题逐渐成为文化教育界关注和讨论的热点和焦点问题之一。王云五,作为近代著名的出版家和教育家,先后担任商务编译所所长、总经理,并在"一·二八"事变后又兼任商务函授学校校长,历来致力于社会文

---

① 王实明:《介绍一种学校——函授学校》,《机联会刊》,1933 年第 75 期,第 14 页。
② 刘毓芬:《以旁观态度就过去经验,谈谈函授学校》,《益世报(天津)》,1934 年 2 月 1 日,第 3 张第 75 号,第 9 版——社会服务版。
③ 刘毓芬:《再谈函校——当供给一般青年需要,当首推上海的"开明"——函授教育渊源于英大学教育推广运动,中国倡导者为詹天佑,创始者为周越然》,《益世报(天津)》,1934 年 3 月 11 日,第 3 张第 110 号,第 9 版——社会服务版。

化教育事业的发展。在20世纪20年代王云五主政商务编译所期间,在商务函授学社成功开办英文科的基础上,他又提议增加国文科、算学科、商业科等专业,扩大了函授学社的办学规模①。20世纪30年代,担任商务印书馆总经理一职的王云五又采取了一系列有力措施促进了英文科、国文科的办学水平的持续发展,而且又添加了日文科和图书馆学科,为推动函授教育事业的发展做出了重要贡献。而王云五本人就是函授教育的受益者。由于家境贫寒,少年时期的王云五仅仅在一家私塾中受过三年的传统教育,之后就不得不过早地步入社会自谋生计了。自此,王云五就充分利用业余时间,通过参加夜校、函授学校、补习班等不同的社会教育机构,常年坚持自修,认真学习英语、西方社会科学及自然科学知识,最终在个人事业生涯中取得了令人称赞的杰出成就②。

王云五在其撰写的《我怎样自修》一文中,曾经这样谈道:"我向来对于自己所遭遇的困难与获得解决困难的方法,往往会联想到与我处境相同的无数他人,因此,一有机会辄推己及人,想助他人解决与我同样遭遇的困难。""由于自己曾受函授学校之益,后来主持商务印书馆编译所时,因该所原已开办一英文函授科,乃扩而充之,增设国文、算学及商业函授各种。"③可以断定,王云五本来就是一名借助函授教育而自学成才的成功人士,成名之后,他成为久负盛名的文化出版教育机构——商务印书馆的掌舵人,又兼任商务函授学校校长的职务。显然,他对这种新型的函授教育体制在战乱时期对失学青年、社会民众所具备的独特的社会教育功能具有非常深刻、全面的认识。

尽管20世纪30年代初期上海市教育局公布并实施了相关政策、法

---

① 王云五:《我怎样自修》,载王云五:《王云五回忆录》,九州出版社,2012年1月第1版,第248页。
② 申报采访室集体执笔:《打开成功之门的钥匙——从百货店学徒跃为经济部长:王云五成功史》,《申报》,1946年8月19日,第3张第9版。
③ 王云五:《我怎样自修》,载王云五:《王云五回忆录》,九州出版社,2012年1月第1版,第248页。

规，首次以官方的名义正式承认了函授教育的合法性和合理性，但民国中央政府并未从国家层面上对其承认，更不用说去推广这种新兴的开放式教育制度了。为此，王云五在1937年12月出版的《教育杂志》上特意发表《战时教育问题》一文，文章指出，受战乱的严重影响和破坏，数量众多的学校被关闭，教师流失严重，大批青年学生中途辍学。鉴于上述原因，国民政府很有必要及时采取相关措施，应该抱着"学生不必求毕业，学校不必求毕年"的态度，鼓励青年学生通过不同途径的自修方式完成学业。同时呼吁民国政府主要从以下两点改革学校现行的教育制度："(一)恢复中等毕业同等程度得考升大学的办法。(二)大学校的前二年课程得许学生在外自修，经试验及格后，免其重复修习；惟最后两年的课程，仍须入校修习。"[①]

几乎就在同一时期，王云五的建议立刻得到了时任《教育杂志》主编的著名教育学专家黄觉民的响应。他在同一期的杂志上发表了《从战时校舍问题说到改革学校制度》一文，文中的一些主要观点附和了王云五提出的建议，即政府应当加大力度，想方设法鼓励学生在家自修，以解决战时校舍不足和缺乏的问题。这一次，黄觉民在文中正式提出了可以让在家自修的失学青年参加函授教育，继续完成学业。"以邮局代校舍的办法，这就是函授学校的办法，也可解决多少校舍问题。"国家教育主管部门应该制定下列具体方案："(1)可由教育当局或学生原校或私立团体设立函授学校，以容纳无校可读或无力入校的学生。(2)教育当局正式承认函授学生的成绩，如经考试及格，一律准于升级毕业。"[②]

紧接着，黄觉民在1938年2月出版的《教育杂志》上再次发表专文《改变学校办法以解决战时战后的教育困难问题》，深入探讨了函授教育在战争期间所具有的重要功能和重要意义。他在文中对当前中、高等教育整体办学情况、特点、存在问题进行了较为客观、全面、系统地阐述、分

---

① 王云五：《战时教育问题》，《教育杂志》，第27卷第11—12号，1937年12月，第1—3页。
② 黄觉民：《从战时校舍问题说到改革学校制度》，《教育杂志》，第27卷第11—12期，1937年12月，第5—10页。

析和论证,最后得出这样的一个结论:教育经费不足、校舍拥挤不堪、师资严重匮乏、学生辍学等问题的根源在于强迫学生在校学习,不准其在家自修;教学必须面授,不准函授。作者强烈要求教育部制定相关的管理制度、法规允许学生参加函授自修;国家承认函授学员的修业证书和毕业证书①。这篇论文的学理性、逻辑性相当强,可以说是有理有据,文章得出的结论具有很强的说服力。

众所周知,王云五在民国文化教育界具有较大的影响力和较高的知名度,而黄觉民为"美国哥伦比亚大学教育硕士,并曾在哥大师范学院研究所专攻教育心理学两年又一暑期,获得研究所专门证书。回国后,曾任上海大夏大学教育心理系主任兼教授并商务印书馆编译员"②。他是具有相当高的知名度的教育学专家,担任在教育界享有盛誉的《教育杂志》的主编。战时在校学生求学、青年失学问题这个话题首先由王云五开启,然后又由黄觉民将它引向纵深。

一石激起千层浪,很快,由王云五、黄觉民引领的这个话题引起了文化教育界的普遍关注,围绕着这个话题展开了一场激烈的大讨论。来自文化教育界的专家、学者及教育部门官员纷纷向《教育杂志》来函、来稿,发表自己的观点,畅谈自己的想法。为此,《教育杂志》编辑部特意在1938年4月出版的《教育杂志》上设置了一个专题栏目——"关于战时、战后学校函授自修问题的讨论"。编辑部在介绍设置这个栏目的缘由时,这样谈道:"自王云五先生及黄觉民先生在本杂志去年十一、十二合订号发表《战时教育问题》及《从战时校舍问题谈到改革学校制度》两文后,就有人来函讨论,认为自修问题值得公开详尽研究一下。至黄先生再在《教育杂志》本年二月号刊出《改变学校办法以解决战时战后的教育困难问题》一文,各方更为注意,或来信指正或为文补充,有的赞成,有的反对;所

---

① 黄觉民:《改变学校办法以解决战时战后的教育困难问题》,《教育杂志》,第28卷第2号,1938年2月,第1—7页。
② 《教育杂志主编易人》,《申报》,1936年7月15日,第4张第15版。

示高见都甚有价值,兹将汇刊于后以飨读者——编者识。"①这个专题栏目刊登了共计 15 位来自文化教育界的专家、学者及各级教育部门官员所撰写的文章或来函②。

在《教育杂志》刊发的文章中,其中一封由教育部长陈立夫写给黄觉民的信函格外引人注目,其相关重点内容如下:"台著作《改变学校办法以解决战时战后的教育困难问题》一文,具见关怀教育,计及长久。……。关于以函授代替学校制度,本部同人亦会计虑及之。我国历行考试制度,果由部施行函授学校办法,学子得校外自修机会,届时应考及格,自可广甄人才。且可提倡自修用书之编辑,使承学之士,更得研精□思,与日俱进。惟不必仿学校之编制,有毕业之程期,既已广学问于无止境,亦以防流弊于未然。"③

教育部长陈立夫在来函中充分肯定了函授教育制度在为社会培养人才方面所具有的独特的教育功能和教育优势,但函授教育在培养学生的人格、陶冶其情操、身体素质等方面,就不如普通的学校教育了;而且在教授语言文字等科目的时候仅仅通过函授的方式,恐怕未能达到良好的教学效果。因此,在战时完全使用函授教育制度代替现行学校教育制度的做法,还须认真考虑,慎重对待。但是他同意可以将函授教育制度引入公立学校体系当中,给予推广,用以辅助学校教育制度。在《教育杂志》上发表文章参与此话题讨论的其他专家的主要观点也基本上与陈立夫的观点相同或接近。教育部长陈立夫能够亲自参加这场讨论,这本身就说明了这场大讨论已经引起了最高教育行政管理部门的高度重视。陈立夫的个人身份非同寻常,他是当时教育管理事业的最高执政者,也是教育政策、

---

① 《教育杂志》编辑部:《关于战时战后学校函授自修问题的讨论》,《教育杂志》,第 28 卷第 4 号,1938 年 4 月,第 34 页。
② 陈立夫、张伯谨等:《关于战时战后学校函授自修问题的讨论》,《教育杂志》,第 28 卷第 4 号,1938 年 4 月,第 34—66 页。
③ 陈立夫:《关于战时战后学校函授自修问题的讨论——一、陈立夫部长的复函》,《教育杂志》,第 28 卷第 4 号,1938 年 4 月,第 34 页。

法规最重要的提议者、参与者、决策者和制定者之一,这就为使上述改革学校教育制度的若干观点转变为现实提供了很大的可能性。

随即,黄觉民又在1938年5月出版的《教育杂志》上第三次发表了一篇与上述讨论话题密切相关的论文《战时战后学校改变办法的再检讨》,他在文中对上述教育官员、专家、学者提出的质疑和建议逐一进行辩解和答复;并以商务、中华函授学校英文科的办学成功作为事实依据,他认为只要建立一套严格的函授教育管理制度,并认真实施,函授教育一定会达到预期办学效果①。至此,这场有关战时在校学生、失学青年教育问题的大讨论渐渐停息。但它很快就对民国中央政府在教育政策的制定和实施方面产生了非常直接的重要影响。

(二) 国民政府行政院对函授教育制度的认可和接受

就在上述这场大讨论结束3个月之后,1938年8月,教育部颁布了《战区中小学生自修暂行办法》,鼓励和提倡中小学生通过自学的方式继续完成学业,然后可以同等学力的身份参加初、高中或大学的新生入学考试②。一年之后,又制定并实施了一项新的招生制度,"教育部最近实施之《取消中等以上学校入学限制案》,许初、高中招考新生时,提高同等学力者参加之比率。此后,有相当同等学力之青年,尽可在家自修,遂行升入高一级学校之第一年或插入初、高中之相当年级"③。教育部陆续出台的教育政策、法规正在把王云五、黄觉民等学者提出的建议一步步变为现实,事态的发展趋势逐渐变得明朗起来。

到了1939年11月期间,隶属重庆国民政府行政院的侨务委员会开始草拟方案,筹备设立侨民教育函授学校,让海外广大侨民学校的教职工在业余时间参加函授教育,提高他们的教育教学水平。并计划从1940年

---

① 黄觉民:《战时战后学校改变办法的再检讨》,《教育杂志》,第28卷第5号,1938年5月,第69—72页。
② 《青年学生自问有下列情形之一者,莫善于加入——私立商务印书馆函授学校》,《申报》(香港版),1938年8月19日,第1张第1版。
③ 《升学办法之改进——(1)同等学力得投考中学、大学一年级;(2)同等学力得迳考初、高中相当年级——私立商务印书馆函授学校》,《申报》,1939年1月17日,第1张第4版。

7月开始每期招收学员2000人,连续举办7期,共计打算招收函授学员14,000人,学习期限为一年半①。然后,在1940年3月,"侨务委员会呈请设置侨民教育函授学校及侨教育师资训练班案",经中央行政院"决议、通过"②。同年3月首次向海外侨民学校教职员公开招生,这种新型的函授学校立刻受到教师们的欢迎,截止到5月16日,"现查报名人数,已达千余,可谓踊跃"③。就在侨民教育函授学校正式开始办学后不久,首先将函授教育制度引入公立教育领域的这一举措还是遭到了不少政界、教育界人士的非议和质疑,可以说是给处在办学初期的函授学校制造了一些麻烦,带来了不小的办学阻力。

在这一历史节点上,在侨务委员会教育处担任科长一职的伍瑞锴顶住压力,力排众议,特意在1940年9月出版的《侨民教育函授学校校刊》(创刊号)上发表了《函授学校及其评价》一文。他在论述了各国函授学校之产生、发展及优缺点之后,认为各国函授学校发展如此之迅速,虽然与世界文明之进步、邮政业务之发展以及资本主义经济之日渐发达均有密切的关系,但函授学校其本身具备的种种独特优点是其快速发展的主要原因。在文中,伍瑞锴特意强调,商务、中华、开明函授学校的办学成功,尤其是其英文科取得的显著办学效果,充分证明了函授教育是完全适合民国社会发展需要的,在我国是完全可以办理成功的。至于有些人士所指出的函授学校的一些缺点,大多数都是由于没有认真办理函授教育造成的;纵使存在一两点缺点,也可以设法补救。在重点回顾商务、中华函授学校的办学历史的前提下,以其办学成功的事实为依据,他坚信侨民教育函授学校一定可以取得相当不错的办学效果④。此篇文章的发表对稳

---

① 伍瑞锴:《侨民教育函授学校办理经过及今后计划》,《现代华侨》,1941年第2卷,第6—8期,第13页。
② 《重庆行政院二十六日上午开第四五八次会议——军事外交报告外决议各案,择载如下》,《申报》,1940年3月27日,第1张第4版。
③ 《教育消息——侨教函授学校,报名参加踊跃,报名期展至六月底止》,《申报》,1940年5月16日,第2张第8版。
④ 伍瑞锴:《函授学校及其评价》,《侨民教育函授学校校刊》,第1卷第1期,1940年9月,第16—21页。

定当时不利的办学局势、凝聚人心、减少舆论压力、增强国民政府开办华侨函授教育的信心和决心起到了非常重要的作用。后来发生的事实证明了伍瑞锴的论证及预测是正确的,第一期招生共计1250人,学员遍布亚、美、非、澳四大洲,其中84%以上的学员均为"现任侨校教师,其影响之大,已概可想见"①。

函授教育首先由国民政府引入公立海外侨民教育系统,从1940年5月开始,侨民教育属中央行政院社会部管辖②,不由民国教育部管理。尽管此时的函授教育还没有被普通公立教育系统所引进和推广,但是至少已经被国民政府所正式认可,而且已被成功引入隶属行政院的侨民教育系统,这就为函授教育在普通公立教育系统内的推广和普及奠定了一个良好的开端。国民政府首次将函授教育引入公立侨民教育系统这一举措对推动中国教育近代化的进程产生了非常重要的影响,为此,《教育杂志》将"侨委会办侨民教育函授学校"这一重大教育事件视为"教育文化史的新页"③。

(三) 教育部对函授教育制度的认可和推广

1940年6月,函授教育制度又迎来了一个极其重要的历史契机。为了更好地提高国立小学师资的综合素质,教育部特制定并颁布了有关各省市训练国民学校师资的《办法大纲》,其中之第9、10条明确通令各省市教育厅、局要开办专门培养师资的函授学校,为国立小学教师提供进修的机会。《申报》对此大纲制定的原因与其包括的具体条例进行了专门的报道,其中相关细节如下:"自县各级组织纲要颁布后,全国国民教育之实施亟待推行,不容或缓。兹悉教育部为奠定是项教育实施基础起见,特依据国民教育实施纲领之规定,颁布各省市国民教育师资训练办法大纲。令

---

① 伍瑞锴:《侨民教育函授学校办理经过及今后计划》,《现代华侨》,1941年第2卷,第6—8期,第14页。
② 《社会部改隶行政院,经国防会核定》,《申报》,1940年5月16日,第1张第3版。
③ 《教育文化史的新页——侨委会办侨民教育函授学校》,《教育杂志》,第30卷第7期,1940年7月,第40—41页。

各省市教育厅、局切实遵行,兹将其要点披露于次:……;(九)为便利在职教员或志愿教员之进修起见,各省市应举办函授学校或暑期讲习会,辅助其进修,并考验其成绩;(十)各省市举办小学教员函授学校,应设置巡回指导员,分别科目,分区举行函授学员短期讲习会。"①

上述教育部颁布并付诸实施的相关教育管理政策、法规首次明确规定了各省市教育厅、局必须建立专门用来培训国立小学教员的函授学校,并且还构建了一套相当严格的监督、指导函授教学工作进展情况的具体办法。其所采取的一系列教育管理活动在中国近代函授教育史、中国近代师范教育史上都具有里程碑式的意义,这标志着函授教育制度已经被民国教育部正式认可和接受,并被推广到各省市的公立教育系统内,有力推动了中国教育近代化的发展进程。不过,这次改革还是不够彻底,虽然教育部把这种开放式教育制度引入了各省市的公立教育系统,但是各省、市教育厅、局所开办的函授学校却自成体系,而没有让一些具备办学条件的师范院校去承办函授教育。显然,这种新兴的函授教育体制还没有真正地在广大公立院校系统内得以推广。

到了1941年10月,教育部首次颁布并实施了一个重要的管理补习学校的《补习学校规则》,这个法规也同样适用于函授学校,其中第一条相关规定是:"补习学校以传授或补充应用知识、提高学业程度为宗旨。各种函授学校、讲习所、传习所及属于补习性质之补习班、讲习班等均属之。"其中第六条对各级公、私立函授学校相应的主管教育管理部门做出了这样的具体规定,各省、市、县立的公立函授学校分别由所在地的省、市、县教育行政机关管理。私立或机关团体附设之函授学校,依照其办学层次,分别由与其相对应的各级主管教育行政机关管辖,属于小学程度的函授学校由县(市)教育行政机关管辖;属于中等学校程度的函授学校由省(市)教育行政机关管辖,属于中等学校程度以上的函授学校由教育部

---

① 《教育消息——各省市训练国教师资(一),部颁办法大纲》,《申报》,1940年6月5日,第2张第7版。

管辖。简言之,这套《补习学校规则》在函授学校教学管理的各个层面上都做出了较为具体而严格的要求,这就非常有助于使各级公私立函授学校步入一个更加有序、更加规范的良性发展轨道①。

《补习学校规程》的颁布和实施标志着函授教育制度终于被纳入国民政府教育管理制度体系之内,函授学员所获得的毕业文凭已被国家教育部正式承认,这势必有助于在更大范围的公立教育系统内推广这种新兴的函授教育制度。

1943年7月,国民政府教育部又颁布了非常重要的有关推广函授教育的《师范学院附设中心学校及国民学校教育进修班暨函授学校办法》,共计18条规则,较为详细地制定了各省市师范学院应该如何办理附设函授学校的具体方案。师范学院附设函授学校的招生对象"以现任中心学校及国民学校教育为限"。函授学员通过函授教育接受培训,经过考核,成绩合格者被授予"进修证明书"。学员毕业之后,"分别受初高级小学级任教员或专科教员,无试验检定"②。至此,这种最先由商务印书馆引入中国教育领域的函授教育制度,经过25年的曲折发展,终于被纳入了学制系统,在国家教育管理制度系统内占有了一席之地,最终进入了民国各省市的公立师范院校,成为与普通学校并行发展的一种教育形式,得以被大力推广和普及。

溯本正源,追寻函授教育在近代中国的发端、发展历程,近代民营出版机构从事的英语函授教育所起到的示范、引领、推动作用,可以说是功不可没。中国近代函授教育的缘起、发展和勃兴的历史轨迹呈现出了这样的一幅清晰的历史图景:由私立到公立,由民间到官方,由社会到政府,由地方到中央再遍及全国;由术科教育领域到华侨教育领域,再到教师教育领域;由中等办学层次到高等预科办学层次,再到高等本科办

---

① 《教育新闻——教部公布〈补习学校规程〉》,《申报》,1941年10月1日,第2张第7版。
② 《师范学院附设中心学校及国民学校教员进修班暨函授学校办法——第三三五一九号训令颁发(三十二年七月九日)》,《教育公报》,1943年第15卷,第7期,第5—6页。

学层次;联结了普通学校教育、职业教育、社会教育、成人教育和师范教育体系。

纵观西方函授教育兴起和发展的历史进程,可以发现欧美最早的函授学校或专门成立或由大学衍生而成立,比如,英国、美国都是由大学率先举办较为正式、规范的函授教育①。但我国较为正式、规范的函授教育的肇始和形成却与之有着明显不同的表现形态。它既不是由专门的教育机构创办,也不是由大学完成的,而是一个久负盛名的商业出版机构——商务印书馆创办的,这一点正好反映出了作为"后发外援型"的中国教育近代化的特点。新式教育体制的产生,从某种意义上说,本来就是一种"被动的应急性"举措。在政府教育体制不健全、公立教育资源匮乏的状态下,新式教育体制先由民间具备一定实力的机构去创建、运转,然后得到政府的认可和支持之后,再将其在更加广泛的公立教育系统内进行推广、普及。

近代民营出版机构通过长达数十年的英语函授教育实践活动,不仅为以后陆续开办的其他各级各类公私立函授学校树立了一个可供模仿、借鉴和学习的范例和样本,而且还引领、带动和促进了民国整体函授教育事业的发展;并且还积累了极其丰富的、宝贵的办学经验,为国民政府将其纳入公立教育系统提供了重要的理论来源和事实依据,为函授教育事业在民国社会的发展、推广、普及以及推动中国教育近代化做出了不可磨灭的贡献。

第二节 英语函授教育与民国出版事业的发展

商务印书馆、中华书局、开明书店等近代民营出版机构,都热衷于兴

---

① 周简叔:《世界高等函授教育概观》,中国人民大学出版社,1988年5月第1版,第36—37、87—90页。

办函授教育,尤其是格外重视推动英语函授教育事业的发展。不可否认,近代民营出版机构直接从事教育教学实践活动,正是充分体现了其以"吾辈当以扶助教育为己任""昌明教育,开启民智"的出版文化理念。面向广大社会民众,直接开展社会教育实践活动可以被视为这一出版文化理念的具体延伸。但作为一家私立商业出版机构,"在商言商",为了更好地传承和弘扬其出版文化理念,它须借助和通过自己的出版经营活动,获取足够多的经济回报,才能更好地维持、推动自身业务的正常运转,才能不断地推动出版教育事业的可持续发展。

作为近代教科书的出版重镇,商务印书馆、中华书局、开明书店密切关注民国社会的变革、发展与转型,及时将欧美教育界出现的新思想、新理论、新观点和新方法融入中小学教科书编写领域,陆续编辑、出版了一大批种类繁多、制作精良、彰显欧美先进教育理念、符合社会发展潮流的新式中小学教科书,极大地促进了中国传统教育向近代教育的转型,为中国教育近代化事业做出了不可估量的贡献。与此同时,商务、中华、开明通过编辑出版中小学教科书也获得了丰厚的经济回报,增强了自身出版经营事业的综合实力,有力推动了出版事业的持续发展和壮大[①]。

商务、中华、开明开办函授学校,将这种起源于欧美的先进的开放式教育体制引入中国教育领域,直接从事高质量的英语函授教育实践活动,取得了良好的社会效益和经济效益,既推动了英语函授教育的持续性、深入性发展,也有效地刺激、带动了自身出版经营事业规模的不断扩张,经营实力得到进一步增强。

一、书刊促销活动的新途径

(一)通过发放奖品、赠品的方式提升学员积极性

商务、中华、开明函授学校英文科为了充分调动学员的积极进取精

---

① 王余广、吴永贵:《中国出版通史》(8 民国卷),中国书籍出版社,2008 年 12 月第 1 版,第 388—396 页。

神，使学员保持较为持久的学习热情和学习动力，都纷纷制定了多层次、多种类、多元化的奖励机制。这套奖励机制所面对的受益对象非常广泛，可以说几乎每位英文科函授学员都有机会获得一些价格不等的奖品。这些奖品全部都是商务、中华、开明出版的一些人文社科类书籍和杂志，有关奖品的种类、特点，详见本书第三章第一节的相关论述。

商务、中华、开明各自制定的奖励机制中，其中一项措施就是将一些与英语函授教育有着较为密切关系的社科类书籍、杂志作为奖品直接赠送给学员。这种"直销"型的宣传、促销方式虽然不能为近代民营出版机构带来直接的经济效益，但可为其创造间接的经济效益。免费赠送给学员书籍、刊物的方式是一种很好的宣传、促销活动。学员通过亲自浏览、阅读这些书籍、刊物，会对其中令其满意的推荐给身边的人。通过这种"人传人"的传播方式，就会有效地扩大这些书刊的影响力，提高它们的知名度。一旦学员通过阅读这些由商务、中华、开明精心挑选的书籍、刊物并从中受益后，数量众多的英文科函授学员很有可能在自修英语的过程中还会再次或多次购买其他种类的与所赠图书相关的书籍、刊物作为自学辅导参考书。

第二项措施就是英文科将购书券赠送给学员。近代民营出版机构赠给函授学员的这些购书券面值的范围通常都在 1 元至 4 元不等。学员凭借购书券在一定的期限之内，都可以向商务、中华、开明设在上海的总部及全国各地的分支机构索取任何一本价格与购书券面值等同的书籍或杂志。通常情况下，英文科学员都不会浪费这样一份购书券，即使自己不需要或不想购买书籍、刊物，也可将此份购书券转送给自己的亲人、朋友、同事或同学。如果选中的书籍或杂志的价格低于购物券的面值，按照民营出版机构制定的相关奖励制度，各个书店也不会将余额找给购书者；如果被挑选的书籍或杂志的价格高于购物券的面值，购书者还必须要自己承担超出购书券面值的花费。通过这种直接向英文科学员赠送购书券的方式，在一定的销售周期之内，民营出版机构就达到了重要的宣传、促销书刊的目的。

第三项措施就是将购书优惠券赠送给学员。商务、中华、开明函授学校英文科各自制定的奖励机制还包括一项非常重要的购书优惠券奖励规则。购书优惠券往往都是针对一些特殊种类的书而专门制作的。凭借这些购书优惠券，英文科学员所能够购买的图书种类往往都是价格较贵的英语工具书、教育学术著作等。此类书的编辑出版成本较高，售价较贵，且专业性较强，这就造成了它们所面对的读者群体相当有限。与其他类别的书相比，这类书的待售周期较长，销售量较少。因此近代民营出版机构在编辑、印刷、发行这一类书的时候，通常不仅要投入大量的固定资金，而且还需承担一定的市场风险。

但英语工具书，如字典、词典类图书，通常是学员自修英语、查阅资料时不可缺少的、手头必备的工具书，如果民营出版机构可以给予适当的优惠政策，大批的英文科学员就一定不会放弃这样难得的购书机会。而教育界师生在英文科学员总数中所占的比例是非常高的，那么，教育学术著作对这一类学员群体就具有很强的吸引力。由此可见，民营出版机构通过向英文科学员发放购书优惠券的方式，有效地增强了他们对英语工具书、教育学术著作的关注程度，在一定程度上提升了他们的购买能力，有力促进了对一些特殊类型的书的宣传力度，提高了此类书的销售业绩，取得了良好的促销效果。

（二）通过发放函授讲义的方式促进学员自主学习

由于函授教育是一种远距离的开放式教育，函授教学活动的顺利完成离不开函授讲义。因此，商务、中华、开明高度重视函授讲义的编写工作，专门组织了一批著名专家、学者共同合作，精心编写了种类繁多、适合学员自主学习的高质量的函授讲义。近代民营出版机构充分利用函授讲义对函授学员所产生的重要影响力和所具有的独特的教育功能，在几乎每一种函授讲义的结尾处都专门设置一个独立小节，特意向函授学员重点推荐、介绍一些重要的辅导、参考书，以期更好地帮助学员顺利完成学业。

首先来了解一下商务函授学校英文科讲义的相关情况。在商务函授学校英文科编著的《第三级第一种——读本》（第 6 分册，共计 6 个分册）

讲义的结尾处有一个独立设置的小节,这个小节名为《自修用书》。相关具体内容如下:

Books for Self-Study(自修用书)

本讲义取材丰富,注解详明,学者细心读毕之后,识字既多,句法渐熟,从前所不能读之书若再展卷读之,必有头头是道之乐。此种乐境惟用功读书者始克有之,然学问之道无穷,如以一得自满,不求深造,是名自画,学者之大疾也。今姑举与本讲义程度相若,及较本讲义程度稍进之书若干种,开明如下。学者于读过本讲义后,可任购数种读之,唐人诗云,欲穷千里目,更上一层楼。有志读书者,当深体此意也。

(下列各书可向商务印书馆购阅) 1. *China's New Century Readers*,Vol. Ⅳ,《新世纪英文读本卷四》,定价五角。2. *Scientific and Technological Reader*,《英文工业读本》,定价六角五分。3. *Commercial Press New English Readers*(*revised edition*),《商务印书馆英文新读本(订正本)卷四》,定价一元。4. *Stories from the Arabian Nights*,《原文天方夜谭(附汉文释义)》,定价八角。5. *A Wonder Book*,by Nathaniel Hawthorne,《原文足本古史钩奇录(附汉文释义)》,定价八角。6. *The King of the Golden River*,by John Ruskin,《原文足本金河王(附汉文释义)》,定价三角五分。①

在商务函授学校英文科编著的《第三级第五种——故事选录》(第 4 分册,共计 4 个分册)讲义的结尾处也包含一个独立设置的小节。小节的名称同为《自修用书》。这个小节的具体内容如下:

Books for Self-Study(自修用书)

学问之道无穷,故学者读书,不可不博。然初学之人,不知何书当读,何书不当读。读一书而其程度太深,已之程度不足以副之,则其书虽佳,书中妙处不能尽喻。反之,其书程度太浅,而已之程度过高,则所得亦寡。

---

① 上海宝山路商务印书馆附设函授学社英文科编:《第三级第一种——读本》(*Reader, Third Grade, Section* Ⅵ,第 6 分册),1926 年 6 月,第 16 页。

故为初学择自修之书，其道甚难。下列各书，性质与本讲义相若，程度亦与本讲义相类。学者于读毕本讲义后，可任购数种，细细读之，其进步当有不可以言喻者(下列各书均可向商务印书馆购读)。

1. Aesop's Fables(《英文伊索寓言》)，定价六角。2. Sketches of Fifty Famous People(《泰西五十名人传》)，定价五角。3. Fifty Famous Stories Retold(《泰西五十轶事》)，定价七角。4. Sunshine Stories(英文短篇故事)，定价七角。5. Short Stories (with Chinese Notes)，Vol. Ⅰ(《汉译英文杂记》，第一级)，定价四角。①

然后再来关注一下中华函授学校英文科讲义的相关情况。在中华书局函授学校英文科编著的《初级英文科讲义——修学指导》(第1分册，共计10个分册)之A部分(共计由A、B、C三个部分组成)中，专门介绍了阅读、自学每一级每一种函授讲义的方法及所使用的参考书。其具体内容如下：

(A)读法及参考书。(1)英文习字法(函授讲义的名称)。1. 本讲义用明显的国语，说明习字的方法；凡遇难懂的地方，均一一附以图画，使读者易于领会。2. ……(省略)。3. 本讲义共分二十课，将习字的基本知识，由浅入深，详述无遗。读者读完本讲义后，就把讲义所述者作根据，来临各种习字帖，自然易于入门。4. 本讲义自第六课至第十三课，将习字易犯的弊病，提出说明，使读者易于注意。5. ……；但书法一事，仍甚重要，盖字迹之良劣，正能表明其人学识之高低也。参考书：读者适宜购备本局印就之《习字帖》，(《中华习字帖》)，时时临摹。

(2)正音和拼法。1. 本讲义是英语发音入门的阶级，学者须注意各种符号，发正确的音。倘发音无误，则拼法可以减少许多的困难。2. ……(省略)。3. 英语发音与汉文不同，所以不能用汉文注音，且初级

---

① 上海宝山路商务印书馆附设函授学社英文科编：《第三级第五种——故事选录》(A Selection of Famous Stories, Third Grade, Section Ⅳ，第1—4分册)，1924年11月，第92页。

英文科学生最要紧的科目,就是发音一门。所以本讲义的各章各节,都应当详细知道,不可苟且看过。但本讲义中举例的字,不必一一牢记,知要用发正确的音就够了。

参考书:读本讲义之后,学者应当购备中华书局出版的《英华正音词典》(*An English-Chinese Phonetic Dictionary*)一册,及《英语正音教科书》一部,以备检查音义的用处。如学者经济许可的话,可再购中华书局所制之英语正音留声机片,能随时开放,无异获一良好之教师。

(3)初级英文读本。有关如何读书的方法在此省略。在文末,特意向读者推荐由中华书局出版的下列与《初级英文读本》讲义编写内容有着密切关系且难易程度相当的参考书:《直接法英语读本》《直接法英语副读本》《基本英语入门》和《基本英语课本》①。

最后再来了解一下开明函授学校英文科讲义的相关情况。开明函授学校英文科编著的《开明英文讲义》在其每一分册的开头处专门设置了一个名为《告读者》的小节。这个小节除了包含自修英语、阅读函授讲义的方法等相关内容,同时综合考察英文函授讲义的编写内容、编写方法、难易程度等具体情况,重点向函授学员介绍、推荐了一些由开明书店编辑出版的、具有重要参考价值的英语书,包括《开明英文科读本》(第一、二、三册)及开明书店代售的一些原版英文书②。

英文科通过函授讲义向学员重点介绍、推荐相关的人文社科类书刊的时候,呈现出了很强的针对性、时效性、应用性。它不是泛泛而谈,而是在学员读完某一种类的一整套英文函授讲义之后,在其已经具备相当的英语基础、理解能力、阅读能力的前提下,告诉学员应该在不同的自修阶段选择哪些与已阅读过的函授讲义的内容联系紧密且难易程度相当,又适合自己水平的课外英语读物,这样才能完善自己的知识结构,巩固所学

---

① 私立中华书局函授学校编:《初级英文科讲义——修学指导》(*Companion Books, First Grade English Course, Book 1*,第1分册)(出版时间不详),第1—3页。
② 开明中学讲义社编:《开明中学讲义第四卷·第一期——开明英文讲义》,开明中学讲义社发行(出版时间不详),第1—6页。

知识，强化相关技能，达到一种较为理想的自学效果。通过这种专门针对函授讲义而向学员推荐自修参考书的方式，让学员学会如何根据个人的实际情况，有重点、有目的、有选择地购书、读书；其最终目的就是要培养学员养成良好的、正确的学习方法和阅读习惯。

由于商务、中华、开明函授学校英文科各自编著的高质量的函授讲义受到了广大学员的好评、欢迎，也得到了广大社会英语爱好者的认可和赞许，因此这套英文函授讲义在学员的心目中具有很高的地位，学员已经对它产生了足够的好感和信任。它对学员具有较强的号召力、影响力和感染力，更何况其推荐方式的针对性很强。

（三）通过发放函授辅导刊物的方式加大宣传力度

商务函授学社英文科尤其重视利用函授辅导刊物加大宣传力度，推销商务印书馆出版的一些人文社科类书籍、杂志。首先，通过《英语周刊》设置的《C. P. C. S. 商务印书馆函授学社新闻》这个重要栏目，经常向广大英文科学员重点介绍、推荐商务印书馆新近发行的一些经典之作。比如，1922年7月，英文科郑重向函授学员介绍了最近上市的一部英语语音学研究著作，其具体内容如下："介绍新书：本社干事长周君由廑所编《英语语音学纲要》一书，经已出版。全书五章：（一）总论。（二）论语音学发生之理。（三）辅音之类别。（四）元音之类别。（五）杂论。初学英文者，先读此书，可免后来读音差误之弊。已读英文者，细读此书，更可考见其平日发音不正确之点。全书用汉文讲述，尤为当今语音学书中仅有之本。我社学员之有志考正其英字之读音者，当以先睹为快也。书由商务印书馆出版，每册定价六角。"[①]

再如，商务印书馆曾经耗时八年，组织数十名专家、学者精心编著了一部具有较高权威性的《综合英汉大辞典》。1928年3月，就在这部大辞典即将问世之际，商务函授学社英文科特意在《英语周刊》之《C. P. C.

---

① 《C. P. C. S. News 商务印书馆函授学社新闻——介绍新书》，《英语周刊》，1922年7月8日，第353期，第741页。

S. 商务印书馆函授学社新闻》栏目向函授学员介绍这部辞典的编著特色,并给予学员购书优惠政策,相关详情如下:"商务印书馆近出综合英汉大辞典一书,共计四千页,分订两厚册,定价十二元,预约价八元。兹为优待本社学员起见,特备优待券一种,凭券购书,书价得照预约价九折实缴。……大好机会,幸勿失之交臂也。此书综合英美各字典之长,搜罗最新材料,重加编次,费时六七载,前后参与编辑者数十人,始克告成。书中所收单字约十三万,成语约七万四千条,并广采百科用语及中外人名地名。至各字在文法上应行注意之点,说明尤为透彻。"①

不仅如此,商务函授学社英文科还通过函授刊物《英语周刊》设置的《问答》这个固定栏目,不失时机地向有所需求的学员推荐人文社科类书籍。随意翻阅 1915 年 10 月 2 日至 1932 年 1 月 16 日期间由商务印书馆出版的《英语周刊》(第 1—837 期),这种现象比比皆是。篇幅所限,此处不再进行举例说明。

然后我们再来探讨一下开明函授学校英文科的相关情况。开明函授学校通过函授辅导刊物《社员俱乐部》(后改称为:《上海市私立开明函授学校俱乐部》)向英文科学员介绍、推荐人文社科类书刊的方式也非常具有特色。首先,专门定期设置《书籍推荐》栏目。比如,在 1932 年 8 月的创刊号上刊发了一篇题为《三本小说》的文章,在文中,作者重点向函授学员推荐了由开明书店译著的三本世界名著:《续爱的教育》(定价八角)、《宝岛》(定价九角)和《汤姆莎耶》(定价九角)。文章依次重点介绍了每部名著的作者、写作时代背景、主题内容、写作风格、时代意义等②。读过之后,会使函授学员对这三部经典之作有一个较为全面的、概括性的了解。

另外,通常会在一篇介绍英语学习方法的文章的末尾处向学员重点推荐一些与此篇文章主题有着较为密切关系的英语教学辅导参考书。例

---

① 《C. P. C. S. News 商务印书馆函授学社新闻——本社赠送综合英汉大辞典预约优待券》,《英语周刊》,1928 年 3 月 31 日,第 647 期,第 980 页。
② 明琼:《书籍推荐——三本小说》,《社员俱乐部》,1932 年 8 月,创刊号,第 59—62 页。

如,1932年11月出版的《社员俱乐部》刊发了一篇题为《英文学习法漫谈之一——从句学起》的文章。作者详细地向学员讲解了如何在自修英语的过程中发现、分析、总结各种句子类型的特点及规律,结合自己多年的教学经验,告诉学员通过哪些具体的方法去记忆并如何正确地运用这些固定句型。然后,在文章末尾,重点向学员推荐了一系列由开明书店出版的与这篇文章主题内容相关的英语书,主要有下列:林语堂所著的《开明第一、第二、第三英文读本》(定价八角五分、九角五分、九角五分)、《英文文学读本》(一元七角)、《开明英文文法》(九角五分);葛传椝所著的《英文文法精义》(五角五分)、《新撰英文尺牍》(六角);张沛霖的《开明少年英文丛刊》(每册二角);周庭桢的《新国民实用英语》(一元三角);王文川的《开明英文选注》(二分至五分)等[①]。

最后再来看一下有关中华函授学校英文科的相关情况。同商务函授学校英文科一样,中华函授学校英文科也是主要通过《中华英文周报》之《问答》这个固定栏目作为向学员推荐书刊的一个重要平台。翻阅1931年9月10日至1935年2月16日由中华书局出版的《初级中华英文周报》(第519—675期),也常看到英文科教员经常向来函咨询的学员介绍、推荐一些必备的自修英语参考书。篇幅所限,在此不再详述。

上述的第三种宣传、促销方式,与前两种相比,虽然它既没有第一种方式那样具有诱惑力,也没有第二种方式具有很强的针对性,但它明显具有的一个特殊优势就是其对人文社科类书籍所涉及的主体内容的介绍相当详细。这就势必会给学员留下较为深刻的印象。一旦学员有所需求,便会考虑购买。

此外,除了上述的三种特色鲜明的宣传、促销方式以外,与普通书业广告的方式一样,商务、中华、开明还常常在各自发行的每一期函授辅导刊物的首部、尾部或中间处,滚动、反复地登载大量的简易书业广告,通常只刊出相关书刊的名称及价格。虽然广告内容相对简单,但一般情况下

---

① 越奇:《英文学习法漫谈之一》,《社员俱乐部》,1932年11月,第2号,第83—85页。

出于自修英语的实际需求,函授学员会认真翻阅、浏览每一期函授辅导刊物。所以,这种持续刊出的简易广告也会给学员带来一定程的视觉冲击,产生一定的印象。久而久之,它所带来的商业效果也较为显著。

综上所述,商务、中华、开明通过开办英语函授教育事业,开辟了一条书刊宣传、促销活动的新途径。这种新途径与一般刊登在主流纸质媒介上的书业广告相比,它的受众对象具有较强的针对性,且上述论及的纸质媒介已经在受众面前塑造了一个良好的传递"文化"的正面形象;而且其受众通过阅读此类纸质媒介已经受益匪浅,对它们产生了较高程度的信任,以上这些特点就决定了这条宣传、促销的新途径带给近代民营出版机构的直接、间接的商业价值要远远超出一般类型的书业广告。面对数以万计的英文科函授学员,这条新途径不仅为商务、中华、开明开发了一大批购书者,更重要的是还为它们培养了一大批读者。购书者群体与读者群体之间存在着一个最简单的区别,那就是:前者往往是一次性的或暂时的;而后者往往是多次的或较为持续的。

值得注意的是,商务、中华、开明函授学校英文科的学员加在一起足有6万之多,如果将上述哪怕只有1/6的学员群体开发、培养成其读者群,那么他们本身就构成了这个广阔图书市场的终端消费群体。这些曾经受益于英语函授教育的、遍及全国各地的特殊读者群体将会给近代民营出版机构带来巨大的经济效益并制造出良好的社会效益,这一点是确信无疑的。

商务印书馆开发的这条书刊促销活动的新途径确实产生了相当不错的宣传效果。函授辅导刊物《英语周刊》设置的固定栏目"商务印书馆附设函授学社英文科通告"所发布的一系列信息证明了上述情形的发生。比如,1915年11月3日出版的《英语周刊》就发布了与之相关的两条信息:"(6)英字切音第一版,已经售罄,第二版正在赶印";"(7)学员购买敝馆出版书籍,请直接与敝发行所接洽,以免周折"[①]。1916年1月29日出

---

① 《C. P. C. S. Notes 商务印书馆附设函授学社英文科通告》,《英语周刊》,1915年11月3日,第7期,第Ⅴ页。

版的《英语周刊》也刊发了一条类似这样的信息:"学生询问事件,除关于讲义及课艺须寄至本社外,其余如付费购买书籍文件等,均请直寄上海棋盘街商务印书馆总发行所,以清界限。"①

二、函授讲义的编、印、发特点

商务、中华、开明开办的函授学校不同于普通的函授学校,它们的特殊性主要体现在以下几点:首先,这三所函授学校的总部都挂靠在各自的编辑所,就是说它们的总部办公地点都设在编辑所;函授学校的二级组织——各地的函授站也都隶属商务、中华、开明在各地设立的分支结构。通常情况下,商务、中华、开明函授学校英文科根本不需要单独设置办公点。其次,作为办理函授学校的主体机构,商务、中华、开明都是集编、印、发于一体的近代著名的大型综合性民营出版机构,自身拥有雄厚的外语人才智力资源、丰富的纸质媒介资源和现代化的先进印刷设备。而函授教学活动的开展须在教师的有效指导下依赖大量的函授教材才能顺利完成,这就意味着商务、中华、开明函授学校完全可以"自产自销",直接从事函授教材的编辑、印刷、发行工作,依靠自身的资源优势向数量众多的英文科学员提供一系列函授教材。

不仅如此,商务、中华、开明还可以直接向各自开办的函授学校提供高素质的教学与管理工作人员,来自各编译所或编辑所的工作人员完全可以兼职,承担相关的教学与管理工作。所以,上述三所函授学校英文科的教职员工队伍都是由以商务、中华、开明自身拥有的编辑人员为主,以所聘请的外来人员为辅而构成的。这三所函授学校所具备的这种特殊性大大降低了人力、物力资源的消耗成本,可以为它们节省分量极重的开销和支出。综上所述,维持上述三所特殊的函授学校保持正常运转所消耗、支出的人力、物力、财力要远少于一所普通的函授学校,绝对可以称得上

---

① 《C. P. C. S. Notes 商务印书馆附设函授学社英文科通告》,《英语周刊》,1916 年 1 月 29 日,第 18 期,第Ⅲ页。

是"低投入、高产出"的函授学校。

商务、中华、开明函授学校英文科的系列函授教材通常包括：主体函授教材——函授讲义、有声函授教材——英语留声机片及配套课本，以及函授辅导刊物。但是有声函授教材、函授辅导刊物通常都是需要学员额外购买的，只有函授讲义的费用被包括在学费之中。函授教育的特殊性就决定了函授讲义是这三家特殊函授学校所获取商业利润的最大的"卖点"，在其学费收入中，占据着极其重要的地位。但从函授讲义的商品的属性来看，它不经过市场流通环节，而采用直销的方式直接邮寄到每位学员手中。它是一种特殊的"商品"。显然，它的商品属性与公开面向市场发行的教材有着很大的不同。下面，让我们重点分析、探讨一下这种特殊的英语教科书是如何为商务、中华、开明带来丰厚的商业利润的。

我们可以把它们视为一种"隐形"教科书。这种"隐形"教科书指的是不公开发行、不通过图书市场流通环节直接发放给内部学员的函授讲义。它们具有下列六个显著的特点：

第一，函授讲义种类繁多、内容丰富。函授教育的特殊属性决定了函授讲义是学员获取知识、形成技能的主要来源，这就势必要求讲义的编写内容必须清楚详细，面面俱到，循序渐进，因此讲义的内容量大，页数比普通教科书要多出很多，所以印刷量极大。具体而言，商务函授学校英文本科学员完成每级函授课程共计需要8大套函授讲义，每一大套函授讲义平均至少都有45小册构成；选科学员完成一门的函授课程共计需要平均至少17小册的讲义。中华函授学校英文本科学员完成每级函授课程共计需要10大套函授讲义，每一大套函授讲义也是由几十册构成。开明函授学校英文科学员学完三个阶段的英语函授课程共计需要3大厚册讲义，每一厚册讲义的页数多达300页（详情见第三章第一节的相关论述）。

第二，函授讲义的印刷总量与实际需求数量具有一致性。商务、中华、开明编辑、印刷的英文函授讲义不像公开发售的教科书那样，它的发行计划、发行数量都是相当精确的。根据第三章第一节的相关论述可知，函授学员必须先交费才能办理注册手续。从注册到印刷、邮寄函授讲义往往都有一个周期。然后商务、中华、开明再按照所收到的费用总额情况，再组织印刷一定数量的函授讲义。也就是说，每一批函授讲义的印刷数量在通常情况下与实际需求数量是完全一致的。

编辑出版中小学教科书一直都是民营出版机构"重中之重"的出版业务，商务、中华、世界、大东、开明等知名民营出版机构彼此间常常展开异常激烈的竞争活动。因此在一般情况下，即使可以事先获取一定数额的教科书预定金，但所收到的预订金总额毕竟是相当有限的。而且在印刷教科书之前，很难能够对市场的需求量做出一个比较准确的预判。这种不可控的市场因素通常会导致两种情况的发生。一种是发行数量有限，不能满足市场的实际需求。在一定的经营周期内，可能会来不及进行大批量的生产，错过最佳销售期，导致在一定程度上降低了民营出版机构的营业收入。第二种情形是发行数量过大，超出市场实际需求。这种市场供需状况是比较糟糕的。印刷、发行大量的教科书往往动用大量的资源，占用大量的资金，不利于资金流动链条的有机衔接，在一定程度影响了经营管理的正常运行。由此可见，无论出现哪一种情况，中小学教科书经营业务通常会存在一定程度的市场风险，如果生产经营成本超出预期，那么在一定的经营周期内便不利于整体工作效益的提高。

这种"隐形"教科书——英文函授讲义的出版过程，明显地不同于公开发行的中小学教科书。商务、中华、开明通常是先收费、后印刷，讲义印刷总量与函授学员的实际需求基本一致。这种特殊的出版过程就能够有效地避免资源浪费，大大降低市场风险机率，大幅度提升经营业务的利润空间。

第三，一套完整的函授讲义的所有费用须提前支付。商务、中华、开明函授学校英文科每一级或每一阶段（学历教育）开设的课程门类较多，需要印刷大量的不同级别、种类的函授讲义。学员通常都是按照函授学校的规定循序渐进地在较长的一个学习期限内完成学业，但在办理注册手续之际，函授学员所交纳的学费却已经包括了所有课程学习所需要的全部函授讲义费。商务、中华、开明就可以充分利用这些讲义费，将它们作为流动资金，有利于促进企业生产、管理与经营的正常运转。

第四，函授讲义的版权属于出版机构。这三套英文函授讲义分别是由供职于商务、中华、开明的富有教科书编写经验的编辑人员或与外聘专家联合打造而成的，讲义没有作者署名。由此可以判断，上述三套英文函授讲义没有通过正常的市场途径发行、出售，其版权也不属于任何个人，而属于各自的出版机构，即商务印书馆、中华书局、开明书店。近代民营出版机构无须向个人支付版权费，可以一次性将酬劳支付给所有参编人员。

第五，函授讲义通过"直销"的方式发售给学员。函授讲义不对外公开发售，直接发放给学员，供需双方之间不存在"讨价还价"的余地和空间，没有任何折扣；无须任何营销活动，也不需要经过图书市场的流通环节。这种特殊的"发售方式"就省去了供需双方之间所存在的各种环节。

民国时期的书业界普遍采用的寄销制，发行过程中的书籍折扣及回佣办法等一些行业内的行规，都是开始于晚清并得以长期固定下来[①]。商务、中华等大型出版机构都非常重视中小学教科书销售业务，经常开展促销活动，给予需求方更高的折扣和佣金都是惯用的方式。为了提高销售竞争力，商务印书馆出版的《共和中学英文书》零售的价格有6折的折扣，小学各科教科书的批发价达到了4.5折的折扣力度。而在同一时期中华书局出版的中学各科教科书的批发价格甚至达到了3折的折扣力度，小学各科教科书的批发价亦有5折的折扣[②]。这就相当于在一定程度上增加了每一本公开出版的教科书的生产、经营成本，而直

[①] 王余光、吴永贵：《中国出版通史》(8民国卷)，中国书籍出版社，2008年12月第1版，第19页。

[②] 张元济：《一九一六年三月卅日，星期四——公司》，载《张元济全集·日记》(第6卷)，商务印书馆，2008年12月第1版，第38页；张元济：《一九一八年一月十一日，星期五——发行》，同上，第308页；张元济：《一九一八年八月三十一日，星期六——同行》，同上，第398页；张元济：《一九一九年元月十七日，星期五——发行》，载《张元济全集·日记》(第7卷)，商务印书馆，2008年12月第1版，第10页。

接发售给学员的函授讲义就不存在上述情况,它的利润空间之大是可想而知的。

第六,函授讲义的制作、生产成本较为低廉。函授讲义的装帧、版面设计简洁大方,且对纸张的质量要求不高,制作技术含量不高。"商务①、中华②、开明③"函授学校英文科讲义均都是"重内容、轻外表",不经过市

---

① 有关商务函授学校英文科讲义的编辑、制作特点,参见上海宝山路商务印书馆附设函授学社英文科编:《第一级第二种——读音及拼法》(第1—4分册),1918年8月,第1—60页;《第一级第三种——读本》(第1—9分册),1918年9月,第1—124页;《第一级第四种——文法》(第1—6分册),第1—79页;《第一级第五种——会话》(第1—5分册),1918年9月,第1—36页;《第一级第六种——简易造句》(第1—3分册),1918年9月,第1—37页;《第一级第七种——翻译简易句语》(第1—6分册),1915年9月,第1—48页;《第一级第八种——记字法》(第1—3分册),1918年10月,第1—42页;《第三级第一种——读本》(第1—6分册),1926年6月,第1—163页;《第三级第二种——文法》(第1—12分册),1923年7月,第1—156页;《第三级第三种——写作》(第1—5分册),1925年2月,第1—57页;《第三级第四种——会话》(第1—6分册),1923年3月,第1—93页;《第三级第五种——故事选录》(第1—4分册),1924年11月,第1—92页;《第三级第六种——信札》(第1—6分册),1926年9月,第1—123页;《第三级第七种——翻译》(第1—6分册),1925年2月,第1—80页;《第三级第八种——新闻译例》(第1—5分册),1925年7月,第1—63页;《第四级第一种——文学史略》(第1—6分册)(出版时间不详),第1—160页;《第四级第二种——修词学及作文》(第1—6分册)(出版时间不详),第1—184页;《第四级第三种——文选》(第1—5分册)(出版时间不详),第1—186页;《第四级第四种——英文习语之研究》(第1—5分册)(出版时间不详),第1—98页。

② 有关中华书局函授学校英文科讲义的编辑、制作特点,参见上海静安寺路一四八六号私立中华书局函授学校编:《初级英文科讲义第二种——正音和拼法》(第1—4分册)(出版时间不详),第1—64页;《初级英文科讲义——修学指导》(第1—10分册)(出版时间不详),第1—98页;《初级英文科讲义第五种——简易会话》(第1—4分册)(出版时间不详),第1—64页;《初级英文科讲义第七种——造句法》(第1—3分册)(出版时间不详),第1—48页;《初级英文科讲义第九种——翻译初步》(第1—4分册)(出版时间不详),第1—64页;《初等英文科讲义第二级第四种——繁复句构造法》(第1分册)(出版时间不详),第1—32页。

③ 有关开明函授学校英文科讲义的编辑、制作特点,参见开明中学讲义社编著:《开明中学讲义第四卷·第一期——开明英文讲义》,开明中学讲义社发行(出版时间不详),第1—310页;《开明中学讲义第四卷·第二期——开明英文讲义》,上海市私立开明函授学校发行(出版时间不详),第311—600页;《开明中学讲义第六卷·第三期——开明英文讲义》,上海市私立开明函授学校发行(出版时间不详),第601—902页。

场销售环节,不需要通过精致的包装吸引消费群体的眼球,这在一定程度上也降低了函授讲义的制作成本。

另外,商务、中华、开明都是集编、印、发功能于一体的综合性出版机构,自编、自印、自发,形成一条流畅、完整的自我掌控的编辑、生产、销售链条,这种生产方式也有效地节省了资本,提高了各个环节的效率。不仅如此,由于函授讲义的需求量非常大,可以大批量集中生产,这在很大程度上也降低了函授讲义的生产、制作成本。

三、培养编辑人员的重要社会教育机构

(一)直接培养在岗编辑人员,提升他们的英语素质

在近代中国的变革、转型和中西文化交流日渐兴盛的历史背景下,民营出版机构一向都把引进西方科学知识、翻译西方经典学术著作和传播西方先进文化作为其一项非常重要的编辑出版业务。要想推动此项出版业务的顺利开展并取得较为显著的工作效果,这就对编辑人员的英语综合素质提出了较高的要求,尤其是对他们的翻译能力有更高的要求。因此,民营出版机构在招聘、选拔编辑人员的时候,格外看重候选人员的英语语言功底。民营出版机构也极为重视对在职员工的业务素质培训工作,比如,商务印书馆就常常通过举办各种培训班、夜校、讲习所等不断提高编辑人员的综合文化素质和英语水平[1]。当然,商务印书馆也常常鼓励在职员工参加函授学校英文科的系统训练,不断提高他们的英语运用能力。为此,商务印书馆特意制定了一个优惠政策——"本馆同人入函授学校补习优待条例:(1)本馆同人,业余加入本校补习,得依照左开办法,享受半价之权利:……。(5)同人在本校修毕国文科或英文正科(本科)之一级者,得参与本校每年举行之评奖"[2]。

---

[1] 吴相:《从印刷作坊到出版重镇》,广西教育出版社,1999年9月第1版,第203—204页。

[2] 《本馆同人入函授学校补习优待条例》,《同舟》,1933年第9期,第19页。

事实上也的确如此，供职于民营出版机构的大量的编辑人员都曾经报名入社，接受了英语函授教育。根据第三章第二节之表格5的统计，仅仅在所统计的商务函授学社英文科在职学员852人中，其中有26人来自新闻出版界，占总人数的3％。在上述26人当中，有19名学员是商务印书馆编译所（总馆和分馆）的编辑人员，有1名是中华书局的编辑人员，有2名是开明书店编译所（总店和分店）的编辑工作人员，剩余学员分别供职于湖南衡阳宝华书坊、汕头平报社等。又根据第三章第二节之表9的统计，就开明函授学校英文科而言，仅仅在所统计的在职学员344人中，其中有10人来自新闻出版界，占总人数的2.9％。在这10人当中，各有1名学员供职于中华书局、大东书局和世界书局编辑所，还有1名学员供职于民国日报社，另有1名学员供职于生活书店。剩余的学员分别供职于下列民营出版机构：亚东图书馆（编辑所）、汉口的江汉印书馆、宁波的竞新书社、上海的大业印刷公司等。而此处所统计的在职学员的人数只是商务、开明函授学校英文科所拥有的学员总人数的一小部分而已。

（二）为近代民营出版机构输送了一批优秀编辑人员

由于近代函授教育实践活动的开展主要是通过师生双方互通信函的方式来完成的，因而商务、中华、开明函授学校英文科在一个较长的教学周期之内，通过综合考察学员每次的信函内容、每一次作业的完成质量，完全可以对一位学员所具备的综合人文素质有比较全面的了解，比如他的思想状况、道德品质、价值取向、知识结构、中英文写作能力、中英翻译技巧等，从而可以对其做出一个比较客观的评价。民营出版机构通过其开展的英语函授教育实践活动，发现、培养了一批具备从事编辑工作能力并具有发展潜力的优秀英文科学员，为自身的出版事业注入了一股新鲜活力。

商务函授学社英文科优秀毕业学员杨贤江、葛传槼就是因其在接受英语函授教育期间各方面表现都很突出，所以获得了就职于商务印书馆的宝贵机会，此后逐渐成长为优秀的编辑人员（详情见第三章第二节之第一小节的相关论述）。

根据《英语周刊》上刊登的《商务印书馆函授学社英文科新闻》记载，可以发现，随着英文科办学规模的持续扩大，师资力量急需得到补充，在这种情况下，商务印书馆经常会选拔一些优秀的英文科毕业学员担任英文科的函授教员。比如，1921年7月，《商务印书馆函授学社英文科新闻》就刊发了这样一则消息："本社新闻一则——增添教职员：本社学员，日增月盛，旧有教员，改卷答问，几有日不暇给之势。而办事方面，如寄发讲义，结算毕业学员分数，以至收发课卷等，亦皆有事多人少之虞。近自桂君澄华（裕）、徐君调孚（名骥）、余君梓长（则水）加入本社办事后，教员及职员方面，均觉得力不少。查桂徐余三君，均在本社毕业，对于本社讲义，向来极有研究，且亲身受过函授教育者，自知函授学员之所需要，是三君之加入本社，尤为本社学员之所欢迎，从可知矣。"①

进入商务印书馆之后，以上三名优秀英文科毕业生借助商务函授学社英文科这个平台，进一步得到施展自己才华的机会。由于教学业绩较为突出，后来，他们还获得了从事编辑工作的机会。他们的事业发展历程具有惊人相似性，都是"学而优则教"，"教而优则编"。上述三位英文科教员在商务印书馆从事英语函授教学、编辑工作其间，积累了丰富的工作经验，为日后在编辑出版领域取得长足的发展打下了基础。上述三人中，尤其以徐调孚、桂裕二人取得的成就最为突出，他们二人后来均得到商务印书馆的提拔和重用。徐调孚在1923年被聘为《小说月报》的编辑人员，成为主编郑振铎的得力助手。经过数年的努力，终成一代编辑出版名家，他被誉为"出版全才""难得的编辑专家"②。桂裕在1924年7月被商务印书馆出版的《英语周刊》聘为重要编撰人（相当于现在的编委会委员），与邝富灼、周越然、周由廑等外语界名家名流共同负责编辑出版这份英语学

---

① 《C. P. C. S. News 商务印书馆函授学社英文科新闻》，《英语周刊》，1921年7月9日，第301期，第13页。
② 冯春龙：《中国近代十大出版家》，广陵书社，2005年11月第1版，第235—256页。

习类周刊①。翻阅 1929 年 3 月 30 日出版的第 697 期《英语周刊》,可在这份杂志的版权页所公布的编辑人员名单上看到桂裕的名字②。这样看来,桂裕在《英语周刊》杂志社至少服务了五年零八个月。而这份期刊在民国文化教育界风靡数十年,具有重大的影响力。桂裕通过参与编辑英语学习类期刊的方式,为中国英语教育的近代化事业做出了重要贡献。

另外,我们从《张元济日记》的记载中,经常可以发现一些优秀英文科毕业学员中或直接经过商务印书馆的推荐,或考核及选拔而被聘为编辑人员的情形。举例而言,在 1916 年 9 月 11 日的日记中,可以发现如下的文字记载:"顾〇投考账房,系函授(英文科)学生。锡三介绍,已来见翰。翰谓其人诚实,不识洋钱,尚无大碍,不妨来考。如合格,甚盼早来,不得已,迟至明年亦无不可。"③另举一例,1918 年 1 月 21 日,张元济这样写道:"函授学社(英文科)董某,住京奉路香各庄南宣庄,有信来,欲谋事。周锡三言,英文尚好,函告伯恒,令其招致京馆察看,可否即招致京馆办事。"④再举一例,1920 年 3 月 23 日,张元济做出这样的记录:"曾在本馆函授英文科第四级毕业,持小堂介绍信来欲谋事。……。其人甚漂亮。余允代为留意。"⑤

此外,《申报》对上述这种情况的发生也曾经有过专门的报道和记载,比如,1926 年 9 月 25 日出版的《申报》就曾经这样报道:"最近商务印书馆总编译处所聘助理员梁君鉴立,亦为该社毕业学员之一。闻梁君当日

---

① 《商务印书馆发行英语周刊 English Weekly—A Magazine for All Students of English》,《申报》,1924 年 7 月 20 日,第 1 张第 3 版。
② Editorial Staff,《英语周刊》,1929 年 3 月 30 日,第 697 期,版权页。
③ 张元济:《一九一六年九月十一日,星期一——用人》,《张元济全集·日记》(第 6 卷),商务印书馆,2008 年 12 月第 1 版,第 113 页。
④ 张元济:《一九一八年一月廿一日,星期一——分馆》,《张元济全集·日记》(第 6 卷),商务印书馆,2008 年 12 月第 1 版,第 312 页。
⑤ 张元济:《一九二〇年三月二十三日,星期四——应酬》,《张元济全集·日记》(第 7 卷),商务印书馆,2008 年 12 月第 1 版,第 281 页。

在该社研习修辞学及作文一科,颇为勤奋,毕业之时,得平均分数九十分云。"①商务出版的《励志》杂志也对此进行了报道:"最近本馆总编译处所聘助理员梁君鉴立,系英文选科毕业学员之一。"②

同商务函授学校英文科一样,开明函授学校亦是如此。毕业于开明函授学校的著名编辑出版家陆联棠这样回忆道:"解放以前的开明书店,在到'七七事变'的十年间,吸收过不少练习生。其中有些人有一定的文化水平,有些人斗大的字也认不了两箩筐。书店对这些练习生有计划地培养。一方面,在两三年内让他们学遍所有业务部门的工作,从库房管理、配书打包,到订户、邮购、批发、门市工作,全部精力;同时自办夜校,请教师授以语文、数学、外语等文化课。只要每天晚上去上课,不管你怎么去,都给以一定数目的交通费。学到一定程度,便转到开明函授学校学习。书店称这个作法为'培养子弟兵'。开明书店的这些练习生,后来大都成为这个书店的业务骨干。其中有些人直到今天,还在为社会主义建设搬砖添瓦。"③

近代民营出版机构开展长达数十年的英语函授教育实践活动,取得了极为突出的办学成就,培养了数以万计的符合社会需求的复合型外语专业人才,为民国社会的转型与变革做出了不可磨灭的重要贡献。通过这种直接参与办理英语函授教育的方式,民营出版机构不仅为中国教育的近代化,而且也为中国近代社会的转型与变革做出了非常重要的贡献。同时,英语函授教育事业的成功开办也为民营出版机构开辟了一个广阔的充满生机的图书消费市场,又为近代出版事业打造了一个培育人才的重要基地。在"以出版促教育"的出版文化理念的引领下,民营出版机构充分利用自身所拥有的英语人才智力资源、纸质媒介资源的独特优势,认认真真、兢兢业业办理英语函授教育,成功实现、弘扬了其先进的出版文

---

① 《教育消息——商务印书馆函授学社毕业学员状况》,《申报》,1926年9月25日,第2张第7版。
② 《函授学社要闻——毕业学员之成绩》,《励志》,1926年第3期,第99页。
③ 陆联棠:《"百年大计"》,《中国出版》,1980年第5期,第36页。

化理念。商务、中华、开明函授学校英文科有机地、恰当地、科学地将其出版文化理念与商业利益融合在了一起,使英语函授教育、人才智力资源、纸质媒介资源三者之间相辅相成、互为促进,彼此间形成了一种良好的互动循环。

第三节 英语函授教育推动民国社会的进步

(一) 有效提升各界职业人士的英语素质

辛亥革命的胜利、资产阶级民主共和国的成立直接导致了近代中国自上而下展开的一场疾风暴雨式的、前所未有的深刻的社会变革运动。社会不同领域、各行各业都在经历着变革和转型。学习西方,借鉴西方,解决自身出现的一系列问题,推动本领域的变革,以更好地适应中国近代社会由传统向现代、由农业社会向工业社会的嬗变历程。上述社会实践活动已经成为整个社会发展的时代潮流和主旋律。英语人才已经成为推动社会各个领域变革、转型的一支重要力量。随着民族资本主义工商业的进一步发展,社会各界对英语人才的需求量更大,对英语人才的专业素质要求更高,对英语人才的需求程度更为迫切,但是当时的中、高等英语教育系统所培养的英语人才根本无法满足民国社会各职业领域的实际需求。尤其是在民国初期,中、高等复合型英语人才相当匮乏。

商务、中华、开明函授学校英文科的在职成人函授学员几乎遍布民国社会的各个职业领域。他们在函授学校接受过系统的英语函授教育之后,主要是通过以下两个方式或途径,利用自己的外语优势促进民国社会的变革和发展的。

1. 1915—1919年兴起的新文化、五四运动高举"科学"和"民主"的大旗,要求思想自由、精神独立、个性解放,是中国近现代史上的一次伟大的思想启蒙运动。为了打破旧传统、改变旧思想,民国社会主动向西方学习,积极宣传、引进西学,形成了一次翻译西方文化的热潮。然而尽管民国时期人文社会科学、自然科学领域的翻译事业尽管较之晚清时期取得了较大的进步,但是还是相当薄弱,还远远无法满足当时资本主义工商业快速发展的实际需求①。由于当时的欧美国家在经历了二次工业革命之后,整个西方社会都在经历着一场从蒸汽时代向电气时代转型、跨越的革新运动,在西方列强的军事、政治、经济力量的强力干预下,晚清帝国被迫纳入了世界资本主义市场体系之中。在其步履蹒跚地迈向近代化的艰难历程中,近代中国还没来得及完全认识、理解、分享、消化西方第一次工业革命所带给人类社会的胜利果实,又要迫不及待地紧随西方近代工业化的发展潮流,以期能够跟上时代的发展步伐;以至于大量的欧美国家出版的有关新兴的西方社会科学、自然科学英文书籍还没有来得及被国人翻译成民族语言,就纷至沓来,直接被从国外原版引进。很显然,直接阅读、翻译国外进口原版英文书籍就成为广大有志之士的一种学习、借鉴西方科学文化的重要活动方式和途径。

因此,出于个人的兴趣需求、学习需求、职业需求,在商务、中华、开明函授学校接受过系统英语函授教育的在职成人学员群体,利用所学到的英语知识、所掌握的英语技能,阅读、翻译有关西方社会科学、自然科学方面的书籍自然而然地就成了他们的一项文化自觉行动。主要通过这种途径去学习、借鉴其中与本人职业岗位有着密切关系的西方先进的理念、知识、技能、方法、经验、管理制度等,不断提高和完善自己的知识结构、能力结构,学有所长,学有所用,不断地推动着其所供职的工作部门、机构的革新和发展,使得本部门、本机构可以更好地适应民国社会的变革、发展。函授辅导刊物《英语周刊》设置的《商务印书馆函授学社新闻》栏目刊登了数以千计的学员来函以及《申报》《民国日报》上刊登的一些学员信函,都为我们对探讨上述问题提供了非常宝贵的文献资料。现在选择其中比较

---

① 李亚舒、黎难秋主编:《中国科学翻译史》,湖南教育出版社,2000年2月第1版,第323—327页;马祖毅等著:《中国翻译通史——古代部分》(全一卷),湖北长江出版集团、湖北教育出版社,2006年12月第1版,第4—5页。

有代表性的几封学员信函,将其公布如下:

其一是供职于安徽水利局的英文科学员齐亦群来函中的一段摘要:"受业近与同事译成美国治水工程师费礼门博士治淮计划书一部,约华文十余万字。受业对于英文,本为目不识丁之人,今竟译书印行,饮水思源,无非诸位夫子循循善诱之所赐耳。受业喜不自胜,故略陈之。"①

其二是供职于纺织界的英文科学员陈宗鼎的来函:"宗鼎供职纺织界,公暇之余,每喜购阅关于纺织方面之书籍。顾此种图书,类皆外国语原版,而宗鼎英文程度幼稚,读书之常有扞格不入之苦,因于年前报名入贵社英文科,决自补习英文着手。修业以来,计已一年于兹,赖贵社讲义之尽善尽美,与夫诸先生之循循善诱,竟使愚拙之余,亦得如愿以偿。向来书中艰涩难解之处,今已明白晓畅矣。快慰之余,肃此申谢。"②

其三是供职于上海中华卫生教育会的英文科学员周志伊来函中的一段摘要:"伊入选科壬级研究高级翻译,历读贵社所发讲义,甚佩清楚详细,绝无难懂费解之处。今幸卒业,试译大本英文书,已觉较少困难。"③

其四是在鄱阳第三国民学校担任校长的英文科学员吴雪航的来函:"雪航蛰居内地,常恐不识英文无以应世。何幸自入贵社以来,六月光阴对于浅近之英文书报已能自由阅读。省跋涉之苦,无竭蹶之虑,不妨职业

---

① 《从来没有生下来就聪明、就有学问的人——国语科、英文科、算学科——商务印书馆函授学社——安徽水利测量局齐亦群君来书摘要(英文科)》,《申报》,1923年3月16日,第1张第3版。又见《从来没有生下来就聪明、就有学问的人——国语科、英文科、算学科——商务印书馆函授学社——安徽水利测量局齐亦群君来书摘要(英文科)》,《民国日报》,1923年4月22日,第1张第1版。
② 《C. P. C. S. News 商务印书馆函授学社新闻——学员来信叙述其毕业后学问上所觉得之进步》,《英语周刊》,1932年1月2日,第835期,第718页。
③ 《上海宝山路商务印书馆函授学社英文科招生广告——上海中华卫生教育会周志伊君来书》,《申报》,1922年1月4日,第1张第3版。又见《上海宝山路商务印书馆函授学社英文科招生广告——上海中华卫生教育会周志伊君来书》,《英语周刊》,1922年3月18日,第337期,封面背面。

而坐得知识之实益,函授学社诚大有造于吾人也。"①

其五是供职于众议院的英文科学员王景檠的来函中的一段摘要:"个人入学之宗旨,在能直接读原文文学史。因素志研究中国文学,十年以来,所得虽固陋不足取,然颇自珍惜。欲本一己之眼光,尽披中国文人之著述,为之编列成序,间附批评。于下笔之先,欲商量体例,然此种著述,在中国实不多见。近人之著,多仿自西方。恐其採择之眼光与我不同,致有遗漏。故先为直接读西洋文学史之预备。自入社以来,于此点尚有所得,此对于贵社深表谢意者也。"②

其六是一篇由供职于上海高昌庙海军总司令公署的英文科学员李寅发表在《英语周刊》上的英文文章,其具体内容如下:"As soon as I noticed that all branches of knowledge that could be found in books were printed in the English language, I began to think that, if I were not contented with my blindness, I must first of all study that language. I therefore made up my mind to study it, and I bought many English books. But, to my great disappointment, I could not get any benefit from those books. I should like to enter some school to study, but I could not, because I served in the Admiralty House. I was so driven to despair that I was almost on the point of giving up my hope of acquiring any knowledge in the English language.

"One day, a friend of mine from Hangchow called upon me. When we were talking about our condition, I told him the trouble I met with in studying English. My friend said:'Never mind, Mr. Li, I can tell

---

① 《阁下不是有志求学而苦无入校的机会吗?请即日加入商务印书馆函授学社——鄱阳第三国民学校校长吴雪航君来函》,《申报》,1923年5月24日,第1张第2版。又见同上,《民国日报》,1923年6月9日,第1张第2版。
② 《从来没有生下来就聪明、就有学问的人——国语科、英文科、算学科——商务印书馆函授学社——众议院王景檠君来书摘要》,《申报》,1923年3月25日,第1张第3版。又见同上,《民国日报》,1923年4月22日,第1张第1版。

you the best means to learn English without interrupting your work in the Admiralty House. I am a student of the C. P. C. S., and I know very well that the C. P. C. S. has many experienced teachers, who are all interested in helping their students. I think the only way for you to study English is to be a student of that school.' Having heard this, I at once registered in the C. P. C. S.

"Now I still study in the C. P. C. S. The result that I have got from that school in less than two years is that I can read many books which troubled me so much several years ago. I can also write in English short compositions and friendly letters now. So, whenever I meet my friends having the same troubles as I had before, I always say to them: The only way for you to study English is to join the C. P. C. S."①

这篇英语文章的主要意思是：当我注意到所有承载各种科学知识的书籍都是使用英文所撰写的时候，我就意识到，如果我对自己已有的知识结构不甚满意，我首先要必须学习英语这种语言。于是我决定去学习这种语言，然后买了很多英语书籍。但是，使我失望的是，这些英语书籍对我的英语学习没有带来任何有益的帮助。我本来打算进入一所学校去学习英语，但是我不能，因为我在海军总司令部服役。为此，我几乎陷入了绝望的境地，以至于产生了放弃通过英语来学习科学知识的这种想法。……。现在我仍然在商务印书馆函授学校继续接受英语函授教育。我在这所函授学校学习英语还不到两年的时间，但是居然已经能够看懂几年之前还曾带给我诸多困惑的那些英语原版书了。现在还能够写出短篇英语作文和表达得体的英语信函。因此，我一旦遇到曾经与我以前有着相同问题的朋友的时候，我总是这样告诉他，学习英语唯一的办法就是去加入商务印书馆函授学校。

---

① 《C. P. C. S. News 商务印书馆函授学社新闻——上海高昌庙海军总司令公署李寅投稿》，《英语周刊》，1921年9月24日，第312期，第165页。

上述五封信函和一篇英语文章的作者分别是供职于政界、工商业界、医药卫生界、教育界、军事界的英文科函授学员,由于很难找到其所需要的相关汉译本专业书籍,他们不得不阅读大量的英文原版书。在加入函授学校英文科之前,因英语水平有限,他们无法读懂这些书,更不用说去翻译这些著作了。但是在接受过系统的英语函授教育之后,这种情况发生了根本性的变化。这六名英文科在职学员不仅能够读懂他们所需要的相关英文原版书,而且其中三位还可以将它们翻译成适当的汉语。这非常有助于这些在职成人学员更好地理解、掌握相关西方科学理论知识、技能,帮助他们在本职工作中更好地加以运用。最终,有些英文科学员的翻译水平达到了相当高的程度,居然可以将一部完整的有关自然科学方面的英文原版著作全部翻译成汉语,并得到了公开出版。通过公开出版自己的翻译成果的方式,与业界同行、同事共同分享西方最新科研成果,促进了西方科技知识在华的引进、传播和应用过程,有力推动了民国社会事业的进步和发展。

　　对于如何看待商务印书馆的英语函授教育在民国社会的变革与发展历程中所起到的重要作用,供职于贵州镇宁县教育局的两名英文科函授函授学员殷崇智、鲁士杰在写给商务函授学社的信函中做出了这样的评价:"吾国学术陋劣,文化迟滞,自欧风东渐以还,学术进步,文化日新。月异而岁不同,大有一日千里之势,此其成功,实商务印书馆翻译西文书籍有以致之也。其次则贵社阐扬敷教之泽;盖古人求学,诸多困难,一则简策传写,书不易得,二则学必师承,身须亲炙,三则山川远阻,邮筒不便。以故学寡滞传,文化障碍,今则与此适成反比;此非贵馆贵社之功而谁之功哉。"①这两位来自教育机构的政府公务员对商务印书馆的评价可谓一语中的。自欧风东渐以来,商务印书馆不仅通过翻译、出版西文书籍的方式,而且还通过办理英语函授教育直接培养英语人才这种途径,有力促进

---

① 《C.P.C.S. News 商务印书馆函授学社新闻——贵州镇宁县教育局殷崇智、鲁士杰两君来函》,《英语周刊》,1930年1月18日,第738期,第784页。

了西学在华的传播、推广和应用,大力推动了近代中国由传统农业社会向近代工业社会的变革与转型。

2. 利用自己的外语优势,做好本职工作,创造良好的经济、社会效益,直接参与中外交往与合作。西方近代二次工业革命催生了一批新兴的反映近代工业社会特点的学科的诞生,而西方社会科学、自然科学的革新、发展又直接导致了社会精神生产、物质生产领域涌现出了一批新部门、新机构、新单位。根据《英语周刊》《申报》①和《社员俱乐部》②记载的相关信息,可以发现数量众多的商务、中华、开明函授学校英文科在读学员分别供职于以下单位或机构:

海关、领事馆、公署、邮务管理局、邮局、电话局、电报局、盐务局、垦务局、铁路局、矿务局、公油局、银行、测量所、统税管理所、昆虫局;兵工厂、炼油厂、钙粉厂、机器厂、麦粉厂、纱厂、酿造厂、肥皂厂、水泥厂、酱油厂、油饼厂、制油厂;洋行、洋火有限公司、铁路公司、保险公司、烟草公司、轮运或轮船或汽船公司、铁路站或车站、电灯公司、电器公司、商业有限公司、火油公司、纺织公司、木行公司、牙刷公司、砖瓦公司、电料公司、眼镜公司、面粉公司、皮鞋公司、油饼公司、精炼化工产品公司、航空公司、各类商铺、典当铺、旅馆;军舰、海军部队、陆军部队、保卫团、教导队、审判厅、监察厅、警察厅、公安局、军事审判处;出版社、报社、图书馆、无线电台、中医院、西医院(或西医局)、药房、红十字会、剧院、教养院、疗养院、律师事务所、证券物品交易所、林业试验场、科学院、各级各类学校、民众教育馆、农民体育馆;宗教机构,等等。

---

① 参见《现款奖金六百元——中华书局函授学校英文科第一届奖案揭晓》,《申报》,1929年11月1日,第2张第5版;《上海市教育备案私立中华书局函授学校招收学员——奖学金》,《申报》,1935年3月10日,第1张第4版;《中华书局函授学校本年度评奖揭晓》,《申报》,1936年8月28日,第1张第4版。

② 开明中学讲义社编辑:《开明中学讲义社社员录》,《社员俱乐部》(内部刊物,只向学员免费发放),1932年8月20日,创刊号,第65—78页;《社员录(续)》,《社员俱乐部》,1933年2月20日,第3号,第227—234页;《社员录(续)》,《社员俱乐部》,1933年5月20日,第4号,第309—312页。

上述工作单位或机构有相当多的是建立在西方新兴的社会科学、自然科学基础之上的。而在民国初、中期，社会上很多职业领域都相当缺乏能够掌握这些新兴的科学知识的专业人才。

这些在中国近代新兴的工作单位或机构要么对英语语言环境有着特殊的要求；要么就是工作人员在工作过程中必须在外国人士的指导下或必须通过与外国人士的合作才能完成本职工作；要么其服务对象中包括一定数量的外国人士；要么必须经常使用英语听、说、读、写、译技能中的某一项或几项才能顺利完成本职工作。从《英语周刊》上刊登的英文科学员的来函中，可以发现这些情况的存在。现在将其中比较具有代表性的几封信函公布如下：

其一是供职于某贸易公司的英文科第三级学员黎占元的来函："元于未入贵社以前，对于英文文法，殊觉生疏。今则头头是道，且对于西商来信，已能用英文答复。"①

其二是供职于某海关的英文科学员梁如泰的来函："生自报名入贵社后，学问进步，因而影响及于办事上之效能者殊大。前时每不敢与外人交谈，今则已可晤对一室矣。"②

其三是供职于一家洋行的英文本科第四级学员卢文炳的来函："敬启者，寄来中英文毕业证书及赠书券各一纸，俱已收到。窃生未入贵社英文科第四级时，学业之进步，甚为迟缓。自毕业后，对于办事及学问，均觉获益不少。"③

其四是在一家英语补习学校担任教务主任的英文科第四级学员朱震寰的来函："英语周刊编辑先生钧鉴，震寰于民国六年投入贵函授社英文

---

① 《C.P.C.S. News 商务印书馆函授学社新闻——英文科第三级学员黎占元君来函》，《英语周刊》，1929年2月9日，第690期，第1840页。
② 《C.P.C.S. News 商务印书馆函授学社新闻——学员来函称述本社各科讲义之优点及其修读后所得之进步》，《英语周刊》，1931年11月7日，第828期，第578页。
③ 《C.P.C.S. News 商务印书馆函授学社新闻——英文科第四级学员卢文炳君来函》，《英语周刊》，1931年1月17日，第787期，第1764页。

科第四级(入学号码为一七八五),肄业后,学识日进,俱有贵函授社诸先生教导之功。七年四月以九十六分毕业,现任遂昌星期英文日馆教务主任。该校计有学生二十余人,皆系高小毕业者,其曾在中学肄业而转入该校者亦有数人。兹呈小像,乞为登诸函授社消息栏中,是祷专此,敬请著安。朱震寰鞠躬。"①

上述四名英文科学员的特殊职业身份决定了他们的职业岗位对他们的英语水平有着特殊的要求,如果其综合英语素质达不到较高程度的水平,就很难适应其职业岗位。在未接受英语函授教育之前,上述这位公司职员由于英语综合素质的束缚,甚至无法写出符合英语语法表达习惯的商业信函。一位海关公务员不敢使用英语与外国人士直接进行口头交流。一位洋行职员的学业、事业发展都不尽如人意。而那位补习学校的英文教员的职业生涯也是平平淡淡。但是,通过在商务函授学校接受过严格、系统的英语函授教育之后,他们不仅具备了较为扎实的英语语言功底,而且也有效地提升了英语语言运用能力,从而使他们在工作岗位上得心应手、游刃有余,工作业绩明显得到提升,更加胜任其本职工作,其中一名毕业学员还获得了升迁。

简言之,通过在民营出版机构开办的函授学校接受过系统的英语函授教育之后,数以万计的毕业学员便已掌握了一定的英语知识,形成了一定的外语技能,凭借其所具备的外语优势,能够胜任其从事的工作岗位。他们不仅为本单位创造了良好的经济效益和社会效益,而且通过直接参与中外交往与合作的方式,展示了国人的较高的文化素质,塑造了国人的良好的形象,有助于让西方更好地了解、认识中国,加速了近代中国的国际化,促进了民国资本主义工商业经济的发展,有力推动了民国社会由传统到现代的变革和转型,为近代中国融入世界资本主义体系做出了重要的贡献。

---

① 《C.P.C.S. News 商务印书馆函授学社新闻》,《英语周刊》,1921年12月10日,第323期,第321页。

（二）为社会各界输送大批高素质英语人才

经过两次学制改革之后，中国的教育近代化事业取得了长足的发展，科学化、民主化、大众化程度日益加深。为了更好地适应资本主义工商业的快速发展，推动民国社会由传统农业社会向近代工业社会的快速转型，随着《壬子·癸丑学制》(1912—1913年)和《壬戌学制》(1922年)的颁布、实施，民国教育部要求各地有条件的小学都要开设英语课程，中、高等院校必须开设英语课程。中学更加重视英语教育，特别是在20世纪二三十年代，英语课程不但是一门必修的重要课程，而且与其他必修课程相比，它所占据的课时总量也是最多的。当时，中、高等院校在招考新生的时候，英语也是必考课程之一，而且英语试题也具有一定的难度。学校如此，其他各行各业亦是如此。比如，当时的洋行、邮局、电报局、电话局、车站、公司、企业以及各级各类政府管理部门等工作机构在面向社会招聘职员或公务员的时候，通常都要举行严格的选拔考试，而英语已经成为必考内容之一[①]。由此可见，在民国社会，懂不懂英语、英语水平的高低已成为判断当时社会人才的一个重要标准或指标之一。一位求职青年的英语水平至少应该达到中等学校的程度，否则将很难找到一份薪水较高、具有较大发展空间的工作岗位。

如前所述，商务、中华、开明函授学校为在职人士提供英语函授教育，为社会各行各业直接培养了数量众多的复合型、应用型英语专业人才，促进了社会不同职业领域的变革与发展。但是，根据本书第三章的阐述可知，这三所函授学校英文科的在读学员中，除了在职的成人群体之外，还有相当多的在校学生、失学或失业青年。对于那些因受益于英语函授教育而获得了新的工作岗位或进入高等院校继续深造的毕业学员的详细情况，我们尚不清楚。

目前受史料所限，我们只找到了有关商务函授学校的一些文献资料，

---

① 李良佑、刘犁编：《外语教育往事谈——教授们的回忆》，上海外语教育出版社，1999年8月第1版，第1—365页。

尽管还缺乏系统性、全面性，但在一定程度上还是可以为我们提供一些重要信息，具有一定的参考价值。商务印书馆在1926年出版的《励志》杂志对上述情形有所记载："本社毕业学员，截至九月二十日（1926年）止，共为四千二百三十二人。其中毕业于英文科者为三千九百五十二人。毕业学员在政、商、教育各界担任重要职务者约有五百余人。"①又根据《申报》的记载，截止到1931年2月，英文科、国文科、国语科、算学科、商业科共计五科的学员毕业之后"而升入大学者、出洋游学者、游学归国已在社会任要职者亦六千三百余人"②。由第三章第二节之表1记载的相关信息可知，从1925年至1937年，英文科毕业学员人数所占总毕业人数的年平均百分比率高达92%。但是在1922年以前，商务函授学社设置的专业只有英文一科③。此外，在英文科开办仅仅4年之后，鉴于有相当数量的英文科学员在新的职业岗位上取得了良好的业绩，为了鼓励其他学员坚持完成学业，也为了更好地宣传和推广函授教育，商务函授学社特意在1919年将优秀毕业学员的职业变动情况汇总在一起，编印了一本《成功铁证》（第一辑），向来函索取的社会各界人士免费发放④。从1919年到1932年"一·二八"事变，函授学社一直在连续编印《成功铁证》系列分册，"其毕业学员之状况，沪战前本有《成功铁证》一书之编印，现已被毁无余，复课后尚无暇整理"⑤。不难断定，仅仅截止到1932年"一·二八"事变的爆发，在新的职业岗位上取得突出成就的英文科毕业学员人数的总

---

① 《馆事消息——函授学社要闻：毕业学员之成绩》，《励志》，1926年第3期，第99页。
② 《历史最悠久的、设备最完善的、成绩最卓著的补习教育机关：商务印书馆附设函授学社》，《申报》，1931年2月23日，第1张第3版。又见《历史最悠久的、设备最完善的、成绩最卓著的补习教育机关：商务印书馆附设函授学社》，《英语周刊》，1931年12月5日，第832期，书中黑白插页。
③ 丁伟：《有关商务印书馆函授学社的史料钩沉》，《职业教育研究》，2010年第10期，第158—159页。
④ 《函授学社消息——成功铁证》，《出版界》，1919年第49期，第19—20页。
⑤ 刘毓芬：《再谈函校——能够供给一般青年的需要，当首推上海的"开明"——函授教育渊源于英大学教育推广运动，中国倡导者为詹天佑，创始者为周越然》，《益世报（天津）》，1934年3月11日，第3张第110号社会服务版。

量应该是相当可观的。

1. 为中、高等院校培养、输入了一批优质生源。在民国前中期,中国各地区之间英语教育资源分配程度严重不均,英语教学水平差异较大,中小学整体英语教学水平不高。而且由于中小学英语师资补给链条出现了严重问题,很多地方的中小学校,包括一些沿江沿海地区,都缺乏一大批高素质的英语教师。因此,很多地方的中小学校实际上并没有严格按照教育部的要求开设英语课程;或者是一所中小学校开设了英语课程,但是由于师资数量、质量的约束,年级间的英语教育资源分配也不够均匀、平衡。况且,随着"九·一八"事变、"一·二八"事变的先后爆发,大批中小学校舍被日寇炸毁,很多学生被迫辍学,在家依靠自修完成学业。这些失学群体中的很多人选择了函授学校继续接受英语教育。而函授辅导刊物《英语周刊》《申报》与《民国日报》经常公布一些英文科毕业学员写给函授学校的信函,其中比较详细地记载了他们的求学经历及变动情况。现将其中几封比较具有表性的来函作为考察对象,摘录如下:

其一是英文科三级毕业学员裴锡豫的来函:"豫负岌京华已经二载,引领南望,时感诸先生之教诲。前年之考入北京大学,函授学社英文科之助匪浅,足证贵社教诲殷勤有益于青年学子(下略)。"①

其二是英文科毕业学员瞿明德的来函:"受业前聆均诲,获益实深。今已考取浙江公立工业专门学校,入电机科,课程皆用英文原本。受业以未经毕业高等小学校之人,竟能考入甲种工业专门学校,读英文原本书籍,皆贵社教授有方之功也。"②

其三是英文本科第一级钱汉的来函:"学员今夏投考中学,已蒙录取。学员英文程度本来极低,乃入社补习后,竟得考入中学,可为英文确有进

---

① 《阁下不是有志求学而苦于无入校的机会吗?请即日加入商务印书馆函授学社——英文科三级毕业学员裴锡豫君来函》,《申报》,1923年7月20日,第1张第3版。
② 《上海宝山路商务印书馆函授学社英文科招生广告——瞿明德君来函云》,《申报》,1921年11月19日,第2张第7版。又见《上海宝山路商务印书馆函授学社英文科招生广告——瞿明德君来函云》,《民国日报》,1922年1月18日,第1张第2版。

步之证。"①

其四是江苏省立第七中学学生孙渠君来书:"渠在贵社修业,共阅八月。在此期内,由明晰而贯通;由贯通而知变化,已经奠学文之初基。"②

上面所列举的第一名函授学员考入了北京大学,第二名、第三名函授学员分别考入了一所公立工业专门学校、一所普通中学。应当说,在20世纪20年代初期,中等学校的教育资源仍旧相当匮乏,能够获得去中等学校求学的机会也已经是实属不易的事情,他们也称得上是那个时代的"幸运儿"了。能够接受正规的中等教育,就为他们日后的职业生涯发展或继续深造提供了一个良好的开端。通过在函授学校补习英语课程,他们的综合英语素质有了较为显著的提升,凭借着其较为突出的外语优势,他们得以在竞争激烈的入学考试选拔中脱颖而出。而最后提到的那位就读于某中学的学员在业余时间加入函授学校接受英语函授教育,经过一番努力之后,其英语水平也大为提升。这就为其将来进入高等学府、选择适合自己的专业打下了一个比较坚实的外语基础。

综上所述,正是受益于商务印书馆提供的英语函授教育,较之前相比,上述四名学员的英语知识结构已经得到了根本性的改变,已经具备了相当扎实的英语语言功底,这就为他们日后在中、高等院校继续全面提升其英语水平提供了一个新的起点和一个较高的学术平台。毫无疑问,近代民营出版机构通过办理英语函授教育的方式,有效弥补了普通学校的英语教育资源的匮乏,缩小了沿海与内地之间的英语教育水平所存在的较大差异;为各地中、高等院校提供了一大批具备外语优势的优质生源,在一定程度上促进了中、高等院校的外语教育水平的提升;更为民国初、

---

① 《C.P.C.S. News 商务印书馆函授学社新闻——学员修毕本社讲义后学问上所觉得之进步》,《英语周刊》,1930年8月30日,第768期,第1384页。
② 《上海宝山路商务印书馆函授学社英文科招生广告——江苏省立第七中学学生孙渠君来书》,《申报》,1922年1月31日,第1张第3版。又见《上海宝山路商务印书馆函授学社英文科招生广告——江苏省立第七中学学生孙渠君来书》,《民国日报》,1922年3月19日,第1张第3版。

中期广大小学、中学、大学英语教育之间有效衔接、可持续发展做出了非常重要的贡献。

2. 为企业、公司、政府管理机构输入了一批高素质复合型英语人才。在 20 世纪 20 年代,有相当多的英文本科三、四级学员凭借着自身的外语优势,通过相关招聘考试,被各类众多大型商业公司录用。还有很多学员报名参加海关、邮务、盐务等机构的职员应聘考试。鉴于此,商务函授学社英文科为了进一步拓宽学员已有的商业知识结构,提高考试过关率,又特意及时为学员增设了两门重要的高等商学课程——《商业算学》和《商业地理大纲》。这种应时而变的课程调整的确收到了立竿见影的教学效果,从一位四级学员王寿钰写给函授学校的感谢信函中便可窥见一斑。

这封信函的相关具体内容如下:"敬启者,此次寄上之商业地理大纲第四册课艺,为钰在英文本科第四级最后之课艺。除第八种讲义因修商业地理大纲免修外,今一二三四五六七种讲义及商业地理大纲第一二三册,均已修完矣,由贵社所发入学证书所填七月八日算起,为时不过四月,其间除修完一期等候购义费时半月,实仅三月又半。'能于短期间内习得该科一切智识和技能'之语,诚然信然。钰以才薄学浅,仰承谆谆雅教,衷心铭感,莫可言宣。"①这种动态性调整课程设置的方式的确使英文本科高级学员获益良多,有一些学员不仅顺利通过招聘考试,而且还取得了相当优异的成绩。这些通过招聘考试的学员纷纷来函,诉说感激之情,表达谢意。现在,将其中几封有代表性的信函的相关内容摘录如下:

其一是英文科汉口黄耀传君的来函:"传自报名入贵社英文科后,蒙诸先生教诲,获益良多。以此肄习不及一年,竟能考取税关,而名列第三。此皆贵社讲义注释周详,及教员教授有方之力也。"②

其二是英文科学员戴秉衡的来函:"生自从贵社英文科卒业以来,仍

---

① 《C.P.C.S. News 商务印书馆函授学社新闻——英文科本科第四级学员王寿钰君来函》,《英语周刊》,1929 年 12 月 21 日,第 734 期,第 704 页。
② 《阁下不是有志求学而苦于无入校的机会吗?请即日加入商务印书馆函授学社——英文科汉口黄耀传君来书》,《申报》,1923 年 9 月 12 日,第 1 张第 3 版。

将第三、第四两级讲义勤加温习。此次上海邮政局招考邮务生,报名者不下千余人,而考取者仅百分之四五。生亦应考者之一,已蒙选取,此乃贵社讲义之优美,改卷之明瞭之功也,故特函谢。"①

其三是英文科学员刘贻毂的来函:"鄙人自入贵社肄业后,从前所有疑难问题悉已了解。前岁年终,邮局招考职员,鄙人亦曾投考。其时以邮局加薪之故,投考者竟有六百余人之多。因之所出题目独较往年为难,而鄙人竟蒙录取。查邮局考试最重论说及翻译,设非鄙人在贵社肄业有素,又安望考取乎。"②

从上述三封学员的来函中,我们无法获悉他们在被税关、邮政局、邮局正式录取之前的具体身份,但我们可以获悉的是,无论他们身处何种生活状态,出于何种求学目的,他们都一致选择了商务函授学校,接受了良好的英语函授教育。这三名英文科毕业学员所具备的一个共同点就是:他们通过接受系统的英语函授教育,打下了较为坚实的英语语言功底。分别凭借其掌握的外语技能的优势,他们都以优异的成绩通过国家行政管理机构的公开招聘考试,成为公职人员,从而改变了其人生际遇,或迎来了其职业生涯的一个新的转折点。正是由于商务函授学校英文科兼顾普通学校教育和职业教育的双重属性,其培养的这种复合型英语人才具备了较强的学术竞争能力和职业竞争能力,才能使他们在各种竞争激烈的考试中立于不败之地,为他们实现人生的理想打通了另外一条新途径。又有多少位像他们这样中途辍学或职场不得志的青年群体在上述三所函授学校英文科的精心指导和热情鼓励下,重燃奋斗的激情,坚持完成学业,全面提升英语水平,增强求学或就业的竞争能力,重拾信心,赢得了一次实现人生梦想的极其宝贵的机会。

---

① 《C.P.C.S. News 商务印书馆函授学社新闻——英文科学员戴秉衡君来函》,《英语周刊》,1928 年 7 月 28 日,第 663 期,第 1300 页。
② 《上海宝山路商务印书馆函授学社英文科招生广告——刘贻毂君来函云》,《申报》,1921 年 11 月 19 日,第 2 张第 7 版。又见《上海宝山路商务印书馆函授学社英文科招生广告——刘贻毂君来函云》,《民国日报》,1921 年 1 月 18 日,第 1 张第 2 版。

民营出版机构通过兴办英语函授教育,为近代中国新兴的各种公司、企业、政府管理机构培养、输送了一大批复合型中、高等英语专业人才,这些外语人才显然是推动民国社会进步、发展的一支非常重要的力量。当时的全日制学校英语教育系统所培养的中、高等英语人才根本无法满足社会各界的实际需求。从这个角度而言,民营出版机构从事数十年的英语函授教育较好地缓解了全日制学校教育系统与社会各界间人才供需的尖锐矛盾,有效弥补了英语智力资源的缺口。这批由商务、中华、开明函授学校所培养的英语专业人才在步入社会职业领域之后,势必会充分发挥自己的外语优势,在自己的工作岗位上尽心尽力,努力创造更多的经济效益、社会效益,推动本部门、本机构的革新、发展,更好地迎合民国社会的变革与转型。

第四节 英语函授教育的现代启示

通过第三章第一节的详细分析、论证,我们重点探讨、总结了商务、中华、开明所具有的五个重要的共同办学特点:第一,聘请一流的师资。第二,努力构建适合学员自主学习的系列函授教材及教法。第三,高度重视辅导答疑、作业批改、教学考核环节的构建和实施。第四,创建了一套符合国情的开放式远程教学体制。第五,动态性地建立了一套多层次、多种类、多元化的奖励机制。正是上述这些符合函授教育规律的办学特点使近代民营出版机构的英语函授教育取得了显著的办学效果,获得了办学成功。上述的共同办学特点对当今的高校外语函授教育事业具有重要的参考价值和借鉴意义。除此之外,又根据第四章第二节的论述可知,近代民营出版机构的英语函授教育不仅大力推动了中国教育近代化的发展历程,而且也有效地促进了自身出版事业的发展,这一重要历史事件对当今出版机构从事多元化经营活动亦具有重要的借鉴意义。

(一) 对高校外语函授师资建设的启示

鉴于函授教育的规律和特点,高等院校应该借鉴商务、中华、开明函授学校英文科的办学经验,尽可能聘请知名专家、学者担任主讲教师,主要承担函授教材编写、函授辅导答疑、作业批改、面授等核心教学工作。他不应仅是从事外语学科研究的专家,还应长期从事外语教学工作并取得了显著教学成绩,同时他还应该具备宽广的、跨学科的知识背景和知识结构。唯有如此,在函授教学过程中,面对数量众多、个性差异较大的成人学员群体,他才可能遵循教育教学规律,深入浅出地分析和阐释专业理论知识,努力做到娓娓而谈、循循善诱;他才可能旁征博引、游刃有余地回答和解释不同学员群体提出的种种问题;他才可能以自己的渊博的学识和敏捷的反应能力赢得学员的信任和爱戴,最终做到教书育人。

尽管当今函授教育的生存空间与民国时期相比,早已被广大民众熟悉和接受并得到了推广和普及,但在高等教育日益大众化和国际化的时代背景下,函授教育遭遇了空前的生存危机和严峻的挑战。而"名人效应"广告模式仍然具有相当大的影响力和号召力,因为聘用学界的名流、名师依然可以更好有加强办学实力、扩大办学影响力、提升办学竞争力和打造教育品牌的功效,广大院校不应忽视这一重要功能。

高等院校要想切实提高函授教育的质量,摆脱函授教育的困境,首先一定要聘请专家学者型的高素质师资队伍。这种做法既有利于招生工作的宣传,又可以使高质量的教学效果成为可能。

(二) 对高校外语函授教材建设的启示

1. 由于函授教材既是教师备课、讲课、辅导答疑的重要依据之一,又是学员获取知识的重要源泉之一,因此高等院校一定要高度重视函授教材的建设工作,把其作为一项长期的、系统工程,必须常抓不懈,持之以恒。应该邀请校内外知名专家学者共同编著函授教材;负责编写函授教材的作者群体,不仅应长期从事外语专业研究,长期从事外语教育教学,并且还要拥有丰富的编著大、中学外语教科书的经验。这样的学者便有可能把其精通的专业知识、所掌握的学科教育教学规律,以及所拥有的编辑教科书的丰富经验巧妙地融合在一起,具体化于函授讲义之中,从而打造出符合函授教育教学规律的精品函授讲义。

2. 函授教育不同于普通学校的教育,作为学员获取知识的主要来源——函授讲义,在很大程度上决定着函授教育的成败,因此外语函授讲义的编写必须通俗易懂、讲解清晰、循序渐进、便于自学,那么教材的种类划分得越细致、越具体,就越容易做到这一点;每种函授讲义的篇幅要适中,讲义内容要关注现实社会,理论联系实际,便于学员的实际运用。函授讲义的编写一定要在整体上给予学员系统性、动态性学习方法的指导,"授人之鱼"不如"授人以渔",只有这样才能使学员养成独立分析问题、解决问题能力的良好习惯,从而加快学习进程。注重对学员自学能力的培养是提高函授教学质量的一个重要的途径和切实可行的举措。

3. 函授学员与全日制在校外语专业学生所处的外语资源环境有着较大的差异,在校学生享有得天独厚的外语资源环境,他们获取外语信息所通过的场所、载体具有多元化、多种类的特点。而处于虚拟校园环境中的函授生尽管可以利用高等院校所提供的一定量的电子网络信息资源,但是这种资源的数量和种类毕竟有限,而且缺乏一定程度的可选择性;尽管也可以通过电子网络交流平台与师生展开交流,但毕竟受制于一定条件,它无法代替面对面的交流模式。总体而言,广大函授学员没有种类繁多、丰富多样的专业图书资料可以随时借阅,没有教师可以随时随地请教,没有同学可以面对面地沟通和交流。他们分散在各地,缺乏一种良好的整体性、系统性、互动性信息资源环境。

而这种专业信息资源的匮乏对外语学习的影响将会产生较为严重的后果。现代外语界的研究成果已经证明,向外语专业的学生传播足够量的不同类别的外语信息资源是至关重要的。在理解和吸收新的信息资源的前提下,学生才有可能掌握、调控、支配和运用这些新的信息资源,最终促进外语水平的进一步提高。也就是说,没有一定量的外语语言信息的输入,就不可能有外语语言的产出和运用[①]。在外语课堂上,教师必须让

---

① 左焕琪编著:《外语教育展望》,华东师范大学出版社,2002年2月第1版,第86—88页。

学生接触、获取、吸收大量的外语语言材料,保证学生获取足够多的外语信息资源,这样能够使学生产生新的兴趣、好奇心,更好地调动其学习语言的积极性,可以有效地提高教学质量[①],当然,这种外语教学规律也同样适用于函授教育。

综上所述,为函授学员构建和发放一系列配套的外语函授教材可以在一定程度上可以弥补由于函授教育方式而导致的外语信息资源的匮乏。在函授教学过程中,函授教材是沟通教师与学生之间的最重要的桥梁和媒介之一,它所承载的外语信息资源最具有科学性、规划性、系统性、集中性、针对性、重要性和效能性。尤其是在外语教学中,教材的编写越是多元化、立体化,它的传播、输入信息资源的功能及效果,沟通功能及效果,就会变得越发显著。一套系统的、高质量的函授教材对教师、学生、教学过程以及教学效果都起着积极的作用。借鉴商务、中华、开明函授学校英文科的做法,函授教育机构应该建立系列化的配套教材,尽量为函授生自主学习提供更多的便利和创造更好的条件,从而有效地改善自学环境。高等院校组织专家名流精心编著的外语函授教材一定要能够鲜明地体现出函授教育的特点,符合函授教育规律,以学员为中心,充分满足学员的自学需要。唯有如此,才能使函授教材真正成为辅导教师的得力帮手,函授学员的良师益友,才能把函授教材的独特教育功能发挥得淋漓尽致。

4. 当今的高等外语函授教育一定要像近代民营出版机构那样,密切关注现代教育技术的发展动态,及时将日臻成熟完善的高科技技术——计算机网络教育技术,引入函授教学领域,努力构建一个以文字教材为主体,面授指导与多媒体传输为辅助,因地制宜、远近并举、优势互补、灵活多变、注重实效的适合各种学习环境下函授生自主学习的、具有中国特色和广泛服务空间的现代远程教育体系。高等外语函授教育只有与时俱进,才会拥有广阔的发展空间。

5. 当今的高等院校在编撰外语专业的函授讲义时,应该借鉴商务、

---

① 章兼中主编:《外语教育学》,浙江教育出版社,1997年8月第2版,第268—270页。

中华、开明函授学校英文科的相关具体做法,综合使用各种外语教学法。任何一种外语教学法的兴起并不意味着之前所有旧方法的消亡。无论是传统的还是新型的外语教学法都是在一定历史条件下产生的,都具备各自的长处与局限性。重要的是,我们应该学习和掌握各种不同教学法的特点。在不同的教学环境下,根据具体的教学要求,自觉地、灵活地运用它们为外语函授教育的教学目标与对象服务。

(三) 对高校外语函授教育的辅导答疑、作业批改、教学考核环节建设的启示

1. 教师要高度重视辅导答疑和作业批改,精心处理,及时反馈,并做好相关记录。辅导答疑、作业批改都是函授教学过程中非常重要的教学环节。辅导答疑的目的是为了解函授生在自学过程中提出的疑难问题,指导其学习方法,改善教学质量;作业的目的是让学生巩固所学的知识,也是教师指导学生将所学知识运用于实际并转化为能力的重要环节,而且函授生学习中存在的大量问题也可以从作业中反映出来。

辅导答疑、作业批改还具有下面几个特殊的功能:第一,动态性地督促学生自学。第二,动态性地发现学生自学过程中遇到的各种问题,及时给与指导和帮助,顺利推动自学过程的正常进展。第三,全面了解每位学生掌握知识的情况,总结出有共性或有规律性的难点、疑点,以便在集中面授期间对症下药、有的放矢,给予重点辅导和讲解,提高教学效率。第四,学生在辅导答疑教学环节中的表现和作业成绩也是毕业考核体系的一个重要构成部分。第五,教师在辅导答疑、作业批改中所表现出的敬业精神和严谨态度,会直接感染、带动学生,有助于学生形成正确的学习态度,养成良好的学习习惯,有利于塑造积极向上的学风。

2. 要像商务、中华、开明函授学校英文科那样,构建和实施一套科学、合理的形成性评价和终期性评价相结合的毕业考核体系,以期全方位、多元化地对学生做出客观、公正的综合性评价,帮助学生有效调控自己的学习过程,使学生获得成就感,增强自信心,培养合作精神,从考核制度上尽量降低考试作弊事件的发生频率;增加毕业文凭的含金量,扭转函授教育质量下滑的发展趋向,提升其在社会上的信誉度。

(四)对高校外语函授教学体制构建的启示

1. 依据社会实际需求,依托本校外语专业资源优势,精心设置专业课程体系。首先,在认真做好市场调研工作的前提下,及时、动态地对社会所需要的人才资源类型做出科学、准确地预测和判断,然后再依托本校已具备的专业优势和办学资源优势,精心打造特色专业,合理设置专业课程体系。函授教育的特色与优势在很大程度上决定着函授教育的生存竞争力,普通高校的外语函授教育应该像商务、中华、开明函授学校那样,要具备强烈的品牌意识,一定要充分凭借自己的办学资源优势,办出自己的特色和风格,打造精品强势专业。从而树立自己的办学品牌,形成"名牌效应",赢得良好的社会声誉,并同时获得较可观的经济效益。

2. 高校外语函授教育应该兼顾多形式、多层次、多规格的办学模式。借鉴商务、中华、开明函授学校英文科的做法,函授教育一定要兼顾学历教育和非学历教育两种办学形式。由于我国已经进入了高等教育大众化、国际化的历史发展阶段,因此在此特殊的时代背景条件下,高校务必要在办学层次上多下功夫。比如开办第二本科学历教育,有条件的院校要争取办理研究生层次的函授教育。努力构建由专科、本科、第二本科和研究生科构成的四级学历教育体制,以更好满足社会民众对较高层次学历的需求。

以专科、本科学历教育为例进行说明,我国高等院校开办的高等外语函授专业专科学历教育期限为2年,也就是2个年级;本科学历教育期限为3年,也就是3个年级。通常情况下,函授学员必须按部就班,从最低一个年级开始学习,一直到最高年级,然后才能参加统一考试,获得学历毕业证书。在学习期间,不能选择从其中任何一个年级作为起点开始学习;中间也不能中断学业,必须一气呵成才能获得学历证书。这种单一的、直线式的学历教育体制完全是模仿和照搬了普通高等院校的办学体制,没有充分考虑到成人教育对象群体构成的复杂性、多样性等特点。函授教育的对象往往都以在职成人群体为主,相比全日制学校的学生群体,他们在入学前的职业岗位对外语综合素质的需求,可以说差异性要远远大于相同性。在求学期间,他们所扮演的社会角色的复杂性,所赋予的权利和所承担的责任、义务的多样性,以及所承受的心理压力、经济压力和生活压力都要远远超出全日制在校青年学生群体。在利用业余时间接受函授教育期间,集中可利用的时间段就非常有限,而且很多突发性、偶然性的事件往往严重干扰甚至阻断他们日常自修外语的进程。显而易见,对成人群体的个人实际情况不做详细考察的普通高校教育的处理方式显然是不符合函授教育规律的,不利于调动函授学员的求学积极性,不利于学员最终获得学历证书。

因此应该模仿和借鉴商务、中华、开明函授学校的教学体制,在通过国家统一考试之后,要打破正常的由低至高年级的求学程序,先由学员自己提出申请,然后经过办学单位的综合考察和评定之后,允许函授学员根据自己的实际情况选择其中任何一个年级开始函授学习。学员每学完一个年级开设的所有课程,经过办学单位的综合考核和评价达到该年级的学业要求之后,都会被授予这个年级的课程总成绩证书或结业证书;中途可以停止学业,在规定的年限之内可以提出申请,在原有的级别基础上重新继续深造,直至获得毕业证书。采取灵活多变、富有伸缩性的学历教育体制可以有效地提高函授教育的办学竞争力,在一定程度上可以避免生源的流失,激发函授学员的学习热情,使他们保持持久的学习动力,培养他们树立正确的学习观念,从而有助于推动高等外语函授教育事业的可持续发展。

(五) 对高校外语函授教育奖励制度构建的启示

综观当今高等院校从事的外语函授教育工作,根据笔者掌握的信息,很少有学校像近代民营出版机构开办的函授学校那样构建了较为完备的、多元化的物质奖励机制的。往往都是采取以证书奖励方式为主的精神奖励措施,而且也多流于形式,也没有认真执行,忽略了奖励环节在函授教学管理过程中所起到的重要功能和重要推动作用。

经过长期函授教育实践活动的积累、沉淀和反思,成人教育界对函授教育制度有了更加理性、更加深刻的认识和理解,普遍认为构建一个较为合理和完备的函授教学环节对函授教育事业的发展将会起到至关重要的作用。一个较为完备的现代函授教学过程体系通常由入学、自学、面授、辅导、答疑、作业、奖励、实验、实习、毕业考核、考查、课程设计(或毕业论文)、毕业答辩等重要的函授教学环节构成①。上述教学环节组成一个相互有着密切联系的有机整体,每个教学环节都有着自己特定的地位和作用,不能互相取代,它们共同构成一个合理有序、相辅相成的开放式教学循环结构。所谓开放式教学循环结构指的是,如果增加某一个新的教学环节,或者减少某个非主体教学环节,或消弱某个非主体教学环节的教育功能,这些行为都不会中断这个开放式教学循环结构的运转。但是,随着时间的推移,减少上述教学环节或消弱它的功能的这种做法所产生的负面影响才会日渐凸显。

上述有些教学环节,比如自学、辅导、答疑、考核等,在整个循环结构中处于非常核心的地位,如果没有这些环节的存在,函授教育活动就会名存实亡,姑且可以被称为主体教学环节。其中,另外一些是辅助教学环节,包括作业、奖励、实习等,这些教学环节的存在与否并不能使函授教育活动陷入停顿或中止的状态。很显然,如果消弱或忽略主体教学环节的重要功能,整体函授教学环节的正常运转会势必受到阻碍甚至中断,在较短的时间内函授教育质量便会出现快速下滑的态势,这种教育表象当然就会被办学机构及时察觉和发现,并及时采取相应的补救措施。但是,与之相反的是,辅助教学环节处于一种隐形的地位,它不仅必须与主体教学环节有机地联系在一起,而且还必须借助和通过这些主题教学环节发生的若干变化,经过一个比较长时段的周期内才能凸显它的重要价值和作用。因此,在一个较短的时期内,如果函授辅助教学环节被忽略或没有得到正常开展,它们映射在主体教学环节的教育表象就很难被办学机构所捕捉和发现,它们对教育质量产生的副作用不会在较短的周期内得到呈

---

① 赖春明:《函授教育与管理》,解放军出版社,1989年6月第1版,第130—131页。

现。正是因为如此,函授教学过程中的主体教学环节就容易引起函授教育办学单位的高度关注,而比如像奖励等诸如此类的辅助函授教学环节就容易被忽略或遗漏,长期下去,势必会严重地阻碍或延滞函授教育的办学水平和教育质量的大幅度提升。

除了函授教学过程的规律决定了奖励教学环节具有的重要功能以外,函授学员的群体性特点也在一定程度上决定了奖励机制的构建对于激励他们顺利完成学业所具有的推动作用。现代的高等函授教育招生对象主要面对成人群体,尤其是以在职青年群体为重点对象。已有的研究成果显示,尽管在职青年群体参加高等函授教育的动机具有多元化的特点,但是其职业需求、学历需求及兴趣爱好的需求动机通常情况下会占据很高的比例[1]。迫于工作压力而参加函授教育学习的青年群体在其工作单位的业绩表现往往不够突出,事业发展受到挫折,职业竞争能力有待提高,应该说,至少从他们的个人角度而言,他们缺乏一种事业成就感。出于学历需求而参加函授教育学习的青年群体,在当时高等教育大众化和国际化的时代背景下,被大学录取的机率应该是相当高的,但他们在中学毕业后却未能按部就班地进入高等院校。不管是由于自身、家庭、经济原因或其他不同种类的原因,至少有一点是可以肯定的是,他们的求学过程并不顺利,经历挫折和失败,缺乏一种学习成就感。由此可见,有相当多的成人学员群体的学习动机具有迫切性、功利性及近期性的显著特点。他们非常渴望自己的学业成绩可以在一个较短的学习周期内得到教师、办学机构及社会的认可、接受,最终可以顺利毕业,获得高等函授教育文凭。

早在1996年,中国台湾著名学者黄富顺根据凯勒的ARCS模式、归因动机理论和吴尔德克斯的时间延续动机模式归纳出六项激励成人学习动机的原则;引人注意的是,其中一项激励成人学习动机的原则与前述商务、中华、开明函授学校英文科构建的奖励机制有着极为密切的关联。这

---

[1] 祝捷:《成人教育概论》,东北师范大学出版社,2006年9月第1版,第111—112页。

项相关的激励原则就是:使学习者获得成就感。相关的研究成果已经证明,经常拥有成功体验的人员会更加乐于学习,并且其学习持续的时间会更长,即便其学业遭遇挫折、失败,他们也往往会把原因归结于自己还不够努力,他们对成功怀有更多的憧憬和希望,常常会更加努力地学习,直到顺利地完成学习任务。也就是说,成功的体验对于成人学习者具有重要的影响①。

综上所述,商务、中华、开明函授学校在英文科教学环节层面所开展的教学实践活动值得我们重视和反思,对当今的高等函授教育(包括外语函授教育)、计算机网络远程教育都具有很强的借鉴意义。如何调动学生的积极性、进取心并使其长久保持学习动力是影响教学质量的非常重要的因素,这是办学单位必须要慎重思考、精心论证、勇于面对的重要课题。很显然,努力构建一套多层次、多种类的奖励机制是一个相当明智的选择,因为这种选择是符合函授教育、远程教育、成人教育教学规律的。近代民营出版机构通过自身的英语函授教学实践活动对此做出了优秀的诠释。

(六) 对当今出版机构从事多元化经营活动的启示

商务、中华、开明拥有共同的以出版促教育的出版文化理念,正是在这一理念的指导下,这三家近代著名的民营出版机构先后创办了各自的函授学校,从事英语函授教育。在其长达数十年的办学生涯中,在不同的时代背景下,商务、中华、开明函授学校英文科在招生对象、办学形式、办学层次、课程设置等诸多教学与管理层面上及时做出调适、变化,以期更好地迎合、促进民国社会的变革和发展。商务印书馆在1929年9月出版的《学生杂志》上发表了一篇名为《商务印书馆三十年来对于文化事业的努力》文章,全面回顾、总结了在其长达三十多年的出版经营活动中是如何有力地推动了中国近代文化事业的发展的。商务印书馆在这篇文章中这样谈道:"本公司编印各种教科书、图书以供全国学校之采用,且从事实

---

① 夏海鹰:《成人学习心理研究》,人民出版社,2014年12月第1版,第159—162页。

际教育事业,举办尚公、各科函授学社等,并设东方图书馆,公开阅览。凡此努力,无非为辅助教育、发达文化计耳。"①1931年12月,商务函授学社通过《英语周刊》向社会各界鲜明地阐述了其办学初衷和目的:"本社谬蒙错爱,不时接到各界来信,许为国内首创的最有成绩的补习机关。本社经此鼓励,不敢自满,誓秉服务社会之初心,努力迈进,凡所措施,全以提倡补习教育为准,他非所问也。"②显而易见,在其长期的英语函授教育办学历程中,商务印书馆的确是认认真真地彻底贯彻了"吾辈当以扶助教育为己任"的重要出版文化理念。

近代民营出版机构通过精心办理英语函授教育,不仅大力推动了中国教育近代化的发展,同时也有力推动了自身出版事业的发展。商务、中华、开明函授学校英文科的成功开办,对国家、对普通社会民众、对出版机构自身而言,都是一件非常有价值、有意义的事情,绝对可以称得上是那个时代商务、中华、开明出版人的"大智慧"。

综上所述,历史给予我们这样的启发:坚持正确的出版文化理念是源泉、是动力、是出发点,商业利益必须建立在出版文化理念的基础之上。因此,当代编辑出版人在从事多元化的经营活动的时候,必须树立和坚持正确的出版文化理念,那就是弘扬传统优秀文化,传播现代文明,为广大社会民众奉献最佳的精神食粮,不断提升国民素质,推动国家的进步和社会的发展。反之,鼠目寸光、利欲熏心、舍本逐末,最终将会极大地损害出版事业的可持续发展。

随着在1946年12月商务函授学社英文科教学活动的彻底终结,近代民营出版机构的英语函授教育便落下了帷幕,就此正式退出了历史舞台。时光荏苒,岁月如梭,历史的车轮已进入了21世纪。近代民营出版机构从事的英语函授教育距今虽已过去了一个世纪,但其在中国近代英

---

① 《商务印书馆三十年来对于文化事业的努力》,《学生杂志》,第16卷第9期,1929年9月,书末黑白插页。
② 《C. P. C. S. News 商务印书馆函授学社新闻》,《英语周刊》,1931年12月19日,第834期,第698页。

语函授教育领域开展的长达数十年的丰富多彩、卓有成效的教育实践活动将永久在中国近代英语教育、函授教育、成人教育、职业教育、社会教育发展史及出版文化史上占有一席之地。

  著名历史学家、教育家章开沅先生在田正平教授主编的《中国教育近代化研究丛书》之《总序》中，这样写道，"通过科学地总结中国教育近代化的历史进程，一定可以为我们当前的教育改革提供有益的借鉴。谈到走向世界，我们绝不可妄自菲薄。我们的先行者早年确曾大量引进过日本、欧美的学制和教育思想、教育理论，但是他们中的许多人并非完全仿效照搬，而是力图在传承中国优良传统的基础上，结合中国国情加以融合吸收，建立我国自己的教育理论、教育思想、教育体制、教育内容和教育方法"。"因此，我们绝不是空着手走向世界，而是带着自己相当丰富的历史遗产与新的创造走向世界，为世界教育学说宝库增添带有中国特色的新篇章。"[①]就如章开沅先生所言，我们的外语函授教育亦是如此，这也是笔者撰写这部学术著作的最大价值所在了。由于时空的不可逆性，人类社会不可能完全重复和再现历史场景，但是已经发生过的、正在发生的和即将发生的社会图景往往会具有惊人的相似性，这是历史给予我们的最有价值的启发。

---

① 章开沅：《总序》，载田正平：《留学生与中国教育近代化》，广东教育出版社，1996年11月第1版，第3—4页。

参考文献

一、民国报刊
（一）报纸
《申报》(1914—1948年)
《大公报》(1915—1918年,1922—1924年)
《民国日报》(1915—1918年,1922—1924年)
（二）商务印书馆出版的期刊
《英语周刊》(*English Weekly*,1915—1939年)
《英文杂志》(*The English Student*,1915—1927年)
《教育杂志》(1915—1942年)
《学生杂志》(1915—1932年)
《励志》(1926—1931年)
《同舟》(1932—1934年)
《商务印书馆通信录》(1932—1934年)
《同行月刊》(1934年)
《东方杂志》(1918—1919年,1932—1941年)
《出版界》(1919年)
（三）中华书局出版的期刊
《初级中华英文周报》(*Chung Hwa English Weekly—Section A*)(1931—1934年)
《高级中华英文周报》(*Chung Hwa English Weekly—Section B*)(1936—1937年)
《中华教育界》(1926—1940年)
《出版月刊》(1937年)
《学衡》(1926年)
（四）开明书店出版的期刊
《社员俱乐部》(1932年)
《上海市私立开明函授学员俱乐部》(1933年)
《英文月刊》(*The English Monthly*)(1945年,1948年)
（五）其他出版机构出版的期刊
《教育公报》(1916年,1918年,1934年,1943年)
《杭州青年》(1920—1923年)

《师大月刊》(1933—1935 年)
《中等教育》(1923 年)
《江苏教育》(1934 年)
《竞文英文杂志》(*The Ching Wen English Magazine*)(1937—1939 年)

二、传记史料

1. 周越然:《六十回忆》,太平书局,1944 年 12 月第 1 版,1945 年 5 月再版。
2. 邝均永编:《邝富灼博士纪念集》(汉文版),1966 年 3 月刊行(印刷单位不详)(此书是私家版,封面有于右任的题名,书中文章由邝的一位侄子邝均永编辑)。
3. 中宣部出版局编:《发行家列传》(二),辽宁人民出版社,1989 年 8 月第 1 版。
4. 上海市青浦县县志编纂委员会编:《青浦县志——第三十四篇:人物——人物传记》,上海人民出版社,1990 年 4 月第 1 版。
5. 中国人民政治协商会议浙江省桐乡市委员会文史资料委员会编:《桐乡文史资料第·十二辑——桐乡当代人物资料(一)》(内部交流)(出版单位不详),1993 年 12 月。
6. 茅盾:《我走过的道路》(上),人民文学出版社,1997 年 12 月第 1 版。
7. 章克标:《世纪挥手:百岁老人章克标自传》,海天出版社,1999 年 7 月第 1 版。
8. 熊贤君、黄永刚主编:《杨贤江全集·日记、通信、答问》(第四卷),河南教育出版社,1995 年 3 月第 1 版。
9. 李云桥:《赵一曼传》,黑龙江人民出版社,2005 年 7 月第 1 版。
10. 张元济:《张元济全集·日记》(第 6 卷),商务印书馆,2008 年 12 月第 1 版。
11. 张元济:《张元济全集·日记》(第 7 卷),商务印书馆,2008 年 12 月第 1 版。
12. 恽逸群:《恽逸群自传(续完)》,载南京师范学院学报编辑部、中文系资料室编:《文教资料简报》(内部刊物),1980 年总 8 月总第 104 期。
13. 岑运强:《岑麟祥传略》,《文教资料》,1997 年第 2 期。
14. 吴锜:《欲寄彩笺兼尺素——忆我的父亲吴献书》,《人物——怀念集》,2001 年第 12 期。

三、资料汇编

1. 商务印书馆函授学社编:《商务印书馆函授学社概况书》(出版单位、时间不详)。
2. 商务印书馆编译所编:《全国专门以上学校指南——附外国游学指南》,商务印书馆,1923 年 2 月第 1 版。
3. 许晚成:《上海大中小学调查录——函授学校之部》,上海龙文书店,1935 年 1 月初版。
4. 上海市社会局第五科编:《中华民国二十三、二十四年度上海市教育统计》,上海市社会局发行,良华印刷所印刷,1937 年 5 月第 1 版。
5. 杨之华编:《文坛史料》,中华日报社出版社,1944 年 1 月 1 日第 1 版,3 月 1 日再版,4 月 1 日第 3 版。

6. 施冲鹏主编:《民国三十五年度上海市教育统计》,发行者:上海市教育局统计室,承印者:独立出版社印刷厂,1947年5月第1版。
7. 陈东林:《英语教学法概论》(全一册),中华书局,1948年5月第1版。
8. 中国出版工作者协会编:《我与开明》,中国青年出版社,1985年8月第1版。
9. 商务印书馆编:《1897—1987商务印书馆九十年——我和商务印书馆》,1987年1月第1版。
10. 中华书局编:《回忆中华书局》(上编),中华书局,1987年2月第1版。
11. 李良佑、刘犁编:《外语教育往事谈——教授们的回忆》,上海外语教育出版社,1988年8月第1版。
12. 朱有瓛主编:《中国近代学制史料》(第3辑·上册),华东师范大学出版社,1990年第1版。
13. 商务印书馆:《1897—1992商务印书馆九十五年——我和商务印书馆》,商务印书馆,1992年1月第1版。
14. 李桂林、戚名琇、钱曼倩编:《中国近代教育史资料汇编·普通教育》,上海教育出版社,1995年10月第1版。
15. 课程教材研究所编:《20世纪中国中小学课程标准·教学大纲汇编——外国语卷(英语)》,人民教育出版社,2001年2月第1版。
16. 俞筱尧、刘彦捷编:《陆费逵与中华书局》,中华书局,2002年1月第1版。
17. 束定芳主编:《外语教育往事谈——外语名家与外语学习》(第二辑),上海外语教育出版社,2005年10月第1版。
18. 中华书局编:《中华书局百年大事记1912—2011》,中华书局,2012年2月第1版。

四、章程

1. 商务印书馆函授学社编:《商务印书馆附设函授学社英文本科简章》(出版单位不详),1918年修订。
2. 商务印书馆函授学社编:《商务印书馆附设函授学社英文选科简章》(出版单位不详),1918年修订。
3. 商务印书馆函授学社编:《商务印书馆函授学社商业科简章》(出版单位不详),1928年5月重订。
4. 商务印书馆函授学社编:《商务印书馆函授学社简章》(出版单位不详),1932年8月重订。
5. 商务印书馆函授学校编:《私立商务印书馆函授学校简章——中学部现设国文、英文、日文、算学、自然、史地图书学七科;大学部现设十五学系、六十学程》,出版单位不详,1939年9月修订。
6. 中华书局函授学校编:《中华民国十五年创立、上海市教育登记——上海市私立中华书局函授学校简章》(出版单位不详),1937年4月修订。
7. 开明中学讲义社编:《开明中学讲义社简章》(出版单位、时间不详)。

五、函授讲义

需要做出说明的是,商务、中华、开明函授学校所编著的英文科函授讲义在其正常办学期间通常都不对外公开出版、发行,仅发售给函授学员。

1. 上海宝山路商务印书馆附设函授学社英文科编:《第一级第二种——读音及拼法》(Phonetics and Spelling, First Grade)(第1—4分册),1918年8月。
2. 上海宝山路商务印书馆附设函授学社英文科编:《第一级第三种——读本》(English Reader, First Grade)(第1—9分册),1918年9月。
3. 上海宝山路商务印书馆附设函授学社英文科编:《第一级第四种——文法》(Language Lessons, First Grade)(第1—6分册),1918年1月。
4. 上海宝山路商务印书馆附设函授学社英文科编:《第一级第五种——会话》(Easy Conversation, First Grade)(第1—5分册),出版单位不详,1918年9月。
5. 上海宝山路商务印书馆附设函授学社英文科编:《第一级第六种——简易造句》(Easy Sentence Formation, First Grade)(第1—3分册),1918年9月。
6. 上海宝山路商务印书馆附设函授学社英文科编:《第一级第七种——翻译简易句语》(Translation of Easy Sentences, First Grade)(第1—6分册),1915年9月。
7. 上海宝山路商务印书馆附设函授学社英文科编:《第一级第八种——记字法》(How to Remember Words, First Grade)(第1—3分册),1918年10月。
8. 上海宝山路商务印书馆附设函授学社英文科编:《第三级第一种——读本》(Reader, Third Grade)(第1—6分册),1926年6月。
9. 上海宝山路商务印书馆附设函授学社英文科编著:《第三级第二种——文法》(Elements of English Grammar, Third Grade)(第1—12分册),1923年7月。
10. 上海宝山路商务印书馆附设函授学社英文科编:《第三级第三种——写作》(Composition, Third Grade)(第1—5分册),1925年2月。
11. 上海宝山路商务印书馆附设函授学社英文科编:《第三级第四种——会话》(Conversation, Third Grade)(第1—6分册),1923年3月。
12. 上海宝山路商务印书馆附设函授学社英文科编:《第三级第五种——故事选录》(A Selection of Famous Stories, Third Grade)(第1—4分册),1924年11月。
13. 上海宝山路商务印书馆附设函授学社英文科编:《第三级第六种——信札》(Letter Writing, Third Grade)(第1—6分册),1926年9月。
14. 上海宝山路商务印书馆附设函授学社英文科编:《第三级第七种——翻译》(Translation, Third Grade)(第1—6分册),1925年2月。
15. 上海宝山路商务印书馆附设函授学社英文科编著:《第三级第八种——新闻译例》(Examples of News Translation, Third Grade)(第1—5分册),1925年7月。
16. 上海宝山路商务印书馆附设函授学社英文科编:《第四级第一种——文学史略》(Notes on History of English Literature, Fourth Grade)(第1—6分册)(出版时间不详)。
17. 上海宝山路商务印书馆附设函授学社英文科编:《第四级第二种——修词学及作文》(Rhetoric an Composition, Fourth Grade)(第1—6分册)(出版时间不详)。

18. 上海宝山路商务印书馆附设函授学社英文科编:《第四级第三种——文选》(*Selections from Famous Writers, Fourth Grade*)(第1—5分册)(出版时间不详)。
19. 上海宝山路商务印书馆附设函授学社英文科编:《第四级第四种——英文习语之研究》(*Studies in English Idioms, Fourth Grade*)(第1—5分册)(出版时间不详)。
20. 周越然:《初级英语读音教科书》(*An English Phonetic Primer*),商务印书馆,1918年9月初版、1924年12月9版。
21. 胡宪生、[美]福司德:《英文留声机片课本》(*Manual for English Records*),商务印书馆,1926年1月初版。
22. 私立中华书局函授学校编:《初级英文科讲义第二种——正音和拼法》(*Phonetics and Spelling, First Grade English Course, Subject II*)(第1—4分册)(出版时间不详)。
23. 私立中华书局函授学校编:《初级英文科讲义——修学指导》(*Companion Books, First Grade English Course*)(第1—10分册)(出版时间不详)。
24. 私立中华书局函授学校编:《初级英文科讲义第五种——简易会话》(*Easy Conversation, First Grade English Course, Subject V*)(第1—4分册)(出版时间不详)。
25. 私立中华书局函授学校编:《初级英文科讲义第七种——造句法》(*Sentence Formation, First Grade English Course, Subject V*)(第1—3分册)(出版时间不详)。
26. 私立中华书局函授学校编:《初级英文科讲义第九种——翻译初步》(*Translation of Easy Sentences, First Grade English Course, Subject V*)(第1—4分册)(出版时间不详)。
27. 中华书局附设函授学校编:《初等英文科讲义第二级第四种——繁复句构造法》(*Construction of Compound and Complex Sentences, Junior English Course Second Grade, Section I*)(第1分册)(出版时间不详)。
28. 开明中学讲义社编:《开明中学讲义第四卷·第一期——开明英文讲义》,开明中学讲义社发行(出版时间不详)。
29. 上海市私立开明函授学校编:《开明中学讲义第四卷·第二期——开明英文讲义》,上海市私立开明函授学校发行(出版时间不详)。
30. 上海市私立开明函授学校编:《开明中学讲义第六卷·第三期——开明英文讲义》,上海市私立开明函授学校发行(出版时间不详)。

六、论著
(一)著作
1. 章兼中主编:《国外外语教学法主要流派》,华东师范大学出版社,1983年12月第1版。
2. 杜志全、许建国主编:《函授教育学》,光明日报出版社,1988年12月第1版。
3. 周叔叔:《世界高等函授教育概观》,中国人民大学出版,1988年5月第1版。
4. 李良佑、张日晟、刘犁编著:《中国英语教学史》,上海外语教育出版社,1988年10

月第 1 版。
5. 赖春明:《函授教育与管理》,解放军出版社,1989 年 6 月第 1 版。
6. 李赋宁:《英语史》,商务印书馆,1991 年 8 月第 1 版。
7. 王福祥、吴汉樱编:《文化与语言》(论文集),外语与教学研究出版社,1994 年 4 月第 1 版。
8. 周流溪主编:《中国中学英语教育百科全书》,东北大学出版社,1995 年 8 月第 1 版。
9. 田正平:《留学生与中国教育近代化》,广东教育出版社,1996 年 11 月第 1 版。
10. 田正平主编:《中国教育史研究》(近代分卷),华东师范大学出版社,2009 年 12 月第 1 版。
11. 田正平主编:《中外教育交流史》,广东教育出版事业,2004 年 9 月第 1 版。
12. 钱曼倩、金林详主编:《中国近代学制比较研究》,广东教育出版社,1996 年 11 月第 1 版。
13. 吴相:《从印刷作坊到出版重镇》,广西教育出版社,1999 年 9 月第 1 版。
14. 张正东:《中国外语教学法理论与流派》,科学出版社,2000 年 6 月第 1 版。
15. 王建辉:《文化的商务——王云五专题研究》,商务印书馆,2000 年 7 月第 1 版。
16. 久宣:《商务印书馆——求新应变的轨迹》,西南财经大学出版社,2002 年 1 月第 1 版。
17. 左焕琪编著:《外语教育展望》,华东师范大学出版社,2002 年 2 月第 1 版。
18. 汪林茂:《晚清文化史》,人民出版社,2005 年 7 月第 1 版。
19. 崔运武:《中国师范教育史》,山西教育出版社,2006 年 7 月第 1 版。
20. 祝捷:《成人教育概论》,东北师范大学出版社,2006 年 9 月第 1 版。
21. 周其厚:《中华书局与近代文化》,中华书局,2007 年 5 月第 1 版。
22. 王余光、吴永贵:《中国出版通史》(8 民国卷),中国书籍出版社,2008 年 12 月第 1 版。
23. 陈青之:《中国教育史》,中国社会科学出版社,2009 年 1 月第 1 版。
24. 谢长发主编:《中国中学教育史》,山西出版集团、山西教育出版社,2009 年 4 月第 1 版。
25. 周洪宇:《学术新域与范式转换——教育活动史研究引论》,华中科技大学出版社,2011 年 10 月第 1 版。

(二) 硕、博学位类论文
1. 项宁:《开明书店教育特色之研究》,杭州师范学院,课程与教学论专业硕士学位论文,2004 年 5 月。
2. 林君:《论商务印书馆早期的文化产业运作(1902—1932)》,华中师范大学,新闻出版学专业硕士学位论文,2006 年。
3. 吴永贵:《中华书局与中国近代教育》,武汉大学,图书馆学专业博士学位论文,2002 年 4 月。
4. 黄宝忠:《近代中国民营出版业研究》,浙江大学,历史学专业博士学位论文,

2007 年。
5. 刘立德：《商务印书馆与中国近代教育》，北京师范大学，教育史专业博士学位论文，2008 年。
6. 莫再树：《晚晴商务英语教学源流考镜》，湖南大学，外国语言学及应用语言学专业博士学位论文，2012 年。

(三) 期刊类论文

1. 初大告：《介绍几种英语语音学著作》，《外语教学与研究》，1963 年第 1 期。
2. 宋育瞳：《英语教学是否采用国际音标的我见》，《外语教学与研究》，1979 年第 1 期。
3. 叶步青、徐盛桓：《如何简化英语注音的探讨》，《华南师院学报（哲学社会科学版）》，1979 年第 2 期。
4. 桂灿昆：《英语教师为什么要掌握语音学知识》，《现代外语》，1980 年第 1 期。
5. 陆联棠：《"百年大计"》，《中国出版》，1980 年第 5 期。
6. 李振麟、谢延民：《略论英语语音教学的现状与改革——兼评关于标音法改革的争论》，《现代外语》，1981 年第 2 期。
7. 葛传椝：《我学习英语的点滴回忆》（一），《外语界》，1986 年第 1 期。
8. 葛传椝：《我学习英语的点滴回忆》（二），《外语界》，1986 年第 2 期。
9. 邵敬敏：《关于中国文化语言学的反思》，《语言文字应用》，1992 年第 2 期。
10. 肖永寿：《中国早期函授教育的产生和发展——商务印书馆函授教育的历史回顾》，《四川师范学院学报（哲学社会科学版）》，1996 年第 3 期。
11. 陈斌：《我国函授教育的产生和早期发展》，《教育史研究》，2004 年第 4 期。
12. 陈斌、卢勃、陈宝华：《论我国远程教育的产生及其初期发展》，《广东教育学院学报》，2005 年第 6 期。
13. 丁伟：《民国时期(1915 年—1930 年)商务印书馆附设函授学社的英文科》（上），《广西社会科学》，2008 年第 9 期。
14. 丁伟：《民国时期(1915 年—1930 年)商务印书馆附设函授学社的英文科》（下），《广西社会科学》，2008 年第 10 期。
15. 丁伟：《从〈中华教育界〉广告看中华书局附设函授学校的英文科》，《煤炭高等教育》，2009 年第 6 期。
16. 丁伟：《中国最早的一套语言留声机片——中华书局出版的〈中华国音留声机片〉》，《编辑之友》，2011 年第 9 期。
17. 丁伟：《民国时期第一部汉语版现代英语语音学研究著作的出版》，《理论月刊》，2012 年第 11 期。
18. 韩淑红、韩雪莲：《新时期成人高等函授教育发展路径分析》，《东北财经大学学报》，2010 年第 3 期。

后　　记

时光荏苒,岁月飞逝,距我重返浙江大学攻读博士学位已近7个年头了。2010年9月,在硕士毕业6年之后,我再次考入浙江大学人文学院,攻读中国近现代史专业博士学位。现在这部书稿是在我的毕业论文的基础上进一步修改而完成的。就在2017年的五一劳动节悄然来临的时候,历经一年多的书稿修改工作终于要画句号了。虽然它还不能称得上是圆满,但至少是对自己多年求学生涯的一个交代,一份回报。回顾漫长的求学历程,不禁让人感叹万千,心情久久难以平静。痛并快乐着,也许是对这段生命历程的一个最为恰当的描述和总结。

本书从构思到成形,大到篇章结构,小到段落的撰写,都浸透着我的导师——晚清文化史专家汪林茂教授的心血、汗水和智慧! 自己的每一次进步,都离不开老师的倾心传授和耐心指导。师恩难忘,永远铭记于心! 除了导师之外,还有一位先生在我心目中永远占据着一席之地,他就是著名教育史学家田正平先生。早在10年之前,经过导师的引荐,我与田先生就结下了这份师生之缘。感谢田正平先生多年来对我的指导、关注和鼓励! 田正平教授创建的教育史研究理论范式,他的学术思想、学术观点都对我撰写本书产生了非常重要的影响;这种影响还将会持续推动我今后的学术成长,并会越发深刻。

首先,我要感谢浙江大学中国近现代史研究所全体教师对我的关心、指导和帮助! 尤其要特别感谢的是陈红民教授、梁敬明教授、高力克教授、肖如平副教授和徐立望副教授,他们的做人准则、治学经验、学术理念都使我受益匪浅! 其次,还要特别感谢杭州师范大学人文学院袁成毅教授对本书的修改提出的极有针对性的宝贵建议! 再次,还要感谢我的同门师妹王永男、师弟颜志,他们对书稿的文字校对工作付出了辛苦的汗水!

在攻读博士学位期间,每当我的经济状况陷入危机的时候,我的两位挚友赵辉、彭磊总是能够及时伸出援助之手,帮我渡过一次次难关。没有他们的鼎力相助,我是根本无法按时完成学业的。在书稿的修改、完善期间,我还得到了肖菊梅师姐(南京师范大学教育学博士后)和王光利师兄(宁波大红鹰学院副教授)的热情鼓励和无私帮助。当然,还要感谢上海的一位古籍收藏爱好者张勤军先生为我无偿提供了一份完整的电子版《上海市私立中华书局函授学校章程》,这份章程对探讨中华书局的英语函授教育具有不可或缺的史料价值。

在此,我要感谢所有的亲朋好友为我付出的一切!你们给予我的热爱和关怀是我战胜困难、超越自我的最强大的原动力,它一定会支撑着我在学术道路上走得更远!

此外,还要感谢商务印书馆教育图书编辑室对这部书稿的正式出版所付出的艰辛劳动和辛勤汗水!

最后,对于所有曾经给予我真诚帮助的人们,在此衷心地表示感谢!

丁伟
2017年4月26日